조선 왕 연대기

조선을 뒤흔든
피할 수 없는
운명의
사건 80

조선 왕 연대기

유정호 지음

블랙피쉬

시작하며

　　조선시대를 배경으로 많은 영화와 드라마가 제작됩니다. 그렇다 보니 우리에게 가장 친숙한 시대는 아무래도 조선일 수밖에 없습니다. 그렇 다면 왜 우리의 기나긴 역사 속에서 조선을 배경으로 하는 영화나 드라마가 많을까요? 여기에는 현재와 시대적으로 가까운 것도 있지만, 무엇보다《조 선왕조실록》이라는 엄청난 기록물이 존재하기 때문입니다.

　　《조선왕조실록》은 왕조차도 살아서는 절대 볼 수 없었던 공식 국 가 기록입니다. 사관이 정치·경제·사회·외교 등 국가 경영과 관련한 모든 내용을 기록한 사초를 재상과 대제학 등이 모여 검증하고 객관화하는 작업 을 통해 실록을 완성합니다. 여기서 끝이 아닙니다. 기록의 마지막에 "사신 은 말한다"라는 문구로 시작하는 사관의 평가도 담겨 있습니다. 후손들이 《조선왕조실록》을 반면교사로 삼아 더 나은 세상을 만들었으면 하는 바람 이 들어가 있는 것이죠. 예를 들어 임꺽정을《조선왕조실록》에서 "도적이 성행하는 것은 수령의 가렴주구 탓이며, 수령의 가렴주구는 재상이 청렴하지 못한 탓이다. 곤궁한 백성은 하소연할 곳이 없으니, 도적이 되지 않으면 살아갈 길이 없는 형편이다"라며 평가하고 있습니다. 국가 경영을 어렵게 만든 임꺽정을 개인의 잘못이 아닌 관리들의 부패와 민심을 읽지 못하는 조정의 현실로 꼬집고 있습니다. 비단 사관의 평가는 조선시대에만 해당하는 이야기는 아닐 것입니다. 지금의 우리에게도 필요한 이야기입니다. 공무원들이 청렴하게 생활하며 개인의 이익보다는 공익을 우선하는 태도는 한 시대에만 요구되는 것이 아니니까 말입니다. 그렇기에《조선왕조실록》의 수많은 기록은 우리의 삶에 지침이 될 수 있습니다.

하지만《조선왕조실록》도 완벽하게 객관적이라고 말하기는 어렵습니다. 조선만이 아니라 지금도 모든 기록이 객관적이라고 말하기는 어렵죠. 시대와 상황에 따라 사실을 바라보는 관점이 다르니까요. 그래서《조선왕조실록》에는 '수정실록'이라는 것이 존재합니다. 예를 들어 광해군을 내쫓고 집권층이 된 서인들은《선조실록》이 공정하지 못하다며 수정을 요구합니다. 하지만《조선왕조실록》은 왕조차도 살아서는 보지 못하는 기록물이니 수정을 쉽게 결정하지는 못해요. 그래서 인조반정이 일어난 1623년 실록을 수정하자는 의견이 나왔지만, 실제로《선조수정실록》이 완성된 것은 1657년 효종 때입니다.《조선왕조실록》에서 수정이 들어간 왕은 선조, 광해군, 현종, 숙종, 경종으로 모두가 붕당의 집권층이 급격한 변화를 겪던 조선 후기 왕들입니다. 그래도 다행인 것은 실록을 수정했어도 기존의 실록을 폐기하지 않고 그대로 보존했다는 거예요. 그로 인해 우리는《선조실록》

과 《선조수정실록》과 같이 두 실록을 비교 분석하여 객관적인 사실을 파악할 수 있습니다.

여기서 하나 덧붙이자면, 왕에서 쫓겨난 연산군과 광해군의 경우는 실록이라고 표기하지 않아요. 그들의 기록이라는 뜻에서 '일기'라고 이름을 붙입니다. 《연산군일기》 또는 《광해군일기》처럼요. 그렇다면 의문이 생기죠. 왕으로 인정하지 않아 내쫓은 건데 왜 기록하느냐고요. 이것이 《조선왕조실록》의 위대함입니다. 아무리 왕에서 내쫓겼어도 그 시절의 역사도 기록해야 한다고 본 것이죠. 정말 조선은 기록의 나라입니다.

우리나라는 과거 우리 선조의 기록을 전산화 작업을 통해 데이터로 보관하여 세계인들의 부러움을 받는 나라입니다. 그중 하나가 《조선왕조실록》입니다. 인터넷 주소 "sillok.history.go.kr"을 입력하거나, 포털사이트에서 '조선왕조실록'을 검색하면 누구나 쉽게 만날 수 있습니다. 그러나 《조선왕조실록》을 읽다 보면 종종 어렵게 느껴지면서 이해하기 어려울 때가 있습니다. 이것은 《조선왕조실록》이 담고 있는 내용의 양과 범위가 너무나 방대하며, 지금은 사용하지 않는 용어와 개념이 등장하기 때문입니다. 또 날짜순으로 기록한 편년체이기 때문에 조선의 배경지식이 없다면 《조선왕조실록》에 기록된 사건을 종합적으로 이해하고 판단하기 어렵습니다.

그래서 생각해 보았습니다. 《조선왕조실록》에 기록된 수많은 내용 중에서 우리에게 잘 알려진 사실과 흥미로운 주제를 선별하여 풀이하는 책을 써 보면 어떨까 말입니다. 조선과 관련된 배경지식을 전달하는 한편, 독자분들이 《조선왕조실록》을 직접 읽어 보고 싶게 만들면 좋겠다고 생각하게 되었습니다. 궁금해하는 질문의 정답을 찾아가는 즐거움은 무엇과도 비교할 수 없으니까요. 이 책 《조선 왕 연대기》를 통해 《조선왕조실록》을 직접 읽으며 조선의 역사에 한층 더 가까워지고 우리 역사를 사랑하는 계기가 되었으면 좋겠다는 바람을 가져 봅니다.

유정호 드림

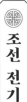

조선 전기

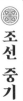

조선 중기

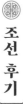

조
선

후
기

조선 전기 연표

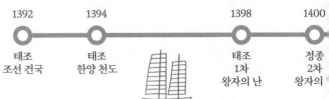

1392
태조
조선 건국

1394
태조
한양 천도

1398
태조
1차
왕자의 난

1400
정종
2차
왕자의

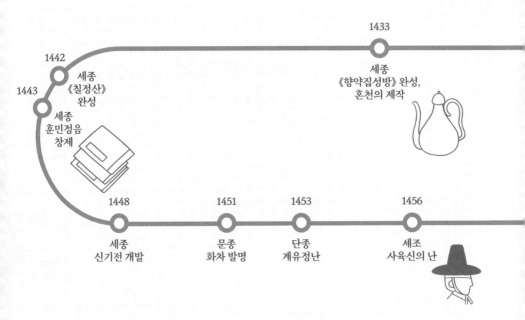

1433
세종
《향약집성방》 완성,
혼천의 제작

1442
세종
《칠정산》
완성

1443
세종
훈민정음
창제

1448
세종
신기전 개발

1451
문종
화차 발명

1453
단종
계유정난

1456
세조
사육신의 난

1504
연산군
갑자사화

1498
연산군
무오사화

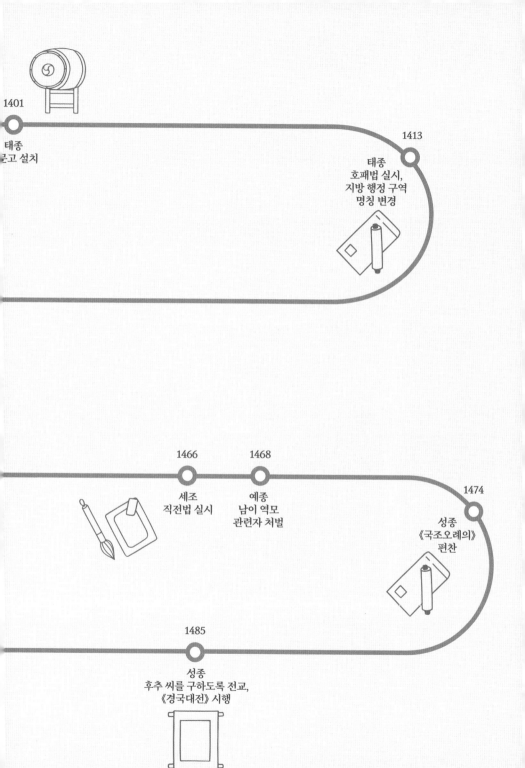

1401
태종
신문고 설치

1413
태종
호패법 실시,
지방 행정 구역
명칭 변경

1466
세조
직전법 실시

1468
예종
남이 역모
관련자 처벌

1474
성종
《국조오례의》
편찬

1485
성종
후추 씨를 구하도록 전교,
《경국대전》 시행

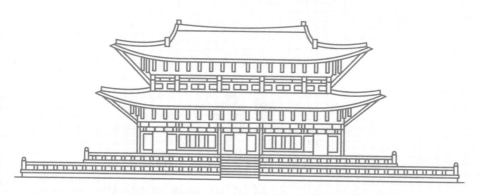

이성계는 황산대첩 등 홍건적과 왜구를 상대로 큰 승리를 거두며 신흥 무인 세력으로 성장했다. 위화도 회군을 통해 권력을 장악한 이성계는 과전법을 통해 건국의 경제적 기반을 마련한 뒤 1392년 공양왕에게 왕위를 물려받아 조선을 건국하였다. 고려와 달리 유학을 국가 운영의 틀로 삼은 이성계는 수도를 한양으로 옮기며 고려 사회의 폐단을 고쳐 나갔다. 그러나 제1, 2차 왕자의 난으로 자식 간에 권력 다툼이 일어나자, 왕위를 정종에게 물려주고 불교에 의지하며 세월을 보내다가 1408년 죽었다.

제1대

태조

(1335~1408, 재위 : 1392.7~1398.8)

1392년 7월 17일 (태조 1년)
수창궁에서 이성계 왕위에 오르다

대소 신료와 존경받는 노인들이 태조에게 왕위에 오르기를 간절히 원하니, 태조가 마지못하여 수창궁으로 왕이 행차하게 되었다. 백관들이 궁문 서쪽에서 줄을 지어 영접하니, 태조는 말에서 내려 걸어서 전(殿)으로 들어가 왕위에 올랐다. 태조는 어좌를 피하고 기둥 안에 서서 여러 신하의 축하 인사를 받았다. "내가 수상이 되어서도 항상 직책을 다하지 못할까 두려워하였는데, 어찌 오늘날 이 일을 볼 것이라 생각했겠는가? 내가 지금은 병에 걸려 손·발을 제대로 쓸 수 없는 지경에 이르렀으니, 경들은 마땅히 각자가 마음과 힘을 합하여 덕이 적은 이 사람을 보좌하라"라고 하였다. -《태조실록》1권

고려의 마지막 왕인 공양왕은 즉위하면서 자신이 고려의 마지막 왕이 될 것이라고 예상했을까요? 아마도 아니었을 겁니다. 왕이 될 마음이 없었지만 이성계와 정도전에 의해 어쩔 수 없이 왕으로 추대됐거든요. 공양왕은 고려에서 가장 강한 군대를 보유한 명장 이성계와 명석한 두뇌로 국정을 주관하는 정도전에게 맞서 싸울 자신이 없었습니다. 생각해 보면 요동 정벌을 떠났던 이성계가 위화도 회군을 하는 순간부터 고려 멸망은 시간문제였어요.

고려는 오랫동안 적체된 문제를 해결할 능력을 잃어버린 지 오래여서 백성들은 매우 비참한 삶을 살아가고 있었으니까 말입니다.

그렇다면 이성계는 고통에 신음하는 백성을 위해 위화도 회군을 했을까요? 여기에는 여러 해석이 있습니다. 우선 우왕과 최영 장군이 요동 정벌을 내세워 이성계를 제거하려 했다고 생각하는 사람이 있어요. 이들은 이성계가 살아남기 위해 위화도 회군을 했다고 생각합니다. 또는 요동 정벌에 성공해도 고려가 실효적인 지배를 할 수 없다고 판단한 이성계가 회군했다고 보기도 합니다. 영구적으로 요동을 확보하지 못하는 정벌은 백성을 사지로 몰아 힘들게 하는 정책이기에 반대했다고 보는 거죠. 위 두 가지 주장과는 달리 이성계가 개인적인 욕심으로 왕이 되기 위해 군대를 되돌렸다고 생각하는 사람도 있어요. 여러분은 이성계가 위 세 가지 중 어떤 생각을 가지고 위화도에서 군대를 되돌려 개성으로 내려왔다고 생각하세요? 아니면 또 다른 이유가 있었는지도 모르겠습니다.

어떤 의도로 회군했는지는 모르겠지만 확실한 것은 위화도 회군 이후 이성계가 권력의 정점에 섰다는 거예요. 이성계와 정도전은 위화도 회군 이후 뜻을 함께했던 조민수를 비롯하여 정몽주 등 자신을 견제하는 세력을 하나둘 제거해요. 1391년에는 과전법이라는 토지 제도 개혁을 통해 자신을 지지하는 신진 사대부들의 경제적 기반을 마련해 줘요. 이로써 고려의 지배 계층이던 권문세족의 힘은 약해지고, 이성계를 지지하는 사람들이 새로운 사회의 주역으로 떠오르게 됩니다.

새로운 국가를 건설할 준비를 모두 마친 이성계에게 필요한 마지막 과제는 명분이었어요. 당시 사람들은 500여 년 동안 고려만을 자신들의 국가로 생각해 왔어요. 그런 사람들에게 고려가 강제로 멸망하는 모습을 보여 주면 많은 반발이 있으리라는 것쯤은 누구라도 충분히 예상할 수 있었으니까요. 최악의 경우에는 고려를 끝까지 지키려는 사람들에 의해 큰 전쟁을 치러야 할지도 모른다고 이성계는 내다봤어요. 그렇기에 무슨 일이 있어도 고려 왕실로부터 왕위를 물려받아 새로운 국가를 건설해야 했어요. 그래야만 조선 건국에 대한 명분과 정통성을 가질 수 있었습니다.

고려 왕실로부터 왕위를 물려받기 위해 이성계의 측근이던 배극렴이 총대를 메고 맨 앞에 섰어요. 그는 왕대비를 찾아가 공양왕이 임금의 도리를 제대로 하지 못하고 있으니 내쫓아야 한다고 주청을 올렸어요. 말이 주청이지 사실은 반협박이나 다름없었습니다. 배극렴의 주청이 무엇을 의미하는지 알았지만, 왕대비는 거부할 힘이 없었어요. 그녀는 고려 왕실이 끝났다는 사실을 인정하며 공양왕을 폐위한다는 교지를 내렸어요. 왕으로 즉위하는 날부터 바늘방석에 앉은 듯 하루하루를 마음 졸였던 공양왕이지만 폐위한다는 교지를 받는 순간 눈앞이 캄캄해졌어요. 오로지 그의 머릿속에는 어떡하든 살아남아야겠다는 생각밖에 없었어요. 그래서 "나는 왕이 되고 싶은 마음이 하나도 없는데, 강제로 즉위했다. 또한 나는 어리석고 둔해서 나라 돌아가는 일을 알지 못했다"라며 이성계의 행보에 어떤 방해도 하지 않았음을 강조했어요. 이 말 때문인지는 모르겠지만, 공양왕은 목숨을 한동안 부지할 수 있었어요.

그러나 그 기간이 길지는 않았어요. 태조 3년 김가행과 박중질이 역모를 일으키고자 밀양의 장님 이흥무에게 점을 친 사건이 있었어요. 이 일로 많은 문무백관이 공양왕을 죽여야 한다고 말하자, 이성계는 어쩔 수 없다며 공양왕과 그의 두 아들을 죽입니다. 이것은 공양왕이 살아 있는 한 고려를 부흥시키려는 움직임이 멈추지 않을 것이라는 이성계의 두려움 때문이었어요. 결국 폐위되어 원주에서 삼척까지 유배 생활을 하면서도 살아남고 싶었던 공양왕의 희망은 하늘에 흩뿌려지고 맙니다.

다시 조선이 건국되는 시점으로 돌아가 볼까요? 공양왕이 폐위되자 조준과 배극렴 등 이성계를 지지하는 관료들은 기다렸다는 듯 옥새를 받아서 이성계의 집을 찾아갔어요. 그러고는 이성계의 마당에 무릎을 꿇고 앉아 국왕이 되어 달라고 소리 높여 외쳤어요. 잘 짜인 드라마나 영화 속 주인공처럼 이성계는 이마에 손을 얹고 매우 아픈 듯 밖으로 비틀거리며 나와서는 자신은 왕이 될 자격이 없으니 모두 돌아가라고 말해요. 그렇다고 눈치 없이 물러나면 큰일 나겠지요. 최소한 한 번 이상은 거절하는 게 우리 한국의 오랜 미덕이잖아요. 마당에 있는 모두는 다시 한번 고개를 숙이며 이성계에게 왕으로 즉위해 달라고 거듭 요청했어요. 그제야 이성계는 본인은 정말 원하지 않으나 많은 이들의 요청과 힘들어하는 백성을 위해 왕으로 즉위하겠다며 수창궁으로 향해요. 이곳에서 이성계가 왕으로 즉위하면서 475년 동안 34명의 왕이 이끌었던 고려는 역사의 뒤안길로 사라지게 됩니다.

태조 이성계 어진(문화재청 소장)

이성계가 왕으로 즉위한 수창궁은 어떤 장소였을까요? 수창궁은
개경의 서소문 안에 있는 별궁으로 고려시대 이곳에서 많은 사건이 일어났
어요. 고려 초 거란군이 쳐들어왔을 때 왕은 수창궁을 버리고 도망갔고, 원
나라의 침입 때에는 크게 훼손되어 궁궐의 기능을 하지 못하게 됐어요. 수
창궁이 복원된 것은 원에서 벗어나 고려를 자주적인 나라로 만들고 싶었던

공민왕의 의지가 있었기에 가능했어요. 하지만 홍륜 일파에게 공민왕이 시해당하면서 공사가 멈추었다가 1384년 우왕에 이르러서야 완공됩니다.

고려의 재도약을 바라며 중건하던 공민왕의 바람과는 달리 수창궁은 고려의 마지막 임금이 머문 장소이자, 조선의 첫 번째 궁궐이 돼요. 이성계는 새로운 수도 한양에 경복궁을 짓고 떠나면서 다시는 이곳을 찾아올 일이 없다고 생각했어요. 그러나 이성계와 수창궁의 인연은 계속 이어져요. 그것도 악연으로 말입니다. 한양으로 수도를 옮긴 이성계는 정도전의 의견에 따라 신덕왕후 강씨의 소생이자 막내 이방석을 세자로 책봉했어요. 이방원과 그 형제들은 이 일로 불만이 생겼고, 신덕왕후와 정도전에 의해 자신들이 숙청될지도 모른다는 불안감에 난을 일으켜요. 우리는 이 사건을 제1차 왕자의 난이라 부릅니다.

이방원은 정변에 성공한 후 이복동생 방석과 방번을 죽여요. 이성계는 사랑하던 두 아들이 죽자, 정변의 주역이던 이방원을 미워하여 둘째 아들 이방과(정종)에게 왕위를 물려줍니다. 그렇게 제2대 왕으로 즉위한 정종은 피바람이 불었던 경복궁을 떠나 개성의 수창궁으로 거처를 옮겼어요. 다시 조선의 왕이 머무는 궁궐이 된 수창궁은 태종 이방원이 다시 한양으로 수도를 옮기면서 사람들의 기억에서 잊혀 갔어요. 그리고 600여 년이 지난 지금 많은 사람은 수창궁을 알지 못합니다

1394년 4월 26일 (태조 3년)
왕씨 성을 쓰지 못하게 하다

고려 왕조에서 왕씨로 사성(賜姓, 임금이 공신에게 내려 주는 성)이 된 사람에게는 모두 본성을 따르게 하고, 무릇 왕씨의 성을 가진 사람은 비록 고려 왕조의 후손이 아니더라도 또한 어머니의 성을 따르게 하였다. ─《태조실록》 5권

이성계는 고려가 멸망하고 조선이 건국된 지 2년이나 지난 1394년 고려 왕족임을 나타내는 왕씨 성을 사용하지 말라는 왕명을 내려요. 왜 그런 명령을 내렸을까요? 여기에는 자신이 세운 나라를 지키고자 했던 이성계의 절박함이 담겨 있어요.

우리는 고려 말의 어려웠던 현실만 떠올리며, 조선 건국을 백성 대다수가 환영했다고 생각하는 경우가 많아요. 그러나 당시 모든 사람이 조선 건국을 환영하고 반겼던 것은 아니었어요. 오히려 조선이 빨리 무너지고 고려가 다시 부흥하기를 바라는 사람도 많았습니다.

이성계는 공양왕에게 왕위를 물려받는 형식으로 왕이 됐습니다.

이것은 백성에게 역성혁명*을 강조하여, 조선 건국의 정당성을 확보하려는 일종의 정치 쇼였어요. 많은 이들도 쉬쉬하며 모르는 척하고 있을 뿐, 공양왕이 협박에 이기지 못해 왕위를 넘겨주었다는 사실을 모르는 사람은 한 명도 없었어요. 그렇기에 많은 이들이 역적 이성계에게 고려가 무너졌지만, 얼마 지나지 않아 조선이 멸망하고 고려가 돌아올 것이라고 믿었어요. 함경도 촌구석에서 올라온 이성계가 전쟁은 잘할지 모르겠지만, 국정을 운영할 능력은 부족하다고 여겼거든요. 또한 정도전을 비롯한 급진 사대부들도 의욕만 강하지, 나라를 운영할 경험과 연륜이 부족해서 얼마 가지 못할 것으로 생각했습니다.

고려 왕조의 부활을 바라는 백성들의 바람이 허황한 것만은 아니었어요. 475년간 지속되어 온 고려의 역사는 굉장한 힘을 가지고 있었어요. 당시 사람들은 고려가 아닌 조선의 백성으로 살아가야 한다는 사실이 당최 믿기지 않았거든요. 그래서 사람들은 조선이 곧 무너지고, 고려가 다시 일어설 거라고 몰래 수군덕거렸어요. 심지어 하늘이 왕을 죽인 이성계에게 천벌을 내릴 거라고 말하는 사람도 있었습니다.

이런 민심을 이성계도 모르지 않았어요. 고려 조정에서 일하던 많은 신하가 관직을 버리고 고향으로 돌아가 버렸으니까요. 백성들도 삼삼오오 모이기만 하면 고려 왕실이 불쌍하다고 두둔하면서, 현재 왕인 자신에

* 易姓革命, 왕이 민심을 잃으면 하늘이 합당한 자격을 가진 사람에게 새로운 왕조를 열게 한다는 사상.

게는 욕설을 내뱉는다는 사실을 잘 알고 있었습니다. 이런 당시 사회적 분위기 때문에 벌어진 사건으로 두문동 72현의 안타까운 죽음이 있어요. 순조 때 기록된《두문동실기》에 따르면 조선 건국을 인정할 수 없었던 조의생, 맹호성 등 72명의 고려 관료들이 경기도 개풍군 광덕면에 있던 두문동에 들어가 은둔했다고 해요. 조선에 많은 인재가 필요했던 이성계는 이들에게 조정으로 나와 백성을 위해 일하라고 여러 번 권유했습니다. 그럴 때마다 이들은 조선 왕조를 받들 수 없다며 계속 거부했어요. 이성계는 자신을 따르지 않고, 고려만을 그리워하는 이들로 인해 민심이 흔들릴까 두려웠어요. 어떡하든 두문동 밖으로 나오게 하려고 불을 질렀는데, 이들은 고려의 충신으로 불타 죽는 것을 선택해요. 대단하다고 해야 하는지, 아니면 어리석다고 해야 할지 모르겠지만, 확실한 것은 두문동 72현은 조선 건국에 반대하는 집단과 세력이 존재했음을 보여 준다는 것입니다. 이후 사람들은 집 밖에 나가지 않는 행동을 '두문불출'이라 불렀습니다.

두문동 72현이 조선 건국에 대한 고려 관료들의 반발을 보여 줬다면, 야사 속 조랭이떡(표준어로는 조롱이떡) 이야기는 조선 건국에 반대하는 백성의 마음을 보여 줍니다. 조랭이떡은 눈사람처럼 생긴 귀여운 모습이지만, 이 떡의 유래에는 듣기만 해도 섬뜩한 이야기가 담겨 있어요. 조선이 건국되고 한양으로 수도를 옮기면서, 개성에 살던 사람들은 큰 피해를 봤어요. 그동안 고려의 수도에 살면서 누렸던 많은 특권이 한순간에 사라져 버렸거든요. 이들은 누가 시키지 않았는데도 한마음 한뜻으로 이성계의 목을 조르는 형상을 가진 조랭이떡을 만들며 복수를 다짐했어요. 이성계만 죽으면 고려 왕조가 부활할 것이라 굳게 믿으면서 말입니다.

　　이처럼 관료들과 백성들이 조선의 건국을 인정하지 않고 반발한 까닭은 무엇일까요? 우선은 기득권을 누리던 사람들의 반발이 있습니다. 특히 경제와 관련해서요. 이성계는 위화도 회군 이후 권문세족이 불법적으로 백성을 수탈하는 모습을 바로잡기 위해 과전법이라 불리는 토지 개혁을 추진했어요. 불법적으로 약탈당했거나 누락된 토지를 찾아내는 일부터 시작했죠. 그러고는 권문세족이 관행이라 부르며 백성을 수탈하던 악습을 모조리 금지했어요. 이로 인해 고려 말 불법으로 막대한 이익을 챙기던 기득권 세력은 경제적 타격을 크게 입었어요. 이들은 자신들이 손해 보는 만큼 이성계와 그가 세운 조선을 미워했습니다.

　　또한 사람들은 새로운 것에 적응하는 것보다는 익숙한 것을 그대로 사용하려는 경향이 커요. 문제가 있어도 한 번에 바꾸기보다는 조금씩 잘못을 바로잡아 가기를 바라죠. 그런데 조선은 천 년 가까이 민중의 삶에 영향을 미치던 불교를 탄압하고, 백성에게 생소하고 이해하기 어려운 성리학에 따라 살아야 한다고 강요했어요. 갑자기 불교를 탄압하고 성리학을 숭상하라며 부처님에게 복을 못 빌게 하고, 남녀 간의 자유로운 연애도 하지 못하게 막는 조선을 백성들은 이해하기가 어려웠어요. 그 결과 구관이 명관이라고 아무리 힘들게 했어도 고려가 조선보다 낫다며 그리움을 표시하는 백성도 많았습니다.

민심이 고려를 그리워하는 모습을 보일 때마다 이성계는 국정 운영에 어려움을 겪었어요. 실제로 조선에 대한 거부감이 생각에서 끝나지 않고, 역모로 이어지는 경우도 종종 발생했고요. 결국 이성계는 고려의 부흥을 꿈꾸는 사람들이 모이게 하는 구심점인 고려 왕족을 없애야겠다고 생각해요. 그래서 고려 왕족을 거제도와 강화도 등 섬으로 유배 보내는 과정에서 물에 빠뜨려 죽였어요. 당연히 반정의 구심점이 될 수 있는 고려의 마지막 왕이었던 공양왕과 그의 두 아들도 죽여요. 이것으로도 부족하다고 생각한 이성계는 이 세상에서 왕씨 성을 아예 없애 버려야겠다고 생각합니다. 왕씨 성을 가진 사람이 없으면 고려를 세울 수도 없으니까요. 그러나 왕씨 성을 가진 수많은 사람을 모두 죽일 수는 없어서 왕씨 성을 사용하지 못하도록만 했어요. 그 결과 왕씨를 가진 수많은 사람이 성을 바꿨어요. 왕(王)에 간단하게 점을 찍거나 덧붙이는 방식으로 옥(玉), 주(主), 전(全) 등으로 말이에요. 더러는 어머니의 성씨를 따라 박씨나 이씨로 바꾸기도 했어요. 이런 행동은 자신들이 왕씨라는 사실을 잊지 않기 위한 나름의 강구책이었습니다.

왕씨를 사용해도 처벌받지 않게 된 것은 태종부터예요. 국가의 토대가 단단해졌다고 자신한 태종은 "만약 이씨가 도(道)가 있다면, 비록 100명의 왕씨가 있다 하더라도, 아무도 능히 우환이 될 수 없을 것이다. 그렇지 않다면 왕씨가 아니라 할지라도 천명을 받아 대대로 흥하는 자가 없겠느냐"라며 왕씨의 후예를 발견해도 처벌하지 말라고 명령해요. 여기에는 왕씨를 사용하는 사람 대부분이 사라진 사회적 배경도 한몫했어요. 그 결과 대한민국에서 왕씨를 사용하는 사람은 2015년 통계에 따르면 25,565명에 불과합니다. 김씨가 천만 명 이상, 김씨, 박씨, 이씨를 합한 수가 2천만 명 이상인 것과 크게 비교되지 않나요?

1394년 10월 25일 (태조 3년)
한양으로 수도를 옮기다

한양으로 서울을 옮기었다. 각 관청의 관원 두 명씩은 송경에 머물러 있게 하고, 문하 시랑찬성사 최영지와 상의문하부사 우인열 등으로 분(分)도평의사사를 삼았다. - 《태조실록》 6권

태조는 개경과 특별한 인연이 없었어요. 자신이 태어나고 자란 고향도 아니어서 개경 어디에도 마음을 터놓고 이야기할 친구가 없었거든요. 오히려 개경에는 수많은 전투에서 승리한 자신을 틈만 나면 해코지하려는 정적으로 인해 한순간도 마음 편히 지낼 수 없었어요. 태조가 조선을 건국한 이후에도 상황은 크게 바뀌지 않았어요. 아니 오히려 조선 건국에 반감을 품은 사람들로 인해 더욱 불안한 날들을 보내야 했어요. 하나의 예로 백성들은 정몽주가 철퇴를 맞고 흘린 피가 개천에 들어가 물고기 지느러미가 모두 붉어지고, 선죽교에 흘린 피는 비가 와도 씻겨 지워지지 않는다며 고려를 그리워했어요. 이런 상황에서 이성계는 개성에 더는 머물고 싶지 않았습니다.

개성을 떠나 새로운 출발을 해야겠다고 결심한 태조 이성계는 신료들을 모아 놓고 조선의 새로운 수도로 적당한 장소를 추천하라고 말해요. 이에 관료 권중화가 직접 전국을 돌아다니며 새 도읍지로 추천한 곳이 계룡산 주변이었어요. 태조가 직접 계룡산으로 내려가 확인해 보니, 권중화의 말처럼 계룡산 일대가 한 나라의 수도로 삼기에 부족함이 없었어요. 흡족해진 이성계는 이서 빨리 궁궐과 관청을 짓도록 지시했어요. 그렇게 궁궐을 짓기 시작한 지 10개월이 지났을 무렵 하륜이 조용히 이성계를 찾아와 근심스러운 표정을 지으며 어렵게 말문을 열었어요. "전하. 계룡산으로 수도를 옮기면 이 조선은 오래갈 수 없습니다. 그러하오니, 제발 다른 곳으로 수도를 정하기를 바라옵니다"라고요. 태조는 새로운 수도로 옮길 생각에 기분이 들떠 있다가, 계룡산 일대가 안 좋다는 하륜의 말에 기분이 확 상했어요. 그렇다고 조선이 망할 수도 있다는 장소로 수도를 옮기고 싶지도 않았습니다.

결국 다시 원점으로 돌아온 태조는 신료들과 머리를 맞대고 새로운 수도 자리를 모색했어요. 이때 계룡산 일대를 반대했던 하륜은 도선의 비기를 근거로 연희동 일대를 강력하게 추천했어요. 계룡산 일대를 하륜이 원점으로 되돌려 놓은 것에 대한 반발이었을까요? 권중화는 연희동 일대를 도읍지로 정하자는 하륜의 주장에 강력히 반대해요. 반대를 위한 반대가 이어지면서 어떤 결론도 나지 않자, 태조의 정신적 스승이었던 무학대사가 나섰어요. 무학대사는 왕십리 일대를 답사하던 중 신비로운 노인을 만났는데,

그가 말하길 왕십리에서 서북쪽으로 10리 떨어진 곳이 새 도읍지로 적합하다고 알려 줬다는 거예요. 그래서 자신이 직접 그곳에 가 보니 정말 하늘이 내린 명당이어서, 조선의 새로운 도읍지로 적합하다며 칭찬을 아끼지 않았어요. 태조는 신료들이 둘로 나누어져 싸우는 것보다는 무학대사의 말을 좇는 것이 바람직하다고 생각하고는 무학대사가 말한 곳을 새 도읍지로 삼아요. 이곳이 지금의 경복궁 자리입니다.

그러나 이것은 전해 내려오는 설화일 뿐, 실제 역사하고는 많이 달라요. 합리적이고 이성적인 사고방식을 매우 중요하게 여기는 성리학을 국가 운영 이념으로 삼은 신진 사대부들이 누군지도 모를 노인의 말만 믿고 수도를 옮겼을까요? 아니 그냥 상식적으로 생각해도 한 나라를 세우고 경영하는 사람들이 즉흥적으로 누구의 말을 믿고 따르지는 않았을 거예요. 태조와 신료들은 매우 신중하게 새로운 수도로 적합한 장소를 찾아다니며 끊임없이 비교했어요. 이들이 선택한 장소는 고려시대 개경, 서경과 더불어 매우 중요했던 행정 중심지 남경이었어요. 1067년 고려 문종이 궁궐을 지었고, 숙종은 수도를 이곳으로 옮기겠다고 종묘사직에 제사를 올릴 정도로 중요하게 관리하던 지역이었어요. 그렇기에 태조 이성계가 조선의 수도로 선택할 수 있었던 겁니다.

태조는 한양이 수도로서 적합한지를 다시 한번 최고 정무 기관이던 도평의사사에게 물었어요. 그러자 "앞뒤 산하의 형세가 빼어나고 사방의 도리가 고릅니다. 배와 수레가 통하니 이곳에 도읍을 정하면 하늘과 백성의 뜻에 맞을 것입니다"라는 답변을 도평의사사가 올렸어요. 여기서 사방의 도리가 바르고 백성의 뜻에 맞는다는 문구는 한양에 사는 사람들이 조선 건국에 크게 반감을 갖지 않았음을 보여 줘요. 한양에 살던 사람들로서는 고려가 망한 상황에서 조선 국왕이 이곳으로 수도를 옮긴다는 데 반대할 이유가 없잖아요? 오히려 수도가 되었을 때 얻게 되는 혜택이 훨씬 더 크니까요. 또한 배와 수레가 통한다는 말은 한강과 큰 도로를 이용한 교통이 예전부터 발달했음을 보여 줘요. 이것은 수도로서 꼭 갖춰야 할 조건이기도 했습니다.

태조는 자신이 살 궁궐만 세워지면 당장 수도를 옮기겠다고 결심해요. 그래서 태조는 한양 천도를 표명한 다음 달인 9월에 임시 관아인 신도궁궐조성도감을 설치하고 수도를 옮길 준비를 하게 했어요. 이에 정도전을 비롯한 심덕부 등 수많은 관료가 하루도 쉬지 않고 부지런히 수도로서 갖추어야 할 궁궐과 도로 등을 만들었어요. 하지만 태조의 눈에는 너무 더디게 진행되는 것으로 보여 답답하기만 했어요. 결국 자신이 한양에 있어야 작업이 더욱 빨라질 것으로 생각한 태조는 10월 28일 한양부 객사로 거처를 옮겼어요. 그러니 관료들이 얼마나 조급해졌을까요. 이성계가 매일매일 공사 진행 상황을 물어보니 일하는 관료들은 죽을 맛이었을 거예요. 태조의 압박 때문인지는 몰라도 이듬해인 1395년 9월에 종묘사직과 경복궁이 완공되면서 한양이 조선의 새 수도가 됩니다.

현재 서울시는 태조가 경복궁 건설을 재촉하기 위해 한양부 객사에 머물렀던 10월 28일을 '서울 시민의 날'로 지정하고 기념하고 있어요. 이 날에는 사물놀이나 과거 시험 등 조선의 모습을 재현하는 여러 행사가 열려요. 세계적으로도 한 나라의 수도로 600년 이상 지속되어 온 지역이 많지 않아요. 그렇기에 서울은 궁궐을 비롯한 과거의 역사와 21세기 미래도시의 모습을 다 가지고 있으며, 대한민국을 상징하는 랜드마크로 세계에 인식되고 있습니다.

1398년 8월 9일 (태조 7년)
정도전이 요동 공략에 대해
조준을 설득하려다가 실패하다

정도전과 남은이 조준의 집에 나아가서 말하였다. "요동을 공격하는 일은 지금 이미 결정되었으니 공은 다시 말하지 마십시오."

조준이 말하였다. "내가 개국 원훈의 반열에 있는데 어찌 전하를 저버림이 있겠습니까? 전하께서 왕위에 오른 후로 수도를 옮겨 궁궐을 창건한 이유로서 백성이 토목의 역사에 시달려 인애의 은혜를 받지 못하였으므로 원망이 극도에 이르고, 군량이 넉넉지 못하니, 어찌 그 원망하는 백성을 거느리고 가서 능히 일을 성취시킬 수 있겠습니까?" - 《태조실록》 14권

이성계는 요동을 정벌하라는 우왕과 최영의 명령을 거부하는 명분으로 "약소국이 강대국을 상대로 싸우는 것은 좋은 계책이 아니다. 여름철에 전쟁하면 한 해 농사를 망친다. 왜구의 침입이 늘어날 것이다. 장마철에는 활을 붙인 아교가 떨어지고, 병사들이 전염병으로 희생될 것이다"라며 4불가론을 제시했어요. 이것은 훗날 위화도 회군의 명분이 되어 조선 건국의 발판이

돼요. 그런데 태조 이성계는 조선을 건국하고 나서 자신이 반대했던 요동 정벌을 추진합니다. 왜 그는 스스로가 반대하던 요동 정벌을 재추진했던 것일까요?

조선은 건국부터 친명 정책을 폈어요. 그래서 명나라에 이성계를 국왕으로 인정해 달라 말하고, 나라 이름도 '조선'과 '화령' 둘 중 하나를 선택해 달라고 요청했어요. 이런 모습을 보고 굴욕적이라고 비판하면 안 됩니다. 가장 강력한 힘을 가졌던 원나라를 북쪽으로 내쫓고 동아시아의 최대 강국으로 성장한 명나라와 불편한 관계를 맺게 되면 조선에 하나도 도움이 되지 않으니 당시로서는 불가피한 행동이었어요. 명나라 태조인 홍무제*는 자기 뜻을 따르지 않는 사람과 나라를 가만두지 않았으니까요. 나라를 건국한 지 얼마 되지 않은 조선으로서는 조공과 책봉이라는 국제 외교 질서를 강요하는 명나라를 적으로 돌린다는 것이 매우 위험한 일이었어요. 무엇보다 이성계는 명과의 전쟁 대신 오랜 전란으로 피폐화된 삶을 복구하는 것이 가장 먼저 해결해야 할 과제라고 생각했습니다.

그러나 평화 관계를 유지하려는 조선과 달리 명나라는 끊임없이 조선을 경계하며 괴롭혔어요. 그 배경에는 우리 민족이 역사적으로 동아시아의 군사 강국이었다는 사실이 깔려 있어요. 고구려는 수와 당나라의 공격을 이겨 냈고, 고려는 거란과 맞서 싸워 승리하고 몽골의 침략을 40년 동안

* 명을 건국한 초대 황제인 주원장. 연호를 '홍무'로 사용하여 '홍무제'라고도 한다.

막아 냈으니까요. 그런 데다 조선의 국왕이 동아시아 최강의 무인으로 홍건 적**과 왜구를 수도 없이 토벌한 명장 출신이라는 사실이 신흥국이던 명나라 의 심기를 불편하게 했어요. 그러니 조선이 딴마음을 품지 못하도록 자신의 품에 가두어 놓기 위해 늘 감시했습니다.

그런 가운데 정도전이 "조선과 명의 관계가 잘 풀리지 않으면 군대 를 끌고 명나라를 침략할 수도 있다"라고 한 말이 명나라 조정에 전해지게 돼요. 그러던 차에 태조가 즉위한 지 석 달 후인 1392년 10월 사은사***로 명 나라에 왔다가 돌아가던 정도전이 만주에서 명나라 군대의 정보를 수집하 고, 여진족 추장과 만나는 모습이 포착되었어요. 곧이어 조선이 삼군총제부 를 의흥삼군부로 개혁하고 중방을 혁파하는 등 군제 개편을 연이어 단행하 고요. 이 모든 중심에 판삼사사와 판의흥삼군부사를 겸임하여 군정 개혁과 군비 강화를 추진하던 정도전이 있었어요. 이런 상황에서 여진족이 조선에 귀화하자, 명나라는 조선이 여진족과 연합하여 요동을 침략할 준비를 하고 있다고 확신하게 됩니다.

명나라 《태조실록》에 따르면 명나라 태조인 홍무제가 "요동은 군 량이 모자라 군사들이 굶주리고 있어 조선이 20만 군대로 쳐들어오면 어떻

●●   14세기 중반, 중국 원나라 말기에 일어난 한족 농민 반란군. 머리에 붉은 두 건을 둘렀다고 해서 홍건적이란 이름이 붙었다. 원나라에 쫓겨 요동으로 몰 러선 홍건적은 고려 공민왕 때 두 차례에 걸쳐 한반도를 침입했으나 격퇴당 했다.

●●●   謝恩使, 명나라가 조선에 은혜를 베풀었을 때, 이를 보답하기 위해 보내던 사절단.

게 대응하겠느냐"라며 탄식하는 장면이 나와요. 이것은 명나라 태조가 말로만 조선을 정벌하겠다며 큰소리 낼 뿐, 실질적으로 조선을 정벌할 여력이 없었다는 사실을 여실히 보여 줘요. 그래서 표전*을 문제 삼아서 정도전을 잡아들이면, 조선의 요동 정벌이 무산된다고 생각했던 겁니다.

홍무제가 조선이 보낸 표전의 어떤 부분을 가지고 문제 삼았는지 살펴볼까요? 홍무제는 자신이 빈농 출신으로 탁발승이 되었다가 도적 떼인 홍건적으로 활동했다는 사실에 자격지심을 가지고 있었어요. 그래서 승려 승(僧)뿐만이 아니라 승려의 민머리를 표현하는 광(光), 도적을 의미하는 적(賊)을 사용하지 못하게 했어요. 심지어 발음이 비슷한 한자도요. 만약 사람들이 이를 지키지 않으면 서슴없이 처형했어요. 이것을 문자(의) 옥**이라 불러요. 홍무제는 문자 옥을 통해 자신의 반대파를 숙청하고 강력한 왕권을 행사했어요. 문자 옥은 명나라 안에서만 적용된 것이 아니었어요. 홍무제는 조선을 길들이는 데도 문자 옥을 사용했습니다.

1395년 명나라는 공식적으로 표문에 명나라를 모욕하는 문구가 있다면서, 표문을 작성한 정도전을 보내라고 명령했어요. 당연히 태조는 정도전을 보호하기 위해 명나라의 요구를 받아들이지 않았지요. 그러자 명나라는 그해 11월 왕의 고명과 인신을 요청하는 주청문(奏請文)이 무례하다며 다시 한번 정도전의 압송을 요구했어요. 이때에도 이성계는 권근

- ●   중국 황제에게 바치는 외교 문서.
- ●●   본래 자기가 쓴 문장 때문에 화를 당하는 일을 일컫는 말.

과 정탁 등을 명나라에 보내 명과의 관계를 개선하고자 노력하면서도, 정도전을 보내지 않았어요. 여기에서 무슨 일이 있어도 요동 정벌에 성공하겠다는 이성계의 의지를 엿볼 수 있습니다. 또한 이성계에게 정도전이 어떤 존재인지를 보여 주죠.

이성계와 정도전이 요동 정벌을 계획한 것은 단순히 명나라의 무리한 조선 길들이기에 대한 반발만은 아니었어요. 국내적으로 사병을 혁파하여 왕권을 위협할 수 있는 세력을 제거하려는 목적도 있었어요. 5년간의 준비로 자신감을 얻은 정도전은 태조 6년(1397) 요동 정벌 계획을 발표해요. 하지만 고려와 마찬가지로 요동 정벌은 실패로 끝나고 말아요. 실패한 배경에는 명나라 태조 홍무제의 죽음이 있어요. 명나라가 홍무제의 죽음 이후 조선에 대한 강경책을 버리고 유화책으로 노선을 변경했거든요. 그러니 조선도 명의 위협으로부터 나라를 지켜야 한다는 명분이 사라지게됩니다.

그러나 무엇보다도 가장 큰 실패 원인은 정도전의 죽음에 있어요. 조준을 비롯하여 이방원을 지지하던 관료들은 군량 부족과 민심 불안 그리고 군사 훈련 부족을 내세워 요동 정벌에 반대했어요. 그럼에도 정도전이 요동 정벌을 계속 추진하자 1398년 8월 이방원은 제1차 왕자의 난을 일으켜 정도전을 죽이고 권력을 장악해요. 이성계와 정도전이 없는 조선이 요동 정벌을 추진할 이유는 없었겠죠. 생각해 보면 이성계와 정도전은 요동 정벌로 권력을 장악하여 조선을 건국했어요. 그리고 요동 정벌을 추진하다가 권력에서 쫓겨납니다. 고려 우왕과 창왕 그리고 공양왕이 저승에서 이 모습을 어떻게 바라봤을지 궁금해집니다.

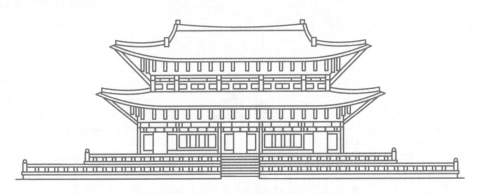

아버지 이성계와 전장을 누비며 수많은 전공을 올린 정종은 위화도 회군 이후 공양왕을 옹립한 공로로 추충여절익위공신이 되었다. 조선 건국 이후 큰형이 죽고 다음 왕이 될 수 있는 자격을 가졌으나 왕이 될 마음이 없었다. 제1차 왕자의 난 이후 이방원이 세자로 추천하자 크게 놀라며 거절하지만, 어쩔 수 없이 제2대 왕으로 즉위하였다. 이후 이방원에게 국가 운영 전반을 맡기다가, 제2차 왕자의 난을 계기로 1400년 왕위를 물려주었다. 재위 기간 도평의사사가 의정부로 개편되고, 사병제가 폐지되었다.

제2대

정종

(1357~1419, 재위 : 1398.9~1400.11)

1399년 3월 9일 (정종 1년)
중들이 간음하는 일이 많으니
민가에 들어가지 못하도록 하다

승려가 민가에 들어가지 못하도록 금령을 내렸다. 임금이 대사헌 조박에게 일렀다. "지금 국가의 기강이 무너져서 승려가 절에 시주를 권하며 여러 번 민가에 들어가서 부녀자를 간통하니, 이제부터는 엄금하여 전의 폐단을 밟지 말도록 하라." - 《정종실록》 1권

불교가 우리나라 삼국시대에 전래하면서 사람들의 삶을 크게 변화시켰어요. 그동안 왕이 하늘의 자손이라고 믿었던 천손 사상을 대신하여 정치·경제·사회·문화 모든 분야에 엄청난 영향을 미쳐요. 사람들은 '왕즉불'이라고 하여 왕을 부처님과 동일시하거나, 왕이 부처님이 계시는 불국토를 수호하는 역할을 한다고 믿었어요. 이것은 고려시대에도 이어져서 거란이나 몽골 등 북방 민족의 침입이 있을 때마다 부처님의 도움을 받고자, 국가 주도로 대장경을 간행하기도 합니다.

그러나 고려 후기에는 불교가 사람의 마음을 어루만지고 위로해 주는 종교의 역할을 제대로 하지 못했어요. 오히려 지배 계층이 백성을 수탈하는 도구로 불교 사찰을 활용하는 경우가 점점 더 많아졌어요. 불교 사찰이 많은 토지와 노비를 소유했을 뿐 아니라, 가난한 농민에게 곡식을 빌려주고 높은 이자를 받아 내는 등의 방식으로 막대한 이익을 창출했거든요. 이처럼 사찰만 가지고 있으면 막대한 부를 창출할 수 있다 보니 고려의 왕족이나 귀족은 서로 앞다투어 승려가 되려 했어요. 이런 모습에 고려 말 성리학자였던 이색은 "불교도의 수가 더욱 늘어나 큰 냇가와 깊은 산골에 절 없는 곳이 없을 정도다. 나라의 백성 중 놀고먹는 자가 많아져서 지식 있는 사람들이 모두 마음 아프게 생각하고 있다"라며 타락하고 있는 불교계를 걱정하는 글을 남기기도 합니다.

물론 불교계에서도 이런 문제를 해결하려는 노력이 있었어요. 요세는 백련 결사를 결성하고, 지눌은 수선사를 만들어 참된 신앙 행위를 강조하며 불교계를 바로잡으려 노력을 기울였어요. 그러나 이런 노력만으로는 타락해 버린 불교계를 정화하기에 역부족이었어요. 시간이 흐를수록 타락한 승려들의 비행은 점점 더 심해졌고, 불교의 긍정적인 기능도 사라져 갔어요. 1361년 문무백관을 감찰하는 역할을 하던 어사대가 "승려의 무리가 과부나 외로운 여자를 비구니로 만들고는 함께 거처하면서 음욕을 함부로 하고 불교 행사를 열어 풍속을 어지럽히고 있다"라고 보고할 정도로 불교는 사회 폐단으로 전락합니다.

정도전은 불교 타락이 일부 승려의 문제가 아니라고 봤어요. 불교 자체가 사람들에게 도움이 되지 않는다며 못마땅하게 여겼어요. 또 자신이 저술한《불씨잡변》에서 불교 자체를 비판하는 동시에 중국 왕조를 사례로 들며 불교가 국가에 끼친 폐해를 강조했어요.《불씨잡변》은 정도전이 죽고 나서 나중에 간행되지만, 조선의 국가 운영을 설계한 정도전의 영향력에 힘입어 아주 긴 시간 위력을 발휘합니다. 그 결과 조선시대 500여 년 내내 불교는 계속 탄압받아요.

태조도 조선 건국 과정에서 무학대사를 비롯하여 불교의 도움을 받았어요. 하지만 사회적 문제를 일으키는 불교를 고려처럼 숭상하지는 않기로 결정합니다. 불교를 배척하는 것이 국가 운영에 더욱 큰 도움이 되었거든요. 대표적인 예로 도첩제가 있습니다. 도첩제는 승려가 되는 출가를 국가가 인정한다는 문서예요. 승려 허가증인 도첩제를 승려가 죽거나 환속하면 국가에 반납하게 함으로써 국가가 승려의 수를 통제할 수 있게 됐어요. 또한 승려는 국가의 허락이 있어야만 사찰에 머물 수 있게 되면서 국가의 통제를 받게 됩니다. 반면 국가에서 사원이 소유하고 있는 토지에 부여되던 면세의 혜택을 줄였어요. 그 결과 재정이 충분히 확보되지 않은 불교계의 힘은 약해졌고, 국가는 걷히는 세금이 늘어나 재정이 튼실해졌습니다.

그래도 불교계의 폐단이 바로 해결되지 않았나 봅니다. 그러니 정종 때에 승려가 여염집 여인들과 간통하고 있다는 보고가 올라왔겠죠. 정종의 뒤를 이어 왕위에 오른 태종 이방원도 불교 억압을 더욱 강화했습니다.

나라의 안전을 기원하는 주요 사찰 272개를 제외한 모든 사찰의 토지와 노비를 강제로 몰수해 버렸어요. 그 결과 기존의 11개 종단이 7개로 축소되고, 사원, 사원전, 노비, 승려의 수가 법적으로 규정돼요. 이로써 불교계가 마음대로 사원을 건립하거나 승려를 늘리는 등 확대를 꾀하면, 국법을 어기는 행동으로 간주하여 처벌을 받게 되었습니다.

억불 정책은 세종 때에도 계속 이어졌어요. 성리학으로 운영되는 나라를 만들고 싶었던 세종은 불교계를 선종과 교종 두 개로 병합하고, 승려들의 도성 출입을 금지해 버렸어요. 불교계의 처지에서 본다면 나라가 바뀌고 너무도 급작스러운 변화에 정신을 차리지 못했을 겁니다. 그러면서도 언젠가는 다시 과거의 영광을 되찾을 수 있을 거라는 희망을 놓지 않았어요. 왜냐하면 불교를 억압하던 국가 정책과는 달리 왕실에서는 여전히 부처님을 믿으며 불교 행사를 계속 열었으니까요.

조선을 건국하며 불교 억압을 시작했던 태조도 예외는 아니었어요. 태조 이성계는 사랑하는 신덕왕후의 명복을 빌기 위해 한양에 흥천사를 세우고는 하루도 빠짐없이 매일 방문하여 그녀를 그리워했어요. 세종도 불교 신자였던 아내 소헌왕후가 불사를 일으키고 법당을 조성할 때마다 신료들이 반발하자 크게 화를 내요. 세조는 조선시대 왕 중에서도 가장 불교를 아끼고 지원했던 인물로, 재위 시절 서울 한복판에 원각사 사찰을 세운 것을 기념하여 죄인을 사면하고 백성들의 세금을 감면해 주기도 했어요. 이처럼 왕실에서는 왕족의 안녕을 위해 끊임없이 불교를 믿으면서 여러 불사를 일으켰어요.

그렇지만 불교의 쇠퇴는 계속 이어졌어요. 왜냐하면 왕과 왕실이 불교를 믿는 것과 숭유억불을 추진하는 국가 정책은 별개였으니까요. 억불 정책의 최고점이자 쐐기를 박은 왕은 성종입니다. 성종은 기존 도첩제를 강화하여 양반은 포 100필, 상민은 150~200필을 내야만 승려가 될 수 있는 허가증을 내주었어요. 성종은 여기에 그치지 않고 말년에는 도첩제를 폐지함으로써 승려가 되는 길을 아예 막아 버렸어요. 또한 도첩이 없는 승려는 군역과 부역에 종사하게 했어요. 정리해 보면 이제는 예전처럼 승려라고 해서 어떤 특혜도 주어지는 것이 없으니, 일반 백성처럼 군역과 부역에 종사하라는 것이죠.

연산군도 불교 억압 정책을 계승하여 승려를 노비로 만들었고, 중종은《경국대전》에 있는 승려 출가를 규정한 도승조를 삭제해 버려요. 이제는 불교를 종교로서 아예 인정하지 않겠다는 것이었어요. 문정왕후 때 잠시 승과가 부활하며 불교계가 회생하는 듯싶었지만, 얼마 가지 못하고 또다시 불교는 억압당해요. 그 결과 불교 사찰은 고려 때와는 달리 도심지에 있지 못하고 깊은 산속으로 쫓겨나 간신히 명맥만 유지하게 돼요. 그럼에도 불구하고 임진왜란 등 나라에 국난이 닥치면 승려들은 누구보다도 먼저 조선을 지키기 위해 손발을 걷어붙였어요. 생명을 죽여서는 안 된다는 불계(佛戒)를 어기면서 말이에요. 이것을 호국불교라고 하는데, 유독 우리나라에서만 강하게 나타나는 현상입니다.

1400년 11월 11일 (정종 2년)
임금이 왕세자에게 선위하다

임금이 왕세자에게 선위하였다. 판삼군부사 이무는 교서를 받들고, 도승지 박석명은 국보를 받들고 인수부에 나아가서 올리니, 세자가 울면서 받지 않았다. 임금이 세자에게 말하기를 "내가 어려서부터 말 달리고 활 잡기를 좋아하여, 일찍이 학문을 하지 않았는데, 즉위한 이래로 혜택이 백성에게 미치지 못하고, 재앙과 변괴가 거듭 이르니, 내가 비록 조심하고 두려워하나 어찌할 수 없다. 세자는 어려서부터 배우기를 좋아하여 이치에 통달하고, 크게 공덕이 있으니, 마땅히 나를 대신하도록 하라"고 하였다. 세자가 어쩔 수 없이 왕위를 물려받았다. ─《정종실록》6권

제1차 왕자의 난 이후 태조 이성계의 마음에는 아들 이방원을 향한 미움과 증오가 조금씩 자라나고 있었어요. 자신에게 반정을 일으킨 무리의 중심이 이방원이라는 사실을 알고 있었으니까요. 권력을 빼앗긴 왕으로서 나랏일을 하기도 싫었지만, 무엇보다도 정도전 없이 국정을 이끌어 간 자신이 없었어요. 왕위를 버리고 궁궐에서 나가고 싶었던 이성계는 누구에게 왕위를 물려줄지 고민했어요. 그러나 한 가지 확실한 것은 자신에게 제일 소중한

사람의 목숨을 앗아 간 이방원에게만큼은 왕위를 물려주고 싶지 않다는 것이었어요. 태조는 첫째 아들 이방우가 죽고 없는 상황에서 왕위 계승 서열 1순위인 둘째 이방과에게 왕위를 물려줍니다. 이것은 단순히 왕위 계승 순서의 문제가 아니라, 이방원에게는 절대로 왕위를 넘길 수 없다는 태조의 단호한 의사 표시였어요. 사실 이방원의 입장에서도 이성계에게 왕위를 바로 물려받는 것이 부담스러웠어요. 지금 현재 자신이 왕이 되겠다고 나설 만한 뚜렷한 명분도 없었으니까요. 게다가 난을 일으키면서 자신이 내뱉었던 "정도전과 남은 등이 어린 서자를 세자로 세우려고 나의 동모 형제들을 제거하려 했기에 먼저 선수를 쳤을 뿐이다"라는 말에 책임지는 모습을 보여야 했습니다.

이방원이 살기 위해 난을 일으켰다는 말과 달리 임금이 되려는 모습을 보였다면 주변 사람들이 어떻게 보았을까요? 무엇보다 확실한 것은 아버지 태조 이성계가 순순히 왕위를 물려주지 않았을 거예요. 정치적 감각이 뛰어났던 이방원은 지금 당장 왕위를 노리기보다는 임금의 자리에 연연하지 않는 둘째 형 이방과가 즉위하는 게 낫다고 판단했던 거예요. 지금은 왕의 자리보다는 국정을 운영할 힘을 갖는 게 우선이라 본 것이죠. 그리고 이방원의 예측은 정확하게 맞았어요. 얼마 후 정종은 임금의 자리에 부담감을 느끼고, 국정 전반을 이방원에게 다 맡겨 버립니다.

그런데 이방원이 가진 권력에 욕심을 낸 인물이 있었어요. 태조의 넷째 아들이자, 이방원의 바로 위 형이었던 이방간이 그 주인공이에요. 자신이 동생보다 부족한 것이 하나도 없다고 생각한 이방간은 주변 사람들에게 이방원이 자기 말을 들어야 한다고 이야기하고 다녔어요. 그렇게 하면 자신이 동생 이방원보다 서열이 높아 보여, 많은 사람이 몰려들어 세력이 커지리라 판단한 거죠. 그에 대한 부응일까요? 제1차 왕자의 난에서 공을 세운 박포가 이방간을 찾아옵니다.

박포는 제1차 왕자의 난에서 정도전이 이방원을 제거하려 한다고 소식을 알렸던 것처럼 이번에는 똑같은 방법으로 이방간에게 접근했어요. "이방원이 주변 사람을 모아 이방간 나리를 죽이려고 모의를 꾸미고 있습니다. 과거 정변을 기억하시는지요. 제가 이방원을 찾아가 정도전이 죽이려 하니 먼저 제거해야 한다고 말했습니다. 이방원이 그 말을 좇았기 때문에 성공했던 것입니다. 지금도 똑같은 상황입니다. 이방간 나리께서 먼저 움직이지 않는다면, 분명 이방원에게 당하실 겁니다. 반면 제 말대로 이방원을 먼저 친다면 이 조선은 나리의 것이 될 것입니다"라고 말이에요. 싸움을 부추기는 박포의 말에 이방간은 쓸데없는 말을 하지 말라고 호통을 치면서도 내심 박포가 먼저 자신을 찾아와서 다행이라 생각했습니다.

그런데 제1차 왕자의 난에 참여했던 박포가 왜 이방원을 죽이라고 했을까요? 여기에는 박포의 억울함이 담겨 있습니다. 제1차 왕자의 난이 성공하는 데 있어 자신의 공이 가장 컸다고 생각한 박포는 이방원으로부터 많은 포상과 함께 높은 관직을 얻을 것이라 기대했어요. 하지만 기대와 달리 이방원은 박포를 높이 평가하지 않고, 낮은 포상을 내렸어요. 기대가 크면 그만큼 실망도 큰 법이지요. 자신의 공로가 가장 컸다고 떠벌리고 다니던 박포는 부끄러움과 민망함 그리고 분노에 차서 마주치는 사람들에게 이방원이 은혜도 모른다며 온갖 비방과 불평을 토해 냈어요. 당연히 박포의 이런 모습이 이방원 귀에 안 들어갈 리가 없었겠죠. 이방원은 괘씸하다며 죽주로 박포를 유배 보내 버렸어요. 유배 간 박포는 너무도 억울해서 무슨 일이 있어도 이방원을 죽이겠다는 마음을 품었어요. 그리고 유배지에서 돌아오자마자 이방간을 찾아갔던 겁니다.

다시 이방간이 화를 내던 장면으로 돌아가 볼까요? 이방간도 아버지 태조를 도와 많은 일을 했던 인물이었던 만큼 정치적 감각이 없는 사람은 아니었어요. 동생이 마음에 들지 않는다고 무작정 이방원을 공격할 생각을 갖지 않았어요. 자신의 세력이 이방원보다 약한 상황을 충분히 인지하고 있었거든요. 하지만 이방원을 미워하는 아버지 이성계와 형 정종이 도와준다면 이방원을 제거하는 일이 불가능한 것만은 아니라는 계산이 섰어요. 그래서 이방간은 상왕 태조와 형 정종을 찾아가 이방원을 제거할 수 있도록 자신을 도와 달라고 부탁했어요. 태조가 이방원을 미워하고 있던 것은 누구보다 자신이 잘 알고 있었고, 정종도 이방원에 휘둘리는 것에 불만을 품었으리라 생각한 것이죠. 하지만 둘의 반응은 이방간이 예상했던 것과 정반대였어요. 태조와 정종은 몹시 화내며 사병을 동원하여 이방원과 맞서지 말라고 꾸짖을 뿐이었습니다.

생각대로 풀리지 않는 상황에 이방간은 당혹스러웠어요. 자신이 벌이고 있는 일을 이방원이 모를 리 없다고 생각한 이방간은 여기서 멈출 수 없었어요. 여기서 아무것도 하지 않고 포기한다면 이방원에게 죽을 수도 있다는 생각이 들자 이방간은 몹시 두려워졌어요. 결국 모 아니면 도라는 심정으로 자신의 병력을 이끌고 이방원을 향해 출발했어요. 이방원도 이 상황을 모르지 않았어요. 이방원도 직접 자신의 병력을 이끌고 형과 싸워 승리를 거둬요. 이것을 제2차 왕자의 난이라고 부릅니다.

하지만 제1차 왕자의 난 때와는 달리 이방원은 형제를 죽이지 않아요. 형 이방간을 유배 보내는 것으로 마무리를 지어요. 반면 형제 사이를 이간질한 박포는 처형합니다. 이 사건 이후 정종은 아버지 태조를 찾아가서 왕위를 이방원에게 넘겨주고 싶다고 말해요. 태조도 정국의 주도권을 이방원이 완전하게 장악했음을 다시 한번 깨닫게 돼요. 여기서 자신이 또 한 번 이방원의 앞길을 막는다면 또다시 아들 간에 피바람이 불까 걱정됐어요. 그래서 태조는 정종의 요청을 수락해요. 이로써 이방원이 왕으로 즉위하는 것에 아무 방해물이 없어졌고, 이듬해인 1400년 이방원은 왕세제로 책봉돼요. 그리고 그해 11월 왕위를 물려받고 제3대 임금으로 즉위합니다.

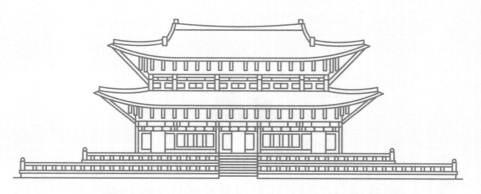

조선 건국에 있어 가장 큰 난제였던 정몽주를 죽이며 큰 공을 세우지만, 정도전에 의해 정치에서 배제되었다. 그런 와중에 이복동생 방석이 세자로 책봉되고, 정도전이 사병을 혁파하려 하자 제1차 왕자의 난을 일으켰다. 넷째 형 이방간의 난을 진압한 제2차 왕자의 난 이후 제3대 왕으로 즉위했다. 왕권을 안정시키기 위해 처남 민무구 4형제를 숙청하고, 세종이 즉위한 후에도 군사권과 인사권을 가진 상왕으로 국가를 경영하였다. 재위 기간 8도 체제를 정비하고, 호패법을 시행하여 백성을 직접 통제하고자 하였다.

제3대

태종

(1367~1422, 재위 : 1400.11~1418.8)

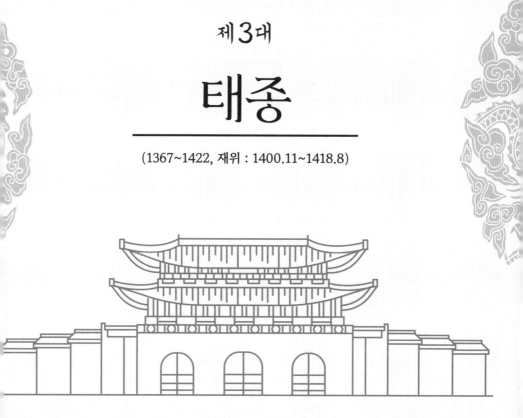

1401년 11월 16일 (태종 1년)
백성의 소리를 듣는 신문고를 설치하다

하륜이 말하기를, "신문고를 치는 법이 사실이면 들어주고, 허위이면 벌을 주고, 월소(越訴, 소송 절차를 밟지 않고 직접 상관에게 호소하는 것)로 치는 자도 또한 이같이 하는 것입니다. 만일 서울 외 지역 사람이 수령에게 호소하여 수령이 밝게 결단하지 못하면, 관찰사에게 호소하고 또 사헌부에 호소하며, 사헌부에서 또 밝게 결단하지 못한 연후에 치는 것입니다. 그러므로 관리가 백성의 송사를 결단함에 있어 임금의 뜻을 저해할까 두려워하여 마음을 다해 자세히 살피기 때문에, 백성이 그 복을 받으니, 실로 자손 만세의 좋은 법입니다. 원컨대 신문고를 실행하소서" 하니, 임금이 허락하였다. - 《태종실록》 2권

신문고는 억울한 일을 당한 백성이 직접 왕에게 하소연할 수 있는 통로로, 조선이 백성의 소리에 귀를 기울이는 나라였음을 보여 주는 상징물이에요. 이것을 다른 말로 애민 정신을 보여 준다고도 합니다. 신문고는 윤조와 박전 두 관료가 태종에게 "송나라 태조가 등문고를 설치하여 백성들의 사정을 들었습니다. 지금까지도 사람들이 칭송하고 아름답게 여기니 우리도 설치하시옵소서"라고 건의한 데서 시작해요. 두 차례의 왕자의 난을 거쳐 왕

으로 즉위한 만큼 태종은 권력의 정당성을 백성에게서 찾았어요. 그만큼 백성들의 소리에 민감한 태종은 애민 정신을 보여 주는 등문고에 대해 깊은 관심을 보이며 자세하게 물었습니다.

"등문고는 어느 시대에 시작되었는가?"
"송나라 때에 시작되었습니다."
"송나라 이전에도 있었는가?"
"이것은 삼대(중국 고대 왕조 하·은·주)의 법입니다."

동아시아의 거의 모든 나라가 하·은·주를 이상적인 사회로 여겼던 만큼, 태종으로서는 등문고를 설치하자는 말에 귀가 솔깃해질 수밖에 없었어요. 왕으로 인정받기 위해서는 백성의 마음을 얻는 것이 무엇보다 제일 중요했으니까요. 그래서 태종은 자신이 백성의 소리를 듣는 성군이라는 모습을 보여 주려고 등문고를 즉각 설치하라고 명령 내렸어요. 그리고 얼마 뒤 등문고 대신 새로운 이름 '신문고'로 명칭을 바꿉니다.

백성의 소리를 듣는 신문고는 어디에 설치되었을까요? 신문고는 태종이 거처하는 창덕궁 진선문에 설치되었어요. 이것만 본다면 백성이 다른 기관의 눈치를 보지 않고 직접 태종에게 억울함을 호소할 수 있도록 배려한 것 같아요. 태종 자신도 시간에 구애받지 않고 언제든 백성의 억울함을 풀어 주겠다는 것처럼 보이기도 하고요. 하지만 진선문이 어디에 있는지를 알게 되면 조금은 실망하실 수도 있어요. 진선문은 창덕궁의 정문인 돈화문을 지나 금천교를 건너야 만날 수 있는 중문입니다.

　　가만히 생각해 보면 궁궐을 지키는 수문장이 백성을 궁궐 안으로 자유롭게 드나들 수 있도록 허락했을까요? 억울함을 호소하겠다는 백성을 들여보냈다가 그가 난동을 부린다면 어떨까요. 꼭 그렇지 않더라도, 수많은 백성이 억울함을 해결해 달라고 시도 때도 없이 신문고를 울린다면, 태종은 국정 과제를 제대로 돌볼 시간이 없었을 거예요. 또한 이것은 관료들에게 큰 불만을 주는 행위였을 거고요. 태종이 직접 현장에 가서 억울함을 풀어 줄 수 없는 만큼 신하들에게 문제를 해결하라고 지시를 내리겠죠. 그렇다면 백성들이 신문고를 칠 때마다 관료들에게는 하나둘 해결해야 할 과제가 쌓이게 될 거예요. 그래서 신문고를 의금부당직청에서 관리하게 했어요. 어느 누구도 대역죄인을 다루는 의금부 앞에 있는 신문고를 쉽게 치지 못했겠죠.

　　또한 신문고를 아무나 울리지 못하도록 정해진 절차를 따르도록 했어요. 우선 지방에 사는 백성은 관찰사에게, 한양에 사는 백성은 고발·소송 등 형옥이나 행정 사무를 담당하는 주장관(主掌官)에게 먼저 사건 해결을 의뢰하거나 고발해야 해요. 관찰사나 주장관의 판결이 마음에 들지 않으면 상위 기관인 사헌부에 고발하고, 그래도 해결이 되지 않으면 비로소 신문고를 울릴 수 있었어요. 또한 신문고를 울릴 수 없는 항목도 정해져 있었어요. 대표적으로 하급 관원이 상사를 고발하거나, 노비가 주인을 고발해서는 안 됐어요. 또한 백성이 수령이나 관찰사를 고발해서도 안 됐어요. 즉, 자신보다 높은 사람을 해코지할 수 있는 항목은 어떤 이유를 막론하고 금지되었습니다.

신문고를 울리는 사람 대부분은 신분적으로 낮거나 가난한 백성일 텐데, 이토록 그 과정이 복잡하고 고발 항목에도 제한이 걸려 있으면 무슨 소용이 있을까 하는 생각이 들어요. 실제로 힘없는 사람들이 자신을 핍박하거나 괴롭힌 주인 또는 관리를 고발하지 못하도록 법률로 막았으니 신문고의 활용도는 매우 낮을 수밖에 없었어요. 무엇보다 백성이 신문고를 울리기 주저하게 만든 것은 고발 내용을 증명하지 못하면 무고죄로 처벌받기 때문이었어요. 글을 배우지 못하고 경제적·시간적 여유가 없는 힘없는 사람이 자신의 억울함을 증명할 증거를 수집하고, 해당 법조문을 제시할 수 있을까요? 아마 엄두도 내지 못했을 거예요. 특히 상대가 자신보다 모든 것이 우월한 사람이라면 말이에요. 또한 신문고를 울릴 수 있는 내용도 정해져 있었어요. 남편이나 조상을 위한 일이어야만 신문고를 울릴 수 있었어요. 신문고를 울릴 자격이 되어도 지방에 사는 백성은 한양에 오기까지 많은 시간과 비용을 감당하지 못해 포기하는 경우가 다반사였어요. 그렇다 보니 신문고를 울릴 수 있는 사람은 한양에 사는 양반이나 관리로 한정될 수밖에 없었습니다.

이처럼 활용도가 낮다 보니 태종 이후 신문고를 울려 억울함을 호소하는 제도는 여러 번 폐지되었다가 설치되기를 반복했어요. 세조 때에는 한 백성이 신문고를 울리려다가 시간을 알리는 북을 잘못 치는 사고로 신문고가 사라지기도 했어요. 명종부터 효종 때까지는 신문고 대신 징을 쳐서 억울함을 호소하는 격쟁이 활용되었어요. 격쟁이란 왕이 머무는 궁궐에 들어가 호소하는 궐내 격쟁과 왕이 궁궐 밖을 행차할 때 시위대를 뚫고 호소하는 위내 격쟁, 시위대 너머에서 호소하는 위외 격쟁이 있어요. 이때 백성은 왕의 눈길을 끌기 위해 큰 소리를 내는 징을 치거나 목소리 높여 소리를 질렀어요. 또는 긴 나뭇가지에 글자를 써서 흔들기도 했고요. 그러면 형조에서 이 백성을 잡아다가 형식적으로 곤장을 친 다음에 어떤 사유로 소란을 일으켰는지를 물어봐요. 그리고 왕에게 백성이 격쟁하게 된 이유와 과정을 보고합니다. 무엇보다 격쟁의 장점은 횟수 제한이 없다는 거예요. 그렇다 보니 백성들은 절차가 복잡하고 여러 제한이 걸려 있는 신문고보다는 격쟁을 선호했습니다.

특히 백성의 고충을 잘 들어 주던 영조 때 격쟁을 활용하는 백성이 많았어요. 영조는 격쟁하기 위해 자신을 기다리는 백성이 너무 많아서, 때론 궁궐 밖으로 나오기를 주저하기도 했어요. 격쟁을 줄이기 위해 내용을 남편, 조상, 형, 주인을 위한 일 네 가지로 제한했지만, 여전히 궁궐 앞에는 격쟁하려는 사람들로 가득했어요. 결국 영조는 절차가 복잡한 신문고를 창덕궁 남쪽에 설치했지만 큰 효과는 없었어요. 하지만 정조는 달랐어요. 양반과 관료들의 반발에도 불구하고 격쟁을 제대로 보고하지 않으면 처벌했어요. 백성이 아파하는 소리를 들어 주는 것이야말로 애민 정신의 시작으로 봤거든요.

1404년 10월 6일 (태종 4년)
돈점을 쳐서
도읍을 한양으로 결정하다

"내가 송도에 있을 때 여러 번 수재와 가뭄이 발생하여 조언을 구했더니, 정승 조준 이하 한양으로 돌아가는 것이 마땅하다고 말한 자가 많았다. 그러나 한 양도 또한 변고가 많았으므로, 도읍을 정하지 못하여 인심이 안정되지 못하였 다. 이제 종묘에 들어가 송도, 한양, 무악을 고하고, 그 길흉을 점쳐 길한 데 따라 도읍을 정하겠다. 도읍을 정한 뒤에는 비록 재변이 있더라도 다른 의견이 있을 수 없다." — 《태종실록》 8권

두 차례의 왕자의 난으로 왕위에 오른 태종 이방원은 한양으로 되돌아가자 는 아버지 태상왕 이성계의 말에 고민에 빠졌어요. 이성계가 자신의 권위를 되찾는 동시에 그리워하는 신덕왕후 강씨의 능을 보고 싶어 한양으로 가고 자 하는 마음을 너무도 잘 알았거든요. 아직 많은 사람이 태조를 따르고 있 는 상황에서 아버지의 말을 무시하기 어렵고, 그렇다고 태조의 말에 끌려가 는 모습을 보이면 왕으로서의 권위가 떨어질까 걱정됐어요. 무엇보다 조선

이 건국하고 얼마 되지 않는 기간 수도를 여러 번 옮기는 것이 백성에게 부정적인 모습으로 인식될까 두려웠어요. 힘을 통해 왕으로 즉위한 만큼, 백성의 민심을 늘 살피던 태종으로서는 수도를 옮겼을 때 어떤 여파가 다가올지 심히 걱정되었습니다.

이러지도 저러지도 못하고 고민하던 태종은 천도를 둘러싼 여러 이견과 잡음을 한 번에 해결할 기가 막힌 생각을 떠올리게 돼요. 아버지보다 더 높은 조상이 조선의 수도를 결정한다면, 태조를 비롯한 어떤 누구도 이의를 제기하지 못할 명분을 가질 수 있다고 판단했어요. 효를 강조하는 성리학을 국가 운영의 기조로 삼은 조선인 만큼, 아버지 태조도 하늘과 조상이 선택한 수도에 더는 간섭하지 못하리라 본 거죠.

그런데 이미 죽은 조상들에게서 어떻게 천도에 관련한 답변을 들을 수 있을까요? 우선 태종은 천도 문제를 논의하기 위해 모인 신하들에게 자신이 골머리를 앓고 있다고 밝혀요. 자기 능력으로는 이 문제를 해결하기 어렵다며, 고려 태조 왕건이 천도 문제를 어떻게 해결했는지를 신료들에게 물었어요. 조준이 태종의 질문이 나오기를 기다렸다는 듯이 곧바로 "태조 왕건은 동전으로 하늘의 뜻을 물어 수도를 정했습니다"라고 대답해요. 그러자 태종도 과거 왕건이 했던 것처럼 하늘과 조상의 뜻을 물어 천도를 결정하겠다고 신료에게 말해요. 아주 잘 짜인 각본 같아 보이지 않나요? 마치 이성계가 왕으로 추대받는 모습처럼 말입니다.

태종은 종친 완산군 이천우, 좌정승 조준, 대사헌 김희선, 지신사(왕명 출납을 맡아보는 관직) 박석명, 사간(사간원에 속한 종3품 벼슬) 조휴를 데리고 종묘에 들어갔어요. 수도 후보지는 개성, 무악, 한양 세 곳이었어요. 개성은 고려 수도였던 송악이고, 한양은 숙청문(북), 흥인문(동), 숭례문(남), 돈의문(서)으로 이어지는 사대문 안쪽 지역이에요. 무악은 현재 서울 종로구 무악동 일대이고요. 이들은 동전을 던져 점을 보았고, 얼마 후 태종이 종묘에서 나와 개성과 무악이 2흉 1길, 한양은 2길 1흉이 나왔다고 발표해요. 곧이어 태종은 하늘과 조상의 뜻에 따라 수도를 한양으로 정했다고 문무백관에 선언합니다.

태종은 이로써 수도에 관련된 문제를 하늘과 조상을 내세워 매듭지어 버려요. 그러나 사실 한 나라의 수도를 점을 쳐서 결정한다는 것이 상식적으로 이해하기가 어렵죠. 특히 이성적이고 냉철한 태종이 미신에 가까운 점괘만 가지고 국가의 중차대한 사안을 결정할 위인이 아니었으니까요. 그렇다면 태종이 충복들만 종묘로 데려가 천도에 대한 자신의 견해를 설명하고 따라 주기를 요구하지 않았을까 추측해 볼 수 있어요. 즉 종묘에서 동전으로 점을 치는 행위는 천도에 대한 명분을 얻기 위한 정치 쇼였을 가능성이 커요. 아마도 이때 태종은 '아버지가 결정하신 것처럼 우리 조선은 개성을 떠나야만 해. 그래야 고려의 흔적을 완전히 지울 수가 있지. 그렇다고 아버지가 선택한 한양으로 가기는 싫은데…. 이미 관청이 다 세워진 한양을 버리고 새로운 수도를 건설한다고 발표하면 강한 반대에 부딪칠 가능성이 너무 커'라고 고민했을지 모르겠네요. 여러 복잡한 경우의 수를 계산하고는 한양이 제일 낫다는 선택을 한 것이겠죠. 그러나 태종은 한양으로 천도했을 때 아버지의 흔적이 남아 있고, 왕실에서 벌어진 권력 투쟁을 사람들이 기억하는 경복궁으로 환궁하기는 싫었어요. 그래서 자신이 거처할 새로운 궁궐을 지으라고 명령을 내립니다.

태종은 자신이 거처할 이궁(離宮, 왕이 머무는 별궁)인 창덕궁을 건설하는 총책임자로 이극과 신극례를 임명했어요. 그러나 실제로 궁궐을 설계하고 축조한 것은 노비에서 종1품까지 오른 조선 전기 최고의 건축가였던 박자청이었어요. 경회루, 건원릉, 청계천 준설 등 조선 전기의 수많은 건축물을 지은 박자청은 자연환경에 맞춘 세계에서 가장 아름다운 궁궐인 창덕궁을 만들어 내요. 그러나 이 과정이 쉽지만은 않았어요. 태종은 직사각형 형태의 웅장한 궁궐을 주문했는데, 박자청이 창덕궁 정전 인정전 앞 외행각 마당을 사다리꼴로 만들었거든요. 창덕궁 뒤 산맥을 창덕궁 일부로 포함하기 위해서 말입니다.

태종은 반듯하지 않은 사다리꼴의 외행각 마당을 보고 굉장히 화를 내며 박자청을 감옥에 가두라고 명령했어요. 그러나 곧 박자청을 풀어주었어요. 개인적으로 마음에 들지 않았지만, 궁궐을 다시 짓겠다고 백성을 동원해 고생시킬 수 없다며 창덕궁의 구조를 변경하지 않았어요. 태종을 제 뜻대로 행동했던 강력한 왕으로 알고 있지만, 사실 어느 왕보다도 백성을 위한 정책을 많이 펼친 왕이기도 합니다. 태종도 시간이 지나면서 창덕궁을 마음에 들어 하며 좋아했어요. 이것을 보여 주는 예로 상왕이자 형인 정종을 아버지 섬기던 마음으로 받들겠다면서 창덕궁에 초청한 일이 있어요. 그러나 실제로는 창덕궁 광연루에 핀 연꽃을 형에게 자랑하고 싶어서였어요. 이후 창덕궁은 종묘 후원과 연결되고, 성종 때에는 창경궁과 경계 없이 사용되면서 조선의 수많은 왕이 좋아하는 공간으로 자리매김하게 됩니다.

태종의 결심 덕분에 창덕궁은 오늘날 주변 자연 지형과 조화를 이루는 가장 한국적인 궁궐로 평가받고 있어요. 그러나 아픔도 많이 겪었어요. 임진왜란 당시 선조가 한양을 버리고 몽진하면서, 주인 없는 창덕궁은 화재로 모두 불타 버려요. 광해군이 1610년 재건했지만, 이 또한 오래가지 못했어요. 인조반정 과정에서 창덕궁에 또 불이 나서 많은 전각이 소실되어 버리거든요. 그 이후에도 순조 때인 1803년과 일제강점기 시절인 1917년에도 화재가 발생하여 창덕궁의 많은 전각이 사라져 버렸어요. 그래도 다행히 광해군 때 만들어진 창덕궁 정문인 돈화문만은 아무 손상 없이 지금까지 이어지고 있습니다.

1413년 9월 1일 (태종 13년)
의정부 제안대로 호패법을 정하다

의정부에서 호패의 법을 의논하여 아뢰었다. 첫째는 이러하였다. "길이가 3촌 7푼, 너비가 1촌 3푼, 두께가 2푼이고, 위는 둥글고 아래를 모지게 합니다. 2품 이상은 상아를 쓰나 녹각으로 대용하고 오로지 예궐할 때에만 사용하며, (중략) 서인 이하는 잡목을 씁니다. 본인으로 하여금 패를 만들어 바치면 인장을 찍도록 허락하고, 자기가 만들 수 없는 자는 나무를 바치도록 허락하여 공장(工匠, 수공업에 종사하던 사람)으로 하여금 만들어 주도록 하소서." (중략) "만약 호패를 받지 않는 자가 있으면 중형으로 논죄합니다. 호패를 잃어버리는 자는 태형을 집행하고 다시 지급하며, 호패를 함부로 두는 자도 태형을 집행하되, 나이 70세 이상과 10세 이하는 논하지 말게 하소서." - 《태종실록》 26권

국가를 운영하기 위해 제일 중요한 것 중의 하나가 조세를 얼마나 제대로 걷을 수 있는가예요. 조선시대에 세금은 토지에서 수확되는 곡물의 일정 부분을 거둬들이는 전세(田稅), 지역의 특산물을 거둬들이는 공납(貢納), 토목 공사에 동원되는 요역과 군인으로 복무하는 군역을 합친 역(力), 이렇게 크게 세 가지가 있어요. 이 모든 조세가 제대로 걷히려면 먼저 인구 파악이 제

대로 되어 있어야 해요. 그러나 고려는 지방관을 파견한 주현보다는 향리가 행정을 담당하는 속현이 많았어요. 그렇다 보니 조세를 내야 하는 인구를 정확하게 파악하지 못했어요. 거둬들일 세수를 정확히 파악하지 못하니, 필요한 국가 예산을 정확히 계산할 수가 없었어요. 이 때문에 나라를 운영하는 데 많은 제약이 따랐어요. 또한 관료들이 나쁜 마음만 먹으면 이 점을 악용하여 언제든지 세금을 착복할 수 있었어요. 그래서 고려 말에는 국가에 들어와야 할 조세가 엉뚱한 곳으로 새어 나가면서 정상적인 국가 운영을 할 수 없었습니다.

고려 말의 이런 폐단을 너무 잘 아는 태종은 국가 경영을 위해 인구를 정확하게 파악하겠다고 다짐했어요. 여기에는 조선이 건국한 지 20년이 지나 안정을 이룬 만큼, 어느 누구도 조선을 위협할 일이 벌어지지 않을 거라는 자신감이 깔려 있었어요. 더불어 자신의 뒤를 이어 조선을 경영할 왕들이 아무 걱정 없이 국정을 운영할 수 있도록 도와주려는 목적도 담겨 있어요. 철저하게 준비가 되었다고 생각한 1413년 태종은 전국의 인구를 파악하기 위해 호패법을 시행하라는 명령을 내립니다.

호패란 오늘날 주민등록증과 매우 유사한 기능을 하고 있어요. 주민등록증에 이름, 주소, 사진이 있는 것처럼 당시 호패에도 이름, 주소, 인상착의 등이 적혀 있었어요. 그럼 호패는 구체적으로 어떻게 생겼을까요? 호패는 3촌 7푼(11cm)의 길이, 1촌 3푼(4cm)의 너비, 2푼(0.6cm)의 두께로 만들어졌어요. 갖고 다니기 불편하지 않도록 아이 손바닥만 한 길이에 손가락

두 마디 정도의 크기라고 생각하시면 돼요. 특히 윗부분을 둥글게 제작하여 몸을 찌르지 않도록 하고, 아랫부분은 네모지게 만들어 바닥에 쉽게 세워 둘 수 있도록 했어요. 이처럼 호패는 휴대성과 편의성을 고려해 제작되었습니다.

하지만 호패의 재질은 관리 품계와 신분에 따라 달랐어요. 2품 이상의 관원은 상아(사슴의 뿔로 대체 가능), 4품 이상은 녹각(황양목으로 대체 가능) 5품 이하는 황양목(자작나무 대체 가능), 7품 이하는 자작목을 사용하도록 했어요. 반면 일반 백성은 잡목만을 사용해야만 했어요. 호패에 기재되는 내용도 신분에 따라 달랐어요. 관리의 경우에는 관직명, 성명, 거주지, 출생 연도를 호패에 적어 놓았어요. 군관은 여기에 소속 기관과 함께 키가 얼마나 되는지까지 표시했어요. 일반 백성은 조세 납부를 거부하고 도망갈 것을 우려하여 얼굴색과 수염 유무를 덧붙여 표시했어요. 노비는 신분이 가장 낮지만, 가장 많은 신상 정보가 표기되어 있었어요. 당연히 도망을 방지하기 위해서죠. 이 노비가 어느 집 노비이고, 어디에 사는지 정확하게 기록했어요. 또한 얼굴색, 키, 수염 유무까지 기록하여 호패만으로도 충분히 신상을 확인할 수 있도록 했어요. 호패에 사진이 없어서 위조하기 쉬울 거라 생각하시나요? 당시 백성 대다수가 한자를 읽고 쓸 줄 몰랐던 점을 고려해 본다면, 백성과 노비에게 호패는 매우 무서운 물건이었을 겁니다.

호패는 시대에 따라 주관하는 부서가 달랐어요. 그러나 일반적으로 서울은 한성부, 지방은 관찰사와 수령이 담당하도록 했어요. 호패를 발

급받기 위해서는 우선 호패에 기재할 사항을 단자(종이)로 만들어 각자 제출해요. 2품 이상과 삼사의 관원은 관청에서 호패를 만들어 주지만, 일반 백성은 호패를 직접 만들어 가져와야 했어요. 그럼 관청이 단자의 내용이 호패에 제대로 적혀 있는지 비교한 후에 확인 도장을 찍어 주었어요. 그러면 이 순간부터 평생 호패를 착용하다가, 죽으면 남은 가족들이 관아에 호패를 반납했어요. 혹시라도 호패가 악용되는 사례를 막기 위해서 말입니다.

만약 호패를 발급받지 않거나 잃어버린 사람, 남에게 빌렸거나 빌려준 사람, 위조하는 사람에게는 어떤 처벌이 내려졌을까요? 국가는 이들에게 태형이라는 매우 무거운 처벌을 내렸어요. 단 70세가 넘을 때는 태형을 집행하지 않도록 했어요. 또한 호패제를 시행하는 데 협조하지 않거나, 관리·감독에 소홀한 관료들에게도 처벌을 내렸어요. 그렇다 보니 호패법에 대한 반대도 만만치 않았어요. 호패를 착용하지 않았다고 감옥에 가두는 것이 번거롭고, 이로 인해 민심이 나빠지는 것은 국가에 도움이 되지 않는다고 말입니다. 하지만 실제로는 호패로 발생하는 제약이 싫었던 거예요.

그러나 조선 국왕들은 호패법이 국가에 가져다주는 이점이 훨씬 많았기에 제도가 정착될 수 있도록 노력했어요. 세종 때 관료였던 변계량은 "한 고을의 책임자는 마땅히 그 고을의 호구를 알아야 하고, 한 나라의 주인은 마땅히 그 나라의 호구를 알아야 합니다. 백성들이 호패를 꺼리는 것은 부역을 면하려고 하는 것이니, 호패의 법은 마땅히 거행되어야 합니다"라며 세종의 의중을 대변하기도 했어요. 강력한 왕권을 행사하던 세조도 호패청을 따로 두어 사무를 전담하게 하는 등 호패법을 정착시키려 했어요. 그러나 호패법은 쉽게 정착되지 못해요. 《성종실록》에 "호패를 받은 사람 가운데 국역을 담당한 양인이 10~20%에 불과했다"라고 기록되어 있어요. 100여 년의 노력으로도 정착되지 못한 호패법은 폐지되었다가 다시 시행되기를 여러 번 반복하게 됩니다.

임진왜란과 병자호란 이후 인구가 감소하고 토지가 황폐해지며 조선은 큰 위기에 직면하게 돼요. 전쟁으로 인한 피해를 복구하기 위해서는 무엇보다 조세원을 확보하는 것이 가장 시급한 일이었어요. 그래서 이 시기의 국왕이던 광해군과 인조는 호패법이 시행될 수 있도록 엄격하게 추진했어요. 그러나 왕의 마음과는 달리 신료들은 호패법 시행을 두고 찬성과 반대로 나눠졌어요. 찬성 측의 대표적 인물이던 장유는 "현재 당면한 일 가운데 호패법의 시행보다 더 중대한 사안은 없습니다. 세수 파악, 군적 결원 충원, 신역 관리뿐만 아니라 도망치거나 죽은 자로 인한 결손을 보충하기 위해 족속이나 이웃에게 끼치는 폐단을 제거하는 효과가 큽니다"라고 말해요. 반면 반대하는 대표적 인물이었던 조익은 "호패를 검사하고 단속하는 것은 백성을 고통스럽게 만듭니다. 무릇 제도란 백성의 삶을 보듬어 주는 것이어야 하는데, 현재의 호패법은 백성을 구제하는 것이 아니라 단순히 군역의 결손을 채우기 위한 법입니다"라고 말합니다. 그럼에도 호패법 정착을 위한 노력은 계속 이어졌어요. 숙종은 휴대하기 불편하다는 호패의 문제점을 해결하여 정착시키고자 했어요. 그래서 딱딱한 재료가 아닌 휴대가 간편하면서도 위조를 방지할 수 있는 종이로 만들어진 지패로 대체했어요. 하지만 호패를 착용하게 되면 군역 등 여러 세금을 내야 하는 만큼, 휴대 용이성이 백성에게 중요하지는 않았어요. 그래서 조선의 국왕들에게는 호패법을 정착시키는 일이 큰 숙제였습니다.

1413년 10월 15일 (태종 13년)
지방 행정 구역의 명칭을 바꾸다

임금이 하윤에게 이르기를, "전주를 완산부라고 고치고서도 오히려 '전라도' 라고 칭하고, 경주를 계림부라고 고치고서도 오히려 '경상도'라고 칭하니, 다 시 지명을 고치는 것이 마땅하겠다" 하였다. 하윤이 말하기를, "유독 이곳만 이 아니라, 동북면·서북면도 또한 이름을 고치는 것이 마땅하겠습니다" 하므 로, 임금이 말하기를, "옳도다" 하였다. 드디어 완산을 다시 '전주'라고 칭하 고, 계림을 다시 '경주'라고 칭하고, 서북면을 '평안도'로 하고, 동북면을 '영 길도'로 하였다. - 《태종실록》 26권

세계 어느 지역이든 시대에 따라 행정 구역의 명칭은 변합니다. 이것은 살 아 있는 생명체와도 같아서 사람들의 관심과 애정 그리고 친숙도에 따라서 지명이 오래 지속되기도 하지만 사라지기도 하죠. 그중에서도 지명에 가장 영향을 미치는 주체가 국가입니다. 행정 구역으로 나뉘며 붙여지는 지명의 경우 쉽게 바뀌지 않거든요. 현재 우리가 부르는 전라도·경상도·강원도·평 안도 등의 지명도 조선시대에 붙여진 것이 많아요. 그만큼 지명이란 국가의

존속보다 더 오랜 세월 동안 영향을 미칠 때가 많습니다.

　　태종은 하루라도 빨리 고려의 색채를 사람들의 기억에서 지워야, 조선이 오래도록 유지될 수 있다고 생각했어요. 그래서 고려의 흔적을 지우는 정책의 하나로 행정 구역 명칭을 바꿔요. 하지만 사람들은 태종이 바꾼 지명을 사용하지 않았어요. 이것은 지금의 우리와도 크게 다르지 않은 반응이에요. 기존에 쓰던 행정 주소를 새 도로명 주소로 바꾸자 많은 사람이 불편함을 호소하며 옛것을 그리워했죠. 북한 지명도 그래요. 우리는 북한의 행정 구역인 자강도와 양강도를 낯설어 하고, 어느 지역의 지명인지 잘 모르기도 해요. 하지만 평안도와 함경도가 어디냐고 물으면 어렵지 않게 답할 수 있어요. 그렇다면 이처럼 우리에게 친숙한 8도의 명칭은 언제 어떻게 만들어졌을까요?

　　함경도는 고려 말 원나라에 빼앗겼던 쌍성총관부 지역으로 1356년 공민왕이 되찾으면서 강릉삭방도라 부르게 했어요. 이곳은 이성계의 고향으로 조선 건국의 기반이 된 장소였던 만큼, 매우 중요하게 여긴 지역이었어요. 태종은 1413년 관내에 영흥과 길주라는 큰 도시가 있다고 하여 영길도라고 부르게 했어요. 3년 뒤에는 영흥을 강등하고 함주를 승격시키면서 관찰사 본영을 이곳에 설치했어요. 그래서 함주와 길주 두 지역의 앞 글자를 따서 함길도로 다시 명칭을 비꿔요. 세종은 북방 개척 과정에서 두만강 6진을 설치하며 영토를 확장했고, 성종은 함흥에서 영흥으로 관찰사 본영을 옮기며 영안도로 다시 지명을 고쳐요. 지금의 함경도란 명칭은

1509년 함흥부 및 관찰영을 복구한 중종 때부터 사용된 지명입니다.

평안도는 고구려의 수도였고 고려 때 서경이라 부르며 제2의 수도로 생각한 평양이 있는 지역이에요. 고려시대 황해도 자비령 이북을 원나라에 빼앗기면서 동녕부로 불리다가 충렬왕이 되찾아 왔어요. 태종은 1413년 이 지역을 평안도로 불렀어요. 세종은 압록강을 경계로 평안도를 안전하게 보호하고자 최윤덕으로 하여금 여연·자성·무창·우예 4군을 개척하게 했어요. 하지만 여진족의 반발이 계속 거세져 관리하기가 어려워지자 세조는 4군을 철폐해요. 그러나 이것은 영토를 포기한 것이 아니라 국경 방어선을 뒤로 물린 것이어서 19세기 다시 이곳에 군사시설이 설치돼요. 평안도는 중국으로 오가는 사신단을 영접하고 북방 민족의 침입을 막기 위해 조세를 중앙 정부에 올리지 않고 자체적으로 사용할 수 있었어요. 또한 중국과의 교역으로 경제 활동도 매우 활발했어요. 이익의《성호사설》은 평안도를 "중국과 교통하여 복장이 화사하고 노래와 춤이 분잡하다. 압록강을 건너가 인삼을 캐다가 발각돼도 이익이 커서 처벌을 두려워하지 않는다. 조정에서는 이곳을 외국처럼 취급해서 감사(관찰사)에게 맡기므로 정당한 공물이 올라오지 않는다"라고 평가했어요. "평안감사도 저 싫으면 그만이다"라는 말 아시죠? 많은 재물과 권력을 행사하는 자리를 이야기할 때 제일 먼저 등장하는 관직이 평안감사인 것도 이런 배경이 있어요.

황해도는 고려의 수도 개경이 있는 지역으로 국제 무역항인 벽란도가 있었던 지역이에요. 한양으로 수도를 옮긴 태조는 1395년 풍천과 해

주의 이름을 따서 풍해도라고 불렀어요. 그러나 이 이름은 오래가지 않았어요. 1417년 태종은 황주와 해주의 앞 글자를 따서 황해도로 불렀거든요. 광해군 때 잠시 황연도로 바뀐 적이 있지만, 우리는 지금까지 황해도로 부르고 있습니다.

강원도는 대관령을 경계로 영서와 영동 지역으로 나뉘어요. 그래서 강원도는 시대에 따라 하나의 지명으로 불리기도 하지만, 영서와 영동 지역이 각기 다르게 불리기도 했어요. 예를 들어 고려 말에는 영동 지역을 강릉도라 부르고, 영서 지역은 교주도라 불렀어요. 그러던 것이 1388년 우왕 때 통합하여 교주강릉도로 합쳐져요. 조선이 건국되고 나서는 1395년 태조가 영동을 대표하는 강릉과 영서를 대표하는 원주의 앞 글자를 따서 강원도라 부르게 했어요. 이후 원양도, 강양도, 원춘도로 이름이 잠시 바뀐 적이 있지만, 조선시대 내내 강원도라 불립니다.

경기도는 한강 하류 지역으로 삼국시대부터 이곳을 차지하기 위한 경쟁이 치열했던, 매우 중요한 지역이었어요. 백제 수도와 고려 남경이 이곳에 설치될 정도로 넓은 평야와 많은 사람이 살던 지역이에요. 즉, 인적·물적 자원이 풍부할 뿐만 아니라 중국으로 가는 바닷길을 확보할 수 있어서 국가를 부강하게 만드는 데 없어서는 안 되는 꼭 필요한 영토였어요. 이곳에 경기라는 명칭이 붙은 것은 고려 문종이 개성을 둘러싼 인근 지역을 왕실 직할지로 만든 것에서 시작해요. 경기(京畿)란 수도 주변의 인근 지역이라는 뜻이거든요. 하지만 조선이 건국되고 수도를 한양으로 옮기면서 경기도의 행정 구역이 변하게 돼요. 그 결과 연백은 황해도, 이천과 안협은 강원도로 이관되었어요. 반면 여주·양지·양성·음죽·가평은 경기도에 편입됩니다.

충청도는 충주와 청주의 앞 글자를 가져와서 붙인 지명이에요. 충청도란 지명이 처음 만들어진 것은 고려 예종 때로 과내도와 중원도 그리고 하남도를 합쳐 양광충청주도라 부른 것에 기원을 두고 있어요. 태조는 양광도라 잠시 부르다 충청도로 지명을 바꿨어요. 그리고 태종이 현재의 충남과 충북의 형태를 만들어요. 충청도 지역은 조선시대 다른 곳보다 지명이 많이 변했는데, 이것은 충청도에서 역모 사건이 자주 일어났기 때문이에요. 조선 정부는 충청도에서 역모 사건이 발생하면 공홍도, 홍충도, 공청도, 공충도 등으로 이름을 바꿔 불렀어요. 반면 백성들은 제천 의림지 호수를 가진 지역이라고 하여 '호서'라고도 많이 불렀습니다.

전라도는 견훤의 후백제가 건국한 지역으로 한반도에서 가장 넓은 평야를 가지고 있어 매우 풍요로운 지역이에요. 고려 성종 때는 전주를 중심으로 하는 강남도와 나주를 중심으로 하는 해양도로 나누어 불렀어요. 그러다가 고려 현종이 전주와 나주의 이름을 합쳐 전라주도라고 부르다가 조선시대 전라도로 바꿔요. 물론 전라도로만 계속 불리었던 것은 아니었어요. 전남도, 광남도 등으로 여러 번 바뀌기도 했어요. 하지만 백성들은 전라도를 금강의 옛 이름인 호강의 남쪽 지역이라고 호남이라 불렀습니다.

경상도는 신라와 가야가 자리를 잡고 있던 지역으로 아주 오랫동안 한반도의 중심이었어요. 신라만 해도 천 년을 이어 간 나라니까요. 하지만 고려가 건국되면서 지방으로 전락하게 됩니다. 고려 전기까지 경상도 지역은 상주 중심의 영남도, 경주 중심의 영동도, 진주 중심의 산남도로 구분했어요. 그래서 이때부터 사람들은 경상도 지역을 영남이라고 불렀습니다. 경상도라는 말이 처음 나온 것은 고려 충숙왕 때인 1314년이에요. 경주와 상주의 첫 글자를 따서 경상도로 부른 것이죠. 조선시대에는 경상도를 좌우도로 나누었으나, 1896년부터 남북도로 나누어져서 지금까지 이어져 오고 있습니다.

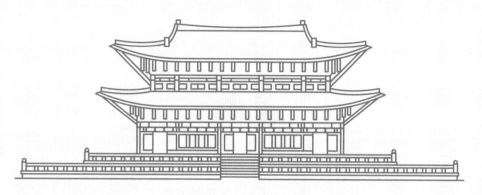

양녕대군이 폐세자되면서 제4대 왕으로 즉위했지만, 태종에 의해 즉위 초창기에는 자신의 정치를 펼치지 못했다. 그러나 집현전을 통해 육성한 신진 관료들과 훈민정음 창제, 혼천의 제작, 《칠정산》 편찬 외에도 신기전과 같은 무기 개발 등 많은 업적을 세웠다. 대외적으로도 이종무를 통해 대마도를 정벌하고 김종서·최윤덕 장군을 보내 4군 6진을 개척하는 등 영토를 넓혔다. 하지만 업무로 인한 과로와 육식 위주의 식단 등으로 건강이 좋지 않았다. 세종의 능호는 영릉이며, 경기도 여주에 있다.

제4대

세종

(1397~1450, 재위 : 1418.8~1450.2)

1423년 10월 8일 (세종 5년)
재인과 화척의 명칭을
백정으로 바꾸게 하다

병조에서 "재인과 화척은 본시 양인으로서, 업이 천하고 칭호가 특수하여, 백
성들이 다 다른 종류의 사람으로 보고 그와 혼인하기를 부끄러워하니, 진실로
불쌍하고 민망합니다. 바옵건대, 칭호를 백정(白丁)이라고 고쳐서 평민과 서로
혼인하고 섞어서 살게 하며, 그 호구를 적에 올리고, 경작하지 않는 밭과 묵은
땅을 많이 점령한 사람의 밭을 나누어 주어서 농사를 본업으로 하게 하옵소
서" 하니, 그대로 따랐다. -《세종실록》22권

세종은 재인과 화척에게 농사를 짓게 하거나 군인으로 선발하여 정착 생활
을 할 수 있도록 유도하되, 이를 따르지 않는 경우 죄를 묻도록 했어요. 그
렇다면 재인과 화척이란 누구를 말하는 걸까요? 재인은 재백정이라고도 부
르는데, 이들의 뿌리를 고려에 남은 몽골인 달단(韃靼)으로 보기도 해요. 이
들은 고리버들로 만든 유기그릇과 짐승 가죽으로 만든 물건(피물)을 만들어
팔거나, 가축을 도살·판매하며 생계를 이어 갔어요. 또는 춤과 노래로 생업

을 이어 나가기도 했어요. 화척은 양수척이라고도 부르는데, 이들은 후삼국 시대 포로로 잡혀 오거나 귀화한 여진인들의 후손이었어요. 이들도 재인들 과 마찬가지로 유기와 피물을 제작하거나 가축 도살 및 판매를 통해 살아갔 어요.

조선은 농업을 국가 운영의 토대로 삼았어요. 농사는 매년 수확량 이 일정하여 국가 예산을 편성하고 운영하는 데 큰 도움을 줬거든요. 또한 농사를 짓는 사람은 거주지 이동이 어렵기 때문에 군역과 요역에 동원하는 데 매우 유리했어요. 그런데 재인과 화척은 집단으로 전국을 떠돌아다녔기 에, 이들의 숫자를 정확하게 파악하기가 어려웠어요. 다시 말하면 이들은 세금을 거두기 어려운 존재였어요. 물론 조선 정부는 이들에게 신공(身貢, 인 두세의 일종)으로 저화 30~50장을 내도록 했어요. 하지만 재인과 화척의 숫자 가 얼마나 되며, 어디에 있는지 제대로 파악하기 어려운 만큼 제대로 세금 을 걷지 못했어요.

세금을 걷기도 어려웠지만, 더 큰 문제가 있었어요. 재인과 화척이 유랑하면서 남의 물건을 빼앗거나 방화를 저지르는 일이 많았다는 거예요. 심지어 살인을 저지르며 사람들을 불안하게 만들기도 했어요. 재인과 화척 의 불법 행위를 막기 어려웠던 건 그들이 가축을 도살하는 일을 하면서 칼을 잘 다루었고, 유목 민족의 후손으로 말도 잘 탔기 때문입니다. 이는 곧 그들 이 하나의 세력을 형성하게 되면 언제라도 조선을 위협할 수 있다는 의미였 어요. 실제로 생계유지가 어려워진 재인과 화척은 왜구를 사칭해 마을을 약탈하고 살육하는 일을 종종 벌이기도 했어요. 그러나 반대로 생각해 국가가 이들을 잘 다룰 수만 있다면, 막강한 군사력을 가질 수 있다는 말이 되기도 해요. 실제로 고려 말과 조선 초에 왜구를 격퇴할 때나 대마도를 정벌할 때 재인과 화척을 동원하여 큰 효과를 보기도 했어요.

특히 세종은 재인과 화척을 제도 안으로 끌어들여 사회 안정과 국가 발전에 활용하고자 했어요. 우선 이들을 백정(白丁)으로 편입시켜 양인으로 만들려고 했어요. 여기서 백정이란 고려시대 특정한 역이 없는 백성을 말해요. 예를 들어 군역같이 특정한 역을 담당하지 않고 농업에 종사하던 백성 대다수가 백정이었어요. 물론 왕이 "재인과 화척 너희도 이제부터 백정의 신분이다"라고 선언한다고 해서 이들이 백정으로 인정받는 게 아니었어요. 왜냐하면 재인과 화척에 대한 대다수 백성의 인식이 좋지 않았거든요. 위에서 말한 것처럼 집단으로 떠돌아다니며 문제를 일으키는 이들에 대한 반감이 생각보다 컸어요.

그래서 세종은 백정이란 명칭을 사용하도록 허락하는 것에 그치지 않고, 이들을 위한 실질적인 정책을 펼쳤어요. 우선 평민과의 혼인을 권장하고, 농사지을 수 있는 땅을 나누어 주며 정착을 유도했어요. 농사짓기 어려워서 기존처럼 사냥하거나 유기와 피물을 만드는 사람에게는 공물 납부를 면제해 주었어요. 무예가 뛰어난 이들은 군인으로 선발하여 성을 지키는 수성군으로 삼았어요. 특히 이들 중에서도 무예가 아주 특출한 사람은 한양이나 왕을 지키는 갑사직에 임명했으니 엄청난 특혜를 제공한 것이죠. 세종은 정책에 따르는 재인과 화척에게는 호적을 만들어 주며 평민과 섞여 살게 했어요. 그렇다고 이들을 끌어들이는 당근책만 제시한 것은 아니었어요. 여전히 국가 통제를 따르지 않고 여기저기 돌아다니며 문제를 일으키는 자에게는 엄중하게 죄를 물었어요.

재인과 화척이 일반 백성과 융화되어 살아가기를 바라던 세종의 뜻과는 달리 일반 백성들은 이들과 함께 생활하려 하지 않았어요. 늘 그들과 일정 거리를 두며 무시하고 멸시했어요. 그들을 '신백정'이라 부르며 자신들과 거리를 두다가, 나중에는 백정이란 명칭을 버리고 사용하지 않았어요. 그 결과 조선시대의 백정이란 명칭은 유기 제작 및 도살과 육류 판매에 종사하는 재인과 화척을 지칭하게 돼요. 결국 이들은 양인으로서 인정받지 못하고 천인으로 전락하고 말았어요. 그것도 천인 중에서도 가장 낮은 신분으로요. 이들은 무시당하는 것에 그치지 않고 생계를 이어 가기 어려울 정도의 경제적 곤란도 겪어요. 결국 《중종실록》에 "재인이나 광대 들이 마을을 돌아다니며 구걸하거나 때로 도둑질을 하는 등 폐해가 심하다"라고 기록될 정도로 사회 문제를 일으키게 됩니다.

백정을 무시하는 풍조는 조선 후기까지 계속 이어졌어요. 순조 때인 1809년 개성에서 일어난 사건을 살펴볼까요? 개성에 사는 한 백정이 혼인하는 과정에서 관복을 입고 햇빛을 막는 우산을 사용했어요. 감히 백정이 자신의 분수를 망각한 채, 관복을 입고 우산을 사용했다며 마을 사람 모두가 크게 화를 냈어요. 우리 옛말에 동쪽에서 뺨 맞고 서쪽에서 화풀이한다는 말이 있잖아요. 이들에게 딱 어울리는 말이 아닐까 싶어요. 양반의 무시와 멸시에는 아무 말도 하지 못하던 상민들이 자신보다 못나고 약하다고 판단되는 백정에게 분풀이한 거죠. 마을 사람들은 무리를 지어 관복을 빌려준 사람을 찾아가 때리고, 관복을 입었던 백정의 집을 부숴 버렸어요. 이들은 여기서 그치지 않았어요. 백정이 신분제를 더럽힌 죄를 수령이 엄히 다스리지 않는다며 개성부 관아를 향해 돌을 던지며 항의했어요.

조선 500여 년간 가장 낮은 신분으로 부당한 대우를 받던 백정들은 종종 자신들의 삶을 비관하기도 했지만, 꿈을 잃지는 않았어요. 자신들의 처우가 개선되기를 희망했고, 자신들이 직접 바꾸기 위해 노력했어요. 18세기 성대중이 쓴《청성잡기》를 보면 문경의 관노비가 백정을 때려죽이는 일이 벌어지자, 수령이 관노비 편을 들었다고 해요. 아무래도 자신이 데리고 있는 노비인 데다가, 당시 백정은 사람 취급을 받지 못했으니까요. 이런 부조리한 모습에 화가 난 문경 인근 백정들이 하나둘 모여 수령에게 올바른 판결을 하라고 항의하는 일이 있었다고 해요. 이 사건은 같은 천민이지만 노비보다도 훨씬 낮은 대우를 받던 백정의 모습을 잘 보여 주는 동시에, 신분 해방을 이루고자 했던 백정들의 마음을 엿보게 해 줘요. 그리고 이런 마음이 계속 이어져서 일제강점기인 1923년에는 백정들이 차별받지 않겠다며 신분 해방 운동을 펼쳐요. 이것을 형평 운동이라고 하죠. 그 결과 지금은 백정을 어디서도 찾아볼 수가 없습니다.

1426년 4월 17일 (세종 8년)
계집종이 아이를 낳으면
100일 동안 휴가를 주어라

형조에서 전달하기를, "전국 관아의 여자 노비가 아이를 낳으면 휴가를 100일 동안 주게 하고, 이를 일정한 규정으로 삼게 하라" 하였다. ─《세종실록》32권

조선시대를 배경으로 하는 드라마나 영화는 엄격한 신분제 사회를 바탕으로 내용이 전개돼요. 내용은 다를지 몰라도 양반 계층은 막강한 권력을 가지고 있는 반면, 노비와 같은 천민 계층은 엄청난 무시를 당한다는 배경은 같죠. 심지어 하층민은 생명의 안전까지도 보장받지 못하는 일이 벌어지기도 해요. 오늘날의 관점에서는 같은 사람끼리 어떻게 저럴 수 있을까 생각할 수 있지만, 잘못된 사실을 전달하는 것은 아니에요. 조선시대는 분명 엄격한 신분제 사회였고, 이로 인한 사회적 불평등이 존재했으니까요. 특히 사회적 약자였던 천인들은 더더욱 온갖 불평등한 대우를 받으며 생활

해야 했어요.

 그런데 예외인 경우도 있었어요. 우리가 성군으로 칭송하는 세종은 천민의 삶에 많은 관심을 기울이며 보살펴 주는 정책을 펼쳤어요. 대표적으로 출산한 관노비에게 100일 휴가를 주는 법을 만든 것이 있어요. 21세기인 지금은 여성이 출산 휴가와 육아 휴직을 당연히 사용하여야 한다는 인식이 보편화되었지만, 불과 얼마 전까지만 해도 그렇지 못했어요. 1990년대에도 여성은 결혼하는 순간 퇴직을 강요당하는 일이 많았거든요. 설령 퇴직할 위기를 넘겨도 아기를 낳으면 또다시 퇴직을 강요받아야 했어요. 이것은 기업에서만 퇴직을 강요한 것이 아니었어요. 가정을 비롯한 사회 전반적으로 출산한 여성을 배려하려는 인식이 없었어요. 그렇기에 출산 휴가를 사용한다는 것은 상상하기 어려운 일이었습니다.

 그런데 지금으로부터 600년 전인 조선 세종 때 여자 노비에게 출산 휴가를 준 놀라운 일이 기록되어 있어요. 노비는 매매·상속·증여가 가능한 재산으로 여겨졌는데 말이에요. 물론 조선이 인구를 늘리고자 하는 목적 아래 진행된 정책이구나 간단하게 생각할 수 있어요. 그러나 곰곰이 되짚어 생각해 보면 양인이 아닌 노비에게 출산 휴가를 줬다는 것에 충분한 설명이 되지 못해요. 예를 들어 국가에 세금을 납부하며 군인으로 복무하는 양인이라면 출산 휴가를 준 이유가 인구 증가에 있다고 설명할 수 있어요. 하지만 군역을 비롯한 여러 세금을 내지 않는 노비의 수를 증가시키기 위해 여자 노비에게 100일의 출산 휴가를 준다는 것이 선뜻 이해되지 않습니다.

세종 1430년에는 더욱 놀라운 법이 발표돼요. "옛적에 관가의 노비에 대하여 아이를 낳을 때는 반드시 출산하고 나서 7일 이후에 복무하게 하였다. 이것은 아이를 버려두고 복무하면 어린아이가 해롭게 될까 봐 염려한 것이다. 일찍 100일간의 휴가를 더 주게 하였다. 그러나 산기가 임박하여 복무하였다가 몸이 지치면 미처 집에 가기 전에 아이를 낳는 경우가 있다. 만일 산기에 임하여 1개월간의 복무를 면제하여 주면 어떻겠는가. 가령 그가 속인다고 할지라도 1개월까지야 넘을 수 있겠는가. 그러니 상정소(詳定所)에 명하여 이에 관한 법을 제정하게 하라."

임산부가 건강하게 아이를 낳을 수 있도록 출산 한 달 전부터 일하지 않고 쉴 수 있는 조치를 한 거예요. 그런데 이것보다 더 놀라운 것은 산모의 남편도 한 달 동안 복무를 면제하여, 아내와 갓 태어난 아이를 돌볼 수 있도록 했어요. 아마도 이것은 남편에게 출산 휴가를 준 세계 최초의 출산 장려 정책이 아닐까 생각돼요. 그렇다면 세종의 출산 정책은 비단 인구 증가만이 목적이 아닌 천민도 백성으로 여기며 아껴 주려는 애민 정신으로 봐야 하지 않을까요?

세종의 애민 정신은 부모가 버렸거나 없는 고아들에게도 이어졌어요. 남편에게도 출산 휴가가 주어진 1430년 호조에서 안타까운 소식을 세종에게 전했어요. 전라도 고창현의 8~9세 된 여자아이가 미친병을 얻었는데 부모와 친인척도 없으니, 국가에서 쌀을 하루에 한 되씩 주는 것이 좋겠다는 보고였어요. 세종은 흔쾌히 허락하면서 아이가 춥고 굶주리지 않도록 잘 보살피라고 고창현 수령에게 한 번 더 당부해요. 왕이 사는 한양도 아닌 멀리 떨어진 전라도 고창의 여자아이까지 국가에서 돌보라는 왕도 대단하지만, 안타까운 아이를 돌봐 주자고 이야기하는 관리도 대단하지 않나요? 세종이 성군이 될 수 있었던 것은 개인의 뛰어난 능력도 있었겠지만, 관리들이 자신의 능력을 100% 발휘할 수 있는 환경을 만들어 준 데 있지 않을까 싶습니다.

세종의 애민 정신을 볼 수 있는 기록은 대단히 많아요. 그중에 하나를 더 살펴볼까요? 1436년 흉년으로 많은 사람이 굶주림을 견디지 못하고 노인과 아이를 버리자, 세종은 그 숫자가 어떻게 되는지 하나도 숨김없이 보고하라고 명을 내려요. 세종이 이토록 세심하게 백성을 돌봐서일까요? 충청도 관찰사였던 정분은 부모를 잃은 아이가 네 명이고, 고향을 떠난 사람이 1,067명이라고 한 명도 빠짐없이 세세하게 보고를 올려요. 세종은 이에 대한 대책으로 버려진 노인들과 아이들이 편안하게 지낼 수 있는 시설을 갖추도록 명령했어요. 또한 고을 수령에게 버려진 아이들은 더욱 세심하게 돌보고, 고향을 떠나온 사람에게는 봄에 양식과 종자를 주어 원래 살던 곳으로 돌아갈 수 있게 하라고 지시합니다.

하지만 세종은 이런 대책이 임시방편일 뿐 근본적인 문제 해결 방안이 아니라는 것을 알고 있었어요. 그래서 고아를 위한 여러 정책을 펼쳤어요. 아이를 버리는 사람을 관아에 고발하는 사람에게는 포상을 지급하고, 백성들에게 고아를 입양하도록 장려했어요. 또한 태조 때 만든 서민 의료 기관인 제생원에서 고아를 돌보도록 하는 제도를 유지·확대함으로써 국가가 먼저 모범을 보이고자 노력했어요.

안타깝게도 세종 이후 출산 여성을 배려하고, 어린 고아나 노인을 돌보는 제도가 제대로 운용되지 못했어요. 아무리 잘 만들어진 법과 제도라도 그것을 운영하는 사람의 능력과 의지를 넘어설 수 없거든요. 관리자들은 이런 복지 제도를 운영하는 것을 매우 번거로워했어요. 다른 일보다 우선순위가 낮다고 판단한 관료들은 굳이 그들을 도와줘야 하는지 의문을 품었어요. 바로 효과가 나오는 것도 아니고 신분이 낮은 이들을 도와준다고 승진하는 데 크게 도움이 되는 것도 아니었거든요. 차라리 그보다는 자신들의 업적을 돋보이게 하는 다른 일에 몰두하고자 했어요. 결국 세종의 애민 정신이 발휘되어 만들어진 훌륭한 제도는 후대에 이어지지 못하게 돼요. 우선은 후대 왕들과 관료들이 복지 정책을 실행하려는 의지가 부족했어요. 둘째로는 훈구파*의 부정·비리와 양난 등 사회적 혼란으로 복지 정책을 운용할 여력이 없었어요. 그로 인해 임산부와 고아 등 사회적 약자들은 조선시대에 힘든 삶을 살아가야 했어요. 그렇다고 조선을 비난해서는 안 돼요. 지금처럼 복지가 매우 중요하다고 모두가 인식한 것은 불과 100여 년밖에 되지 않았으니까요. 오히려 세종의 복지 정책을 통해 조선이 세계 어느 나라보다도 매우 앞선 나라였다고 보는 게 옳지 않을까요?

* 조선 건국 또는 조선 초기의 각종 정변에서 공을 세워 높은 벼슬을 해 오던 관료층.

1433년 6월 11일 (세종 15년)
《향약집성방》이 완성되다

집현전 직제학 유효통·전의 노중례·부정 박윤덕 등이 향약방에 내하여 여러 책에서 빠짐없이 찾아내고 종류를 나누고 더 보태어 한 해를 지나 완성하였다. 이에 예전 병의 증상은 338가지인데, 이제는 959가지가 되고, 병 처방법은 2,803가지인데, 이제는 1만 706가지가 되었으며, 또 침구법 1,476조와 향약 본초 및 포제법을 붙여서 합해 85권을 만들어 올리니, 이름을 《향약집성방》이라 하였다. ―《세종실록》77권

의학의 보급은 어느 시대와 장소를 막론하고 매우 중요한 일이었어요. 개인에게는 질병으로 고통을 받지 않고 평온하고 행복하게 살기 위해 의술이 필요해요. 국가로서도 백성이 건강하게 생업에 종사할 때, 조세를 안정적으로 거둬 국정을 원활하게 운영할 수 있어요. 그래서 동서양을 막론하고 모든 국가는 의술의 발전과 의학 보급에 많은 지원을 아끼지 않았어요. 우리나라도 예외는 아니었어요. 고려시대에도 중국과 다른 우리만의 풍토병에 대응하기 위해 노력했어요. 그런데 그중에서 가장 문제점으로 대두된 것이 중국 의학

서에 나와 있는 약재를 한반도에서 구하기가 어렵다는 것이었어요. 그래서 고려는 우리 산천에서 구할 수 있는 약재와 의술을 개발하는 데 노력하여, 우리나라 약재라는 뜻의 '향약(鄕藥)'이 들어간 의학서를 간행합니다.

고려를 무너뜨리고 새롭게 등장한 조선도 예외는 아니었어요. 오히려 의학 기술의 발전과 향약을 찾는 일이 예전 시대보다 더 중요해졌어요. 농업 생산력이 여전히 낮다 보니 제대로 먹지 못한 사람들은 면역력이 약해져 작은 병도 이겨 내지 못했어요. 그럼 병세를 진단하고 그에 맞는 치료와 약재라도 제공해야 하는데, 이것은 웬만한 사람들은 꿈도 꾸지 못할 일이었어요. 왜냐하면 약재 대부분이 먼 중국에서 들어오다 보니 가격이 너무 비쌌거든요. 이것만이 아니라 중국으로 가는 사신단을 통해서만 약재를 구할 수 있다 보니, 국내에 들어오는 약재의 양과 종류가 굉장히 한정적일 수밖에 없었어요. 그래서 왕실이나 고위 관료층 외에는 약재를 접하기가 어려웠어요. 일반 백성에게 약재란 그저 넋 놓고 쳐다봐야 하는 물건일 뿐이었습니다.

의술을 펼칠 의원이 턱없이 부족하다는 것도 문제였어요. 그래서 태조는 "지방에는 의약을 잘 아는 사람이 없으니 계수관마다 의원을 설치하여 양반 자제를 학생으로 삼아, 글을 알고 조심성 있고 온후한 사람을 교도로 정하여《향약혜민경험방》을 익히게 하고, 교수관은 두루 다니며 설명하고 약을 채취하는 사람을 배속시켜 약재를 채취하도록 하고 처방에 따라 제조하여 병자가 있으면 즉시 치료토록 하라"라고 명령을 내려요. 이로부터 4년 뒤인 1397년에는 조준의 건의에 따라 제생원을 설치하여 백성을 치료하고 고아들을 돌보도록 했어요. 또한 《향약제생집성방》 30권을 반포하여 백성들의 질병 치료에 활용토록 했어요. 그럼에도 의술을 가르치고 배우기 위한 의학 서적이 터무니없이 부족했어요. 세종 때 의원을 육성하는 전의감조차도 《직지방》·《상한류서》·《의방집성》·《보주동인경》 등 전문 의학 서적이 각각 한 권만 있을 정도였으니까요.

　　세종은 이대로는 안 되겠다고 생각했어요. 총체적 난국을 해결하기 위해서는 우리 의학이 중국에 의지하지 않아야 한다고 판단해요. 이를 위해 우선 약재의 용어를 통일하고, 중국 약재를 대체할 수 있는 약재를 개발하고자 했어요. 그리고 이 모든 것을 책으로 만들어 전국에 보급했을 때, 비로소 백성들의 삶이 나아질 거라 믿었어요. 이를 위해 세종은 1421년 명나라에 사신단으로 가는 황자후에게 우리나라에서 나지 않는 약재를 최대한 많이 가져오도록 명령했어요. 황자후가 백방으로 뛰어다니며 어렵게 중국 약재를 가져오자, 약의 효능이 무엇이고 대체할 수 있는 약재가 우리 산천에 있는지 알아보라고 지시했어요. 그러나 얼마 가지 못해 한계에 부딪히게 돼요. 당시 조선의 의학 수준이 중국만큼 높지 않았고, 향약에 대한 효능이나 복용 방법이 알려진 것이 거의 없었거든요. 우리가 공부할 때 기초 지식이 없으면 학업 정진의 속도가 매우 느리고 어려울 수밖에 없는 것처럼 약재 연구의 속도가 나지 않았어요.

　　중국 약재를 대체하는 향약을 찾는 일이 한계에 부딪히자, 세종은 김을해와 노중례를 명나라에 보냈어요. 이들이 맡은 일은 중국 약재와 우리나라 약재 이름이 같은지를 확인하는 것이었어요. 이를 위해 우리 약재를 가지고 중국 한약방과 의원을 찾아다니며 일일이 물어봐야 했으니 얼마나 어려운 일이었을까요. 이런 노력이 단 한 번만 있었던 것이 아니었어요. 세종은 명나라에 사신단이 갈 때마다 우리가 풀 수 없는 궁금증을 명나라 의원을 통해 알아 오게 했어요. 물론 중국 약재를 가져오는 것은 기본이고요. 그런데 중국 약재를 구해 오는 것만큼 중요한 것이 우리나라의 약재가 무엇이고, 어디에 분포되어 있는지 아는 것이었어요. 이것은 그래도 조금은 수월했어요. 세종이 명령하면 관료들이 무슨 일이 있어도 임무를 완수했으니까요. 그 결과 전국 모든 관찰사가 약재의 분포 실태를 조사하여 보고한 것을 종합하여 1431년《향약채취월령》을 편찬했어요. 이 외에도 약재를 군현별로 조사하여 기록한《신찬팔도지리지》를 편찬합니다.

　　　중국 약재를 대체할 우리나라 약재를 언제 어디서 구할 수 있는지 알려 주는《향약채취월령》이 완성되자 세종은 다음 단계로 넘어갔어요. 집현전 직제학 유효통, 전의감 소속의 노중례와 박윤덕에게 향약을 포함한 중국 의서의 처방까지 포괄한 의약서를 제작하도록 했어요. 유효통·노중례·박윤덕 모두가 의학에 정통했지만, 267종의 의서를 토대로 10년 가까이 수집한 향약과 의술을 선별하고 분류하여 책으로 만들어 내는 과정은 쉽지 않았어요. 그렇지만 무려 2년 가까운 시간 동안 집필에 매달린 결과 85권으로 구성된《향약집성방》을 간행했어요. 만들어 놓기만 해서는 의미가 없겠죠.

세종은 간행 두 달 뒤 전라도와 강원도에《향약집성방》을 나누어 주며 인쇄하여 보급하라고 명령했어요.

《향약집성방》을 살펴볼까요? 서문에는 "중국에서 출간된 의학서가 적고, 중국과는 다른 약재 명칭은 꽤 많아서 의술을 업으로 삼는 자들이 미진함을 한탄하는 지경을 벗어나지 못하였다"라고 밝히고 있어요. 이 책이 어떤 의도로 만들어졌는지 보여 주죠. 본문에는 질병을 내과, 외과, 부인과, 소아과 등 57개로 나누고, 병의 증상 959개를 기록해 놓았어요. 그리고는 병의 증상이 나타나는 원인과 함께 치료 방법을 설명했어요. 또한 음식과 질병의 상관관계까지도 다루어 평소 생활 습관 개선과 민간요법도 제시했어요. 이 외에도 약제를 달여 먹는 방법이나 침과 뜸을 놓는 방법도 알려주고 있어요. 그러나 무엇보다도《향약집성방》이 의미가 있는 것은 중국 약재보다 우리의 약재가 더 뛰어나다는 인식을 바탕으로 만들어졌다는 점입니다.

이 외에도《향약집성방》이 가진 또 하나의 큰 가치가 약재에 있어요. 일반적으로 약재라고 하면 식물만을 생각하는 경우가 많아요. 그러나《향약집성방》을 살펴보면 곡식, 생선, 짐승, 광물, 벌레 등 어느 하나에 국한되지 않는 다양한 약재를 확인할 수 있어요.《향약집성방》76권 향약본초개론에는 212종의 약재, 77~85권 향약본초각론에는 701종의 다양한 약재를 수록해 놓았어요. 약재에 대한 설명도 굉장히 충실해서 약재 사용법·가공처리 방법·도구 사용법 등이 자세하게 설명되어 있어요. 또한 혹시라도 있을지 모를 의료 사고를 막기 위해서 임산부 등 환자의 상태에 맞게 사용할 수 있도록 특이 사항을 따로 기록해 놓기도 했습니다.

《향약집성방》간행 이후 조선은 혼동되어 사용하던 약재를 정확하게 구분하여 사용할 수 있게 되었어요. 더 나아가 그동안 알지 못했던 향약의 종류와 효능을 밝혀냄으로써 의학 분야의 자주성을 이루기도 했고요. 여기에 질병을 체계적으로 분류하고 우리 전통 의학, 민간요법, 중국 의학을 모두 비교 분석하여 도출된 치료 방법을 제시했어요. 이것은 조선 중기 이후 허준이 세계적인 의학서《동의보감》을 간행할 수 있는 기초가 됩니다.

1443년 7월 6일 (세종 25년)
《칠정산》으로
우리 시간과 날짜를 계산하다

예조에서 서운관의 보고에 의거하여 아뢰기를, "지금 이후로는 일·월식에 내·외편법(內外篇法)과 수시(授時)·원사법(元史法)과 입성법(立成法)과 대명력(大明曆)으로 계산하는데, (중략) 이제 내편의 법으로 계산하여 보고하도록 하소서" 하니, 그대로 따랐다. -《세종실록》101권

고대 사회 하늘의 기상 변화는 단순한 자연 현상이 아니었어요. 인간보다 더 우위에 있는 신들의 뜻으로 해석되는 경우가 많았어요. 하늘에서 내리치는 천둥·번개는 큰 잘못을 저지른 사람에게 내려지는 형벌로 생각했습니다. 심지어 달이 태양을 가리는 일식은 조선시대 왕권을 위협할 만큼 큰 의미로 해석되었어요. 이 시대는 임금을 태양이라고 생각해서, 태양이 사라지는 일식을 제 역할을 하지 못한 왕에 대한 하늘의 경고라고 봤어요. 더불어 달은 신하를 의미했고요. 일식이 달에 의해 태양이 가려지는 현상인 만큼,

일식이 자주 일어나거나 오랜 시간 이루어지면 왕위를 빼앗기는 최악의 사태가 발생할지도 모른다고 여겼어요. 그래서 조선 왕들은 해를 달로부터 구해 내는 의식인 구식례를 반드시 실행해야 했어요. 그렇기에 일식이 언제 시작되고 언제 끝나는지를 정확하게 예측할 필요가 있었습니다.

나라를 안정적으로 운영하려는 세종에게 북을 치고, 달을 향해 활을 쏘며 붉은 실로 위협하는 구식례는 매우 중요한 행사였습니다. 그런데 1422년 정월 초하루 날(음력 1월 1일) 세종을 긴장시키는 일이 벌어졌어요. 세종이 소복을 입고 신하들과 창덕궁 인정전 뜰 앞에 서서 일식을 기다리는데 하늘에 아무 변화도 일어나지 않은 거예요. 당황한 세종이 구식례를 진행할지 고민하던 찰나, 서운관이 보고한 시각보다 15분 늦게 일식이 시작됐어요. 예고된 시간보다 일식이 늦어진 것은 왕이 하늘을 제대로 공경하지 못했다는 것을 의미하는 것이어서 세종은 매우 화가 났습니다.

세종은 일식 시간을 계산하여 보고한 서운관 관리 이천봉에게 곤장을 치라고 명령을 내렸어요. 사실 세종은 그의 잘못이 아니라 중국과의 시차로 인해 벌어진 일이라는 사실을 너무도 잘 알고 있었어요. 하지만 관료와 백성 대다수는 시차가 달라 일어난 현상이라는 점을 이해하지 못했어요. 이런 상황에서 이천봉에게 책임을 묻지 않으면, 어떤 뒷말이 나올지 알수 없었어요. 안 좋은 소문을 내기 좋아하는 사람들에게는 일식을 제대로 알지 못했다는 사실이 최고의 소재였을 테니까요. 그로 인한 불미스러운 사태를 미연에 막기 위해 세종은 이천봉에게 벌을 내린 것이고, 이천봉은 서운관 관리라는 이유로 벌을 받은 것이었습니다.

그래서일까요? 천문 관측을 책임지던 서운관에서도 변화의 노력을 보여 주었어요. 금강산 일출봉에 올라 일식을 관측하기까지 했거든요. 하지만 이런 노력이 시차로 인해 발생하는 오차를 바로잡을 수는 없었어요. 결국 세종은 근본적인 문제를 해결하기 위해 우리나라에 맞는 역법을 만들기로 합니다.

세종은 우선 중인 계층이 담당하던 천문 관측과 역법 계산에 실력 있는 양반들이 참여할 수 있는 기반을 만들고자 했어요. 그래서 세종은 관료에게 천문 관측과 역법을 계산하는 일이 매우 중차대하다고 이야기하며, 이에 기여한 사람을 크게 칭찬했어요. 이것만큼 양반의 참여를 이끌어 내는 좋은 방법이 없었죠. 누구나 왕에게 자기 능력을 인정받고 칭찬받기를 원했으니까요. 세종이 심사숙고해서 칭찬할 사람으로 선정한 사람이 정초였어요. 그는 태종 때 문과에 급제한 이후 정인지와 함께 역법을 연구하여 개정했어요. 천문을 관측하기 위한 간의대를 제작하는 과정에서도 수많은 자료를 수집하여 정리했고요. 이 외에도 절기와 음력을 측정하는 기구인 혼천의 제작에도 참여했어요. 이처럼 조선의 천문 관측 기술이 발전하는 데 큰 공이 있는 정초는 모든 관료 앞에서 세종에게 큰 칭찬을 받게 돼요.

또한 세종은 역법을 바로 세우는 일이 명과의 사대 관계를 벗어나는 일이 아니라는 사실을 신하들에게 설명했어요. 명나라는 조선을 비롯한 모든 오랑캐는 명나라 황제를 하늘의 아들, 즉 천자로 인정하고 받들어야 한다고 늘 주장했어요. 만약 중국 황제의 권위를 넘보는 행위를 하나라도 한다면 가만두지 않겠다고 엄포도 놓았어요. 그런 행동에 관련된 것 중 하나가 왕이 하늘에 제사를 지내고, 천문을 관측하여 역법을 계산하는 일이었어요. 그래서 조선은 하늘에 제사를 지내는 환구단을 설치하지 않고, 토지를 담당하는 국사신과 곡물을 담당하는 국직신에 제사를 지내는 사직단만 두었어요. 그런데 명나라만 할 수 있는 역법을 바로잡는 일을 한다고 하니 얼마나 많은 관료가 반대했겠어요. "역법을 계산하면 명나라가 가만있지 않을 것이다", "천자의 나라에 대한 예의가 아니다"라면서 말이죠.

　　사대 질서를 운운하며 자신의 뜻을 꺾으려는 신료들의 의견을 논리적인 말로 꺾은 세종은 1432년 집현전 학자를 불렀어요. 그만큼 이 사업이 세종에게 얼마나 중요했는지를 보여 준다고 할 수 있겠네요. 당대 최고의 뛰어난 학사였던 이순지와 정인지를 비롯한 집현전 학자들이 참여했지만, 역법을 완성하기까지 너무도 오랜 시간이 걸렸어요. 무려 10년이 지난 1442년이 되어서야 한양을 기준으로 하는 역법 《칠정산》이 완성돼요. 그래도 명나라의 눈치를 살피면서 독자적으로 역법을 완성해야 했던 상황을 감안하면 "이걸 10년 만에 만들었다고?"라며 크게 놀랄 수도 있어요. 그만큼 역법을 만든다는 것은 일급 보안 상황이어서 어디서도 역법을 배우기가 어려웠어요. 당시 독자적으로 역법을 계산할 수 있는 나라는 중국과 아라비아의 이슬람 국가밖에는 없었으니까요. 다시 말하면 조선이 간의, 혼천의, 앙부일구, 자격루 등 15가지가 넘는 천문 관측기구를 제작하고 사용할 만큼 뛰어난 천문 지식과 과학 기술이 있었기에 한양을 기준으로 역법을 계산할 수 있었던 것입니다.

1434년(세종 16)에 장영실, 이천, 김조 등이 만들었던 해시계인 앙부일구 (국립고궁박물관 소장)

　　세종이 강력하게 추진하여 만든《칠정산》은 내편과 외편으로 이루어져 있어요. 내편은 원나라의 수시력과 명나라 대통력을 연구하여 한양의 위도에 맞는 역법을 제시했어요. 한 달을 29.530593일, 1년을 365.2425일로 계산한《칠정산》내편은 현재와 소수점 여섯 자리까지 일치할 정도로 정확도가 높아요. 외편은 원주를 360도, 1도를 60분, 1분을 60초로 계산하는 아라비아 천문학이 반영되어 있어요. 이것은 고도의 과학 기술이 있어야 적용할 수 있는 만큼 조선이 매우 수준 높은 천문 지식을 가지고 있음을 보여줍니다.

　　세종은 한양에 맞춘 역법을 계산했다는 사실에 매우 기뻐하는 동시에 자부심도 가졌어요. 《칠정산》은 책 제목을 아무렇게나 지을 수 없던 세종이 오랜 시간 고심하고 고심해서 결정한 이름이에요. 칠정산은 해와 달, 화성, 수성, 목성, 금성, 토성을 의미해요. 이것은 우주 즉 하늘을 표현하는 또 다른 이름이라고 봐야겠죠. 또한 일월화수목금토, 일곱 개의 요일을 의미하기도 하고요. 즉, 임금이 하늘을 대신하여 인간 세상을 통치하는 만큼, 하늘을 뜻하는 일곱 개의 별처럼 조선의 백성들을 따뜻하게 품어 주는 정사를 하겠다는 세종의 굳은 의지가 책 이름에 반영된 것이죠.

세종 때에 만들어진 《칠정산》은 1653년 서양 역법이 반영된 시헌력이 도입되기 전까지 사용되었어요. 그런데 《칠정산》보다 더 정확한 시간을 계산하고 있는 지금 이 순간에도 많은 사람이 《칠정산》이 갖고 있는 의미를 되새기며 그리워해요. 그 이유가 무엇일까요? 여기에는 우리의 아픈 역사가 깔려 있어요. 일제가 우리나라를 침략하기 위한 목적으로 철도를 부설하는 과정에서 우리의 시간을 일본 도쿄에 맞췄어요. 그 결과 우리는 30분 빠른 동경 표준시를 사용하고 있어요. 한 번쯤은 우리가 사용하고 있는 표준시에 대해 깊은 고심을 가져 볼 필요가 있지 않을까요.

1443년 12월 30일 (세종 25년)
훈민정음을 창제하다

"이 달에 임금이 친히 언문 28자를 지었는데, 그 글자가 옛 전자(篆字)를 모
방하고, 초성·중성·종성으로 나누어 합한 연후에야 글자를 이루었다. 무릇 문
자에 관한 것과 속된 말에 관한 것을 모두 쓸 수 있고, 글자는 비록 간단하고
요약하지마는 전환하는 것이 무궁하니, 이것을 훈민정음(訓民正音)이라고 일렀
다." -《세종실록》102권

"나라말이 중국과 달라 한자와 서로 통하지 아니하므로, 우매한 백
성들이 말하고 싶은 것이 있어도 마침내 제 뜻을 잘 표현하지 못하는 사람
이 많다. 내 이를 딱하게 여기어 새로 28자를 만들었으니, 사람들로 하여금
쉬 익히어 날마다 쓰는 데 편하게 할 뿐이다."

이 문구를 외우지는 못하더라도 한국인이라면 한 번 이상은 들어
본 적이 있을 거예요. 이 문구는 정인지가 세종의 명으로 1446년 간행한
《훈민정음》의 어제 서문에서 밝히고 있는 한글 창제 이유입니다. 다시 설명

하면, 한자로는 우리의 말을 정확하게 전달할 수 없어 불편함을 겪는 사람이 많아 훈민정음 28자를 만들었다는 뜻이죠.

세종은 훈민정음(한글)을 왜 만든 것일까요? 문자를 만들면 대내외적으로 큰 반발이 일어날 것을 예상하면서 말이에요. 훈민정음 창제를 두고 집현전 부제학 최만리는 〈갑자상소〉에서 "훈민정음을 만든 것을 중국이 아는 것은 부끄러운 일이다. 자국의 문자를 갖는다는 것은 몽골과 여진 등 오랑캐가 되는 일이다. 정 불편하다면 이두를 사용하면 된다. 만약 훈민정음으로 출세를 할 수 있게 되면 누가 성리학을 공부하려 할 것인가? 형벌과 옥사를 공평하게 처리할 목적이라면 한글이 아니라 관리의 자질을 키워야 한다"라며 훈민정음을 비판했어요. 즉, 한글을 성리학의 뜻을 이해시키기에는 부족한 글자이며, 오랑캐로 전락하는 일이라고 말합니다. 최만리의 논리가 생소하지만은 않은 것 같아요. 오늘날 한자나 영어를 사용하지 않으면 의미 전달이 되지 않는다는 주장과 비슷하니까요.

최만리와 같이 훈민정음 창제에 반대하는 신료들에게 세종은 "지금의 언문은 백성을 편리하게 하려는 것이다. 너희들이 설총˙은 옳다고 하면서 임금이 하는 일은 그르다는 것은 무엇 때문인가? 또 너희가 운서˙˙를 아는가? 사성칠음에 자모는 몇 개나 있는가? 내가 그 운서를 바로잡지 않으면 누가 바로잡겠는가?"라며 크게 화를 냈어요. 그러고는 최만리를 비롯하여

˙ 우리말의 조사와 한자의 뜻을 조합하여 적던 이두를 정리한 신라시대 학자.

˙˙ 한자를 운(韻)으로 분류하고 배열한 자전.

한글 창제를 반대하는 상소를 올린 사람들을 의금부에 하루 동안 가두었어요. 제대로 알지도 못하고 무턱대고 반대하는 그들에 대한 세종 나름의 항의였습니다.

백성을 편리하게 하려 한다는 세종의 말에는 어떤 목적이 담겨 있었을까요? 여기에는 조선을 유교 국가로 만들고 싶었던 세종의 강한 의지가 담겨 있습니다. 무력이나 강압이 아닌 덕(德)으로 백성의 마음을 얻어 국가를 경영하는 왕도 정치를 펴기 위해서는 우선 백성이 글을 알아야 했어요. 관료와 유생을 통해 유교의 도리를 알려 주는 데에는 분명 여러 한계가 있었으니까요. 세종은 백성 스스로 글을 통해 사람으로서 지켜야 할 도리를 익혀 실천하게 된다면 조선 백성 모두가 행복하게 살 수 있는 나라가 될 것이라 믿었습니다. 더불어 일상생활에 도움을 주는 농업이나 의학서를 익히기 쉬운 한글로 편찬하면 백성들의 삶이 더 풍요로워지고 윤택해지리라 믿었습니다.

세종은 사람들이 훈민정음을 이해하고 활용할 수 있도록 하기 위해 사용법을 설명하는 책《훈민정음》을 1446년 간행했어요. 그리고 이듬해에는 조선이 건국하게 된 이유를 사람들에게 알리기 위해《용비어천가》를 만들었어요. 백성에게 효와 충을 가르치기 위해 만들었던《삼강행실도》도 한글로 번역하여 간행했습니다. 이처럼 세종이 한글을 통해 펼치려 했던 애민 정신은 후대의 임금들에게도 전해졌습니다. 세조는 위급 환자를 치료하는 방법을 한글로 기록한《구급방언해》를 간행했고, 성종 때에는 부녀자들의 도리를 알려 주는《내훈》이 한글로 간행되었습니다. 또한 성종은 우리나라의 풍토에 맞는 농법을 알려 주는《농사직설》도 한글로 번역하여 지방 관아에 보급했어요. 중종 때 최세진은 한글로 음과 뜻을 달아 아이들이 공부를 할 수 있는《훈몽자회》를 간행했어요. 이 외에도 백성들을 통제하고 교화하기 위한 지침서로《주자증손여씨향약》을 한글로 번역해 간행하고, 전염병의 증상과 치료법을 알려 주는《간이벽온방》도 한글로 간행했어요. 이런 노력은 조선 전기에만 이루어진 것이 아니었어요. 조선 후기의 왕들도 백성을 교화하기 위해 한글 서적을 계속 만들었습니다.

하지만 왕들의 노력에도 불구하고 한글은 지식인층과 관료들에게 인정받지 못했어요. 세종이 백성을 가르치는 바른 소리라는 뜻으로 훈민정음이라 이름 붙였지만, 사람들은 '언문(諺文)'이라 더 많이 불렀어요. 언문이란 우리나라에서만 사용하는 글이란 뜻으로 한문을 높여 부르는 진서(眞書)와 구별하기 위해 사용된 말이에요. 다시 말하면 양반이 아닌 상민들이나 쓰는 글이라며 무시한 명칭이에요. 이런 비슷한 의미로 부녀자들이나 쓰는 글이라고 하여 '암글'이라 부르기도 했어요.

신분이 낮은 사람만 쓰는 글로 취급되던 훈민정음은 일제강점기 주시경을 중심으로 만들어진 국어연구학회를 통해 '한글'이라는 새로운 이름을 갖게 돼요. 한글에서 '한'은 하나 또는 크다는 의미로 우리글에 대한 자부심이 깊이 배어 있는 단어예요. 일제는 한국인이 한글을 사용하게 되면 민족정신이 계속 살아남아 통치하기 어렵다고 생각했어요. 그래서 무슨 일이 있어도 한글을 사용하지 못하게 하려고 탄압했어요. 하지만 주시경 제

자들은 1921년 조선어연구회*를 만들어 한글을 지키려는 노력을 멈추지 않았어요. 《세종실록》에 나온 훈민정음 반포일인 1446년 음력 9월 29일을 양력으로 환산한 10월 28일을 '가갸날'로 정해, 사람들이 한글을 잊지 않도록 했어요. 이와 함께 1927년 《한글》이라는 잡지를 발행하여 한글을 보급하는 데 앞장섰어요. 그런데 지금의 한글날하고 날짜가 다르다고 고개를 갸우뚱하는 분들도 있을 것 같아요. 맞습니다. 경상북도 안동에서 《훈민정음》 해례본이 발견되면서 한글 반포가 9월 상순이라는 사실이 확인됐어요. 그래서 조선어학회는 10월 9일로 한글날을 변경했고, 지금의 우리도 이날을 한글날로 기념하고 있습니다.

오늘날 많은 세계인이 한글의 우수성을 인정하고 있어요. 영국 옥스퍼드대학에서 언어의 합리성, 과학성, 독창성 등의 기준으로 모든 문자의 서열을 나누는 연구가 진행된 적이 있어요. 이때 한글이 모든 언어를 제치고 당당하게 1위를 차지합니다. 유네스코에서도 1990년부터 세계의 문맹 퇴치에 공헌을 한 사람에게 '세종대왕 문맹 퇴치상'을 주고 있어요. 이것은 한글이 문맹을 낮추는 데 최고의 문자라는 사실을 인정하기 때문입니다. 또한 1998년부터 2002년까지 2,900여 종의 문자에서 한글이 가장 우수하다는 발표를 하기도 했어요. 그래서일까요? 영국 언어학자 제프리 샘슨은 "한글은 신이 인간에게 내린 선물"이라고 높이 평가했어요. 독일 언어학자 하

* 조선어연구회는 1931년 '조선어학회'로 이름을 고쳤다가 1949년 9월 25일 이후 '한글학회'로 정해져 오늘에 이른다.

스펠마트는 10월 9일을 세계 언어의 날로 기념하자고 제안했고요. 어떠세요? 우리 한글이 자랑스럽지 않은가요? 아직도 우리 한글로는 올바른 의미를 전달하지 못한다고 생각하시나요?

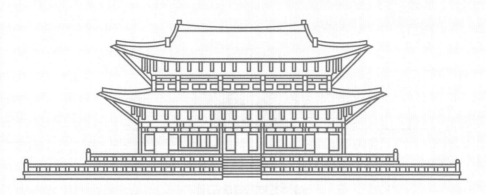

1421년 세자로 책봉된 문종은 30여 년을 세종을 도와 나라를 이끌었다. 1445년부터는 정사를 돌보지 못할 정도로 세종의 건강이 악화하자, 문종이 실질적으로 국가를 경영하였다. 하지만 가정사는 순탄하지 못했다. 첫 번째 부인은 투기가 심해 폐출되었으며, 두 번째 부인은 궁녀와 동성애를 나누다가 폐출되었다. 왕으로 즉위 후 《고려사》와 《고려사절요》 등을 간행하여 조선 건국의 정당성을 강조하고, 국경의 방비를 튼튼히 하는 등 조선을 안정적으로 경영하였다. 그러나 즉위 후 2년 만에 죽으면서 어린 아들에게 왕위를 물려주었다.

제5대

문종

(1414~1452, 재위 : 1450.2~1452.5)

1451년 2월 13일 (문종 1년)
화차를 만들어
서울, 평양, 안주 등에서 사용하게 하다

임금이 임영대군 이구에게 명하여 화차(火車)를 제조하게 하였는데, 그 차 위에 가자를 설치하고 중신기전 100개를 꽂아 두거나, 혹은 사전총통 50개를 꽂아 두고 불을 심지에 붙이면 연달아 차례로 발사하게 되었다. (중략) 임금이 모화관에 행차하여 불을 놓아 시험하고는 "화차는 본시 적을 막는 기구이나 보통 때에 쓰지 아니하면 반드시 무용지물이 되어 스스로 허물어질 것이니, 마땅히 일이 없을 때는 관아에 나누어 주어서 여러 가지 물건을 운반하게 하고, 만일 사변이 있거든 화포를 싣고 적을 방어하게 함이 옳다. 서울 및 평양·안주 등지에 사용할 화차의 수를 정하여 만들어 쓰게 함이 어떻겠는가?" 물었다. ―
《문종실록》 6권

먼 거리를 날아가 적을 살상하는 무기를 로켓이라고 하죠. 우리나라에서도 로켓이 오래전부터 사용되어 왔어요. 조선시대 로켓인 신기전은 영화나 드라마를 통해 많이 소개되어 모르는 사람이 거의 없어요. 반면 수십 개에서 100여 개에 달하는 신기전과 사전총통을 발사할 수 있는 화차에 대해서는 알지 못하는 경우가 많습니다. 하지만 역사 게임을 하는 사람은 화차가 우리나라를 대표하는 무기로 나오는 것을 자주 접하실 거예요. 문종이 발명하여 군사적 요충지마다 배치한 화차는 겉모습만 보면 그리 대단하게 느껴지지 않을 수도 있어요. 수레에 신기전이나 총통을 단순하게 올려놓은 모습이거든요. 그럼에도 화차가 어떻게 조선을 대표하는 무기가 될 수 있었을까요?

우선 로켓의 역사부터 살펴볼까요? 세계에서 가장 오래된 원거리 살상용 로켓 무기는 여진족이 세운 금나라가 몽골군을 상대하기 위해 만든 비화창이란 무기예요. 로켓이니까 지금처럼 막강한 화력을 자랑할 것 같지만, 비화창은 사람을 죽일 수 있는 살상력이 없었어요. 말을 타고 무섭게 다가오는 몽골군의 대열을 흐트러뜨리기 위해 불을 내뿜으며 날아가는 정도였어요. 하지만 비화창에서 실마리를 얻은 주변 국가들이 여러 로켓 무기를 만들기 시작하면서 급속도로 발전하게 돼요. 우리도 고려 말 최무선이 1377년 화통도감에서 주화라는 무기를 발명해요. 화약의 힘으로 먼 거리까지 날아간다고 하여 '달리다 주(走)'에 '불 화(火)' 자를 사용하여 붙여진 이름입니다.

고려 말 진포해전에서 화약을 활용하여 승리를 거둔 역사를 기억하는 조선은 건국 이후 화약을 이용한 화포와 로켓 무기에 관한 연구를 멈추지 않았습니다. 특히 북방 여진족의 침입을 막아 내기 위해 4군 6진을 개척하는 과정에서 많은 전쟁을 치러야 했던 세종은 로켓 무기에 관심이 높

있어요. 아군의 피해는 최소화하면서 전쟁의 승리를 거두는 데 있어 로켓만 한 것이 없다고 판단했거든요. 특히 새로운 것을 만들어 내기 좋아하던 세종이었으니 당연히 로켓 무기 개발에 지원을 아끼지 않았겠죠. 세종의 전폭적인 지지와 지원 결과 1447년 소·중·대 세 개의 크기로 분류되는 주화가 만들어져요. 세종은 이 무기가 얼마나 좋았는지 이듬해 주화 대신 신기전이라는 이름을 붙이고는 다음 해에는 전투 현장에 투입했어요. 이것은 세종이 신기전의 효과에 자신 있었다는 사실을 보여 줍니다.

　　다행히도 우리는 신기전에 대해 잘 알 수 있어요. 1474년에 편찬된 《국조오례서례》에 신기전이 자세하게 소개되어 있거든요. 110cm의 길이의 화살에 화약통을 부착한 소신기전은 약 150m를 날아가요. 소신기전의 화살촉에는 독약을 묻혀서 자칫 부족할 수 있는 살상력을 보충했어요. 중신기전은 145cm로 길이가 늘어난 만큼 화살도 무거워졌어요. 이것은 소신기전보다 더 멀리 날아갈 뿐만 아니라, 무거운 물건을 싣고 날아갈 수 있다는 것을 의미해요. 실제로 중신기전은 화살 앞부분에 폭탄을 싣고 250m 넘게 날아가 폭발했어요. 이 과정에서 폭탄에 있던 파편이 적군 여러 명을 살상하면서 무서운 파괴력을 보여 줬어요. 대신기전은 5.3m의 큰 대나무에 70cm의 화약통이 달려 있었어요. 어마어마하게 길어진 만큼 사정거리도 많이 늘어났어요. 무려 600~700m를 날아가서 23cm 길이에 7.5cm의 지름을 가진 폭탄 통을 터트렸어요. 대신기전은 1700년대까지 세계에서 가장 큰 로켓 무기로 강력한 파괴력을 자랑했습니다.

조선 전기의 로켓 병기인 중·소신기전의 대량 발사 장치 (한국민족문화대백과사전)

소신기전에 스쳐도 독이 온몸에 퍼져 목숨을 잃을 수 있었고, 중·
대신기전의 경우 지금의 수류탄과 같이 수많은 파편으로 넓은 공간에 있는
수많은 사람을 살상할 수 있는 만큼 신기전은 공포의 무기였어요. 특히 좁
은 공간에 모여 있는 대규모 군대를 상대로 더욱 큰 효력을 발휘했어요. 하
지만 아무리 좋은 무기라도 능숙하게 다루지 못하면 소용이 없겠죠. 세종은
언제 어디서라도 적과 맞서 사용할 수 있도록 훈련을 강조했어요. 그러나
화약이 구하기도 어렵고 매우 값비싼 재료였기에 자주 훈련할 수는 없었어

요. 외침을 받는 지역은 1년에 한 번, 나머지 지역은 2년마다 한 번씩 신기 전을 발포하는 연습을 했어요.

문종은 신기전을 더욱 효과적으로 활용할 수 있도록 화차를 개발했어요. 화차는 길이 2.31m에 폭 0.734m의 수레에 중신기전 100발을 발사할 수 있는 장치를 올려놓을 수 있게 설계되어 있어요. 그러나 일반 수레하고는 달리 화차의 바닥이 바퀴 위에 있어요. 이게 뭐가 중요하냐고 물어볼 수 있어요. 하지만 작은 차이가 명품을 결정한다고 하죠. 화차가 바로 그래요. 수레 바닥이 바퀴 위에 있으면 병사들이 발사 장치에 신기전을 채워 넣거나 약통에 불을 붙일 때 허리를 숙일 필요가 없어요. 이것은 병사들의 체력 부담을 덜어 주는 동시에 무기를 재장전할 시간을 많이 단축하게 해 주었어요. 무엇보다도 적군과의 거리를 가늠하고, 그것에 맞게 각도 조절이 쉬워서 정확한 타격을 줄 수 있었어요. 여기에다 100발이 한 번에 발사되는 만큼 적은 인력으로 많은 적군을 살상할 수 있었죠.

신기전 외에도 사전총통을 발사하는 화차도 있어요. 사전총통은 작은 화살 네 개를 동시에 발사하는 작은 화포예요. 문종은 사전총통 50개를 설치하는 화차를 만들었는데, 단순하게 계산해도 한 번 발포에 200여 개의 화살이 적진을 향해 날아가는 거예요. 이것은 병사 200명이 활시위를 당기는 것과 같은 효과여서, 사전총통을 설치한 화차도 막강한 화력을 뿜낼 수밖에 없었어요. 더욱이 신기전을 실었든 사전총통을 실었든 화차는 바퀴가 달려 있어 높은 기동력을 가졌다는 점도 큰 장점이었어요. 먼 거리를 힘들이지 않고 이동할 수 있었던 만큼 적군 침입에 빠른 대처가 가능했어요. 한번 생각해 볼까요? 조선을 침략한 적군이 거침없이 달려오던 중 산등성이에 자리를 잡은 조선군과 화차를 보게 돼요. 그리고 피할 겨를도 없이 짧은 순간에 화차에서 발포된 신기전과 수많은 화살이 비 오듯 쏟아져 내려요. 요행히 살아남은 적들은 주변을 보고 소스라치게 놀랄 수밖에 없어요. 화살과 신기전에 달린 폭약이 폭발하면서 날린 파편으로 많은 이들이 죽거나 고통에 신음하고 있으니까요. 반면 산 능선에 있는 조선군은 한 명의 사상자도 없이 승리했다는 사실에 두 손을 하늘을 향해 들어 올리며 큰 소리로 환호를 외치고 있고요. 상상만 해도 짜릿하지 않습니까.

무엇보다 화차에 숨겨진 놀라운 장점은 전쟁이 없는 평화로운 시기에 운반 수단인 수레로 활용 가능하다는 점이에요. 실제로 문종은 화차를 평상시 수레로 사용하라고 지시했어요. 보통은 이런 첨단 무기가 적에게 빼돌려지는 것을 막기 위해 보안을 굉장히 철저하게 합니다. 그런데 문종은 일반적인 상식으로는 상상조차 할 수 없는 명령을 내린 거예요. 이것은 어떤 침략도 막아 낼 수 있다는 자신감이거나 백성을 사랑하는 애민 정신의 표출일 거예요. 아니면 둘 다일 수도 있고요. 이런 점에서 문종은 세종만큼이나 뛰어난 능력과 애민 정신을 가졌음을 보여 줘요. 그래서 문종이 짧은 삶을 살았다는 점이 우리를 안타깝게 만드는 것이 아닌가 싶네요.

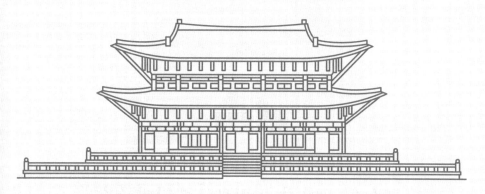

단종은 8세에 왕세손으로 책봉되고, 문종이 즉위하는 해에 세자로 책봉되었다. 평소 건강이 좋지 못한 문종은 자기 죽음을 예견하고 황보인, 김종서 등 여러 재상과 동생 수양대군과 금성대군을 불러 단종을 도와 달라고 부탁했다. 문종이 죽고 12세의 어린 나이로 왕위에 올랐지만 1453년 숙부였던 수양대군이 계유정난을 일으키면서 왕위에서 내쫓겼다. 강원도 영월에서 유배 생활을 하던 중 세조가 보낸 사약을 거부하고, 17세의 나이에 스스로 목을 매어 죽었다.

제6대

단종

(1441~1457, 재위 : 1452.5~1455.6)

1453년 10월 11일 (단종 1년)
총통위 방패 각 20명으로 수양대군을
주야로 호위하게 하다

박종우·정인지·한확·허후 등이 의논하여 아뢰기를, "혹시 간당의 자손이 수양대군을 해할까 염려되니, 청컨대 군사로 하여금 호위하게 하소서" 하니, 임금이 병조에 명령을 내리어 진무(조선 초기 군령을 전달하고 감독하던 관직)가 갑사·별시위 각 50명, 총통위·방패 각 20명을 거느려 밤낮으로 호위하게 하였다. ─《단종실록》8권

단종은 국왕을 호위하고 지키는 친위대에게 삼촌인 수양대군의 신변을 지키라는 명령을 내려요. 이날은 영의정 황보인을 비롯하여 여러 중신이 계유정난을 일으킨 수양대군에게 비명횡사한 다음 날입니다. 왜 단종은 자신을 보필하던 황보인과 김종서 등 여러 중신을 죽인 수양대군을 보호하려 했을까요? 그리고 반정을 일으킨 수양대군은 왕을 호위하는 중앙군의 보호가 두렵지는 않았을까요?

세종은 소헌왕후 사이에서 여덟 명의 아들을 낳았습니다. 세종을 닮아서인지 왕자들은 모두 하나같이 뛰어난 자질을 타고나서, 세종이 국정을 운영하는 데 큰 도움을 주었습니다. 장남이던 문종은 문무 어느 하나 부족함이 없어 세종과 비견될 정도로 뛰어난 능력을 갖추고 있었어요. 둘째 수양대군도 한글 창제에 참여할 정도로 풍부한 지식을 갖춘 것은 물론 무예도 뛰어났어요. 특히 활을 잘 쏘았지요. 이 외에도 안평대군, 금성대군 등 세종의 모든 아들은 왕의 자질이 있었어요. 하지만 모두가 뛰어난 자질을 가졌다는 것이 훗날 어린 단종을 비롯하여 안평대군 등 여러 형제가 죽게 되는 원인이 됩니다.

세종의 큰아들이었던 문종은 세종 대신 대리청정을 오래 하며 많은 체력을 소모했어요. 그런 가운데 어머니 소헌왕후의 삼년상을 치른 지 얼마 되지 않아 아버지 세종마저 죽으면서, 삼년상을 연이어 치르게 돼요. 삼년상을 우습게 보면 안 되는 것이 이 동안은 제대로 음식을 먹지 못하면서 잠도 제대로 잘 수 없는 매일매일을 지내야 해요. 그런데 국정까지 운영해야 하니 문종은 엄청난 체력을 소모하게 되죠. 그래서 문종이 일찍 죽게 되는 원인의 하나가 연이은 삼년상이라고 말하는 사람도 있습니다.

문종은 늦은 나이에 아들을 낳은 만큼, 세자가 성인이 될 때까지 체력이 버텨 주기를 바랐어요. 그러나 날이 갈수록 몸은 더욱 약해져만 갔어요. 자신이 얼마 살지 못할 것이라고 예상한 문종은 수렴청정을 통해 어린 세자를 지켜 줄 아내도 없는 상황이 답답했어요. 오로지 그가 할 수 있는 것은 수양대군을 비롯한 여러 왕족과 대신들에게 자기 아들을 잘 보필해 달라고 부탁하는 것밖에는 없었습니다.

　　문종이 죽고 12세의 어린 나이에 왕위에 오른 단종이 조선을 경영하는 일은 매우 어려운 일이었어요. 특히 어느 왕보다도 뛰어났던 할아버지 세종과 아버지 문종이 만들어 놓은 조선을 말이에요. 그래서 문종이 죽기 직전 지시한 대로 영의정 황보인, 좌의정 김종서, 우의정 정분에게 의지할 수밖에 없었어요. 이제 조선의 모든 국정은 왕이 아니라 세 대신의 결정에 따라 운영됐어요. 단종이 어리고 보필해 줄 사람이 없어 일어난 어쩔 수 없는 현상이었지만, 많은 이들이 이 모습을 곱지 않은 시선으로 바라봤어요. 무엇보다 인사권마저도 세 대신의 손에서 결정되는 모습에 수양대군을 비롯한 집현전의 많은 학자가 불평을 쏟아부었어요. 이 모습을 《조선왕조실록》에서 "세 명의 성명을 썼으나, 그중에 쓸 만한 자 1인을 취하여 황표를 붙여서 아뢰면, 노산군(단종)이 다만 붓으로 낙점할 뿐이었다. 당시 사람들은 이를 황표정사라고 일컬었다"라며 왕권 약화를 설명하고 있어요.

　　이런 상황에서 수양대군은 반정을 계획합니다. 스스로 왕이 되고 싶어서인지, 단종을 지키기 위해서인지, 그것도 아니라면 대신들과 안평대군으로부터 살아남기 위해서인지 모르겠지만 말이에요. 수양대군은 자신을 도와줄 한명회를 비롯한 권람과 홍윤성 등을 만나 자기편으로 포섭했어요. 그러는 한편 반정을 일으킬까에 대해 의심하는 재상들의 경계심을 약화하기 위해 명나라에 사은사로 가겠다고 자청했어요. 명나라 황제에게 조카 단종의 책봉을 받으러 가는 사람이 정변을 일으킬 거라고는 아무도 생각하지 못할 테니까요.

명나라를 다녀온 수양대군은 정변에 동원할 무인을 모으는 등 본격적으로 거사를 일으킬 준비를 하기 시작했어요. 이 과정에서 국왕을 호위하는 내금위 출신 양정·유수·홍달손 등이 참여했어요. 내금위 출신 무인들이 세조에 합류한 배경에는 이들의 처지가 열악해진 것에 있어요. 세종 때부터 중앙군의 수가 늘어나서 내금위에 소속된 무사들의 승진이 정체되어 있었거든요. 승진이 되지 않으니 당연히 불만이 쌓여만 갔겠죠. 세조는 이들의 불만을 알아채고는 어린 단종을 대신하여 내금위 무사들과 활쏘기를 하는 등 자주 어울렸어요. 그러면서 은밀히 이들에게 자신을 도와주면 처우 개선을 해 주겠다고 약속했어요. 자기 말이 거짓이 아니라는 것을 내금위 무사들에게 보여 주기 위해 거사를 일으키기 보름 전, 수양대군은 단종을 찾아갔어요. 수양대군은 내금위가 제대로 쉬지도 못하고 일을 하는 것에 비해 녹봉이 매우 적다고 말하면서 녹봉을 올려 달라고 요청했어요. 그뿐만 아니라 갑사와 방패 등 중앙군 여러 직종이 토목 공사에 동원되어서는 안 된다고 말했어요. 당연히 이 과정에서 내금위 무사들의 마음을 확실하게 얻었겠죠.

궁궐만이 아니라 한양을 지키는 중앙군의 마음을 얻은 수양대군은 1453년 10월 10일 밤 거사를 일으켜요. 세조는 권람, 한명회, 홍달손을 불러 "오늘은 요망한 도적을 소탕하여 종사를 편안히 하겠으니, 그대들은 나와 한 약속을 지켜라. 내가 깊이 생각하여 보니 가장 간사하고 교활한 자로는 김종서 같은 자가 없다. 김종서가 먼저 알면 일은 성사되지 못할 것이다. 내가 한두 명의 장정을 데리고 곧장 그 집에 가서 죽이면, 나머지 도적은 평정할 것도 없다"라며 자신이 직접 김종서를 죽이는 일에 나서겠다고 밝혔어요. 이것은 병권을 가진 김종서를 제압해야 거사가 성공할 수 있음을 보여 주는 것으로 수양대군이 얼마나 김종서를 두려워했는지를 보여 주는 사례이기도 합니다.

수양대군은 김종서를 찾아가 사모(대군 또는 고위 관료가 쓰는 관모)의 뿔을 빌려 달라고 말했어요. 그러면서 부탁할 것이 있다며 편지를 건넸어요. 어두운 밤, 글씨가 잘 보이지 않았겠죠. 김종서가 달빛을 빌려 편지를 읽으려고 하는 순간 수양대군 옆에 있던 임어을운이 철퇴를 휘둘렀고, 김종서는 힘없이 쓰러졌어요. 아들 김승규가 뛰어와 김종서를 보호하며 감싸안으려 하자, 수양대군의 부하 양정이 칼로 김승규를 베어 버렸어요. 얼마 뒤 혼절했던 김종서가 다시 깨어나지만, 수양대군이 혹시 살아 있을지 모른다며 보낸 무사들에게 죽임을 당해요. 여진족을 두려움에 떨게 하던 대호(大虎, 큰 호랑이) 김종서의 허무한 죽음이었습니다.

김종서를 죽인 수양대군은 곧바로 경혜공주(단종의 누나) 집에서 쉬고 있던 단종을 찾아갔어요. 아무것도 모르는 단종은 김종서와 황보인이 안평대군과 결탁하여 역모를 일으켰다는 말을 듣고는 두려움에 떨었어요. 단종은 수양대군에게 살려 달라고 울며불며 애원했고, 수양대군은 단종에게 역당 김종서를 죽이고 왔으니 걱정하지 말라고 위로했어요. 그 순간에 한명회는 왕명을 내세워 대신들을 경혜공주의 집으로 불러들인 뒤, 생사를 결정하고 있었어요. 이날 밤 한명회의 살생부에 의해 황보인을 비롯한 수십 명의 대신이 죽고, 안평대군은 강화도로 유배 보내졌어요.

　　이렇게 계유정난에 성공했지만, 수양대군은 혹시라도 김종서의 죽음을 복수하려는 무리가 있지 않을까 걱정이 되었어요. 이를 눈치챈 정인지 등 여러 신료는 역적의 잔당이 수양대군을 해치려 할지도 모르니 내금위를 비롯한 중앙군이 수양대군을 지키게 해 달라고 단종에게 부탁했어요. 안평대군과 김종서가 역모를 꾀했다는 수양대군의 말을 철석같이 믿고 있던 단종은 아무 의심 없이 수양대군에게 내금위를 내줬어요. 아까 내금위가 수양대군의 편이라고 말했던 거 기억하시나요? 단종에게 내금위를 요청한 것은 병권을 합법적으로 갖는 방법이었어요. 내금위를 비롯한 중앙군도 자신들의 처우를 개선해 준다던 수양대군이 권력의 정점에 서게 된 것을 확인한 만큼 성심성의를 다해 호위합니다.

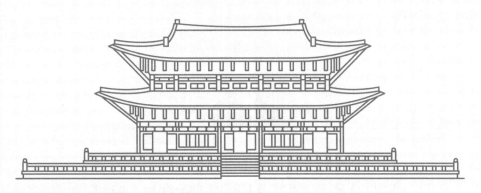

왕자 시절 세종을 도와 한글 창제에 참여하고, 《석보상절》을 편찬하는 등 여러 업적을 세웠다. 그러나 단종 즉위 후 재상들에 의해 왕권이 약화하였다고 판단하고는 정변을 일으켰다. 왕으로 즉위한 이후 의정부 서사제를 폐지하고 육조직계제를 시행하여 강력한 왕권을 행사하였다. 유향소를 폐지하고, 중앙에서 내려보낸 수령이 지방을 직접 통제하는 중앙 집권 체제를 완성하였다. 경제적으로 제 기능을 하지 못하는 과전법 대신 현직 관료에게만 토지를 지급하는 직전법을 시행하였다. 하지만 재위 시기 세조를 쫓아내려는 사육신의 난과 이시애의 난이 일어나기도 하였다.

제7대
세조

(1417~1468, 재위 : 1455.6~1468.9)

1456년 7월 1일 (세조 2년)
단군 신주를 조선 시조 단군지위로 하다

조선 단군 신주(朝鮮檀君神主)를 조선 시조 단군지위(朝鮮始祖檀君之位)로, 후조선 시조 기자(後朝鮮始祖箕子)를 후조선 시조 기자지위(後朝鮮始祖箕子之位)로, 고구려 시조(高句麗始祖)를 고구려 시조 동명왕지위(高句麗東明王之位)로 고쳐 정하였다. -《세조실록》4권

우리 민족의 시작인 단군 조선에 대한 인식은 매번 조금씩 달라졌어요. 조선시대도 그랬어요. 건국 초기인 15세기에는 단군을 하늘의 자손이라 여기며 우리 민족의 시조로 인정했어요. 태조 이성계도 밖으로는 명나라에 사대를 표했지만, 내부적으로는 우리가 하늘에서 내려온 환웅의 자손임을 강조했어요. 이것은 삼국시대부터 이어지던 우리만의 전통적인 외교 방식이었어요. 우리는 중국 왕조를 형식적이나마 천자로 인정하여 전쟁을 피하고, 안으로는 우리가 진정한 하늘의 자손임을 강조하여 내부 결속을 다져 왔거든요. 중국도 우리에 대한 실질적인 지배가 불가능했던 만큼 외교적인 사대

관계를 맺는 것에 만족했어요. 동시에 이것은 동아시아 국가들의 보편적인 외교 방식이기도 했습니다.

태조는 한양에 도읍을 정하고는 서울의 남교에 하늘에 제사를 지내는 원구(圜丘)를 쌓고 기우제를 올렸어요. 황제의 나라가 아니면 하늘에 제사를 지내서는 안 된다는 신하들의 반대로 잠시 중단되기는 했지만, 태조 재위 기간 원구에서 제사 지내는 것을 멈추지 않았어요. 이 외에도 우리가 하늘의 자손이라는 인식은 곳곳에서 확인할 수 있어요. 《태조실록》은 조선의 단군은 동방에서 처음으로 천명(天命)을 받은 임금이고, 기자는 처음으로 교화를 일으킨 임금이라고 밝히고 있어요. 무엇보다 조선이라는 국호에 단군이 세운 고조선을 계승한다는 의미를 담아, 우리가 하늘의 자손으로 중국과 대등하다는 의식을 표출했어요. 중국에 사대를 표하면서 우리끼리만 천자로 하는 것을 어떻게 대등하다고 말할 수 있는가 싶죠? 이것은 중국과 우리의 사고방식의 차이예요. 중국은 천자란 한 명이라고 인식했지만, 우리는 천자란 여러 명이 존재한다고 봤어요. 중국은 하나밖에 없는 천자를 모시라고 주변국에 강요한 반면, 우리는 모두가 하늘의 자손임을 강조하며 다원적 사회를 지향했어요. 그래서 역대 우리나라 왕조는 여진·거란 등 다양한 민족을 포용하는 정책을 폈습니다.

태종 때도 단군 조선을 시조로 보는 인식은 변하지 않았어요. 태종은 1412년 평양에 사당을 설치하고, 봄·가을로 단군에게 제사를 올렸어요. 물론 유교적 명분을 내세우며 반대하는 사람들도 있었어요. 이들은 하늘에 제사를 지내는 행위는 오로지 천자국인 중국 명나라만이 할 수 있다고 주장했어요. 우리가 제사를 지낼 때 큰아들이 가족 대표로 절을 올리는 것처럼 말이죠. 이에 대해 변계량은 "우리 동방은 단군이 시조입니다. 단군이 하늘에서 내려왔으니, 중국 천자가 땅을 나눠 주며 제후로 봉한 나라가 아니었습니다. 단군이 내려온 것이 중국 요 임금 때인 무진년이었으니, 지금으로부터 3천 년 전입니다. 우리가 하늘에 제사를 지낸 것이 어느 시대에 시작하였는지는 알지 못합니다. 그러나 천 년이 되도록 이를 고친 적은 없습니다"라며 반박했어요. 이것은 이때까지 단군과 고조선이 우리의 시조라고 여기는 고려 말의 역사 인식을 계승하고 있음을 보여 줘요. 특히, 중국 천자가 분봉한 나라가 아니라는 말은 중국 기자가 고조선을 세웠다는 것을 인정하지 않았음을 보여 줍니다.

세조 때에도 단군과 단군 조선에 대한 인식이 크게 변하지 않았습니다. 그 시작은 세조가 왕으로 즉위한 1455년 양성지가 올린 상소문에서 확인할 수 있어요. 양성지는 "우리는 대대로 요수 동쪽에 살았으며 만리지국(萬里之國)이라 불렸습니다. 삼면이 바다로 막혀 있고, 일면은 산을 등지고 있어 그 구역이 자연적으로 나뉘어 있습니다. 풍토와 기후도 역시 달라서 단군 이래 관아와 주군을 설치하고 독자적으로 천자의 위엄과 권위를 통해 교화를 펴 왔습니다"라고 상소문을 통해 말했어요. 우리는 중국과는 엄연히 다른 민족이며 국가임을 강조한 것이죠. 세조도 천자의 나라로서 천지신명에게 제사를 지내야 한다는 양성지의 말에 따라 서울 남쪽 교외의 원구에서 하늘에 제사를 지냈습니다.

　　반년 뒤에는 '조선 단군 신주'를 '조선 시조 단군지위'로 바꿨어요. 여기서 달라진 것이 무엇일까요? 바로 시조입니다. 조선의 시조가 단군이라는 것을 강조한 것이죠. 이것은 조선 왕조가 하늘의 명을 받아 단군이 조선을 세웠고, 기자가 중국에서 넘어와 교화를 시작한 것으로 보고 있는 겁니다. 세조는 여기서 그치지 않고 평양에 있는 단군 사당에 직접 시를 지어 내려보냈어요. "동쪽 나라에 성인이 일어나시니 요 임금과 같은 시대라네. 산꼭대기에 사당이 남아 있는데 오색구름이 박달나무를 에워쌌구나."

　　또한 세조는 왕세자를 데리고 평양을 방문하여 단군, 기자, 동명왕에게 제사를 지냈어요. 여기서 단군 조선에서 고구려를 계승한 조선이 하늘의 뜻을 받들어 고구려처럼 강한 나라를 만들겠다는 세조의 의지를 엿볼 수 있습니다.

　　이 외에도 단군 조선을 강조했던 모습이 많이 남아 있어요. 그중 하나가 1461년에는 권람이 발표한 《응제시주》예요. 《응제시주》란 명 홍무제가 내려 준 시에 대한 답변으로 할아버지 권근이 지어 올린 24수의 응제시를 해석한 주석서를 말해요. 여기에 "단군은 1048년 동안 살았다. 그 후 164년이 지난 기묘년에 기자가 와서 임금에 봉해졌다"라는 대목이 나와요. 여기에서도 조선은 하늘의 명령에 따라 세워진 나라였음을 강조하는 자주적이고 주체적인 시각이 담겨 있음을 확인할 수 있습니다.

　　하지만 안타깝게도 이런 주체적이고 자주적인 시각은 16세기에 들어와 사라집니다. 가장 큰 원인은 형식적이던 사대 관계를 맺은 이유를 우리 스스로 잊어버리고, 맹목적으로 중국을 섬겨야 한다는 사대주의로 변한 것에 있어요. 이 시기의 관료와 지식인층은 단군을 숭상하는 행위를 중화 질서에 어긋나는 행위로 인식했어요. 이들은 단군이 요 임금과 같은 시기의 인물이라는 사실부터 부정하며 우리의 시작을 뒤로 늦춰 놓았어요. 그러고는 중국의 문물이 없었다면 조선은 오랑캐와 다를 바 없는 생활을 했을 거라며 기자를 높이 평가했어요. 한층 더 나아가 조선은 중국에 가장 가까운 문명국이 되었다며, 주변 민족을 오랑캐라 부르며 무시하는 태도를 보여요. 우리의 고유성을 스스로 버리고는 작은 중국이라는 뜻의 '소중화(小中華)'로 지칭하며, 남들도 우리를 소중화로 불러 주기를 바랐습니다.

하지만 다행히도 17세기부터 국학 운동이 일어나면서 단군에 대한 올바른 인식이 되살아났어요. 허목은《동사》에서 단군 조선을 정통 국가로 인식하였고, 홍만종은《동국역대총목》에서 '단군-기자-삼국-통일신라'로 이루어지는 역사를 제시했어요. 18세기에는 더욱 자주적인 모습이 나타납니다. 안정복은《동사강목》에서 우리의 역사가 중국의 문물을 통해 발전한 것이 아니라고 말해요. 즉, 단군이 나라를 세운 고조선은 중국과는 다른 독자적인 문화를 만들어 생활했음을 강조합니다. 이종휘는 한 걸음 더 나아가《동사》에서 기자를 부정하고 단군에게 정통성이 있다고 밝혔어요. 지식인들의 국학 운동이 전개되자 조선 왕실에서도 변화가 나타났어요. 숙종은 평양 삼성사에 있는 단군의 축문을 '전(前) 조선 단군'이라고 바뀌요. 정조도 단군을 우리나라 최초의 성인이라고 말하며, 하늘에 제사를 지내던 원구단을 새로 단장했어요. 또한 우리의 시작인 단군이 묻혀 있는 평양의 단군 묘를 수리하여 잘 관리하라고 명령을 내립니다. 이런 노력은 후대에도 계속 이어져요. 일제강점기에는 단군을 모시는 대종교가 만들어져 독립운동의 선봉에 섰어요. 오늘날 대한민국도 10월 3일 개천절을 통해 우리가 단군 조선을 계승한 오랜 역사와 문화를 가진 문명국임을 대내외에 알리고 있습니다.

1461년 12월 2일 (세조 7년)
유구국의 중산왕이
사자를 보내어 토물을 바치다

유구국의 중산왕이 보수고·채경 등을 보내어 와서 토산품을 바치고, 본국에
표류한 인구를 거느리고 왔는데, 그 자문은 이러하였다. (중략) "전과 같이 《대
장경》 전부를 나라에 이르게 하시어 영구히 나라를 진무하게 하여 주시면 실
로 아주 다행하겠습니다. 표류한 조선인에 대한 일은 귀국에 알린 지 1년이 지
났고, 표류한 사람은 계속하여 왜선에 태워 보냈으나, 아직 저들이 도착하였는
지의 사실 여부를 모르고 있습니다." - 《세조실록》 26권

우리 역사에서 중국 왕조와 거란·여진·몽골족 등 북방 민족, 그리고 일본만
접하다 보니 유구라는 나라에 대해서는 잘 알지 못해요. 또한 유구라는 나
라가 오늘날 존재하지 않다 보니 더욱 낯설기만 하죠. 그렇다면 《조선왕조
실록》에 자주 등장하는 유구는 지금의 어디에 있는 나라일까요? 바로 일본
의 오키나와현이 과거 유구 왕국이었습니다.

유구에 사람이 살기 시작한 것은 지금으로부터 약 3만 년 전인 구석기시대부터였어요. 이곳에 살던 사람들은 수렵과 어업을 하며 살아갔어요. 하지만 유구는 대륙으로부터 거리가 멀었고, 항해 수단마저 발달하지 못하면서 선진 문물 수용이 매우 늦었어요. 얼마나 늦었냐면 다른 지역보다 엄청 늦은 12세기 이후에나 철기를 사용할 정도였으니까요. 그러나 철기를 사용하게 되면서 유구 지역의 발전이 급속도로 빨라졌어요. 중국·한국·일본의 가운데 위치한 지리적 이점을 이용하여 유구 상인들은 유황 및 나전칠기를 만드는 데 꼭 필요한 재료인 야광패를 팔고, 도자기와 철기 중계 무역으로 세력을 넓혀 갔어요. 경제가 발달하자 권력을 행사하는 지배 계층이 많아졌고, 이들은 경쟁과 협력을 통해 발전했어요. 1273년에는 유구에 무려 100개 넘는 성이 만들어질 정도로 정치 관계가 역학적으로 변해 갔어요.

유구의 지배 계층은 더 강한 힘을 갖기 위해 주변 국가들의 선진 문물을 수용했어요. 이 과정에서 고려의 선진 문물도 유구로 넘어갔어요. 그 증거로 유구에 가면 고려의 성벽 또는 삼국시대 성의 축조 방식과 유사한 성벽이 여기저기서 발견돼요. 진도 용장산성에서 출토된 수막새 기와하고 비슷한 기와도 출토되고, 유구 우라소에서 출토된 기와에는 고려의 기와 장인이 만들었다는 글자가 새겨져 있기도 해요. 이를 토대로 여러 학자는 제주도에서 원나라에 마지막까지 저항하던 고려 삼별초의 일부 세력이 패배 이후 유구로 넘어가지 않았을까 추성하기도 합니다.

14세기에 들어서면 유구 지역의 수많은 세력이 통합되어 북산, 중산, 남산으로 나눠지는 삼산시대가 열려요. 이들 세 왕국은 이후 100년 동안 각각 명나라에 조공을 바치고 책봉을 받으며 동아시아 국제 질서에 편입했어요. 고려에도 1389년 사절단을 파견하여 공식적으로 외교 관계를 맺어요. 이것은 세 왕국이 주변국의 도움을 받아 유구 지역을 통일하기 위해서였어요. 마침내 1429년 중산의 쇼우씨 가문이 유구 지역을 통일하고, 수도를 우라소에서 슈리성으로 옮겨요. 이후 중산 쇼우씨 가문을 중심으로 힘이 하나로 모이면서, 유구 왕국은 해상 국가로 크게 도약하게 돼요. 이들은 명나라와 조선 등 동북아시아와 태국과 베트남 등 동남아시아 사이를 오가며 물건을 교역하는 중계 무역으로 엄청난 경제적 풍요를 누리게 돼요. 하지만 영토가 작은 섬나라라는 한계로 크게 성장하지는 못해요. 유구 왕국이 주변 지역을 정복하기에는 명·조선·일본이 중앙 집권적 국가로서 훨씬 강한 국력을 보유하고 있었거든요. 그래서 영토와 인구가 주변국보다 확연하게 적은 유구 왕국은 늘 주변국과의 외교 관계에 신경을 써야 했어요. 그런 이유로 유구 왕국은 조선에 외교 사절단을 자주 보내어 우호 관계를 유지하고자 했어요. 더불어 조선의 선진 문물을 수용하여 발전을 도모했습니다.

특히 세조 7년인 1461년에 방문한 유구 왕국의 사신단은 선진 문물을 수용하려는 목적이 컸어요. 조선이 숭유억불 정책을 폈지만 천 년 가까운 시간 축적되어 온 불교의 힘은 대단했어요. 일본이 그들에게 없는 대장경을 받아 가기 위해 조선을 찾아왔던 것처럼, 유구 왕국도 대장경을 받아 가고자 사신단을 보낸 것이었어요. 유구 왕국 사신단은 세조에게 "예전에 조선에서 받아 간 대장경으로 천계선사라는 사찰을 건립했습니다. 하지만 이것만으로는 불교를 중흥시키는 데 역부족입니다. 제발 선처를 베풀어 대장경을 더 주시면 감사하겠습니다"라고 말합니다.

　　그들도 귀한 대장경을 무턱대고 달라고 조르기에는 염치가 없었나 봐요. 그동안 자신들이 조선을 위해 펼친 노력을 이야기해요. 그중 하나가 망망대해에서 표류하다가 유구에 도착한 조선인을 극진히 보살핀 후 돌려보냈다고 말하는 것이었어요. 또한 조선에 오는 길에 유구 왕국에 표류해 온 여덟 명의 조선인을 직접 데려왔다며 생색을 내기도 했어요. 자신들이 평소에 조선을 얼마나 위하고 있는지 말하면서, 조선에서 구하기 힘든 선물을 세조에게 바쳤어요. 이들이 바친 예물에는 네 개의 상아조각을 비롯해서 값비싼 후추 200근 등 진귀한 물건이 가득했어요. 기분이 좋아진 세조는 표류한 조선인을 데려온 유구 사신을 크게 칭찬했어요. 사대교린이라는 외교 정책에 따라 유구 왕국 사신에게 대장경 외에도 호랑이와 곰의 가죽 등을 선물로 주며 우호 관계를 다졌어요. 이후에도 유구는 조선과의 교역과 선진 문물을 수용하기 위해 끊임없이 찾아왔어요. 그들은 올 때마다 조선 왕의 환심을 사기 위해 여러 물건을 가져왔고, 그중에는 한반도에서는 볼 수 없는 앵무새와 같이 특이한 선물도 있었습니다.

　　유구 왕국의 조선에 대한 우호적인 태도는 굉장히 오랫동안 지속되었어요. 16세기 말 일본을 통일한 도요토미 히데요시가 조선을 침략하기 위해 병력과 물자 지원을 유구 왕국에 요구했어요. 군사력이 약했던 유구 왕국이지만, 일본의 요구에 응하지 않았어요. 오히려 임진왜란 발발 초기 조선을 도왔어요. 또 조선이 일본과 합세하여 명을 공격할 것이라는 소문을 믿고 원군을 보내지 않던 명나라 황제의 마음을 돌리기 위해서 부단히 노력해 주었어요. 북경에 머물던 유구 왕국 사신단은 조선과 일본은 절대 같은 마음을 가질 수 없다고 명나라 황제에게 설명했어요. 제3국이던 유구 왕국의 발언은 명나라 황제가 조선에 원군을 파병하는 데 어느 정도 영향을 미치게 됩니다.

이토록 조선에 우호적이던 유구 왕국은 임진왜란 이후 큰 시련을 겪게 돼요. 일본의 사츠마번이 임진왜란 당시 협력하지 않았다는 이유로 에도 막부의 승인하에 1609년 유구 왕국을 침략하거든요. 군사적으로 열세였던 유구 왕국은 결국 사츠마번에 항복하고, 매년 쌀 9천 석과 특산물을 바치기로 약속해요. 그러나 더 큰 문제는 이때부터 유구 왕국은 명나라와 일본 양측에 조공하며 자주성을 잃어 갔다는 겁니다.

이후 유구 왕국은 일본의 속국에서 벗어나기 위해 노력했지만, 큰 성과를 거두지는 못했어요. 오히려 점점 힘이 더 약해져서 일본 오키나와현으로 편입되고 말아요. 그 시작이 1871년 유구 왕국의 54명이 대만에 표류했다가 피살되는 사건이었어요. 이때 일본은 자신들의 속국인 유구 사람이 피살된 것을 항의하며 대만에 군대를 파병했어요. 청나라가 일본 군대의 위세에 눌려 유구 왕국이 일본 속국이라는 사실을 인정했고, 일본은 이를 이용하여 1879년 유구 왕국을 강제로 병합해 버려요. 이로써 수백 년을 이어온 유구 왕국은 사라지고, 일본의 오키나와현이 됩니다. 이후 일본이 황민

화 교육과 창씨개명 등을 통해 유구를 통치하자, 유구 왕국 사람들은 불복종 서약 운동을 벌이며 이에 저항해요. 하지만 독립하겠다는 의지를 끝까지 지키지 못하면서 현재까지 일본인으로 살아가고 있습니다.

1466년 8월 25일 (세조 12년)
과전을 혁파하고 직전을 설치하다

과전을 혁파하고 직전을 설치하였다. - 《세조실록》 39권

예로부터 우리나라는 토지 문제를 얼마나 잘 해결하는지가 국가를 운영하는 위정자를 평가하는 척도가 됐어요. 이것은 산이 많고, 경작할 토지가 부족한 상황에서 나올 수밖에 없는 필연적인 결과였습니다. 고려가 멸망한 가장 큰 원인도 권문세족이 불법으로 토지를 점유하고 승계한 데 있어요. 국가는 국정 운영에 필요한 세수를 제대로 확보하지 못했고, 백성들은 수조권을 행사하는 수많은 관료와 지주에게 세금을 갖다 바치며 어려운 생활을 했어요. 이런 시간이 오래 지속되자, 많은 사람이 토지 문제를 해결해 줄 사람이 등장하기를 바랐습니다.

백성의 민심을 너무도 잘 알고 있던 이성계와 정도전이 위화도 회군을 통해 권력을 장악하자마자, 바로 시행한 것이 과전법이었어요. 과전법을 알기 위해서는 우선 수조권이 무엇인지 알아야 해요. 수조권이란 개인이나 기관이 국가에 납부해야 할 조세를 가져갈 수 있는 권리를 말해요. 원래라면 토지 하나에 수조권을 행사할 수 있는 사람이 한 명이어야 해요. 그런데 고려 말에는 하나의 토지에 수조권을 가진 사람이 여럿이었어요. 그러니 한 해 동안 열심히 농사를 지어 많은 곡물을 생산하여도, 정작 농민에게 남는 것이 하나도 없었어요. 오히려 빚을 내서 여러 수조권자에게 줘야 할 판이었어요.

정도전과 조준 등 급진 개화파는 이 문제를 해결하기 위해 백성의 숫자를 파악한 뒤, 모두에게 적당한 크기의 토지를 분배하는 계민수전을 시행하고자 했어요. 하지만 수조권을 내놔야 하는 사람들의 강한 반대로 실행할 수가 없었어요. 이에 급진 개화파들은 토지 조사를 통해 새로운 토지 대장을 만들고는 기존의 토지 대장을 모두 불태워 버렸어요. 고여 있던 물을 완전히 버리고 나서야 깨끗한 물을 받을 수 있는 것처럼 말이에요. 이 작업이 끝나자 급진 개화파는 과전법이라 불리는 새로운 토지 제도를 발표해요. 과전법의 시행에는 오랫동안 적체되어 온 토지 문제를 해결하려는 목적 외에도 조선 건국에 참여하는 사대부에게 수조권을 나눠 주어 충성을 끌어내려는 목적도 있었습니다.

과전법에 따르면 문무 관료는 현직자와 퇴직자 또는 대기 발령자 구분하지 않고 모두 경기도에 있는 토지 중 10~150결을 받게 돼요. 이들이 받은 과전은 원칙적으로 세습할 수 없어서 죽으면 국가에 반드시 반납해야 해요. 그러나 관료가 죽은 후에도 재혼하지 않은 부인에게 지급되는 수신전과 고아가 된 어린 자식에게 주는 휼양전 등을 이용하여 편법적인 세습이 이루어졌어요. 이 외에도 공신전의 경우는 합법적인 세습이 가능했어요. 그로 인해 시간이 흐를수록 점차 관료들에게 지급할 토지가 부족해지는 문제가 발생했어요. 결국 문종 때부터 부족해진 과전을 둘러싸고 기성 관료와 신진 관료, 과전을 받은 자와 받지 못한 자 간의 알력 다툼이 밖으로 표출되기 시작해요.

수조권을 나눠 줄 토지가 급격하게 줄어들면서 갈등이 커지기 시작한 것은 세조의 계유정난 이후예요. 세조는 정변에 참여했던 많은 이들에게 포상으로 과전을 나눠 주려고 했어요. 그런데 경기도에는 수조권을 나눠 줄 토지가 더는 없는 거예요. 이를 두고 세조는 깊은 고심에 빠질 수밖에 없었어요. 분명 포상을 주는 것이 맞는데, 정변으로 술렁이는 민심도 의식하지 않을 수 없었거든요. 어느 하나도 포기할 수 없었던 세조가 선택할 수 있는 방법은 두 개밖에는 없었어요. 첫 번째는 경기도를 벗어나 다른 지역의 토지를 과전으로 나눠 주는 것이고 두 번째는 수조권의 세습을 인정하지 않겠다고 발표한 뒤, 세습된 수조권을 회수하는 것이었어요. 어느 방법을 선택하든 과전법을 손대지 않고서는 어렵다는 것은 확실했어요.

세조는 오랜 고심 끝에 수조권 세습을 인정하지 않기로 해요. 여기에 하나 더 추가하여 현직 관료에게만 수조권을 배부하기로 해요. 즉, 수신

전과 휼양전을 없애고, 직전이라는 이름으로 현직 관료에게만 수조권을 행사할 토지를 분배한 거예요. 계유정난 공신들은 직전법이 마음에 들지는 않았어요. 현직으로 일하는 지금이야 토지를 받으니까 문제없지만, 관직에서 물러난 노후가 걱정되지 않을 수 없었죠. 더욱이 지급되는 토지도 예전보다 줄어서, 정1품의 경우 기존보다 40결이나 적게 받아야만 했거든요. 그래서 세조에게 수조권 세습을 인정해 달라고 끊임없이 요청했어요. 하지만 강력한 왕권을 행사하던 세조의 거부에 큰소리를 내지는 못했어요. 사실 그들도 수조권을 행사할 토지가 부족하다는 사실을 잘 알고 있었으니까요. 그러나 세조가 죽자 직전법을 폐지하고 과전법을 부활시켜 수조권을 세습하도록 법을 개정해요. 하지만 오래가지는 못하고 다시 직전법이 시행될 수밖에 없었어요. 결국 수조권을 행사할 토지가 없다는 근본적인 현실은 바뀌지 않았으니까요.

수조권 세습이 현실적으로 불가능해지자, 많은 관료가 퇴직하기 전에 재물을 모아야 한다는 생각으로 권력을 동원한 불법적인 행동을 남발했어요. 예종은 이를 해결하기 위해 정해진 양보다 더 많은 조세를 수취하는 자에게는 직전을 몰수하는 규정을 만들어요. 하지만 큰 효과를 보지는 못했어요. 예종은 자신의 이익에만 눈이 멀어 직전 몰수를 두려워하지 않는 관료들에 대하여 특단의 조치를 시행했어요. 비로 수조권 행사를 인정하는 문서인 직전관문을 개인이 보관하지 못하도록 한 것이에요. 관리들은 2월 말 정부에 직전관문을 제출하고, 10월에 호조의 확인하에 조세를 걸어 가야만 했어요. 수조권자가 정해진 만큼 조세를 걷어 가는지 국가가 확인하겠다는 것이지만, 이 또한 큰 효과는 없었어요. 예종의 통치 기간이 길지 못했거든요.

결국 성종이 즉위하는 해, 조선 정부는 직전법의 문제점을 해결할 새로운 방안을 제시했어요. 예종이 했던 정책에서 한 단계 발전한 이 정책의 이름이 관수관급제로, 수조권을 가진 전주가 조세를 직접 거두지 못하도록 한 정책이에요. 관에서 직접 걷어 수조권자에게 나눠 주는 관수관급제는 어찌 보면 조선이 제대로 돌아가고 있시 못하다는 사실을 보여 주는 반증이기도 해요. 국왕이 신하를 믿지 못한다는 말이고, 다른 말로는 신하들이 공공연하게 불법을 자행해도 처벌받지 않는다는 말과 같으니까요.

관수관급제가 어떻게 운용되었는지 알아볼까요? 관수관급제에 따라 농민은 수조권을 행사하는 관료가 아닌 경창이나 지방 관아에 직접 조세를 납부했어요. 여기서 경창이란 세곡과 공물을 저장하고 관리하는 창고를 말해요. 이렇게 조세가 다 걷히고 나면 정부는 토지 수조권을 가진 관료에게 해당 토지의 면적에 해당하는 만큼의 곡물을 지급해요. 백성들의 경우에는 관료들이 자의적으로 더 많이 걷어 가지 않으니 삶이 조금은 나아졌어요. 하지만 이로 인한 폐단도 만만치 않았어요. 토지를 경작하고 경창에 곡물을 나르는 과정이 보통 3~4일 소요되고, 경창에 수납하는 비용이 수조권자에게 줘야 할 양보다 많을 때도 종종 있었거든요. 그래도 백성들은 관수관급제를 선호했어요. 수조권을 가진 관료가 곡물을 부당하게 많이 거둬 가거나, 폭력을 행사하는 횡포를 부리는 일이 확연하게 줄어들었기 때문입니다.

　　　그러나 관수관급제도 신진 관료에게 나눠 줄 토지가 없다는 한계를 극복하지는 못해 수조권이 지급되지 못하는 경우가 발생했어요. 이에 대한 대책으로 수조권 지급액을 줄여 보기도 했지만, 근본적인 해결 방안이 되지는 못했어요. 결국 명종 때인 1556년 수조권을 나눠 주는 직전법이 사실상 폐지되고 말아요. 이것은 삼국시대부터 계속 이어지던 수조권이 우리 역사에서 완전히 사라지는 순간이기도 해요. 관료들은 이후 국가에서 주는 녹봉만으로 생계를 이어 나가야 했어요. 조선 전기 관료들보다 적어진 급료로 생활해야 했고, 퇴직 이후에는 어떤 수입도 받을 수 없는 현실에 관료들은 부를 축적하기 위한 새로운 방법을 찾았어요. 그것이 바로 사적 소유권에 바탕을 둔 지주전호제였어요. 관료들은 관직에 있을 때 최대한 많은 토지를 사들여 자기 소유로 만들었습니다. 그러고는 노비나 토지가 없는 농민에게 경작하게 한 뒤, 생산된 곡물 일부분을 걷어 갔어요. 많은 토지를 보유할수록 큰 이윤이 남는 만큼, 일부 관료는 불법적인 방법을 동원하여 농민의 토지를 빼앗는 문제를 일으켰어요.

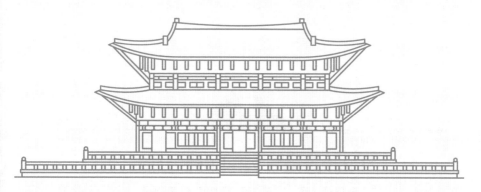

세조의 둘째였지만 형 의경세자가 죽으면서 왕으로 즉위하게 되었다. 예종은 즉위 초 한명회·신숙주 등 원로대신의 뜻에 따라 남이 장군을 처형하였다. 재위 기간 삼포에서 일본과의 사무역을 금지하고, 둔전에서 백성이 농사를 지을 수 있도록 애민 정신을 발휘하였다. 또한 《무정보감》을 통해 조선 건국 이후의 정변과 전쟁을 모두 기록했다. 아버지 세조의 뜻을 이어 《경국대전》 편찬 작업을 펼쳤으나, 일찍 죽는 바람에 완성하지는 못하였다.

제 **8** 대

예종

(1450~1469, 재위 : 1468.9~1469.11)

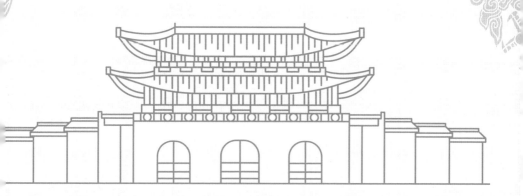

1468년 10월 28일 (예종 즉위년)
남이 역모에 관련된 자들의
형벌을 정하다

임금이 승정원과 신숙주·한명회·박원형에게 묻기를, "조영달·이지정은 남이의 심복인데 남이가 비록 말하지 아니하였을지라도 때에 임하여 말하려고 하였으니, 이들도 당류이다. 목을 베어 죽이는 형벌을 내리는 것이 어떻겠는가? 무릇 일에 관련된 사람의 죄상을 그 경중을 가려 보고해라"하였다. —《예종실록》1권

남이 장군 이야기를 들어 보신 적이 있나요? 학창 시절 국어 시간에 "백두산 돌은 칼을 갈아 없애고, 두만강 물은 말을 먹여 다하리. 남자 나이 스물에 나라를 평안케 하지 못하면, 뒤에 누가 나를 대장부라 부르리오"를 배워 본 적이 있을 겁니다. 이 시는 이시애의 난을 진압한 남이 장군이 지었다고 널리 많이 알려진 시죠. 국내에는 남이 장군과 관련하여 유명한 관광지도 있어요. 강원도 춘천에 있는 남이섬은 국내를 넘어 다른 나라에도 널리 알려진 우리나라의 대표 관광지예요. 또한 많은 무속인이 남이 장군을 신으로

모시고 있어요. 이처럼 남이 장군은 한국인에게 가장 친숙한 위인 중 한 명입니다.

　　이토록 친숙한 남이 장군은 예종이 즉위하자마자 역적으로 처형되어 죽었어요. 이때 남이 장군의 나이는 불과 27세에 불과했어요. 예종은 왜 능력 있는 남이 장군을 죽여야만 했을까요? 아버지 세조가 한명회와 신숙주 등 훈구파 대신들로부터 예종을 보호해 주려고 육성한 신진 세력의 중심이었던 남이를 말입니다.

　　우선 처형되기 전의 남이의 삶을 살펴볼까요? 남이는 16세에 무과에 급제할 정도로 어려서부터 무인의 자질이 넘쳤어요. 더욱이 남이의 집안은 세조와 특별한 관계를 맺고 있었어요. 남이의 할머니는 태종의 넷째 딸인 정선공주였고, 남이의 장인은 계유정난을 성공시키는 데 큰 공을 세운 권람이었어요. 당연히 세조는 어린 남이의 재주를 자주 볼 수 있었고, 훗날 큰 재목으로 성장할 것이라 내다봤어요. 물론 남이가 가문의 후광을 등에 업고 빠른 출셋길을 달리기는 했지만, 능력이 없었다면 불가능했을 거예요. 남이는 전쟁터에서 누구보다 맨 앞에서 적군과 맞서 싸우며 자신의 실력을 입증했어요. 그 누구도 남이가 실력도 없이 승승장구한다고 말하지 못하도록 말입니다.

　　포천 일대를 두려움에 떨게 하던 도적 떼를 소탕하는 것을 시작으로 이름을 알린 남이는 1467년 일어난 이시애의 난에서 큰 활약을 펼쳤어요. 이시애의 난은 세조가 국경 지대의 지배 세력이던 토호 세력을 약화시키고 중앙 정부로 하여금 그들을 통제하려 하자 이에 반발하여 일어난 사건이에요. 함경도 길주의 토호였던 이시애는 충청·전라·경상 하삼도의 군사들이 함경도 주민과 여진족을 죽이려 한다는 소문을 퍼트리고는 반란을 일으켰어요. 이들은 함길도 절도사 강효문과 길주 목사 설정신을 죽이고 함흥까지 점령하는 등 초반 기세가 매우 높았어요. 이시애가 이끄는 반란군에 동참하는 세력이 점점 많아지자, 세조는 중앙군을 동원하여 토벌을 명령했어요. 세조의 동생이었던 임영대군의 아들 구성군 이준을 토벌군의 총책임자인 사도병마도총사로 임명하고 3만의 병력을 주었어요. 이때 남이도 진북 장군 강순 휘하의 장수로 전쟁터에 나가요. 한때 철원까지 내려와 세조의 간담을 서늘케 했던 이시애였지만, 세조가 대규모의 관군을 보내자 밀리기 시작했어요. 결국 이시애가 함흥을 내주고 북청에 진을 치고 최후의 항전을 벌이자, 이준이 이끄는 관군도 더는 밀어붙이지 못했어요. 두 세력 간에 여러 차례 치열한 공방전이 진행되는 과정에서 남이는 어느 누구보다 앞장서서 전쟁터를 누볐어요. 그리고 승리를 거두었어요. 당시 남이의 활약상을 "북청 전투에서 남이는 사력을 다해 싸워 가는 곳마다 적이 쓰러졌다. 몸에 네다섯 개의 화살을 맞았으나 낯빛이 태연했다"라고 《세조실록》은 기록하고 있습니다.

이시애의 난을 진압하는 데 큰 공을 세운 남이는 적개 일등 공신으로 포상을 받았어요. 이후에도 남이는 전쟁터를 찾아다니며 무공을 쌓았어요. 특히 남만주 일대에 살고 있는 건주여진을 토벌하는 북벌군에 참여한 남이는 우두머리였던 이만주를 죽이는 큰 공을 세워요. 세조는 가는 곳마다 승리의 소식을 들려주는 남이를 크게 칭찬하며, 포상으로 관직을 높여 주었어요. 그리고 공조판서 겸 왕궁을 호위하는 책임자인 겸사복장에 임명하여 세조 자신의 호위를 맡겨 곁에 두었어요. 무인으로서의 남이의 뛰어난 재능은 조선에서만 알아주는 것이 아니었어요. 조선을 방문한 명나라 사신도 남이의 활 쏘는 모습을 보고는 세조에게 대단한 장수를 두어 좋겠다며 연신 칭찬을 아끼지 않을 정도였습니다.

하지만 어린 나이에 너무 빨랐던 진급 때문인지는 몰라도 남이는 거만한 모습을 자주 보였다고 해요. 추측건대 젊은 나이에 세조의 총애를 받아 초고속 승진하는 남이를 좋은 눈길로 바라볼 사람이 많지는 않았을 거예요. 그런데 확실한 것은 남이 자신도 세인들의 평가를 중요하게 여겼다는 거예요. 자신의 진가가 제대로 평가되기를 바랐죠. 하나의 사례로 남이는 자신하고 동갑인 구성군 이준에게 질투하는 모습을 보였다가 곤욕을 겪어요. 평소에 남이는 이시애의 난을 진압할 때 총사령관 이준보다 자신의 공이 더 컸다고 생각했어요. 이것을 속으로만 생각해야 하는데 세조가 참석한 연회장에서 술에 취해서는 "주상이 구성군 이준을 지나치게 총애하는 것은 잘못된 일입니다"라며 크게 외친 거예요. 당연히 주변에 있던 신료들은 남이의 행동에 매우 큰 불쾌감을 나다냈어요. 세조도 남이의 무례한 행동에 크게 화를 내며 의금부에 가둬 버려요. 이튿날 풀어 주기는 하지만 겸사복장의 지위를 박탈해 버립니다.

그래도 남이의 재주를 아낀 세조는 두 달 뒤 남이를 공조판서 겸 오위도총부 도총관으로 임명해요. 여기서 그치지 않고 다음 달에는 병조판서로 임명하는 파격적인 인사를 단행해요. 사실 이것은 남이의 뛰어난 재주도 있었지만, 한명회와 신숙주 등 원로대신들을 견제할 세력으로 육성하려는 목적이 있었어요. 이것을 모를 리 없는 원로대신들은 남이가 병조판서를 맡아서는 안 된다며 강력하게 반대했어요. 그런 와중에 세조가 죽어요. 남이가 병조판서에 임명된 지 불과 13일 만의 일이었어요. 남이를 끌어 주던 세조가 죽자 그의 인생이 나락으로 떨어지는 데 그리 오래 걸리지 않았어요. 예종은 즉위하는 날 남이를 병조판서에서 겸사복장으로 좌천하는 인사를 단행했어요. 이것은 형조판서 강희맹과 중추부 지사 한계희 등 원로대신들이 "남이의 사람됨이 병권을 맡기기에는 마땅치 못합니다. 남이는 성질이 경망하여 안심되지 않습니다"라며 남이를 비방했기 때문이에요. 물론 이 한마디에 남이를 좌천한 것은 아니에요. 남이에 대한 예종의 경계심도 한몫 작용했을 가능성이 커요. 한명회 등 원로대신들은 나이가 많아 어느 정도의 시간만 흐르면 그 권력이 자연스럽게 없어질 거로 생각했어요. 그러나 남이는 자신과 나이 차이가 얼마 나지 않는 만큼 큰 권력을 주는 것이 부담스러웠어요. 특히 남이가 군권을 가진 병조판서인 만큼 무력으로 왕권을 빼앗을지도 모른다는 두려움이 생겨난 거죠.

　　남이가 좌천되고 얼마 후, 병조참지 유자광이 하늘에 나타난 혜성을 "묵은 것을 없애고 새것을 나타나게 하려는 징조"라고 해석하며 남이가 역모를 꾀하였다고 예종에게 일러바쳤어요. 이에 예종은 남이를 잡아들여 혹독한 고문을 가했어요. 그리고 불과 사흘 뒤 남이를 비롯하여 영의정 강순 등을 역모죄로 처형해 버려요. 이후 남이는 조선시대 내내 역적으로 기록되다가 순조 때인 1818년 우의정 남공철의 요청에 따라 강순과 함께 역적의 죄를 벗게 됩니다.

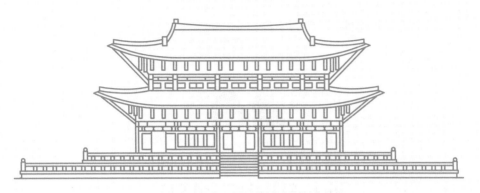

세조의 적장자였던 의경세자의 둘째인 성종은 예종의 아들 제안대군과 친형 월산대군보다 왕위 계승권이 현저하게 낮았다. 하지만 성종의 장인이던 한명회의 영향력으로 왕으로 즉위하게 되었다. 정희왕후 수렴청정이 끝난 이후 직접 정치 일선에 나선 성종은 김종직, 김굉필 등 사림 세력을 등용하여 한명회 등 훈구파를 견제하였다. 성리학적 질서를 확립하고자 했던 성종은 《경국대전》, 《국조오례의》를 완성하며 통치 규범을 완성하였다. 25년이라는 긴 시간을 왕으로 재위하면서 조선 전기의 문물을 정비하고 완성했다는 평가를 받지만, 실제 죽음은 38세에 불과했다.

제9대

성종

(1457~1494, 재위 : 1469.11~1494.12)

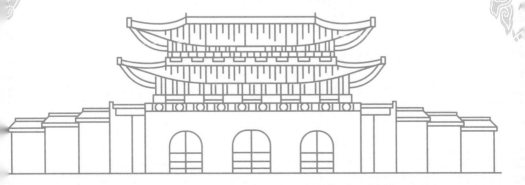

1472년 2월 3일 (성종 3년)
병조에서 강원도에 있는
삼봉도를 찾기 위한 조항을 기록하다

병조에서 아뢰기를, "강원도의 바다에 삼봉도(三峯島)가 있는데, 오는 임진년 봄에 사람을 보내어 찾겠으니, 그 조항을 상의하여 아뢰라 하였으므로, 이제 행해야 할 사건을 조목으로 기록하여 아룁니다." (중략) "군사 중에 삼봉도를 찾아내는 데 공로가 있는 자는 경차관으로 하여금 등급을 매겨서 아뢰게 하고, 바람이 잔잔한 4월 그믐 때를 기다려서 출발하며, 부령 사람 김한경이 삼봉도가 있는 곳을 알고 있으니, 함께 들여보내게 하소서" 하니, 그대로 따랐다. - 《성종실록》 15권

성종은 1472년 강원도에 있다는 삼봉도를 찾는 방법을 논의하라고 병조에 명령을 내립니다. 세 개의 봉우리로 이루어졌다는 삼봉도는 지금의 우리에게 생소한 지명이에요. 성종이 찾으라는 삼봉도는 지금의 어디일까요? 우선 삼봉도가 처음으로 등장한 것은 성종 1년인 1470년입니다. 성종은 영안도(함경북도 옛 이름) 관찰사로부터 세금을 내지 않으려는 백성들이 강원도 바

다에 있는 삼봉도로 도망치고 있다는 보고를 받게 돼요. 백성이 도망치고 있다는 좋지 않은 소식이었지만, 오히려 성종은 백성의 도망보다 삼봉도에 더 깊은 관심을 보였어요. "국토를 넓히고 백성을 많이 모으는 것은 나라가 먼저 해야 할 일이다. 삼봉도는 우리 강원도 땅에 있는데 토지가 비옥하고 백성이 많이 거주하고 있어 세종조부터 사람을 보내어 찾았으나 얻지 못하였다. 어떻게 하면 그 땅을 얻어서 백성을 늘릴 수 있을 것인가"라며 삼봉도가 어디 있는지 찾아오라고 신하들에게 명령합니다.

성종은 박종원을 삼봉도 경차관으로 임명하고 네 척의 배에 160명의 군사를 주었어요. 박종원은 삼봉도를 다녀왔다는 김한경을 배에 태우며 무슨 일이 있어도 기필코 삼봉도를 찾아오겠다며 울진포를 출발했어요. 그러나 박종원이 탄 배는 무릉도에서 15리 떨어진 곳에서 닻줄이 끊어지면서 3박 4일을 바다에서 표류하다가 결국 육지로 돌아와야 했어요. 나머지 세 척도 무릉도에 3일간 머물며 섬 곳곳을 수색했으나 빈집 터만 확인하는 데 그칩니다.

무릉도는 도연명의 《도화원기(桃花源記)》에 나오는 무릉도원처럼 보인다 해서 붙여진 울릉도의 또 다른 이름이에요. 울릉도에는 삼한시대 이전부터 사람들이 살아왔어요. 심지어 이곳에는 우산국이라는 조그만 소국이 자리 잡아 신라의 국경을 자주 침범했어요. 결국 지증왕은 512년 이사부를 보내 울릉도에 있던 우산국을 정복하고, 신라의 영토로 영구히 편입시켜요. 고려시대에도 울릉도에서 사람들이 어업과 농업에 종사하며 살아갔어요. 그러나 조선 건국 이후에도 왜구가 끊임없이 울릉도를 침탈하여 노략질을 일삼자, 태종이 1403년부터 울릉도 주민을 강제로 육지로 나오게 했어요. 태종은 울릉도로 군역을 피해 도망간 사람들이 많아지면, 왜구가 이를 노리고 울릉도를 침범할까 우려했거든요. 섬을 비우는 공도 정책은 왜구가 울릉도를 근거지로 삼아 강원도를 계속 약탈할까 걱정되어 심사숙고 끝에 내린 결정이었어요. 실제로 대마도주 종정무는 태종에게 울릉도에서 자신들이 살 수 있게 해 달라고 요구하기도 했어요. 물론 태종은 잠시의 망설임도 없이 단칼에 거부합니다.

태종의 공도 정책은 세종 때에도 계속 이어졌어요. 물론 울릉도가 사람이 살기에 괜찮은 장소이니 곡식 종자와 농기구를 지급하여 생업을 이어 가도록 도와주자는 주장도 나왔어요. 대표적으로 1436년 강원도 관찰사 유계문이 "무릉도와 우산(울릉도와 독도)은 토지가 비옥하고 토산물도 많습니다. 선박이 정박할 만한 곳도 있사옵니다. 이곳에 수령을 두면 장구지책(오래도록 피할 수 있는 정책)이 될 것입니다"라고 말해요. 그러나 세종은 수령을 두어 백성을 옮겨 살게 하는 것은 현실적으로 어려우니, 매년 사람을 보내 토산물을 채취하거나 목장을 만들라고 명령했어요. 그러면 왜구가 울릉도를 조선이 관리하는 것으로 여겨 감히 탐내지 못할 것이라며, 울릉도에 사람이 살지 못하게 하는 정책을 멈추지 않았어요. 1438년에는 몰래 숨어 살다가 걸리면 교형에 처하는 최고의 형벌을 내리며 울릉도를 비우는 정책을 더욱 강화했어요. 그래서 성종이 파견한 삼봉도 탐색대는 울릉도의 빈집만을 확인할 수 있었던 겁니다.

1차 탐색대가 삼봉도를 찾는 일에 실패했지만, 성종은 포기하지 않았어요. 국토를 넓히고자 하는 마음이 컸던 성종은 삼봉도를 다녀온 사람이 있는지를 더 찾아보라고 전국에 명령을 내렸어요. 이때 영안도 관찰사 이극균이 영흥 사람 김자주가 삼봉도를 다녀와서 그렸다는 그림을 입수했다고 보고를 올려요. 성종은 크게 기뻐하며 더욱 자세히 알아보라고 명령했어요. 이에 김자주는 "삼봉도 앞에까지 갔는데 암석 사이로 사람처럼 보이는 물체 30여 개를 보고 두려운 마음에 배를 돌려 돌아왔다"고 답변해요. 덧붙여 자신과 같이 갔던 김한경을 앞장세워 탐색대를 다시 보내면 반드시 삼봉도를 찾을 수 있을 거라고 말해요.

그런데 성종에게 전달되는 과정에서 김자주의 말이 부풀려졌어요. 삼봉도에 숨어 사는 사람이 천여 명이나 되어서, 이들을 토벌하기 위해서는 병선 40척이 필요하다고 말이죠. 아마도 김자주가 삼봉도를 다녀왔다는 사실을 과시하고 싶었는지도 모르겠네요. 이로 인해 삼봉도는 국토를 넓힐 수 있는 미지의 섬이 아니라 조선에 협력하지 않는 천여 명이 거주하는 반란 세력이 머무는 섬이 되어 버렸어요. 성종은 더욱 무슨 일이 있어도 삼봉도를 찾아 반란 세력을 소탕할 필요가 생겼어요. 그런데 정확하게 위치도 모르는 삼봉도로 무작정 군대를 보낼 수는 없었습니다. 그래서 길성, 명천, 경성, 부령 등 영안도 사람 32명을 모아 삼봉도에 사는 사람들이 육지로 돌아올 수 있도록 설득하자는 신료들의 의견을 받아들였어요. 성종은 삼봉도를 두 번이나 보고 왔다는 김자주에게 선단을 맡기며, 무슨 일이 있어도 임무를 완수하라고 당부했어요. 그러나 이들이 출발한 지 한 달이 지나도록 어느 누구도 돌아오지 않았어요.

성종과 달리 영안도 관찰사 이극돈은 삼봉도가 진짜 있는지 의심스러웠어요. 만약 삼봉도가 실제로 존재하지 않는 것이라면 32명의 사람이 헛되이 망망대해에서 목숨을 잃은 것이라며 안타깝게 여겼어요. 또한 김한경의 말을 믿고 영안도 사람들에게 어디 있는지도 모르는 삼봉도에서 거주하도록 지시하는 것도 문제가 있다고 판단했어요. 결국 이극돈은 깊은 고심 끝에 성종에게 삼봉도를 더는 찾지 않는 것이 좋겠다고 말합니다.

하지만 삼봉도에 대한 미련을 버리지 못한 성종은 여러 차례 김한경에게 삼봉도로 가는 길을 안내하라고 명령했어요. 그럴 때마다 김한경은 거센 바람 등을 핑계 대며 출항하지 않았어요. 결국 1481년 영안도 관찰사 이극돈은 "김한경 무리가 대중을 미혹하게 한 죄가 분명하니, 극형에 처하여 그 시체를 전국에 있는 백성들에게 보여 주십시오. 그러면 어리석은 백성들도 삼봉도가 없다는 것을 알게 될 것입니다"라며 성종에게 상소를 올렸어요. 그제야 성종도 더는 이 문제를 길게 끌고 가는 것이 옳지 않다는 판단을 내려요. 자칫 백성들에게 세금을 피해 도망갈 수 있는 장소가 있다는 헛된 희망을 품게 해 줄 수도 있고, 무엇보다 성종 자신이 거짓말하는 김한경에게 휘둘리고 있다는 인식이 퍼질까 걱정되었거든요. 성종은 이극돈의 의견을 받아들여 김한경을 처형해요. 이후 삼봉도는 《조선왕조실록》에 등장하지 않습니다. 재미있는 것은 후대 여러 학자가 성종 때에 거론된 삼봉도의 실재가 무엇인지 아직도 찾고 있다는 점이에요. 어떤 이는 삼봉도를 울릉도로, 다른 이는 독도로, 또 다른 이는 울릉도와 독도로 파악해요. 이 외에도 세종 때 우산무릉등처안무사나 무릉도순심경차관을 파견한 사실을 들어, 성종 때 울릉도나 독도를 이미 알고 있었던 만큼 삼봉도는 제3의 장소였다고 주장하는 사람도 있습니다.

1480년 10월 18일 (성종 11년)
어을우동을 교형에 처하다

어을우동을 교형에 처하였다. 어을우동은 바로 승문원 지사(承文院知事) 박윤
창의 딸인데, 처음에 태강수 이동에게 시집가서 행실을 자못 삼가지 못하였다.
— 《성종실록》 122권

조선시대에 여인으로 이름이 세간에 알려진 사람들은 대부분 부정적인 이
미지일 때가 많습니다. 그리고 이런 여인들 대부분은 왕과 관련이 있어요.
연산군 하면 장녹수, 명종 하면 문정왕후, 숙종 하면 장희빈이 연상되는 것
처럼 말이에요. 그런데 왕실과 관련되어 있지 않으면서 조선을 들썩이게 했
던 여인으로 성종 때의 어을우동이 있어요. 우리에게 어을우동보다는 어우
동으로 더 잘 알려진 이 여인은 조선 최초로 신분을 가리지 않고 수많은 남
성과 잠자리를 가졌다가 처형당합니다.

어우동은 외교 문서를 담당하던 승문원의 지승문원사였던 박윤창
의 딸로 태어난 양반집 규수였어요. 고위 관료층의 딸이었던 그녀는 효령

대군의 손자 태강수 이동에게 시집을 가며 남들의 부러움을 샀습니다. 하지만 그녀의 행복은 오래가지 못했어요. 남편 태강수가 기생 연경비에게 마음을 빼앗겨 어우동을 본체만체했기 때문이에요. 시집간 지 얼마 되지도 않았는데 남편이 자신을 놔두고 바람을 피우니 어우동은 외로우면서도 몹시 분한 감정이 밀려왔어요. "흥, 감히 나를 두고 바람을 피워. 나도 똑같이 되샀아 줄 테니 똑똑히 보라고"리는 생각으로 어우동은 맞바람을 피우기로 마음을 먹어요. 마침 은그릇을 만들려는 사람이 집으로 들어오자, 어우동은 계집종처럼 분장하고는 은그릇 만드는 남자를 꾀어서 잠자리를 가져요. 집에서 외간 남자와 잠자리를 가진 일을 가족 모두가 알게 되자, 남편 태강수는 몹시 화를 내며 어우동을 집에서 내쫓았어요. 이 당시만 해도 고려의 풍속이 이어져서 여성이 자신의 권리를 주장할 때였어요. 당연히 어우동은 자신에게만 죄를 묻는 것은 잘못되었다며 억울함을 호소했어요. 왕실 종친들의 규율을 담당하던 종부시도 태강수의 행동이 먼저 잘못되었다며 어우동과의 재결합을 권유했어요. 성종도 아내의 허물을 들추어 집 밖으로 쫓아낸 것은 태강수의 잘못이라며 꾸짖었어요. 그러고는 태강수에게 내렸던 관원에게 주는 임명장인 고신을 거두어들였어요. 그럼에도 불구하고 태강수는 성종과 종부시의 결정에 따르지 않고, 어우동과 별거에 들어갑니다.

그렇게 일단락되었던 태강수와 어우동은 그로부터 4년 뒤 조선 사회를 발칵 뒤집어 놔요. 좌승지 김계창이 성종에게 어우동의 부도덕한 행실을 고발하며 엄한 처벌을 내려야 한다고 주청을 올리면서 시작돼요. 김계창은 예전 태강수와의 불화의 원인도 전적으로 어우동에게 있다고 주장했어요. 어우동이 불륜을 저지른 것도 따지고 보면 핏줄 자체에 문제가 있다면서, 그녀의 어머니도 엮었어요. 어우동의 어머니 정씨가 종놈과 불륜을 저질러 아이를 낳았는데, 그 아이가 지금의 어우동으로 그녀가 불륜을 저지른 것도 따지고 보면 다 이유가 있는 것이라고 말입니다. 어우동의 아버지 박윤창도 이 주장에 동조하여 어우동은 자기 자식이 아니라고 말했어요. 아마도 어우동으로 인해 집안이 욕보이고 망신당하는 것을 막기 위해 먼저 손절한 것 같은 느낌이 나요. 그러나 가장 문제가 된 것은 어우동이 왕족 방산수 이난과 간통했다는 사실이었어요. 종친 간에 불륜을 저질렀다는 것은 왕실의 위엄을 떨어뜨릴 수 있는 중차대한 문제로 발전할 수 있었으니까요.

성현의 《용재총화》에 따르면 어우동은 예쁜 계집종을 거리로 내보내 어린 소년들을 유혹하여 집으로 끌어들여 잠자리를 가졌다고 해요. 신분에 상관없이 잘생기고 남자다우면 유혹하여 난잡한 행동을 했다는 이야기에 성종은 크게 화를 냈어요. 누구보다도 유교적인 사회를 만들고자 했던 성종으로서는 정숙하지 못한 어우동을 가만둘 수가 없었어요. 성종은 의금부를 시켜 어우동과 함께 간통을 저지른 방산수 이난도 잡아들였어요. 어우동과 함께 있을 때는 서로 좋아한다고 이야기했을 이난은 의금부에 잡혀 와서는 자신도 어우동의 유혹에 넘어간 피해자라며 억울함을 호소했어요. 그러고는 이를 증명한다며 어우동과 잠자리를 함께한 인물들을 나열하기 시작했어요. 그렇게 이난의 입에서 나온 남자들이 한두 명이 아니었어요. 왕실 종친 수산수 이기를 비롯해 어유소, 노공필, 김세적 등 여러 명의 관료가 거론되었어요. 이난이 어우동과 어울렸다고 말한 인물 중 어유소는 세조 때 일어난 이시애의 난에서 천여 명의 군사로 반란군을 진압했던 적개 일등 공신이었어요. 이 외에 노공필은 병조참의, 김세적은 절충장군 등으로 조정의 핵심 관료들이었어요.

어우동과 간통을 저지른 사람이 한두 명이 아닌 데다가 왕실 종친과 고위 관료들까지 연루되자 성종은 매우 곤혹스러워졌어요. 단순히 남녀 간의 치정을 넘어 왕실과 조정이 백성들의 입에서 웃음거리로 전락할까 두려워졌어요. 성종은 방산수 이난이 죄를 모면하기 위해 애꿎은 다른 관료들을 끌어들였다면서 서둘러 이 사건을 종결짓고자 했어요. 그런데 언관들이 성종의 의중과는 달리 어유소, 노공필, 김세적의 죄를 물어야 한다고 계속 주장했어요. 그런 가운데 어우동이 내금위 구전, 학유 홍찬, 생원 이승언 등 여러 양반과도 간통했다는 증언이 여기저기서 터져 나왔어요. 여기서 끝이 아니었습니다. 중인 계층인 서리 오종련, 감의형, 박강창, 평민 이근지, 노비 지거비 등과도 잠자리했다는 증언이 봇물 터지듯 계속 나왔어요.

이제 사헌부만이 아니라 사간원도 어유소, 노공필, 김세적을 심문하여 죄가 있는지를 밝혀 물어야 한다며 합세했어요. 이런 상황이 탐탁지 않았던 성종은 방산수 이난과 수산수 이기에게 태형 대신 벌금으로 은을 바치게 하고는 먼 지방에 유배 보내는 것으로 마무리 짓고자 했어요. 그런데 때마침 도망쳤던 어우동이 체포되어 의금부에 하옥되면서 조정이 다시 시끄러워졌어요. 어우동의 처벌을 어떻게 할지를 두고 신료 간에 갑론을박이 일어나자, 성종은 의금부에 어우동에 대한 합당한 처벌이 무엇인지 물었어요. 이에 대해 의금부는 어우동에게 태장 100대에 2천 리 밖으로 유배 보내는 형벌을 내리는 것이 좋겠다고 대답합니다.

이에 성종은 "어우동은 음탕하게 방종하기를 꺼림이 없게 하였는데, 이래도 죽이지 않는다면 뒷사람을 어떻게 징계하겠느냐? 의금부에 명하여 사형의 형률을 적용하여 다시 아뢰게 하라"라며 화를 냈어요. 일부 신하들이 어우동에게 사형 선고를 내리는 것은 과한 처벌이라며 형벌을 낮춰 달라고 요청했지만, 성종의 뜻은 바뀌지 않았어요. 그리고 어우동의 음란한 행위가 고변된 지 3개월 만인 1480년 10월 18일 어우동은 생을 마감하게 됩니다.

어우동을 처형한 것이 너무 심한 처벌이라는 생각이 들지 않나요? 비단 지금의 우리만 이런 생각을 가진 것은 아니었나 봐요. 당시에도 어우동의 처형을 두고 간통한 남자들과의 형평성이 맞지 않는다는 주장이 제기됐어요. 여기에는 성종 때까지 성리학이 백성들의 일상생활을 완전히 규제하지 못한 사회적 배경이 깔려 있어요. 고려시대만큼은 아니지만, 이 시대 여성들도 부모로부터 재산을 물려받고, 자유로운 연애관을 가지고 살아갔으니까요. 하지만 성종은 성리학적 질서를 조선에 뿌리내리고 싶었던 군주였어요. 그런 만큼 한 여성에 의해 수많은 남성이 농락당한 사실을 용납할 수가 없었어요.

　　　또한 여기에는 성종의 개인사도 반영되어 있어요. 성종은 공혜왕후가 죽으면서 종2품 숙의로 있던 폐비 윤씨를 계비로 선택했어요. 성종이 폐비 윤씨를 특별하게 아껴 계비로 선택했노라고 정희왕후(세조의 비)가 밝힌 만큼, 초창기 둘의 관계는 매우 좋았어요. 하지만 폐비 윤씨가 원자(훗날 연산군)를 낳으면서 둘의 관계는 틀어졌어요. 질투에 눈이 멀어 궁녀에게 독약을 먹여 죽이려 하고, 자기 얼굴에 손톱자국을 낸 폐비 윤씨를 성종은 미워했습니다. 결국 1479년 윤씨를 폐위시켜 버렸어요. 어우동이 처형되기 바로 전년이죠. 어쩌면 성종은 어우동의 간통 사건과 관련해서 자신의 이야기가 백성들의 입에 오르내리지 않을까 두려워했을지도 모르겠네요.

1485년 3월 26일 (성종 16년)
후추 씨를 구하도록 전교하다

일본 사신이 후추 천 근을 바치니, 전교하기를, "왜인이 바친 후추가 매우 많으니, 그 땅에서 나는 것일 것이다. 전에 물건을 주고 씨를 구한다는 말을 서계(일본 정부에 내려 주는 문서)에 명령하였으나, 마침내 회답을 보지 못하였다." (중략) "전날에 왜인이 말하기를, '후추는 남방에서 나는 것이고, 본국에서 나는 것이 아니다' 하였습니다. 신들의 생각으로는 그 땅에서 나더라도 우리나라에서 씨를 얻으면 저들은 자기에게 이롭지 않으므로, 와서 바치려 하지 않을 것이니, 구하지 않는 것이 어떠하겠습니까?" – 《성종실록》 176권

인도 남부가 원산지인 후추는 고기의 누린내를 없애 주는 효과가 있어 동서양을 막론하고 아주 오래전부터 향신료로 사용해 왔어요. 특히 유럽인들은 후추를 늙지 않고 오래 살 수 있도록 도와준다고 생각해서 아주 높은 가격을 지불해서라도 구하고자 했어요. 하지만 서아시아의 이슬람 세력에 가로막혀 후추를 구하기란 하늘의 별 따기처럼 어려운 일이었어요. 이것은 비단 유럽만의 이야기가 아니었어요. 동아시아에서도 후추는 매우 인기가 높

은 향신료였어요. 16~17세기 고추가 재배되기 이전까지 후추는 매운맛을 내는 향신료로 사람들에게 각광받았어요. 또한 소화 불량이나 구토, 열사병 치료에 효과 좋은 약재로 사용되었어요. 하지만 후추의 가격이 너무 비싸서 왕족이나 귀족처럼 일부 지배 계층만이 먹을 수 있었어요. 우리나라도 고려 때 중국을 통해 후추가 들어오기 시작해서 고려 말에는 유구 왕국을 통해 직접 수입하기도 했습니다.

부국강병을 꿈꿨던 성종은 후추가 국제 사회에서 매우 높은 가격으로 거래된다는 점을 눈여겨봤어요. 인구가 많고, 산이 많은 지형의 조선으로서는 농업에만 의존할 경우 경제적으로 곤궁을 면하기 어려웠거든요. 재정 부족 없이 안정적으로 나라를 경영하기 위해서는 고려 때처럼 다른 나라와의 교역이 필요하다고 성종은 생각했어요. 하지만 명나라의 쇄국 정책으로 다른 국가들과 교역하기 어려운 상황에서 다양한 물품을 교역할 수는 없었어요. 그렇다면 높은 수익을 낼 수 있는 후추를 재배하여 판매하면 교역이 제한된 상황이라는 한계를 뛰어넘을 수 있지 않을까 생각했어요. 그런데 조선에 후추를 생산할 씨가 없다는 것이 문제였어요. 성종은 1482년 조선을 방문한 일본 사신에게 얼마를 줘도 상관없으니 후추의 씨를 구해 오라고 명령을 내렸어요. 하지만 일본 사신은 자신들도 후추를 재배하지 못해서 유구 왕국을 통해 얻고 있다며 종자를 가져올 수 없다고 답변했어요. 성종은 일본이 일부러 후추 씨를 넘겨주지 않으려고 수작을 부린다고 생각했어요. 그래서 다시 한번 일본 사신에게 강하게 말했어요. "일본에 없다면 유구 왕국을 통해서라도 후추 씨를 가져오라"라고 말이에요.

성종이 후추에 관심이 많다는 것이 주변국에 알려지자, 이익을 얻으려는 세력들이 조선에 연이어 들어왔어요. 일례로 대마도주는 동남아시아를 뜻하는 남만에 사신을 보내어 후추 씨를 구해 오는 데 3년이 걸린다면서, 동전 2만 꿰미를 요구했어요. 이후에도 외국 사신들은 성종에게 후추를 선물로 주고 다른 경제적 이득을 챙기고자 했어요. 의도했던 후추 씨는 안 들어오고 삶은 후추만이 들어오자, 성종은 속이 상했어요. 더욱이 후추도 보존 기간이 있는 만큼, 상해서 못 먹기 전에 관료들에게 선물로 자주 나눠 주어 소비해야 했어요.

사실 이 당시 조선이 후추 씨를 구하는 것은 거의 불가능한 일이었어요. 인도는 금보다도 비싸게 거래되는 후추를 독점하기 위해 후추 씨를 판매하지 않았어요. 혹시라도 판매된 후추에서 씨를 추출해서 재배할까 봐 후추를 삶아 수출했어요. 이런 사실을 알 리 없는 성종은 조선이 잘되는 것을 보기 싫어하는 일본이 일부러 후추를 가져다주지 않는다고만 생각했던 거였죠.

일본이 후추 씨를 매우 비싼 가격에 거래하고 싶어서 숨기고 있다고 생각한 성종은 일본이 간절하게 원하던 대장경을 주겠다고 제안하기까지 했어요. "우리나라는 불교를 좋아하지 않아 대장경을 따로 보관하고 있지 않다. 하지만 너희가 원하면 사찰에서 보관하고 있는 대장경을 찾아서 보내 주겠다. 나는 단지 너희 일본에서 생산되는 후추가 일사병에 효험이 있다고 하니 그 씨를 얻어서 심으려는 것뿐이다"라고 말이에요. 조선이 후추를 가지려는 의도를 들키지 않으면서, 조선에는 필요 없지만 일본은 너무 갖고 싶어 하는 것을 바꾸려는 수준 높은 외교술을 선보인 성종이었어요. 하지만 앞서 말했듯이 일본도 후추 씨를 구할 수 없는 만큼 성종의 외교 전략은 아무 효과를 얻을 수 없었습니다.

성종이 후추 씨를 구하고자 하는 열정이 오래도록 지속되자, 이를 비판하는 관료들이 등장했어요. 노사신은 성종에게 "신이 후추가 중국에서 생산되는지를 물었더니, 남만에서 생산되고 중국에는 있지 않다고 합니다. 만약 후추를 옮겨 심을 수 있었다면 중국이 반드시 먼저 하였을 것입니다. 그러나 이제까지 없는 것은 풍토가 다르기 때문에 그러한 것이 아니겠습니까? 또 왜인에게 물으니 후추는 상선을 통해 가져오는 것이지, 일본에서 생산되지는 않는다고 합니다. 후추가 우리에게 꼭 있어야만 하는 것은 아닙니다. 그런데 어찌 사람을 아주 먼 나라까지 보내겠습니까?"라고 말합니다. 호조판서 정난종도 "후추 등의 물건은 모두 긴요하게 쓰이는 것이 아니고 값만 몹시 비싼 것입니다. 더욱이 후추는 의영고˙에 쌓아 둔 것이 600여 근으로 지금도 충분합니다. 왜인이 후추를 바치는 것을 형편상 물리치기 어렵습니다. 값을 깎아서 받는다면 그 답례를 하겠지만, 그렇지 않으면 그들이 원하는 것을 다 들어주기 어려워 타일러 보내고 있습니다"라며 후추를 구매

●　　꿀과 후추 등 진상에 관련된 물품을 관리하는 관청.

하는 데 많은 경비가 사용되고 있으니 자제해 주기를 요청하였습니다.

　　이 모든 것은 성종이 나라의 부강을 위해 후추 씨를 구하려는 이유를 알겠지만, 오랜 세월 아무 성과가 없는 만큼 포기하라는 신하들의 조언이었습니다. 또한 일본을 비롯한 주변국들이 조선에서 후추를 아주 비싼 가격으로 팔 수 있다는 점을 악용한 결과, 국가 경제에 부담이 되고 있다는 사실을 성종에게 알리는 것이었습니다. 결국에는 성종도 후추 씨를 구하는 것을 포기합니다. 하지만 성종이 부국강병을 이루어 백성을 편안하게 살 수 있도록 만들기 위해 노력했다는 점, 이익을 좇는 것을 소인배라고 생각하던 성리학에서 벗어나 실리를 추구한 점, 농업만 강조하던 사회 분위기를 뛰어넘어 후추라는 새로운 돌파구를 찾은 점, 신하들의 간청에 스스로 잘못을 인정하고 포기했다는 점에서 훗날 조선시대 성종은 세종만큼이나 훌륭한 성군이었다는 평가를 받게 됩니다.

1491년 2월 18일 (성종 22년)
가난하여 시집 못 간 처녀들은
관에서 도와주어라

한성부에서 나이가 찬 처녀를 기록하여 아뢰니, 임금이 말하기를 "가난해서 시집가지 못한 자를 뽑아 관(官)에서 치장하는 밑천을 주어 그들을 시집보내도록 하며, 그 나머지도 혼인시키도록 독촉하고 아울러 가장을 국문하도록 하라" 하였다. -《성종실록》250권

조선은 여성이 살아가기가 매우 힘든 사회였어요. 고려시대와는 달리 여성은 경제적 활동이 공식적으로 금지되었고, 유일하게 허용되는 사회 활동이 농사일이었어요. 하지만 농사는 힘을 써야 하는 일이 많아서 남성에 비해 상대적으로 힘이 약한 여성들로서는 여러 제약이 따를 수밖에 없었어요. 그렇다면 가장 손쉽게 접근할 수 있는 일이 물건을 사고파는 상업 활동일 거예요. 그러나 조선은 상업을 천시하는 것에 그치지 않고, 국가에서 상인을 통제하고자 노력했던 나라였습니다. 대표적인 사례로 금난전권이 있어요.

금난전권이란 나라에 세금을 내고 상업 활동을 이어 가는 상인들이 국가에 세금을 내지 않고 장사하는 난전 상인을 처벌할 수 있는 권한을 말해요. 그래서 난전들의 경우 물건을 팔다가 매를 맞고 쫓겨나는 일이 비일비재했어요. 그렇다 보니 일찍 부모를 여의거나, 집이 너무 가난한 여인들은 결혼하지 않으면 생계를 이어 나가기가 매우 어려울 수밖에 없었어요.

혼기가 찬 여인들이 형편이 어려워 혼인하지 못하는 것은 조선 정부로서는 큰 문제였어요. 국가 운영에 있어서 가장 중요한 것 중의 하나가 인구 증가예요. 인구가 늘어나야 거둬들이는 조세도 많아지고, 군인도 증가하여 국방을 튼튼히 할 수 있거든요. 이 외에도 인구가 늘어나야 하는 이유는 굉장히 많아요. 현재와 다를 바가 없죠. 조선시대 많은 왕이 나라를 경영하는 데 필요한 것으로 인구 증가를 1순위로 손꼽은 만큼, 지방에 파견하는 수령의 능력을 평가하는 척도로 인구 증가를 보기도 했어요. 당시에 결혼하지 못한 여성이 늘어난다는 것은 사회적으로 많은 문제를 초래할 가능성이 커진다는 것을 의미하기도 했어요. 하지만 여성의 혼인율을 높이는 건 여간 어려운 일이 아니어서, 많은 왕이 깊은 고심에 빠져야만 했습니다.

예를 들어 태종은 나라를 운영하는 데 필요한 사항을 제안하도록 관료들에게 명령을 내린 적이 있어요. 이때 많은 관료가 정치, 경제, 사회, 국방 등 다방면의 문제를 해결할 대책을 제시했는데, 그중에는 혼기에 찬 여성들에 대한 제안도 있었어요. 전 첨서승추부사 이정견은 "처녀에 이르러 부모 형제가 죽거나, 수재와 화재 등으로 단장할 물건이 없어 혼인하지 못한 여인들이 있습니다. 그녀들이 분하고 한스러워 울부짖고 있으니, 소재지의 관청에서 그녀들에게 용모를 꾸밀 수 있는 물건을 제공하도록 해 주십시오. 이로써 여인들이 혼인 시기를 놓치지 않는다면 이것 또한 어진 정치가 될 것입니다"라고 건의하기도 했어요. 조선 초에는 여성들이 연애 결혼을 할 수 있었던 시기예요. 그래서 국가가 여성이 치장할 수 있는 물건을 지급하자는 주장을 했다는 게 재미있지 않나요? 집이 가난하더라도 그 사람을 사랑하게 되면 혼인하지 않겠냐는 당시 주장이 지금보다 더 획기적으로 보이기도 합니다.

더 재미있는 주장이 세종 때에도 나옵니다. 사헌부에서 "남녀의 혼인은 인륜의 중사이온데, 때를 잃게 되면 화기를 상하게 됩니다. 나이 많은 처녀는 결혼을 재촉하는 법이 《속전》에 실려 있어, 경외관사가 시행합니다. 그러나 남자는 저희들 스스로 해결할 수 있을 것이라 보고 처음부터 법을 세우지 않고 있습니다. 그러나 아비가 후처에 빠져서, 후처가 전처의 재산을 독차지하여 혼인시키지 않는 불쌍한 일들이 간혹 벌어지고 있습니다. 그러니 이제부터 남자도 혼인을 재촉하게 하옵소서"라며 여자가 아닌 남자의 혼인도 국가가 재촉해야 한다고 건의하기도 했어요. 이 제안은 당시 사회에 큰 여파를 일으켰나 봐요. 여러 차례 논의 끝에 남자의 결혼은 그리 중한 일이 아니고, 경솔하게 새로운 법을 세우면 폐단이 따를 것이라며 남자에게 결혼을 재촉하는 일은 옳지 못하다는 결론을 내요. 한편으로는 당시 위정자들도 남자보다 여성을 사회적 약자로 인식하고 보호했음을 보여 준다고 할 수 있어요. 동시에 성리학적 질서가 보급되면서 남존여비 사상이 퍼지고 있다는 사실을 보여 줍니다.

혼기가 찼으나 결혼하지 못하는 여성들을 구제하는 방안을 국가 차원에서 논의했으나, 현실에서는 잘 적용되지 못했어요. 아무래도 다른 국책 사업에 비해 우선순위가 밀려서, 지방 수령들이 적극적으로 혼인하지 못한 여성들에 대한 구제에 나서지 않았거든요. 문종은 이런 폐단을 직시하고 사헌부 관원 문여량을 불러 "가난한 사람이 혼인할 때 관아에서 단장할 물건을 주는 것과 나이가 장년이 된 처녀로 아직 시집을 못 간 자를 살피는 일을 중앙과 지방 관리들이 소홀히 하여 혼인할 시기를 잃게 되니, 거듭 알려 시행토록 하라"라고 명령을 내리기도 해요.

혼기가 찼으나 결혼하지 못한 여성들의 문제는 어느 한 시대만의 문제가 아니었나 봐요. 누구보다 성리학에 따라 도덕적인 나라를 만들고 싶었던 성종도 이 문제에 깊은 관심을 보였어요. 특히 혼기를 놓친 여인들이 어우동처럼 문란한 행동을 벌여 사회를 어지럽힐까 걱정했어요. 그래서 성종은 여러 차례 혼기를 놓친 여성들이 결혼할 수 있도록 독촉했어요. 심지어 가뭄으로 하늘에 기우제를 올릴 때 여성들의 결혼을 언급하기도 했어요. 한 예로 1485년 6월 성종은 가뭄이 오래도록 지속되자, 기우제를 지내는 과정에서 신료들에게 혼기를 놓친 처녀들이 얼마나 되는지 물어봐요. 그리고는 모든 관아에 여성들이 결혼하도록 돌봐 주는 동시에 독촉하라는 지시를 내립니다.

이런 성종의 마음을 잘 알던 사헌부 대사헌 박건은 "관찰사는 민간의 고통을 모두 잘 살펴야 하는 법인데 점점 쇠퇴하여 갑니다. 나이 든 처녀는 관가에서 자장을 주는 법이 미진한 것이 아닌데도, 받들어 거행하는 관리가 게을리하여 뜻을 다하지 않습니다. 좋은 법과 아름다운 뜻이 한갓 겉치레가 되니 궁벽한 마을의 가난한 집에 어찌 택안의 탄식과 표매의 한탄이 없겠습니까? 각도의 관찰사를 시켜 백성의 고통을 묻고 임금의 은택을 펴서 한 사람도 있을 곳을 얻지 못하는 자기 없이 하소서"라고 상소를 올려요. 성종은 자신이 원하던 내용의 상소에 매우 기뻐하며 나이 든 처녀에게 치장할 수 있는 물건을 충분히 지급하라는 명령을 전국 각지에 내려요.

이후에도 성종은 나이 많은 처녀들이 혼인할 수 있도록 매번 신경을 기울였어요. 그렇다고 처벌에 초점을 맞추지는 않았어요. 개인이 해결할 수 있도록 국가가 도와주고 혼인하도록 권유할 뿐이었어요. 또한 일회성에 그치지 않고, 재위 기간 내내 신하들에게 말하여 실행할 수 있도록 했어요. 성종은 어우동처럼 문란한 생활을 하는 여성에게 최고의 형벌인 사형을 선고하면서도, 사회적 약자였던 여성을 돌보려는 노력을 멈추지 않았어요. 그런데 시간이 흐르면서 여성에 대한 배려는 사라지고 억압하려는 문화가 만연해지게 돼요. 그 결과 조선 중기 이후 여성으로 태어나는 것은 축복이 아닌 재앙으로 인식되는 사회적 풍조가 만들어집니다.

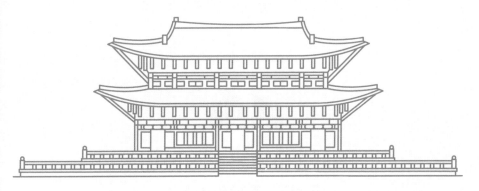

초창기 국정을 잘 운영해 나가던 연산군은 성종의 명복을 빌기 위해 불교 의식 수륙재를 시행하려다 신료들과 갈등을 일으켰다. 신하들이 왕권을 제약하는 것이 올바르지 않다고 생각한 연산군은 김종직의 〈조의제문〉을 문제 삼아 무오사화를 일으켰다. 이후에도 어머니 폐비 윤씨의 죽음과 관련된 관료들을 죽이는 갑자사화를 일으켰다. 이 과정에서 무소불위의 권력을 휘두르게 된 연산군은 사냥과 사치, 그리고 문란한 여성 관계로 민심을 잃었다. 결국 성희안과 박원중이 일으킨 중종반정으로 왕위에서 쫓겨나 강화도에서 죽는다.

제 10 대

연산군

(1476~1506, 재위 : 1494.12~1506.9)

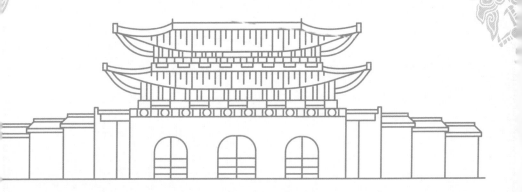

1500년 10월 22일 (연산 6년)
홍길동을 잡았으니
나머지 무리도 소탕하라

영의정 한치형·좌의정 성준·우의정 이극균이 아뢰기를, "듣건대, 강도 홍길동을 잡았다 하니 기쁨을 견딜 수 없습니다. 백성을 위하여 해독을 제거하는 일이 이보다 큰 것이 없으니, 청컨대 이 시기에 그 무리를 다잡도록 하소서" 하니, 그대로 좇았다. - 《연산군일기》 39권

홍길동 하면 가장 먼저 허균을 떠올리게 됩니다. 광해군 때 허균이 지은 한글 소설 《홍길동전》은 조선 후기 일반 백성이 가장 많이 읽고 좋아했던 인기 소설이었어요. 그리고 오늘날에도 많은 이들이 홍길동의 이야기를 압니다. 《홍길동전》 내용을 살펴볼까요? 홍길동은 홍판서의 서자로 태어난 죄로 아버지를 아버지라 부르지 못했어요. 엄격한 신분 질서 아래에서 자기 능력을 펼 기회를 얻지 못하는 것에 그치지 않고, 홍길동의 재주를 시기한 홍판서의 마나님에게 목숨까지 위협받게 돼요. 더는 집에서 살 수 없다고

생각한 홍길동은 아버지에게 하직 인사를 드리고는 전국을 떠돌게 됩니다. 여러 스승을 만나 병서·검술만이 아니라 도법까지 익힌 홍길동은 도적을 교화하여 활빈당이라는 의적단을 만들어요. 이후 홍길동은 활빈당을 이끌고 부정·비리를 일으켜 백성을 괴롭히는 탐관오리들을 찾아가 혼을 내 줘요. 그리고 그들에게서 빼앗은 재물을 백성에게 나눠 주며 영웅으로 등극합니다. 하지만 왕에게 있어 홍길동은 관리를 위협하여 재물을 약탈하는 위험 인물일 뿐이었죠. 그래서 모든 관군을 동원해서라도 홍길동을 잡아 오라고 명령을 내렸어요. 내로라하는 장수들이 홍길동을 잡기 위해 동분서주했지만, 그 누구도 홍길동을 잡을 수 없었어요. 결국 왕은 홍길동을 잡아 처형하겠다는 뜻을 접고, 관리로 임명하여 자신이 통제하고자 병조판서직을 내려 주었어요. 관직을 받은 홍길동은 서자로서 그동안 당했던 설움이 해소되었다며 임금과 백성에게 해를 끼치는 사람이 되고 싶지는 않다고 말해요. 그러고는 자신을 따르는 사람을 데리고 바다 건너 율도국으로 가서 새로운 나라를 세우게 되는 것으로 내용은 끝을 맺습니다.

사실 《홍길동전》은 굉장히 위험한 내용을 담고 있어요. 조선시대에 어떻게 이런 내용을 책으로 쓸 수 있었을까 생각이 들 정도로 말이에요. 다음과 같은 이유 때문이에요. 첫째, 왕이 정치를 잘못해서 백성들이 고통에 신음한다. 둘째, 신분제 사회가 가진 모순과 문제점을 비판한다. 셋째, 왕조차도 통제하지 못하는 존재가 있다. 넷째, 조선의 교육 제도로는 훌륭한 인재를 육성할 수 없다. 다섯째, 조선을 부정하고 새로운 나라를 세운다. 특히 다섯 번째는 역모로 바라볼 수도 있을 만큼 굉장히 위험한 내용이에요. 그럼에도 어떻게 허균이 《홍길동전》을 쓸 수 있었을까요?

사실 《홍길동전》의 홍길동은 상상 속 인물이지만, 조선 3대 도적으로 손꼽히는 실제 인물을 모델로 삼고 있어요. 실제 인물이던 홍길동은 《조선왕조실록》에만 10여 차례 거론이 될 만큼 유명한 연산군 시절의 도적이었거든요. 폭정으로 쫓겨나는 연산군에게도 백성들이 환호하던 몇 개의 치적이 있기는 해요. 그중 하나가 홍길동을 체포하여 백성들의 걱정거리를 덜어 준 일이에요. 물론 훗날 백성들에게는 홍길동보다 연산군이 더 큰 피해를 준 도둑이자 강도였지만 말입니다. 그럼 이제 《홍길동전》에 나오는 임금이 연산군이라는 것을 쉽게 떠올릴 수 있겠죠. 그렇다면 조선의 폭군으로 내쫓긴 연산군을 홍길동이 꾸짖는 것은 조선 왕실을 비난하는 것과 거리를 두고 볼 수 있습니다. 조선의 왕으로 인정하지 않는 연산군을 꾸짖는 일이 조선을 부정하는 것은 아니니까요.

그렇다면 연산군 때에 활동했던 도적 홍길동은 어떤 인물이었을까요? 조선 후기 실학자 성호 이익이 조선의 3대 도적으로 지목했던 홍길동은 충청도 일대를 헤집어 놓았던 인물이었습니다. 홍길동은 자신을 첨지라고 부르고 다녔어요. 첨지란 첨지중추부사의 줄임말로 중추부에 소속된 정3품의 당상관을 지칭하는 말이에요. 당상관은 왕과 함께 국정을 논의하는 관원이지만, 첨지는 고위 관료를 대우하기 위해 만들어진 직책이에요. 즉 첨지는 꼭 해야만 하는 일이 없는 관료인 만큼 이동이 자유로웠어요. 홍길동은 이를 이용해서 충청도 사람들에게 자신이 첨지라고 이야기하고 다녔어요. 더욱이 첨지가 무관직이었던 만큼 덩치 크고 힘 좋은 홍길동의 말은 더욱 신빙성 있게 들렸을 겁니다.

그래도 충청도의 관헌들이 어떻게 홍길동의 거짓말을 모를 수 있느냐고 반문하실 수 있어요. 우선 지방 관리들이 홍길동의 거짓말에 속았을 수도 있어요. 오늘날 지방 공무원이 중앙 고위 공무원을 모두 알 수 없는 것과 마찬가지 아니겠어요? 또는 홍길동이 첨지가 아니라는 사실을 알면서도 모른 척했을 수도 있어요. 왜냐하면 홍길동에게 뒷돈을 받는 상황에서 굳이 나설 필요가 없었던 거죠. 홍길동은 사람들이 자신을 첨지라 믿고, 관헌들은 보고도 못 본 척 눈을 감아 버리니 거칠 것이 없었어요. 점차 나쁜 무리가 홍길동 주변으로 모여들면서 큰 세력을 형성하게 돼요. 홍길동은 대낮에도 거리를 활보하며 사람들의 물건을 빼앗고 폭행하는 등 못된 짓을 스스럼없이 저지르며 백성을 괴롭혔어요. 나중에는 관아까지 쳐들어가 필요한 물건을 제 주머니에서 꺼내듯 가져가는 횡포를 벌입니다.

홍길동의 만행이 조정까지 들려오자, 연산군은 당장 잡아 오라고 호통을 쳤어요. 하지만 어느 누구도 홍길동을 잡아 오지 못했어요. 다만 홍길동에 대한 제보만이 올라올 뿐이었습니다. 그 가운데 무인 엄귀손이 홍길동에게 돈을 받고 은신처를 제공했다는 결정적인 제보기 올라왔어요. 영의정 한치형은 자칫 묻혔을 수도 있을 이 제보에 관심을 두고 철저한 조사를 지시했어요. 그리고 얼마 뒤 한치형은 동래 현령으로 관물을 훔치고, 평안도 우후로 재직할 때도 공물을 훔쳤던 엄귀손이 홍길동 일당이라며 강력한 처벌을 내려야 한다고 주장했어요. 그 증거로 엄귀손이 일반 관료로서는 엄두도 내지 못할 재산을 가지고 있다고 말해요. 실제로 불과 몇 년 사이에 엄귀손은 서울과 지방에 집을 사고, 3~4천 석이나 되는 곡물을 가지고 있었거든요.

의금부도 한치형의 주장에 동조했어요. 홍길동과 엄귀손이 단순한 도적 행위를 넘어 당상관으로 위장해 관아에 자유롭게 출입하고, 수령 대접을 받았다는 사실은 강상죄에 해당하는 무거운 죄라고 주장했어요. 조선시대는 군신·부부·부자·형제·친구 간의 윤리를 어긴 사람을 강상죄라고 하여 아주 큰 형벌을 내렸거든요. 일례로 부모나 남편을 죽이거나, 노비가 주인을 죽이는 일들이 강상죄에 해당합니다. 지금도 가족을 죽이는 죄는 더욱 무겁게 처벌해야 한다고 주장하는 것과 같다고 보시면 돼요. 그런데 조선시대에는 지금보다 더욱 강력한 처벌이 내려졌어요. 죄를 저지른 사람에겐 사형을 내리고, 가족은 노비로 만들었거든요. 그리고 죄인이 살던 집은 부순 다음 아무도 살지 못하도록 연못으로 만들어 버렸어요. 여기서 끝이 아니에요. 강상죄를 지은 사람이 살던 마을에도 연대 책임을 물어 고을을 강등시키고, 수령을 파면했어요.

홍길동과 엄귀손은 의금부에서 2년 동안 죄를 추궁당하다가, 결국 매질을 이겨 내지 못하고 죽어요. 하지만 홍길동의 이름이 중종 때 다시 거론됩니다. 홍길동이 잡혀 죽은 지 13년이 지난 1513년, 호조가 홍길동을 피해 도망간 자가 많아 충청도에서 세금을 거두기 어렵다고 보고를 올렸거든요. 그런데 만약 홍길동이 이 이야기를 들었다면 억울했을지도 모르겠어요. 홍길동을 피해 도망간 사람도 있었겠지만, 더 많은 사람이 연산군의 폭정과 중종 때 훈구파들의 수탈을 이기지 못하고 도망쳤다고 말입니다. 그래서 후대 사람들이 홍길동을 나랏일을 제대로 하지 않는 임금과 조정 대신들을 혼내 주는 의적으로 변모시켰는지도 모르겠네요.

1504년 5월 11일 (연산 10년)
한명회의 시체를 저자에 매달게 하다

의금부에서 아뢰기를, "의금부 낭청이 청주에 가서 한명회의 관을 가르고 머리를 베어 왔다" 하니, 임금이 전교하기를 "죄명을 써서 저자에 효수하라" 하였다. — 《연산군일기》 53권

한명회는 세조부터 성종 때까지 재상으로서 국가를 경영한 인물로 조선 전기를 설명하는 데 없어서는 안 되는 중요한 위치를 차지하고 있어요. 한명회가 이런 지위를 갖게 된 것은 세조의 계유정난을 성공시키는 데 가장 큰역할을 담당하면서부터였어요. 세조는 아무도 거들떠보지 않던 한명회를처음 만나는 날 "그대야말로 나의 자방˚이로다"라고 말해요. 그러고는 평생을 한명회의 의견을 존중하며 국정을 운영했어요. 세조의 선택이 틀리지 않았음은 한명회가 추진했던 대부분의 일들이 조선을 부강한 나라로 만드는

˚ 유방이 한나라를 건국하여 중국을 통일하는 데 결정적인 역할을 한 인물.

데 도움이 되었기 때문이에요. 물론 개인적인 권력 욕심과 탐학이 없었던 것은 아니지만 말입니다.

한명회는 알아주는 명문가에서 태어났어요. 할아버지 한상질은 명나라에 가서 '조선'이라는 국호를 받아 올 정도로 태조의 신임을 받던 인물이었거든요. 그러나 한명회는 태어나자마자 가족들에게 버려졌어요. 왜냐하면 한명회는 열 달을 다 채우지 못하고 일곱 달 만에 태어났거든요. 지금처럼 의학 기술이 발달한 시대라면 아무 문제도 없겠지만, 당시는 그러지 못했죠. 정상적으로 태어나도 영아 사망률이 매우 높았던 시대였던 만큼, 가족 모두 한명회가 살아남지 못할 것으로 생각했습니다. 그러나 갓 태어난 아기가 젖도 제대로 못 빨아 보고 버려진 것이 너무 안타까웠던 한 여종이 몰래 한명회를 방으로 데려와 지극정성으로 돌봐 주었어요. 덕분에 한명회는 목숨을 잃지 않고 살아남을 수 있었습니다.

이처럼 한명회는 어렵게 살아남았지만, 어린 시절이 순탄치는 못했어요. 부모가 모두 일찍 죽으면서 고아가 된 한명회는 경제적으로 매우 궁핍한 생활을 해야만 했어요. 그래도 종조부인 한상덕이 고아가 된 한명회를 돌봐 주면서, 총명한 머리와 뛰어난 재주를 높이 사서 '집안을 일으킬 아이'라며 큰 기대를 걸었어요. 하지만 젊은 시절의 한명회는 기대에 부응하지 못하고 과거 시험을 보는 족족 떨어졌어요. 공부한다고 아무 일도 하지 않은 채 세월만 허비하던 한명회는 40세가 넘은 나이에 개성의 궁궐을 지키는 하급 관리직인 경덕궁직을 맡게 돼요. 그것도 자신의 능력이 아닌 조선 건국에 크게 기여한 조상을 두었다는 이유로 말이에요.

　　주변 사람들의 수군거림과 비아냥을 들으며 지내던 한명회의 삶이 바뀌게 된 것은 수양대군과의 만남 덕분이었어요. 친구 권람을 통해 수양대군을 만난 한명회는 거침없이 자기 생각을 쏟아 냈어요. 수양대군은 다른 사람과는 다르게 자신을 인정하며 중차대한 일을 맡겼어요. 그렇게 수양대군의 책사 역할을 맡게 된 한명회는 계유정난의 설계는 물론 무사 모집까지 하나에서 열까지 모든 일에 참여하여 거사를 성공시켜요. 이후 정난공신에 봉해진 한명회는 국가 정책을 결정하는 당상관이 되는 것을 시작으로 초고속 승진하게 됩니다.

　　단종을 내쫓고 세조의 즉위를 도운 공로로 좌익 일등 공신이 된 한명회가 확실하게 정계에 자리매김한 사건은 사육신의 난을 사전에 좌절시킨 일이었어요. 사육신의 난이란 세조의 즉위를 승인하기 위해 방문한 명나라 사신의 송별회가 열리는 날 성삼문·박팽년·하위지·이개·유성원·유응부가 세조를 죽이려다 실패한 사건을 말해요. 사육신의 계획이 실패한 것은 전적으로 한명회의 공이 가장 컸어요. 송별회가 열리기로 한 날 왠지 느낌이 좋지 않았던 한명회는 세조에게 연회 장소가 좁으니 국왕을 호위하는 별운검을 폐지하자고 말해요. 당연히 세조는 한명회의 말을 따랐고요. 이에 사육신은 거사를 다음 기회로 미뤘고, 이 과정에서 불안해진 김질이 장인 정창손과 함께 세조를 찾아가 거사 계획을 누설해요. 이로 인해 사육신은 난을 일으켜 보지도 못하고 실패하고 말아요. 반면 한명회에 대한 세조의 신임은 더욱 올라갔습니다.

이후로도 한명회는 금성대군을 비롯한 단종을 복위시키려는 세력을 모두 제거했어요. 그만큼 한명회의 관직도 높아져서 이조판서로 승진하게 됩니다. 한명회는 맡은 업무를 늘 완벽히 처리했어요. 세조는 이제 가장 어렵고 까다로운 문제가 생기면 묻지도 않고 한명회부터 찾았어요. 그런 대표적인 일이 여진족과의 문제를 해결한 것이었어요. 병조판서 겸 도체찰사로 임명된 한명회는 황해·평안·함경·강원도 북방 4도를 관리하며 국경을 안정시켜요. 이처럼 맡은 일마다 깔끔하게 잘 처리하는 능력을 보인 한명회를 두고 힐책할 수 있는 사람이 조정에 더는 있을 수 없었어요. 물론 한명회의 막강한 권력에 대한 무서움도 있었지만요. 무엇보다 한명회가 독보적으로 권력을 행사할 수 있었던 가장 큰 배경에는 세조의 무한한 신뢰가 있었어요. 세조의 신임이 얼마나 두터웠냐면 의경세자가 죽고, 다음 세자로 책봉된 해양대군(예종)의 세자빈으로 한명회의 딸을 간택해요. 이것은 자신이 죽고 나서도 예종을 잘 보필해 달라는 무언의 부탁이었습니다.

그렇다고 한명회에게 위기의 순간이 없었던 것은 아니었어요. 이시애가 난을 일으키는 과정에서 중앙 정부에 혼란을 주고자 "병마절도사 강효문이 한명회, 신숙주와 결탁하여 함경도 군대를 이끌고 한양으로 올라가려 한다"라는 거짓 소문을 퍼트렸어요. 이 말은 한명회가 역모를 꾀하고 있다는 것이어서, 세조는 급히 한명회를 의금부에 가두어 버려요. 물론 세조는 이시애가 반란을 일으켰다는 사실을 알자마자 곧바로 한명회를 석방해 주었어요. 세조는 이 사건을 계기로 한명회에게 너무 많은 권력을 줬다는 사실을 인지하고 견제하게 돼요. 그 방편 중의 하나가 이준과 남이 등 젊은 관료를 육성하는 것이었어요. 물론 이것은 혹시라도 모를 사태를 막기 위한 견제일 뿐 한명회의 완전한 배제는 아니었습니다.

세조의 견제로 잠시 위축되어 있었던 한명회는 예종이 즉위하자마자 기지개를 켰어요. 자신이 건재하다는 사실을 보여 주기 위해 남이를 역모로 죽이고 익대공신으로 책봉돼요. 1년 뒤 사위였던 예종이 죽자 한명회의 존재감은 더욱 커졌어요. 예종 다음 후계자로 거론되었던 인물이 셋이 있었어요. 예종의 아들 제안대군과 세조의 첫째 아들로 20세에 요절한 의경세자의 두 아들 월산대군과 자을산군이요. 그중에 누구를 후계자로 지명하느냐로 세조의 비 정희왕후는 고민에 빠졌어요. 제안대군은 너무 어렸고, 월산대군은 지지 기반이 약했어요. 그래서 한명회의 딸과 결혼한 자을산군(훗날 성종)을 다음 왕으로 뽑아요. 여기에는 한명회를 무시할 수 없었던 정희왕후의 입장도 있었지만, 한명회가 뒤에 있다면 자을산군이 성인이 될 때까지 별문제 없으리란 계산도 깔려 있었어요. 아무래도 정희왕후로서는 조카 단종이 떠오르지 않을 수 없었으니까요.

한명회는 자기 핏줄로 조선의 왕을 만들고 싶었어요. 하지만 하늘이 도와주지 않았어요. 예종이 일찍 죽어 소원을 이루지 못했는데 성종에게 시집보낸 딸 공혜왕후마저 자식을 낳지 못하고 죽었기 때문이에요. 이때부터 한명회는 힘을 잃기 시작했어요. 성종은 성인이 되어 정치를 직접 하게 되자, 막강한 권력으로 자신을 좌지우지하려는 한명회를 곁에 두고 싶지 않아 했어요. 나이 들어 노쇠해진 한명회는 결국 성종의 따돌림과 함께했던 동지들의 죽음으로 힘을 잃고 뒤로 물러나야 했습니다.

1487년 죽은 한명회는 연산군에 의해 다시 재조명돼요. 사치와 잦은 사냥 등으로 국고를 탕진한 연산군은 공신들의 재산을 빼앗고자 했어요. 마침 임사홍이 연산군의 어머니 폐비 윤씨가 억울하게 죽었다는 사실을 고하는 과정에서 한명회를 거론하게 돼요. 그 결과 폐비 윤씨를 죽이는 데 참여했다는 이유로 죽은 한명회의 시신은 무덤에서 끄집어내져 토막 쳐지는 부관참시를 당하게 돼요. 연산군은 이것만으로는 분이 풀리지 않았는지, 한명회의 머리를 한양 사거리에 매달아 치욕을 줍니다.

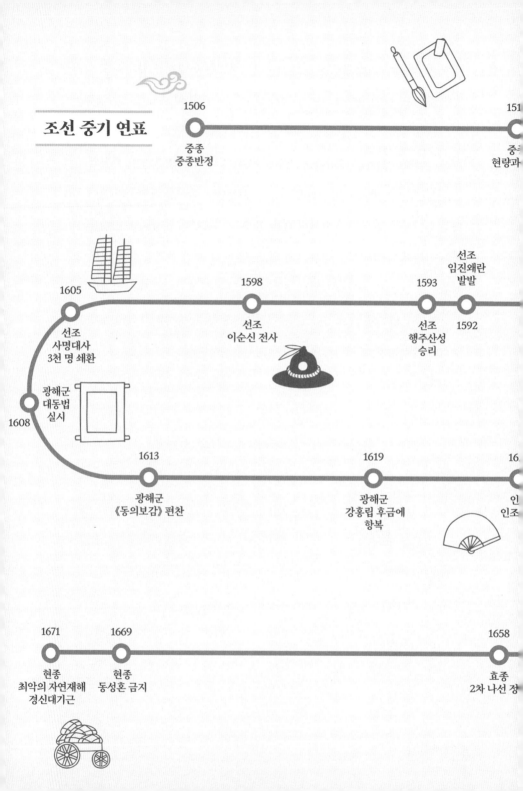

조선 중기 연표

1506
중종
중종반정

151
중
현량과

1605
선조
사명대사
3천 명 쇄환

1598
선조
이순신 전사

선조
임진왜란
발발
1593
선조
행주산성
승리
1592

1608
광해군
대동법
실시

1613
광해군
《동의보감》 편찬

1619
광해군
강홍립 후금에
항복

16
인
인조

1671
현종
최악의 자연재해
경신대기근

1669
현종
동성혼 금지

1658
효종
2차 나선 정

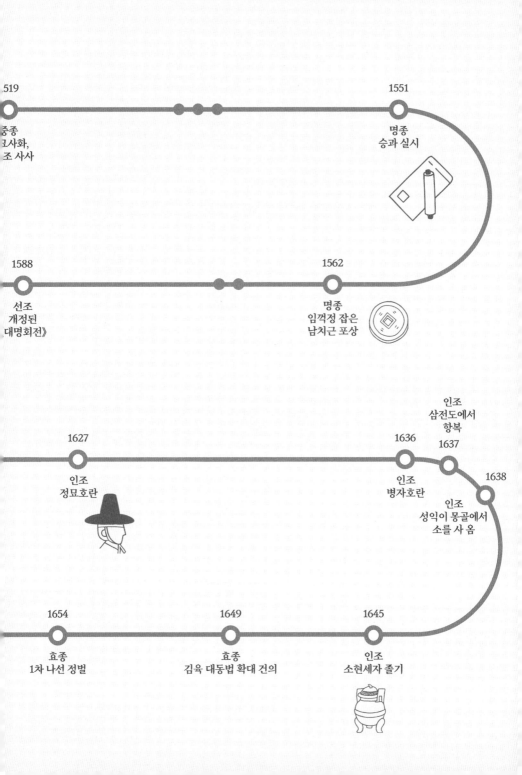

519
중종
□사화,
조 사사

1551
명종
승과 실시

1588
선조
개정된
대명회전》

1562
명종
임꺽정 잡은
남치근 포상

1627
인조
정묘호란

1636
인조
병자호란

인조
삼전도에서
항복

1637

1638
인조
성익이 몽골에서
소를 사 옴

1654
효종
1차 나선 정벌

1649
효종
김육 대동법 확대 건의

1645
인조
소현세자 졸기

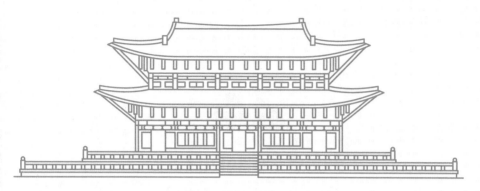

성종의 둘째 아들이자 연산군의 이복동생이던 중종은 왕이 되고 싶은 마음이 없었다. 연산군의 폭정을 견디지 못한 반정군에 의해 왕으로 즉위했지만, 초창기에는 아무 실권이 없었다. 자신의 지지 세력으로 조광조를 선택하고 사림파를 중용하여 훈구파를 견제하였다. 하지만 조광조의 개혁이 왕권을 제약한다고 판단하자, 기묘사화를 일으켜 사림파를 대거 숙청하였다. 안으로는 훈구파의 비리로 기층 사회가 무너지고, 밖으로는 여진족 침입과 일본에 의한 삼포왜란이 일어났다.

제11대

중종

(1488~1544, 재위 : 1506.9~1544.11)

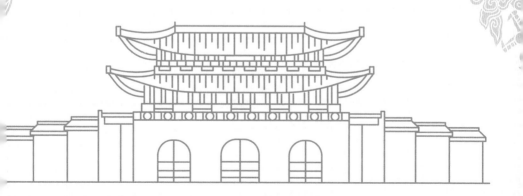

1506년 9월 2일 (중종 1년)
중종반정을 일으키다

"지금 위에서 임금의 도리를 잃어 민생은 도탄에서 고생하며, 종사는 위태롭사옵니다. 신 등은 자나 깨나 근심이 되어 어찌할 줄을 모르겠습니다. 진성대군은 대소 신민의 촉망을 받은 지 이미 오래이므로, 이제 추대하여 종사의 계책을 삼고자 감히 대비의 분부를 여쭙니다" 하니, 대비가 굳이 사양하며 "변변치 못한 어린 자식이 어찌 능히 중책을 감당하겠소? 세자는 나이가 장성하고 또 어지니, 대를 잇게 할 만하오" 하였다.

영의정 유순 등이 다시 아뢰기를, "여러 신하가 계책을 협의하여 정하였으니, 고칠 수 없습니다" 하고, 이어 유순정·강혼을 보내어 여러 사람을 거느리고 진성대군을 사저에서 맞아 오게 하였다. 대군이 재삼 굳이 사양하였으나 중의(衆意)에 못 이겨 (중략) 경복궁 근정전에서 즉위하여 백관의 하례를 받고 사면령을 반포하였다. - 《중종실록》1권

연산군은 조선시대 최고의 폭군으로 손꼽히는 인물입니다. 아버지 성종의 치세로 태평성대라 불릴 정도로 평온한 시기에 왕위에 오른 연산군은 즉위 초기에는 아무 문제없이 국가를 안정적으로 경영했어요. 연산군이 국정 목표로 삼은 것은 조선을 왕 중심으로 운영되는 나라로 만드는 것이었습니다.

아버지 성종이 신하들과 끊임없는 경연을 통해 국가를 경영하는 모습이 못마땅했거든요. '무릇 신하들이란 왕이 명령하면 맡은 바 일만 잘 처리하면 되는 거야. 왜 왕을 가르치려고 드는 거야?'라고 생각한 연산군은 신하들과 함께 국가를 경영하던 성종과는 정반대의 정치를 펼칩니다.

　　그 결과 연산군은 어느 누구의 말도 듣지 않고 독선적으로 행동하기 시작했어요. 자기 생각에 반대되는 의견을 신하들이 제시하면, 가차 없이 강력한 처벌을 내렸어요. 무엇이든 하고 싶은 대로 하는 자신에게 머리를 조아리며 두려움에 떠는 신료들의 모습에서 연산군은 권력이 주는 달콤한 맛을 알게 되었어요. 점점 권력이 주는 쾌락에 취한 연산군은 왕으로서 해서는 안 되는 일을 스스럼없이 저지르는 폭군이 되어 갔어요. 가장 대표적인 것이 아름다운 여성을 농락하는 거였어요. 연산군은 채홍준사라는 관직을 만들어 전국의 아름다운 여인을 선발하여 궁궐로 올려 보내게 했어요. 이들을 운평이라 불렀는데, 이 중에서도 연산군이 직접 뽑은 여인만이 홍청(나라에서 모아들인 기녀)이 되어 각종 연회에 동원되었답니다. 이들은 매일 연산군 주변에서 자의 반 타의 반으로 웃음을 팔며 즐거움을 줘야만 했어요. 이뿐만이 아니었어요. 연산군은 비구니 사찰인 정업원에 들어가 여승을 겁탈하고, 성종의 후궁인 엄숙의와 정숙의 그리고 이복동생들을 잔인하게 죽여 버려요. 심지어는 자기 할머니인 인수대비의 가슴을 머리를 들이받아 숨지게 만들기까지 했답니다.

　　신료들이 연신 잘못을 지적하며 성군이 되기를 바라는 상소를 올리자, 연산군은 화가 났어요. '아직도 신하들이 왕인 나를 가르치려고 들어. 아직 정신을 못 차렸군' 하고 생각하며, 가장 비판적이던 언관과 사림*을 혼내고자 마음먹었어요. 그러고는 김종직이 〈조의제문〉을 통해 세조를 비난했다면서, 이와 관련된 언관과 사림을 숙청하는 무오사화를 일으켰어요. 또한 자신의 유흥으로 국고가 바닥나자 갑자사화를 일으켜 공신을 비롯한 수많은 관료를 죽이고는, 그들의 재산을 빼앗습니다.

연산군의 폭정이 멈출 생각을 하지 않자, 박원종과 성희안을 중심으로 여러 관료가 반정을 준비하게 됩니다. 박원종은 연산군에게 겁탈당한 월산대군의 부인 박씨의 동생이고, 성희안은 이조참판으로 있을 때 청류를 즐기지 않는 시를 썼다는 이유만으로 쫓겨난 인물이었어요. 이들이 거사를 준비한다는 소식에 그동안 연산군의 폭정에 신음하던 수많은 사람이 참여하겠다는 의사를 비쳤어요. 심지어 연산군의 신임을 받던 군자감부정 신윤무와 군기시첨정 박영문도 반정 세력에 가담했어요. 이로써 연산군을 보호해 줄 세력이 어디에도 존재하지 않게 됩니다.

1506년 9월 2일 한밤중에 박원종과 성희안을 중심으로 반정군은 연산군을 내쫓기 위해 움직였어요. 종친들은 진성대군(훗날 중종)을 찾아가 반정 사실을 알리고, 윤형로는 경복궁에 머물고 있던 성종의 계비 정현왕후를 찾아가 거사 사실을 알렸어요. 이로써 연산군이 물러난 후 진성대군을

●   조선 초기에 산림에 묻혀 유학 연구에 힘쓰던 문인들의 한 파. 김종직, 김굉필, 조광조 등을 중심으로 하고 성종 때부터 중앙 정부에 진출하였다.

추대할 수 있도록 만반의 준비를 마친 박원종은 군대를 끌고 연산군이 있는 창덕궁으로 달려갔어요. 창덕궁에서 큰 전투가 벌어질 수 있다는 예상과는 달리 반정군은 너무도 손쉽게 승리를 거뒀어요. 폭군을 위해 목숨을 바칠 생각이 없던 궁궐을 지키는 병사들이 칼과 창을 버리고 달아나 버렸거든요. 궁궐로 반정군이 들어왔다는 소식을 들은 연산군은 덜덜덜 떨면서 어쩔 줄 몰라 했어요. 주변에 자신을 도와줄 사람을 인신 부르며 찾았지만, 그의 곁에는 아무도 보이지 않았어요. 심지어 늘 곁에 있는 내관조차도 반정군이 왔다는 말에 뒤도 돌아보지 않고 도망가 버렸어요. 다급해진 연산군은 왕비에게 달려가 반정군에게 같이 빌자고 말했어요. 하지만 왕비는 고개를 가로저으며 "지난 시절 여러 번 간언을 올려도 고치지 않아서 이 지경에 이른 것입니다. 이제 와서 빌어 본들 무슨 소용이 있겠습니까? 화를 자초한 사람이 죽는 것은 당연하지만, 불쌍한 두 아이는 어찌합니까?"라며 눈물만 흘릴 뿐이었습니다.

다음 날 박원종은 경복궁에 있던 정현왕후를 다시 찾아가 진성대군을 왕으로 추대하고 싶다고 말했습니다. 정현왕후도 차마 연산군을 보호하는 말을 하지 못했어요. 다만 손주라도 살리고 싶은 마음에 연산군의 큰아들로 9세였던 세자를 즉위시키자고 제의해요. 반정을 일으킨 대신들은 훗날 문제의 소지가 될 수 있는 불씨를 남겨 두지는 정현왕후의 말을 결코 들어줄 생각이 없었어요. 훗날 연산군의 아들이 성인이 되었을 때, 반정을 일으킨 자신들을 가만두지 않을 수도 있다고 생각했거든요. 그래서 모든 신료가 한마음으로 진성대군을 추대한 만큼, 결코 정현왕후의 뜻을 받아들일 수 없다고 강력하게 맞섰어요. 연산군과 가족을 지켜 줄 명분과 힘이 없는 정현왕후는 결국 자신의 주장을 더는 펴지 않고, 신료들의 의견을 따르기로 해요.

진성대군을 왕으로 즉위시키기로 결정 나자, 연산군은 어떤 저항도 없이 순순히 옥새를 넘겨주었어요. 그리고 그날 밤 강화도 교동으로 유배를 떠났다가 2개월 뒤 역질에 걸려 죽습니다. 반면 갑자기 왕이 된 진성대군은 어떤 마음이었을까요? 그는 반정군에 가담하고 싶은 마음이 결코 없었어요. 그저 연산군의 눈에 띄지 않으려고 최대한 숨죽여 지냈어요. 그런 그에게 반정군이 몰려와 왕이 되어 달라고 하니 몸이 벌벌 떨리며 겁만 났어요. 반정군과 함께하겠다고 승낙할 수도 없고, 안 할 수도 없는 난처한 상황에 깊은 탄식만 내뱉을 뿐이었어요. 승낙했다가 반정이 실패하면 죽을 것이요, 승낙하지 않으면 지금 이 자리에서 반정군에게 죽을까 걱정되었어요. 그러나 지금 당장 살아남는 것이 중요하다고 판단한 진성대군은 반정군과 함께하겠다고 대답했고, 다음 날 왕으로 즉위하게 됩니다.

하지만 중종반정은 연산군의 실정으로 고통에 신음하는 백성과 국가를 위해서 일으킨 반정이 아니었어요. 그저 연산군의 폭정으로부터 자신들의 기득권을 지키기 위해 일으킨 반정일 뿐이었어요. 그렇기에 반정에 참여한 모든 사람이 공신으로 책봉되어 많은 포상을 받고자 했어요. 일례로 조선 건국에 참여하여 공신으로 책봉된 사람이 55명인 것에 비해, 중종반정으로 정국공신에 오른 사람이 117명이었어요. 이 외에도 3천 명 이상이 원종공신으로 책봉되었어요. 심지어 연산군에게 여인을 바치던 구수영은 반정을 준비하는 자리에 술과 음식을 바쳤다는 이유로 공신에 책봉되었어요. 그러니 중종반정 이후 백성들의 삶은 나아졌을까요?

1518년 3월 11일 (중종 13년)
조광조 인재 등용을 위해
현량과를 추천하다

조광조가 아뢰기를, "이자(李耔)가 아뢴 말은 신 등이 늘 하고 싶었던 일입니다. 외방의 경우는 감사·수령, 경중(京中)의 경우는 홍문관·육경·대간이 모두 재행(才行)이 있어 임용할 만한 사람을 천거하여, 대궐의 뜰에 모아 놓고 국왕이 출제한 질문에 답변하게 한다면 인물을 많이 얻을 수 있을 것입니다. 이는 조종이 하지 않았던 일이요, 한(漢)나라의 현량과·방정과의 뜻을 이은 것입니다. 덕행은 여러 사람이 천거하는 바이므로 반드시 헛되거나 그릇되는 것이 없을 것이요, 또 대책에서 그가 하려고 하는 방법을 알게 될 것이요, 두 가지가 모두 손실이 없을 것입니다." - 《중종실록》 32권

중종은 연산군을 내쫓고 왕이 되었지만, 아무런 힘이 없었어요. 자신이 주도한 반정이 아니라 반강제적으로 왕으로 추대되었기 때문이에요. 특히 중종은 반정을 주도했던 박원종을 두려워했어요. 중종은 업무 보고를 하러 박원종이 들어오면 자리에서 벌떡 일어나 맞이했고, 그가 물러난 뒤에야 비로소 자리에 앉았다고 해요. 혹시라도 미움을 받게 되면 연산군처럼 쫓겨나

죽임을 당할까 두려워서요. 하지만 시간은 중종 편이었어요. 그렇게 기세 등등하던 박원종이 1510년 죽는 것을 시작으로 반정 공신들은 나이가 들어 하나둘 관직에서 물러나거나 죽었습니다.

　　하지만 중종은 한시라도 빨리 왕으로서 권위를 되찾고, 자신의 정치를 펼치고 싶었어요. 그러기 위해서는 무엇보다도 자신을 지지해 주고 도와줄 능력 있는 신진 관료가 필요했어요. 그때 마침 '사간원과 사헌부에 옳은 소리를 하는 관료가 아무도 없으니 모두를 그만두게 해 달라'는 상소가 올라왔어요. 상소를 올린 주인공은 사간원의 대간으로 있던 조광조였어요. 중종은 품계가 낮음에도 불구하고 자신의 목소리를 당당하게 내는 조광조야말로 자신을 도와 훈구파에 맞서 싸울 대항마임을 직감했어요. 그리고 조광조에게 아낌없이 지원했습니다.

　　중종의 지지와 지원을 받은 조광조는 물 만난 물고기처럼 거침없이 훈구파의 부정·비리를 고발하며, 성리학적 세상을 만들고자 했어요. 우선 중종의 첫 번째 부인 신씨 복위 사건에서 조광조는 자신의 역량을 보여 주었어요. 중종이 아직 진성대군으로 있을 때 혼인했던 첫 번째 부인 신씨의 아버지는 신수근이에요. 그는 연산군과 처남 매부 사이로 반정에 참여하지 않겠다고 하여 죽임을 당했어요. 당연히 반정 세력은 자신들이 죽인 신수근의 딸을 왕비로 만들고 싶지 않았겠죠. 혹시라도 원자를 낳아 다음 왕위를 계승하게 된다면 분명 자신들을 가만두지 않을 것이 자명했으니까요. 그래서 반정 세력은 중종에게 압력을 주어 신씨를 폐출하도록 만들었어요.

힘이 없던 중종은 어쩔 수 없이 자기 아내도 지키지 못했고, 이듬해 윤여필의 딸과 혼인을 올렸어요. 그렇게 폐비 신씨는 사람들의 기억 속에서 사라져 갔습니다.

그랬던 그녀가 다시 거론된 것은 윤여필의 딸 장경왕후 윤씨가 인종을 낳고 7일 만에 죽으면서부터예요. 중전의 자리가 비자, 김정과 박상이 중대한 이유와 명분 없이 신씨를 폐출한 것은 잘못이라며 신씨를 복위해야 한다는 상소를 올렸어요. 당연히 김정과 박상의 주장을 용납할 수 없었던 반정 세력은 이들에게 죄를 물어야 한다고 중종에게 압력을 넣었어요. 이러한 때 조광조는 "재상이 죄 주기를 청하더라도 대간은 구제하여 언로를 넓혀야 했거늘, 오히려 죄를 묻는 것은 큰 잘못이다"라며 김정과 박상에게 내려진 유배를 회수해 버립니다.

조광조는 그 기세를 몰아 소격서와 기신재도 없애 버렸어요. 소격서는 하늘과 산천에 기도를 올려 복을 빌고 병을 고치게 하며, 비가 내리도록 기원하는 도교 의식에 맞춰 제사를 주관하는 관아예요. 기신재는 죽은 왕의 명복을 비는 불교적 의례로, 부처에게 공양을 올린 다음 선왕의 제사를 지내는 절차로 이루어져요. 그러다 보니 기신재는 자칫 왕보다 부처가 더 높은 것으로 인식되는 효과를 가져오기도 했어요. 성리학 외에는 다른 종교와 학문을 인정하지 않는 사림으로서는 먼저 모범을 보여야 할 왕실에서 소격서와 기신재를 올리는 행위가 마음에 들지 않았어요. 무슨 일이 있어도 꼭 없애 버려야 할 대상이었어요. 그러나 소격서와 기신재를 없애고자 하는 또 다른 이유가 있었어요. 반정 이후 새로운 사회를 만들려는 노력은 하지 않고, 소격서와 기신재를 통해 성리학상 이단인 무교·도교·불교 등을 인정하며 과거의 잘못을 되풀이하는 훈구파를 제거하고자 하는 목적도 있었어요.

또한 조광조는 문묘 종사와 현량과 실시를 추진했어요. 조광조는 공자를 모시는 문묘에 정몽주와 자기 스승이던 김굉필을 함께 모시고자 했어요. 이것은 훈구파보다 사림파에게 정통성이 있다는 사실을 보여 주는 동시에 조광조의 행동에 어떤 사심도 없음을 보여 주고자 한 데 있었어요. 자신의 모든 결정과 행동은 정몽주와 김굉필처럼 오로지 나라와 백성을 위한 것임을 알리고 싶었던 거지요. 당연히 훈구파는 문묘 종사에 크게 반발했고, 이에 대한 타협점으로 정몽주만 문묘에 모시기로 결정하게 됩니다.

조광조는 여기서 포기하지 않았어요. 중종을 찾아가 관료를 등용하는 방법을 바꿔야 한다고 말했어요. 현재의 과거 제도로는 글 짓는 재주나 경서를 암송하는 능력만 평가할 수 있어서, 비도덕적인 사람이 관료가 되는 일이 많다고 말이에요. 과거 제도에 대한 보완책으로 현량과를 추천했어요. 현량과는 성균관, 육조, 한성부, 사헌부 등 중앙 관청에서 도덕적이고 능력 있는 인물을 추천하고, 지방에서는 유향소에서 추천한 인재를 수령과 관찰사를 확인한 뒤에 예조에 통보해요. 그러면 예조에서 중앙과 지방에서 천거된 인물을 심사하여 의정부에 보고를 올리고, 왕이 직접 이들의 자격을 심사하여 관리로 선발하는 제도예요. 조광조의 말이 옳다고 생각한 중종은

1519년 전국에서 천거된 120명의 후보자를 근정전에 모아 시험을 치렀어요. 그 결과 조광조와 학맥 또는 인맥으로 연결된 장령, 김식 등 28명의 신진 사림이 등용하게 됩니다.

조광조는 자신과 함께할 동지들이 늘어나고, 중종이 지지하는 것에 힘을 얻어 훈구파의 공훈을 삭제하자고 주장했어요. 그러나 연산군을 내쫓고 중종을 왕으로 만든 정국공신 2, 3등 일부를 3, 4등으로 개정하고, 4등에 책봉된 50여 명은 공도 없이 녹을 받아먹고 있으니 공신에서 삭제하자는 조광조의 주장은 매우 위험한 일이었어요. 자칫 중종을 왕으로 인정하지 않겠다는 뜻으로 비칠 수도 있는 민감한 사안이었으니까요. 실제로 중종은 위훈 삭제를 왕으로 인정하지 않겠다는 의미로 받아들여 더는 조광조와 함께하지 않아요. 여기에는 조광조가 왕인 자기 행동을 비판하고 가르치려 하는 모습에서 과거 박원종 앞에서 두려워하던 즉위 초의 자기 모습이 떠오른 것도 한몫했습니다.

중종은 강력한 왕권을 행사하고 싶은 마음에 조광조를 이용하고자 했던 것이지, 조광조의 뜻대로 움직이는 허수아비 왕이 되고 싶은 마음은 없었어요. 또한 조광조로 인해 훈구파들이 하나로 결집하여 자신을 내쫓을까 걱정도 되었어요. 조광조와 사림들은 군권 등 실질적인 권한은 없었던 반면, 훈구파 대신들은 병조판서, 이조판서 등 실질적인 권력을 행사할 힘이 있었거든요. 무슨 일이든 처음이 어렵지, 두 번째는 훨씬 수월하다는 것을 잘 알던 중종은 조광조를 버리기로 합니다.

결국 중종은 궁궐 후원에 있는 나뭇잎에 주초위왕(走肖爲王)*이 쓰여 있는 글귀를 보고는 조씨가 왕이 되려 한다는 역심을 하늘이 알려 주는 것이라고 해석을 내렸어요. 그러고는 "아첨하는 자로 조정을 채우고 자신을 따르지 않는 관료는 내쫓아 국정을 농단했다"라며 조광조에게 유배형을 내렸어요. 여기서 그치지 않고 한 달 뒤에는 사약을 내려 조광조를 죽여요. 그의 죽음과 함께 그동안 행해졌던 모든 개혁이 원점으로 되돌아갔어요. 한 예로 현량과를 폐지하는 것에 그치지 않고, 현량과로 관리에 선발된 이들을 모두 내쫓아요. 이후 사람들은 조광조와 그를 따르는 신진 관료들이 피해를 당한 사건을 기묘사화라고 부릅니다.

---

*　　　주(走)와 초(肖)를 합치면 조광조의 성씨인 조(趙)가 된다.

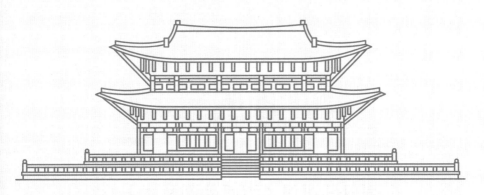

8세에 성균관에 입학하여 25년 동안 세자 생활을 했던 인종은 효심이 굉장히 깊었다. 아버지 중종이 죽자 6일 동안 식음을 전폐했고, 이후 5개월간 슬픔으로 식사를 제대로 하지 못했다. 짧은 재위 기간이었지만, 우수한 인재를 영입하기 위해 현량과를 부활했다. 또한 조광조를 비롯한 사림파의 신원 회복과 복직을 허락하였다. 하지만 병을 이기지 못하고 왕이 된 지 9개월 만에 죽으면서 조선 왕 중 가장 짧은 재위 기간을 갖게 되었다.

제 12 대

인종

(1515~1545, 재위 : 1544.11~1545.7)

1545년 7월 1일 (인종 1년)
청연루 아래 소침에서 훙서하다

묘시(5~7시)에 임금이 경복궁 청연루 아래 소침에서 죽었다. (중략) 창덕궁에서 경복궁으로 거처를 옮겨서는 중종이 거처하던 곳을 보고 가리키며 '여기는 앉으신 곳이고 여기는 기대신 곳이다' 하고 종일 울며 슬피 사모하여 마지않았다. 병이 위독하던 밤에는 도성 사람들이 모여서 밤새도록 자지 않고 궐문에서 오는 사람이 있으면 임금의 증세가 어떠한가 물었으며, 승하하던 날에는 길에서 누구나 다 곡하여 울며 슬퍼하는 것이 마치 제 부모를 잃은 것과 같았다.
– 《인종실록》 2권

반듯한 품행으로 주변 사람의 평판이 좋은 사람이 일찍 죽으면 사람들은 아쉬움을 토로합니다. "좀 더 오래 살았다면 얼마나 더 좋았을까" 하고 말이에요. 한 나라를 경영하는 왕의 경우라면 그 아쉬움은 더욱 크겠죠. 그래서 《조선왕조실록》에는 재위 기간이 짧은 왕이나 일찍 죽은 세자에게 후한 평가를 내리며 그리워하는 기록이 많이 남아 있어요. 대표적으로 문종, 소현세자, 효명세자 등이 있겠네요. 그런 인물 중의 한 명이 효심이 깊기로 유명한 중종의 아들 인종입니다.

인종은 중종과 그가 왕으로 즉위하고 두 번째 부인으로 맞이한 장경왕후 사이에서 맏아들로 태어났어요. 하지만 안타깝게도 태어난 지 7일 만에 어머니 장경왕후가 죽고 말아요. 제대로 된 어머니의 사랑을 느껴 보지 못한 인종은 계모 문정왕후의 보살핌을 받으며 어린 시절을 보내야 했어요. 그럼에도 인종은 주변 사람들에게 너무나 사랑스러운 아이로 기억되었어요. 더욱이 3세에 글을 읽는 총명함을 보여 주어서, 모두가 성군의 자질이 있다며 기대를 아끼지 않았어요. 당연히 중종도 인종을 많이 아꼈어요. 어머니 없이 자란 맏아들이라 안쓰럽기도 했지만, 자신의 뒤를 이어 조선을 발전시킬 인재라는 믿음이 컸어요. 중종은 6세이던 인종을 세자로 책봉하며 훌륭한 성군으로 성장하기 위한 각종 지원을 아끼지 않았어요. 인종도 그에 부응하여 8세에는 성균관에서 입학하여 훌륭한 인품과 학식을 보여 주며 많은 이들을 놀라게 했습니다.

인종에 대한 좋은 평가는 궁궐 담장 밖을 넘어 백성들의 귀에까지 들어갔어요. 중종반정 이후로도 여러 문제가 개선되지 않아 어려운 생활을 하던 백성들은 인종이 왕이 되면 살기 좋은 세상이 될 거라며 희망에 들떴어요. 하지만 모두가 인종을 좋아하는 것은 아니었어요. 1527년 인종의 생일날 팔다리와 꼬리가 잘리고 주둥이·귀·눈이 불로 지져진 쥐가 동궁 북쪽 은행나무에 저주의 글과 함께 매달려 있는 일이 발생했어요. 다음 날에는 임금이 머무는 대전에서도 흉측하게 죽은 쥐와 함께 저주가 적힌 글이 발견

됐고요. 이를 두고 대신 모두가 한목소리로 누군가 인종을 저주하는 것이라며, 무슨 일이 있어도 범인을 잡아야 한다고 주장했습니다.

이때 중종의 총애를 받던 경빈 박씨가 제 아들인 복성군을 왕으로 만들기 위해 벌인 일이라는 의혹이 일었어요. 경빈 박씨가 데리고 있던 시녀들이 매를 이기지 못하고 거짓 자백을 한 결과 경빈 박씨와 복성군은 궁궐에서 쫓겨난 뒤 사약을 먹고 죽어요. 또한 좌의정 심정도 경빈 박씨와 결탁했다는 죄명으로 처형당해요. 인종의 죽음을 바라고 저주하는 의식을 펼쳤다는 이유로 중종의 후궁과 자식이 죽은 이 사건을 작서의 변이라고 불러요. 그런데 경빈 박씨와 복성군에게는 너무도 억울한 죽음이었어요. 이 일이 있고 5년 뒤 이종익의 상소로 작서의 변이 심정과 유자광에게 원한을 품고 있던 김안로가 아들을 시켜 벌인 일이라는 사실이 밝혀지게 되거든요. 하지만 작서의 변이 누구의 소행인지 밝혀지기 전까지 김안로는 권력의 중심에 있었어요. 김안로는 인종의 안전을 도모해야 한다며 적극적으로 나섰고, 누구보다 아들을 아끼던 중종은 김안로에게 인종을 지킬 힘을 주었거든요. 《연려실기술》에 "사람을 살리고 죽이는 것이 임금에게서 나오지 아니하고, 김안로가 마음대로 하니 자기의 허물을 의논하려는 자가 있으면 사람을 사주하여 조정을 비난했다는 죄목을 씌었다"라고 기록될 정도로 김안로는 작서의 변 이후 막강한 권력을 휘둘렀습니다.

그런 가운데 네 명의 공주만 낳았던 문정왕후가 34세라는 늦은 나이에 왕자인 경원대군(훗날 명종)을 낳아요. 그동안 아들이 없어 큰소리를 내지 못하던 그녀였지만, 이제는 사정이 달랐어요. 비록 경원대군이 둘째 아들이고 인종보다 많이 어려서 다음 왕이 될 가능성이 작았지만, 문정왕후는 자신의 노력 여하에 따라 불가능한 일이 아닐 수도 있다고 생각했어요. 문정왕후의 태도 변화는 세자 인종을 보호한다는 명목으로 권력을 누리던 김안로에게 큰 위협으로 다가왔어요. 김안로가 문정왕후의 행보에 촉각을 세우며 감시하고 방해하는 등 견제가 심해지자, 세간에는 김안로가 문정왕후를 폐하려고 한다는 말이 돌기도 했어요. 문정왕후도 김안로의 행동에 불안하고 초조해지는 것은 어쩔 수 없었어요. 결국 중종 앞에서 "김안로에 의해 왕비 자리에서 쫓겨나게 되었습니다"라고 통곡하며 눈물로 호소한 결과, 김안로는 전라도 진도로 유배되었다가 사사(賜死)되고 맙니다.

김안로가 잘못을 많이 저지르기는 했지만, 인종의 입장에서 본다면 누구보다도 든든한 세력이었어요. 김안로가 유배 보내졌다가 죽은 이후 인종은 여러 번 위기에 처하게 돼요. 그중 하나가 1543년 동궁에서 일어난 화재였어요. 누가 불을 냈는지 밝혀지지 않았지만, 많은 사람이 문정왕후와 그의 동생들이 일으킨 짓이라 생각했어요. 중종도 동궁전 화재가 사람들의 입에 오르내리면 좋을 것이 없다는 생각에 궁녀의 실화로 화재 사건을 덮으려 했어요. 분명한 것은 문정왕후가 인종을 좋아하지 않았다는 거예요. '아니 땐 굴뚝에 연기 날까'라는 속담처럼 문정왕후가 인종을 사랑으로 보살폈다면 이런 풍문도 생기지 않았을 겁니다.

의문스러운 사건이 있기는 했지만, 인종은 중종이 죽고 별 탈 없이 다음 왕으로 즉위하게 돼요. 그렇다고 문정왕후가 인종을 미워하는 마음이 수그러들지는 않았어요. 인종만 없다면 자기 아들 경원대군이 왕이 될 수 있다고 믿었는지 모르겠어요. 아니면 자신에게 미움받은 인종이 복수하지는 않을까 걱정했을 수도 있고요. 그러나 인종은 하나밖에 없는 어머니라면서 문정왕후를 극진하게 받들었어요. 그럼에도 불구하고 문정왕후는 "우리 가문을 살려 주시오"라며 인종을 나쁜 아들로 만들며 스트레스를 주었습니다.

인종은 어머니 문정왕후가 아무 이유 없이 자신을 미워하는 모습에 너무 힘들었어요. 그렇다고 문정왕후를 싫어하지 않았어요. 누구보다도 효심이 깊었던 인종은 문정왕후가 자신을 미워할 수밖에 없도록 만드는 현실이 싫었을 뿐이었어요. 그럴 때마다 아버지 중종이 더욱 그리워졌어요. 《인종실록》에 의하면 중종이 병에 걸려 자리에서 일어나지 못하자, 인종은 그 곁에서 20여 일을 거의 자지도, 먹지도 않으면서 병간호를 했다고 해요. 중종이 죽고 나서는 6일 동안 미음도 먹지 못할 정도로 슬퍼만 했어요. 정사를 돌보기 위해 경복궁으로 거처를 옮긴 이후에도 중종에 대한 그리움은 사그라지지 않았어요. "여기는 아버지가 앉으신 곳이고, 여기는 아버지가 기대신 곳이다"라며 온종일 울며 그리워했어요. 아마도 어린 시절 중종을 제외하고는 어느 누구에게도 사랑받지 못하며 힘들게 살아온 탓이 아닐까 싶습니다.

국가 대소사를 모두 결정해야 하는 막중한 업무를 수행하기 위해서는 충분한 수면과 영양가 있는 식사를 꼭 해야 해요. 그런데 인종은 삼년상을 치른다며 잠도 잘 자지 못하고 식사도 제대로 하지 못하면서 급속도로 몸이 쇠약해져 갔어요. 신하들은 점점 야위어 가는 인종이 걱정되어 고기반찬을 드시라고 간곡하게 청했지만, 인종은 예법에 따라 죽으로 끼니를 때우겠다는 고집을 꺾지 않았어요. 결국 몸이 견디지 못하고 이질 증세가 나타났으나 인종은 약마저 먹기를 거부하다가 숨을 거두고 말아요. 효심 깊었던 인종의 죽음을 안타깝게 생각한 백성들은 문정왕후가 독을 넣은 떡을 먹여 죽였다고 말했어요. 오늘날도 능력을 제대로 펴 보지 못하고 일찍 죽은 사람을 보면 안타깝고 안쓰럽게 생각하잖아요. 당시 백성들은 명종 즉위 후 적체되어 온 사회 문제들이 여기저기서 터지면서 삶이 어려워지자, 더욱 효심 깊고 영민했던 인종을 그리워했는지도 모르겠네요.

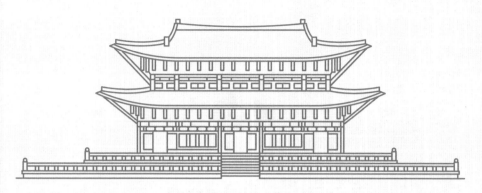

12세의 나이로 즉위한 명종은 어머니 문정왕후의 수렴청정을 받았다. 이 기간 대윤과 소윤의 대립으로 을사사화가 일어났다. 불교를 숭상했던 문정왕후는 승려 보우를 통해 선종과 교종을 부활하고 승과를 설치하며 불교의 중흥을 이끌었다. 하지만 훈구파의 부정·비리로 삶이 어려워진 백성들의 불만이 높아졌고, 도적 임꺽정이 활개를 치고 다녔다. 명종은 문정왕후가 죽고 자신의 정치를 펼치고자 했으나, 34세의 젊은 나이로 죽었다.

제13대

명종

(1534~1567, 재위 : 1545.7~1567.6)

1552년 4월 12일 (명종 7년)
양응태·이언경에게
선종 21인과 교종 12인을 뽑게 하다

예조 정랑 양응태와 이언경을 봉선과 봉은 두 절에 보내어 중들을 시경, 선종 21인과 교종 12인을 뽑았는데, 정원에 전교하였다. (중략) 다시 승과를 설치하게 된 것은, 교활하고 말에 능한 중 보우란 자가 있었는데 문정왕후가 그 이름을 듣고 존경하고 믿기 때문이다. 그래서 이 일도 있게 된 것이다.

사신은 논한다. 오랫동안 폐지하였던 교종과 선종을 다시 세우고 또 중을 선발하는 옛 제도를 회복시켰기 때문에 중의 무리가 날로 번성하고 부처를 섬기는 것이 더욱 정성스러웠다. 이는 모두 요승 보우가 고혹시킨 소치인 것이니, 재해가 겹치고 국사가 날로 잘못되어 가는 것이 괴이한 것도 없다. 참으로 통탄스러운 일이다. ─《명종실록》 13권

조선의 왕들은 불교를 꾸준하게 억압해 왔어요. 삼국시대부터 고려시대까지 막강한 영향력을 행사하던 불교의 위상은 조선시대 어디에서도 찾기 어려워졌어요. 그렇다고 명맥이 아주 끊긴 것은 아니었어요. 여전히 많은 사람이 승려가 되기 위해 산속으로 들어갔고, 많은 여염집 여인들은 가족의

안녕을 빌기 위해 사찰을 찾았어요. 불상 앞에서 불경을 읽으며 마음의 안식을 얻는 것은 왕실도 예외가 아니었어요. 국가에서 불교를 억압하더라도, 왕실 여인들은 아랑곳하지 않고 부처님에게 기도드리며 가족들의 안녕을 빌었어요. 특히 이루어지기를 바라는 소원이 있는 여인이라면 더욱 간절하게 부처님을 찾았습니다.

문정왕후가 그런 여인이었어요. 인종보다 19살이나 어린 아들을 왕으로 즉위시키기 위해 부처님께 기도드리는 일을 소홀히 하지 않았어요. 아들 명종이 즉위한 이후에도 문정왕후는 어느 누구도 감히 왕위를 넘보지 않게 해 달라고 부처님을 찾았어요. 문정왕후의 동생으로 막강한 권력을 휘둘렀던 대표적인 외척 윤원형의 첩 정난정은 문정왕후가 부처님에게 기도를 드리며 마음의 안정을 찾는다는 사실을 파악하고는 승려 보우를 궁궐로 데려왔어요. 문정왕후는 보우와 몇 차례 대화를 나누면서 마음을 완전히 빼앗겨 버렸어요. 도대체 보우는 어떤 인물이었기에 조선의 모든 사람을 벌벌 떨게 하던 문정왕후의 적극적인 지지를 끌어냈을까요?

보우는 15세에 금강산 마하연암에서 출가하여 전국에서 학승으로 알려진 승려였어요. 고려시대였다면 많은 사람이 따르며 존경하겠지만, 보우가 살아가던 16세기는 그렇지 못했어요. 유생들이 불교가 사회 풍속을 어지럽힌다며 사찰을 불태우고, 승려를 보면 아무 이유도 없이 구타하던 시절이었어요. 이처럼 천대받는 불교였지만, 보우는 희망을 잃지 않았어요. 언젠가는 많은 사람이 부처님의 말씀을 따르며 서로를 보듬어 주는 세상이

올 거라고요. 그러기 위해서는 불교를 중흥시킬 수 있는 막강한 힘을 가진 사람의 도움이 필요했어요. 그러던 차에 보우는 문정왕후를 만나는 기회를 얻습니다.

보우의 설득에 문정왕후는 불교가 중흥할 수 있도록 많은 지원과 편의를 제공했어요. 그중의 하나가 선종과·교종, 즉 양종의 부활이었어요. 선종은 참선을 통해 깨달음을 얻는 데 무게를 두고, 교종은 경전을 통해 깨달음을 얻고자 해요. 고려시대에도 의천과 지눌 등 여러 고승이 선·교 양종을 통합하기 위해 노력했지만, 두 종파 간의 완전한 통합은 불가능했어요. 결국 선종과 교종은 각자의 수행법으로 깨달음을 추구하며 독자적인 발전을 꾀했어요. 하지만 조선시대에는 선종과 교종의 독자성이 무시되었고, 국가와 사회로부터 똑같이 천대받았습니다. 이런 과정에서 보우 때문에 선종과 교종이 부활했다는 것은 불교계가 고려시대 위상을 되찾을 수 있는 기회를 얻었다는 것을 의미해요.

선종의 최고 승직이던 선종판사에 오른 보우는 선·교 양종의 부활에 만족하지 않고 승려의 신분을 공인해 주는 도첩제를 부활시켰어요. 이로써 누구의 방해도 받지 않고 자유 의지를 가지고 승려가 될 수 있는 기회가 생겼어요. 뛰어난 능력을 갖춘 사람도 승려가 되려 하자, 보우는 한발 더 나아가고자 했어요. 고려시대 왕사와 국사처럼 왕의 스승 역할을 할 정도는 아니더라도 유생들에게 무시당하지 않는 학식을 갖춘 승려가 많아야 한다고 생각했어요. 승려의 학식과 자질을 국가가 인정한다면 어느 누구라도 쉽게 대하지는 못할 것이라 여긴 보우는 연산군 때 폐지되었던 승과를 부활시켰어요. 그 결과 많은 승려가 승과에 응시했어요. 그중에는 훗날 임진왜란 당시 큰 활약을 펼쳤던 서산대사와 사명대사도 있었습니다.

200년 가까이 불교를 억압해 왔던 유생들은 이 모습을 가만히 보고만 있지 않았어요. 아무리 문정왕후가 막강한 권력을 가지고 있다 하더라도, 유교 국가인 조선이 불교를 인정하는 것만은 절대로 받아들일 수 없었거든요. 이들은 문정왕후와 보우로 인해 조선 사회의 근본이 뒤흔들리고 무너질 거라고 걱정했어요. 유생들은 도첩제와 선·교 양종을 인정하지 말고 다시 폐지해야 한다는 상소문을 400건 넘게 올렸어요. 그중에는 보우를 요승이라 부르며, 반드시 죽여야 한다는 상소문도 75건이나 될 정도로 유생들의 반발은 거셌어요. 그러나 누구보다 보우를 신임하던 문정왕후는 눈 하나 깜짝하지 않았어요. 모든 상소문을 폐기하며 보우의 뜻대로 불교 중흥에 힘을 보태 주었습니다.

하지만 보우의 불교 중흥을 위한 노력은 오래가지 못했어요. 사람들은 문정왕후와 보우가 부적절한 관계라고 수군덕거렸어요. 그로 인해 과거 학승으로 존경받던 보우는 여자와 권력에 취한 파계승의 이미지로 사람들에게 인식되기 시작했어요. 그나마 사람들이 조용히 수군덕거리는 것도 문정왕후가 살아 있을 때나 가능한 이야기였어요. 그간 몰래 비난하는 데 그쳤던 유생들은 문정왕후가 죽자마자 보우를 처벌해야 한다고 하나같이 큰 소리로 외쳤어요. 또한 불교가 사람들의 마음을 미혹하여 사회를 무너뜨린다며 다시 예전처럼 탄압해야 한다고 주장했어요. 명종은 어머니 문정왕후가 했던 일을 완전히 폐지할 수는 없었어요. 그래서 타협점으로 보우의 승직을 박탈하고 도성 출입을 금지하는 것으로 처벌을 마무리 짓고자 했습니다.

명종의 결정에 만족하지 못한 유생들은 보우에게 강력한 처벌을 내려야 한다며 집단행동에 나섰어요. 결국 백기를 든 명종은 보우를 제주도로 유배 보내며 문제를 일단락시켰어요. 문정왕후 시절 당당했던 보우는 제주도에서 온갖 무시와 멸시를 당해야 했어요. 제주 목사 변협은 얼마 전까지 불교 선종의 최고의 자리까지 올랐던 보우에게 객사 청소 같은 허드렛일을 시켰어요. 그리고는 일을 못한다며 연신 때리고 욕설을 퍼부었어요. 제대로 먹지 못하면서 힘든 노동과 매질을 당하던 보우는 결국 연북정에서 생을 마감하고 말아요. 이후 조선에서 보우는 승려로서 꼭 지켜야 할 계율을 어긴 요승이라며 손가락질을 받게 돼요. 그리고 유생들이 불교가 중흥해서는 안 되는 이유를 말할 때마다 보우 이야기를 들고 나왔어요. 하지만 불교계에서는 보우를 성인으로 칭송했어요. 사명대사는 보우야말로 천고에 둘도 없는 성인이라며 존경을 표했어요. 종교의 자유가 보장된 현재를 사는 여러분은 보우가 어떤 승려였다고 생각하시나요?

1556년 6월 20일 (명종 11년)
양인과 천인의 혼인을 허용하는 법령을
만들어서는 안 된다

"형전 천처첩자녀조(娶妻娶子女條)의 '관원이 노비를 취하여 처첩으로 삼는다'라는 문구는, 신들의 소견으로는, 양인과 천인이 혼인하는 것도 율에서 응당 금지하고 있는데 하물며 사대부가 노비를 취하여 아내로 삼아 스스로 그 자신을 낮출 리가 있겠는가 생각했습니다. 비록 고려시대에 그런 일이 있었다 하더라도 그것은 전 왕조의 법이요 조선에서는 허용하지 않습니다. 그러한 사람이 있었는지도 신들은 듣지 못했습니다. 이른바 계성군 이양생이란 사람은 본시 서얼 출신인데 그가 한미하던 시절에 노비를 본처로 삼은 일은 진실로 그 사의에 맞는 일입니다. 그 뒤 공신이 되어 지위가 군에 봉해졌지만, 조강지처를 버리지 않은 것은 바로 그 사람의 훌륭한 점입니다. 그러나 이 일은 예를 삼을 만한 것이 아닙니다. 그렇다면 입법할 때에 반드시 한 사람의 일을 보고서 법령에 실어서는 안 될 것 같습니다." -《명종실록》 20권

세계적으로 신분제가 사라지고 '모든 인간이 평등하다'는 인식이 자리 잡은 것은 그리 오래되지 않아요. 우리나라도 갑오개혁이 이루어지던 1894년 법적으로 신분제가 폐지되었지만, 현실에서는 광복 이후에도 한동안 신분제

라는 벽이 존재했어요. 조선도 당시의 세계 여러 나라와 마찬가지로 신분제 사회였어요. 그럴 수밖에 없는 것이 조선은 성리학을 규범으로 삼은 나라였어요. 성리학의 근본인 유학은 평등이 아닌 차별애를 강조한 학문이에요. 공자는 모두 사람이 같을 수 없기 때문에 각자의 신분과 직책에 맞는 행동을 할 때, 비로소 사회 질서가 바로잡힌다고 주장했어요. 그중에서도 성리학은 명분과 상하 질서를 더욱 강조했고, 그런 성리학을 국가 운영의 틀로 잡은 조선의 신분 질서는 매우 엄격할 수밖에 없었어요. 하지만 성리학만으로는 조선의 신분제 사회를 모두 설명한다는 것이 불가능해요. 어느 시대와 장소든 사회를 움직이는 요인에는 경제가 꼭 빠질 수 없거든요.

국가는 양인과 천인의 혼인을 원칙적으로 금지했어요. 하지만 감정의 동물이라고 불리는 사람을 통제하기란 매우 어려운 일이에요. 그래서 서로 다른 신분 사이에서 태어난 아이를 어떤 신분으로 규정하느냐는 매우 중요한 문제로 대두되었어요. 그들을 대상으로 사회적으로는 신분제 변동이 어디까지 허용되는지 살펴야 했고, 경제적으로는 국가에 세금을 내는 존재로 규정해야 하는지 따져 봐야 했습니다.

그렇다면 고려는 다른 신분 사이에서 태어난 아이를 어디에 귀속시켰을까요? 고려는 노비 사이에서 태어난 아이뿐만 아니라 양인 남자와 여자 노비 사이에서 태어난 아이도 노비로 규정했어요. 다시 말하면 부모 중 한 명이 노비라면 그들이 낳은 아이는 무조건 노비로 인식하는 일천즉천과 아이의 소유권은 여자 노비 주인에게 있다는 천자수모법(종모법)이 적용되었어요. 태어나는 순간 신분이 정해지고, 부모 중 한 명이 아무리 높은 신분일지라도 노비로 살아야 한다는 사실이 참으로 가혹하게만 느껴지네요. 고려의 원칙은 조선이 건국된 뒤에도 한동안 계속 이어졌어요. 하지만 조금씩 변화의 바람이 불어왔어요. 양인 남자와 여자 노비 사이에서 태어난 아이와 양인 여자와 남자 노비 사이에서 태어난 자식의 신분을 어디에 귀속시키느냐를 두고 오랫동안 논쟁이 벌어졌어요. 복잡하고 어렵게 느껴지나요? 쉽게 설명하면 남존여비 사상에 따라 남자 신분에 따르는 것이 옳다는 주장이 제기된 것입니다.

조선시대는 누가 권력을 장악하고 있느냐에 따라 종모법과 종부법이 번갈아 선택되었어요. 태조와 태종은 안정적인 국가 운영을 위해 양인의 숫자를 늘릴 필요가 있었어요. 양인의 수가 많아질수록 국가에 들어오는 수입이 증가하여 여기저기 필요한 경비를 충당할 수 있었거든요. 태조는 1397년 양인 남자가 여자 노비를 첩으로 삼아 낳은 아이를 양인으로 인정하는 법을 처음으로 만들어 시행했어요. 태종은 이것을 더 확대하여 1414년 자기 노비가 아닌 다른 사람이 소유한 여자 노비 사이에서 자식을 낳게 되면 양인으로 인정하는 종부법을 시행하도록 했습니다.

반면 남자 노비가 양인 여자에게 장가가는 것은 허락하지 않았어요. 남자 노비와 양인 여자를 이혼시키고, 노비의 주인은 관리를 소홀히 한 죄를 물어 처벌했어요. 만약 남자 노비와 양인 여자 사이에 아이가 있으면 사재감수군에 귀속시키는 처벌을 내렸어요. 사재감수군은 군함의 노를 저어야 하는 고된 노동으로 모두가 꺼리는 곳이에요. 즉 이곳에 아이를 보낸다는 것은 부모로서 차마 할 수 없는 일이라서, 국가가 남자 노비와 양인 여자의 혼인을 원천적으로 금지하는 것과 같은 효과를 가져오게 했어요. 하지만 신분 차이를 넘어 남녀가 정을 통하고 혼인하는 일은 계속 일어났어요. 결국 태종은 남자 노비와 양인 여자 간에 태어난 아이를 공노비로 만들었고, 단종 때에는 사노비로 만들게 했어요. 이러자 노비 주인들은 서로 앞다투어 자신들이 데리고 있던 남자 노비를 양인 여자와 혼인시키려고 했어요. 이유는 간단하죠. 남자 노비가 양인 여자와 결혼하게 되면, 양인 여자와 아이 모두를 자기 노비로 만들어 재산을 늘릴 수 있었으니까요.

태종 때 양인 남자와 여자 노비의 혼인 시 그 자녀는 남자의 신분을 따르게 하는 종부법을 시행했다고 했죠? 그런데 이로 인해 노비의 수가 급속히 줄어들자, 세종 때에는 다시 종모법을 꺼내 들었어요. 많은 양반이 종부법 시행 이후 노비가 지나치게 많이 줄어 국가 경영이 어렵다고 호소했거든요. 또한 여자 노비들이 자신의 아이를 양민으로 만들기 위해 주인의 허락 없이 양인 남자에게 시집을 가거나, 양인 남자와 간통하여 자기 자식의 아버지라고 거짓말을 하는 등 사회 풍속이 어지러워지는 문제를 가져왔다고 주장했어요. 하지만 실제로는 자신들의 노비가 줄어드는 것에 대한 불만을 토로하는 것이었어요. 세종은 결국 양반들의 주장을 받아들여 1432년 종부법을 폐지하고 종모법을 시행하도록 합니다.

양인과 천인의 혼인과 그들이 낳은 자녀들의 신분을 어떻게 할 것인지에 대한 최종 결정은 성종 때 나와요. 《경국대전》에 "무릇 천인의 소생은 어머니 신분에 따른다. 다만 천인이 양인 여자와 혼인하여 태어난 소생은 아버지 신분을 따른다"라며 부모 중 한 명이 노비이면 무조건 자식도 노비라는 일천즉천을 원칙으로 삼았어요. 아이에 대한 소유권도 규정하여 여자 노비의 자식은 여자 노비의 주인이 가졌고, 양인 여자의 소생은 남자 노비의 주인이 소유권을 갖게 했어요. 이것은 고려시대의 천자수모법과 일천즉천을 재확인하는 것과 동시에 양반 계층이 노비를 통해 재산 증식을 할 수 있는 합법적인 길을 열어 준 것이었어요.

이것은 수조권이 사라지자, 양반들이 토지를 직접 소유하려는 것과 같은 맥락으로 이해하시면 돼요. 양반들은 재산 증식의 일환으로 노비의 수를 늘리기 위해 여자 노비를 가난하여 혼인하지 못하는 양인 남자와 결혼시켰고, 남자 노비가 양인 여자와 결혼하겠다면 막지 않았어요. 그 결과 국가에 세금을 납부하는 양인의 수가 당연히 감소할 수밖에 없었겠죠. 그래서 수조권이 사라지는 명종 때 양인과 천인과의 혼인을 원천적으로 금지하자는 주장이 나와요. 하지만 종모법과 양천즉일을 유지하는 정책을 바꾸지 못해요. 양반들이 자신들의 이권을 포기할 생각이 절대 없었거든요. 결국 국가와 백성의 삶보다는 특정 계층의 이익을 대변하는 정책을 고수한 조선은 서서히 무너지게 됩니다.

1562년 1월 8일 (명종 17년)
임꺽정을 잡은 남치근을 포상하다

임금이 말하기를 "국가에 반역한 큰 도적 임꺽정 등이 이제 모두 잡혀 내 마음이 매우 기쁘다. 토포사 남치근, 군관 곽순수·홍언성 및 전 사복 운임에게 각각 한 자급씩을 더해 주고, 종사관 한홍제·박호원에게는 각각 말을 내려 주라." - 《명종실록》23권

조선시대를 대표하는 도적이 세 명이 있어요. 이들을 3대 도적이라고 부르는데 그중에서도 대중에게 가장 잘 알려진 인물이 임꺽정이에요. 홍길동은 소설 이미지가 강하고, 장길산은 상대적으로 의적이라는 이미지가 약해서인지 인지도가 떨어져요. 반면 임꺽정은 위정자들이 백성을 도외시하고 자신들의 사리사욕을 채우는 모습을 통쾌하게 혼내 주는 의적으로 드라마와 영화 등 대중매체에서 자주 다루어졌어요. 실제 당대 사람들도 임꺽정을 단순한 도적으로만 여기지 않았어요. 재상들이 청렴하지 못하고, 아래 수령들은 아무 거리낌 없이 백성을 수탈했기 때문에 필연적으로 생길 수밖에 없는

도적이라 봤습니다.

임꺽정은 양주에서 인간 취급받지 못하던 백정으로 태어났어요. 백정이란 신분 때문에 받아야만 했던 사회적 차별로 인해 임꺽정은 늘 울분이 가득했어요. 그런 가운데 당시 조선은 윤원형 등 외척 세력이 조정을 장악하고는 재물을 끌어모으는 데 혈안이 되어 있었어요. 그러니 수많은 관료는 출세를 위해 윤원형에게 뇌물을 바치려 했어요. 여지없이 뇌물은 백성을 수탈해서 나온 재물이었고요. 그런 사회에서 가장 힘든 건 아무 힘이 없는 사람들이겠죠? 임꺽정도 수령과 아전들의 횡포로 어려움을 겪어야만 했어요. 횡포를 더는 견디지 못한 임꺽정은 결국 고향을 떠나 자신을 따르는 사람들과 황해도 일대에서 도적질을 하게 돼요. 나라가 제대로 운영되지 않던 시대여서, 수령이 임꺽정을 잡고 싶어도 군대가 없어 그저 바라만 봐야 했어요. 혹은 수십 명의 관군을 데리고 체포하려 해도 임꺽정의 힘이 너무 세고 날쌔서 도저히 제압할 수가 없었습니다.

임꺽정은 굉장히 똑똑한 인물이기도 했어요. 백성들의 물건을 빼앗기만 한다면 자신의 무리가 오래가지 못할 것을 알았어요. 관리들의 수탈로 어려운 삶을 살아가는 백성이 도적에게 생명과 재산을 위협받는다면 가장 먼저 할 일이 무엇일까요? 늘 상주해 있는 관군에 비해 힘이 상대적으로 약하고 가끔 나타나는 도적을 먼저 신고하지 않겠어요? 이 사실을 너무도 잘 알고 있는 임꺽정은 빼앗은 물건 일부를 가난한 백성들에게 나누어 주었어요. 또한 신분에 구애받지 않고, 자신들에게 도움이 된다고 판단되는 인물이라면 과감히 손을 내밀어 자기편으로 삼았습니다.

처음에는 두려워했으나, 백성들은 점차 곡식을 나눠 주는 임꺽정이 나라님보다 낫다고 생각했어요. 이런 믿음을 가진 사람들은 임꺽정의 무리를 보더라도 관에 고발하기보다는 오히려 박수 치며 환영했어요. 그에 비례해 사회에 불만이 가득하면서 능력도 있는 사람들이 합류하면서, 임꺽정 무리는 점점 더 활동 영역이 넓어지고 강해졌어요. 이제 관아를 습격해 탐관오리를 혼내 주고 재물을 가져가는 대담한 모습도 심심치 않게 보여 주게 됩니다.

조정에서는 임꺽정의 도적 활동이 연이어 보고되자, 선전관을 보내 잡아 오도록 했어요. 하지만 임꺽정은 두려워하기는커녕 오히려 신발을 거꾸로 신고 눈길을 돌아다니면서 행방을 숨겼다가 선전관을 불시에 공격하여 죽여 버렸어요. 임꺽정을 잡으러 갔다가 죽은 관리가 한둘이 아니었어요. 개성부 포도관 이억근도 20여 명의 군졸을 끌고 임꺽정이 있는 구월산 소굴을 쳐들어갔다가 목숨을 잃었어요. 자신을 잡으러 오는 관군을 상대로 매번 승리를 거둔 임꺽정은 더욱 자신감을 갖고 서울까지 활동 영역을 넓혔어요. 1560년 지금의 종로 부근에서 모습을 드러내기도 했어요. 하지만 이 일로 임꺽정의 아내가 관군에 사로잡히고 맙니다.

아내가 사로잡힌 것에 대한 분풀이로 임꺽정이 벼슬아치의 이름을 사칭하며 관가를 습격하는 일이 잦아졌어요. 그 결과 임꺽정 무리도 관군과 자주 부딪치면서 타격을 받을 수밖에 없었어요. 그러던 중 임꺽정의 참모 서림이 숭례문 밖에서 붙잡히면서 임꺽정의 계획을 모두 실토해 버렸어요. 서림은 임꺽정이 전옥서를 공격하여 아내를 구출할 계획을 세우고 있으며, 봉산 군수 이흠례도 죽이려고 한다고 말했어요. 이뿐만 아니라 임꺽정의 거처까지 불고 말아요. 명종은 기쁨을 감추지 않으며 군사 500여 명을 보내 임꺽정을 붙잡아 오라고 명령했어요. 하지만 임꺽정 무리는 이런 것쯤은 아무 일도 아니라는 듯 관군을 상대로 승리를 거두고는 유유히 도망쳐 버렸습니다.

이제 명종은 임꺽정을 그냥 도둑이 아닌 반적이라 불렀어요. 이것은 임꺽정과 그 무리가 국가 체제를 위협할 수 있는 세력임을 인정한 것이었어요. 신료들에게는 어떤 일이 있더라도 기필코 임꺽정을 잡아들이라고 압박한 것이기도 했어요. 또 황해도만이 아니라 평안도·함경도·강원도·경기도까지 임꺽정의 활동 반경이라며 모든 수령에게 체포 명령을 내렸어요. 그러자 이곳저곳에서 여러 명의 임꺽정이 잡혀 왔어요. 임꺽정은 분명 한 명인데 여럿이 잡혀 왔다는 것이 이상한 일이잖아요. 명종은 사실 관계를 따졌고, 그 결과 수령들이 포상을 받고 싶은 마음에 임꺽정과 인상착의가 비슷한 사람을 잡아들이고는 모진 고문을 가해 거짓 자백을 받아 낸 것이었어요.

명종은 크게 화냈고, 대신들은 무관과 수령에게 책임을 물었어요. 이제 설렁설렁 잡으려는 시늉만 하는 관료는 사라졌어요. 오히려 너무 과한 수사 과성으로 백성들이 고통에 신음해야 했어요. 서울에서부터 개성, 평양에 이르기까지 임꺽정을 잡는다고 거리 곳곳마다 검문검색이 강화되었고요. 그 결과 백성들이 대낮에도 포졸에게 잡혀 해코지당하는 일이 비일비재하게 일어났어요. 이제는 임꺽정이 아니라 관군에게 잡혀 곤욕을 당할까 두려웠던 사람들은 밖으로 나다니지 않았어요. 심지어 수령들은 관청 일을 중단하고, 사람이 많이 모일 수 있는 장시마저 열지 못하게 했어요. 그로 인해 생필품을 구매할 방법이 없어진 백성들의 불평불만이 하늘을 찔렀어요.

이런 가운데 황해도 토포사 남치근이 "임꺽정의 본거지가 있는 구월산으로 군대를 이끌고 가자, 임꺽정이 이겨 내지 못하고 도망을 쳤습니다. 전투가 불리해진 임꺽정이 골짜기를 넘어 민가에 숨어든 뒤 주인 노파에게 '도둑이야'라고 소리치게 해요. 그러고는 밖으로 뛰쳐나가 한쪽 방향을 가리키며 도둑이 달아났다고 거짓말했습니다. 군졸들이 노파의 말에 우왕좌왕할 때 임꺽정이 말을 타고 도망가려고 했으나, 서림이 임꺽정을 알아보고 소리 질러 잡을 수 있었습니다"라며 장계를 올렸어요. 모두가 처음에는 믿지 못하다가 붙잡힌 임꺽정을 마주한 뒤에야 안도의 한숨을 쉬었어요. 그리고 붙잡힌 임꺽정은 15일 뒤 처형당해 죽습니다.

임꺽정은 3년 동안 황해도를 중심으로 활동하며 서울에 있는 왕까지 두려움에 떨게 한 도적이었어요. 이것은 임꺽정의 능력이 매우 대단했기에 가능한 일이었을 거예요. 그러나 한편으로는 명종이 재위하던 시기 훈구파의 부정·비리로 국가 체제가 얼마나 엉망이었는지를 보여 준 사건으로 봐야 할 거예요. 또한 30년 뒤 임진왜란 당시 일본군을 맞아 제대로 싸우지도 못하고 무너지던 조선의 모습을 보여 주는 예고편이기도 했습니다.

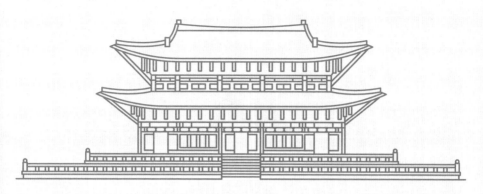

명종이 후사 없이 죽으면서 중종의 일곱 번째 아들인 덕흥대원군의 셋째였던 선조가 왕으로 즉위했다. 김효원과 심의겸의 갈등으로 사림파가 동인과 서인으로 분당되었고, 세자 책봉 문제로 동인이 다시 남인과 북인으로 갈라졌다. 이성계가 이인임의 후손이라 잘못 기록된 《대명회전》을 올바르게 수정했으나, 일본의 침략을 알아채지 못했다. 임진왜란이 발발하자 한양을 버리고 의주까지 피난을 떠났지만, 이순신과 의병의 활약으로 전쟁을 승리로 이끌었다. 말년에는 영창대군을 즉위시키려 하면서 조정을 분열시켰다.

제 14대

선조

(1552~1608, 재위 : 1567.7~1608.2)

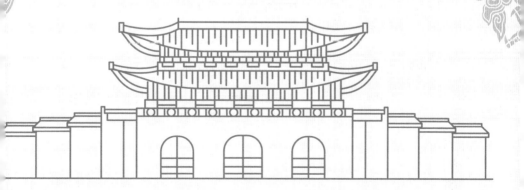

1575년 3월 17일 (선조 8년)
대마도주가 일본군이
쳐들어갈 수도 있음을 알려 오다

비변사 낭청이 아뢰었다. "대마도주가 보낸 서계 안에 '금년 봄에 다수의 적
도들이 배를 손질하는데 어떤 나라를 침범하려는 것인지는 모르겠습니다. 만약
귀국을 침범하고자 한다면 즉시 보고하겠습니다'라고 하였습니다. 그 서계에
'침범하려 한다'라고 한 말이 노부나가의 말과 같으니, 믿기 어려운 거짓말이
라고 하여 미리 조치하지 않아서는 안 됩니다. 그러므로 오늘 대신들이 회의하
여 각도의 방어사와 조방장에게 마련하도록 하였습니다." - 《선조실록》 9권

조선은 크게 두 번의 전쟁을 겪었어요. 일본이 쳐들어온 임진왜란과 만주족

이 쳐들어온 병자호란 이렇게 두 번이요. 우리는 이 두 번의 전쟁을 양난이

라 부르며 조선을 전기와 후기로 나누는 기준으로 삼기도 해요. 그만큼 양

난 이전과 이후의 조선 모습은 굉장히 다르거든요. 이는 양난이 조선에 인

적·물적으로 큰 피해를 주었다는 것을 의미하기도 해요. 그중에서도 임진

왜란은 7년간의 전란으로 엄청난 피해를 주었어요. 그런데 1575년《조선왕

조실록》에 일본이 침략할지도 모른다는 기록이 나와요. 1592년에 발발한 임진왜란보다 무려 17년 전의 기록이라는 점에 눈길이 머물 수밖에 없어요. 이때 만약 조선이 일본의 침략을 대비하여 국방력을 강화했다면 임진왜란 피해를 최소화할 수 있지 않았을까요? 아니 일본이 침략을 포기할 수도 있지 않았을까 하는 생각이 들기도 합니다.

1575년은 아직 임진왜란을 일으킨 도요토미 히데요시가 일본을 통일한 시점이 아니었어요. 당시는 전국시대라고 일본에서 100년간의 내전이 한창 벌어지고 있던 시기였어요. 전국시대가 일어나는 과정을 잠시 살펴볼까요? 15세기 말 일본을 통치하던 무로마치 막부의 8대 쇼군이던 요시마사는 아들을 낳지 못하자 동생에게 자리를 물려주려 했어요. 그런데 뒤늦게 요시마사가 아들을 낳으면서 누굴 쇼군으로 인정할지를 두고 다이묘˙ 간에 전쟁이 벌어졌어요. 이 과정에서 쇼군인 요시마사가 전쟁을 말렸지만, 다이묘들이 말을 듣지 않았어요. 쇼군의 권위가 땅에 떨어진 것이 확인되자, 최고의 권력자가 되겠다는 사람들이 연이어 등장했어요. 이들은 사람을 끌어모아 세력을 확장하기 위한 전쟁을 계속 벌이면서 새로운 다이묘로 성장했어요. 이들을 센고쿠 다이묘라 부릅니다.

이들 중에 포르투갈에서 들어온 조총으로 무섭게 세력을 키운 센

---

* 10세기 말 등장하여 19세기 후반까지 일본의 각 지역을 다스리던 지방 유력자로 성을 쌓고 신하를 거느렸다. 통일신라 말 등장했던 호족처럼 사법권·군사권·징세권·통치권을 행사했다는 점에서 비슷한 모습을 보인다.

고쿠 다이묘가 있었어요. 그의 이름이 오다 노부나가였어요. 노부나가는 일본을 통일하여 최고의 자리에 앉겠다는 야심을 갖고, 수많은 다이묘와 싸워 승리를 거뒀어요. 1580년에는 10년 동안 승부가 나지 않던 정적 겐뇨와의 전투에서 승리하며 그는 일본 통일을 목전에 뒀어요. 하지만 부하의 배반으로 1582년 노부나가는 허무하게 죽고 말아요. 이때 도요토미 히데요시가 등장하게 돼요. 노부나가의 가신이던 도요토미 히데요시는 배반자 미쓰히데를 죽여 권력을 장악하고는, 노부나가가 이루지 못한 일본 통일에 나섰어요. 그러고는 도쿠가와 이에야스 등 그동안 굴복하지 않았던 다이묘들을 제압하고 1590년 일본 전국 통일을 이루게 됩니다.

히데요시는 통일을 이루었음에도 불구하고 다이묘들이 각자 사병을 가지고 있는 만큼 자신에게 반기를 들지도 모른다고 생각했어요. 그래서 자신에게 완전히 머리를 조아리지 않는 다이묘를 억누르려는 방법으로 조선과 명나라를 침략하기로 마음먹어요. 이를 통해 다이묘들의 관심을 자신에 대한 반발이 아닌 새로운 영지 획득으로 돌리려 했어요. 또 전쟁 중 죽거나 다쳐 세력이 약해질 다이묘들의 영지와 사병은 자신이 흡수하고자 했어요. 그와 동시에 일본을 넘어 더 큰 세상을 정복하고 싶다는 욕심도 있었어요. 자기 능력이라면 세계 정복이 충분히 가능하다고 확신했거든요. 몇몇 다이묘가 대륙 진출을 반대했지만, 히데요시의 야욕을 막을 수는 없었습니다.

도요토미 히데요시의 대륙 진출 선언에 가장 애가 타는 것은 대마도주였어요. 부산과 50km 거리에 있는 대마도는 조그마한 섬이에요. 산이 많아서 독자적으로는 생계를 이어 갈 수 없는 대마도주는 조선의 신하를 자처하며 조선과의 교역으로 생계를 이어 갔어요. 반면 일본도 대마도를 자신들의 체제 안에 있는 영지로 여겼어요. 일본에 먹을 것이 부족하면 다이묘들은 대마도를 중간 경유지로 삼아 조선을 자주 노략질했어요. 그래서 조선은 왜구가 들끓게 되면 대마도주를 불러 혼을 내곤 했어요. 그래도 왜구가 줄지 않으면 대마도를 정벌하는 강경책을 펴기도 했어요. 일례로 세종이 이종무를 보내 대마도를 정벌한 사실이 있죠.

히데요시도 이런 역사를 배경으로 대마도를 조선을 정벌하는 일본 수군의 출발지이자 보급 기지로 활용하고자 했어요. 그러다 보니 대마도주는 자칫 조선과 일본의 전쟁 소용돌이의 중심에 설까 두려웠어요. 어느 한쪽을 지지할 수도 없는 대마도주는 전쟁을 반드시 막아야만 했어요. 조선과 일본 누가 승리하더라도 대마도는 큰 피해를 볼 수밖에 없으니까요. 그래서 조선 선조에게 일본 침략을 알려 주며 대비하라고 말해 준 겁니다.

조선의 선조와 관료들은 일본이 쳐들어올지도 모른다는 대마도주의 보고서를 받고 어떤 반응을 보였을까요? 생각보다 큰 반응을 보이지 않았어요. 그냥 시큰둥했어요. 조선은 일본을 오랑캐로 여기며 무시하는 풍조를 오랫동안 가지고 있었어요. 오죽하면 100년간 내전을 벌이는 일본의 동향을 살피려는 노력조차 보이지 않았을까요. 조선이 일본에 대한 정부를 수집하여 남긴 마지막 기록이 1471년 서장관으로 일본에 다녀온 신숙주가 쓴 《해동제국기》예요. 이후 일본 정세를 다룬 책이 한 권도 나오지 않았어요.

다행히도 율곡 이이처럼 소수의 사람은 일본 정세에 관심을 가졌어요. 이이가 일본의 침략을 대비하기 위해 십만양병설을 주장했지만, 신료 대부분은 고개를 가로저으며 반대 의사를 보였어요.

일본이 침략할지도 모른다는 소식에 조선이 반응을 보인 것은 대마도주가 경고한 지 한참 뒤의 일이었어요. 도요토미가 '조선 왕이 직접 일본에 와서 명나라로 가는 길을 열어 주겠다는 약속과 함께 신하의 예를 갖추게 하라'는 명령을 대마도주에게 내리면서부터요. 대마도주는 도요토미 히데요시의 말을 그대로 전할 수 없어 예전처럼 일본에 통신사를 보내 달라는 말로 선조에게 돌려 말했어요. 조선 정부도 끊임없이 들려오는 '일본이 침략할지도 모른다'는 말이 사실인지 확인하고자 통신사를 파견해요.

1590년 3월 통신사 정사에 서인의 황윤길, 부사에 동인인 김성일이 일본으로 건너갔어요. 이 둘은 도요토미를 만나고 일본을 둘러본 것은 같지만, 생각은 서로 달랐어요. 황윤길은 일본의 침략에 대비해야 한다고 말했고, 김성일은 도요토미의 얼굴과 풍채가 쥐새끼와 같아 침략을 걱정할 필요가 없다고 주장했어요. 일반적으로 사람들은 괜찮다는 말을 믿고 싶어 하는 경향이 있어요. 선조와 조정 관료들도 그랬어요. 전쟁이 일어나지 않는다고 주장한 김성일의 주장을 받아들여서는 그간 일본 침략에 대비하여 쌓던 성곽 수리마저 중단시켰어요. 그로부터 2년 뒤인 1592년 4월 일본은 대규모의 군대를 이끌고 조선 앞바다에 모습을 드러냈고, 아무 준비 없던 조선은 속수무책으로 일본군에 패퇴합니다.

1588년 5월 2일 (선조 21년)
유홍이 개정된《대명회전》을 가져오다

만력 무자년 봄에 사은사 유홍이 돌아오다 산해관에 도착하자 주사 마유명이 시를 지어 송별하므로 유홍이 2수를 지어 화답하였다. 유홍이 만릿길의 어려움을 무릅쓰고 온 마음을 다하여, 손으로 칙서를 받들고 직접 보전을 가져옴으로써 금수의 지역이 예의의 나라로 변하였으니, 이는 우리 동방이 재차 살아났다. (중략) 그 시에, 〈종계(宗系)가 이제야 바르게 된 것을 행여 나의 정성이라 말하지 마소. 여러 조종(祖宗)의 공덕 쌓이고 모든 신하의 정성스런 경영으로 큰 은혜 천지와 같고, 기쁜 노래 꾀꼬리 소리에도 미쳤어라. 바라건대 구구한 이 뜻 지켜서 성명하신 임 천추에 받들려네.〉 – 《선조실록》 22권

조선시대 어느 왕보다도 자격지심이 가장 컸던 선조가 늘 신하들에게 자랑스럽게 이야기하는 것이 하나 있었어요. 선대왕들이 하지 못했던 종계변무 문제를 자신이 해결했다는 것이었어요. 종계변무란 조선을 건국한 이성계의 조상이 엉뚱하게도 정적이던 이인임으로 되어 있는 명나라 법전《대명회전》의 내용을 바로잡고자 했던 과정을 말합니다.

　　이성계의 조상이《대명회전》에 잘못 기재된 것은 1390년 고려 공

양왕 때로 거슬러 올라가요. 고려 말 파평군 윤이와 중랑장 이초는 이성계가 권력을 잡은 것이 못마땅했어요. 그들은 명나라에 가서 공양왕은 고려 왕실 사람이 아니라 이성계와 인척 관계이며, 둘이 명을 공격하기 위한 논의를 하고 있다고 거짓말했어요. 이때 이들이 공양왕과 이성계의 관계를 설명하는 과정에서 이인임이 이성계의 아버지로 잘못 알려지게 됩니다.

조선이 이 사실을 알게 된 것은 건국한 지 3년이 흐른 1394년이었어요. 태조와 관료들은 곧바로 이인임은 이성계와 같은 이씨가 아니라는 점을 강조하며 명나라에 정정을 요청했어요. 하지만 당시는 정도전과 이성계가 요동 정벌을 준비하고 있는 문제로 명나라와 갈등을 빚고 있던 시절이었어요. 명나라 홍무제가 이성계를 왕으로 인정하는 문서, 즉 고명을 주지 않을 정도로 조선과 명나라는 사이가 좋지 않았던 만큼 정정은 이루어지지 않았습니다.

명나라가 조선을 인정하지 않아 대내외적으로 어려움을 겪던 태종은 아버지와는 달리 친명 정책을 펼쳤어요. 명나라도 조선에 강경책을 펼치던 홍무제가 죽고 건문제와 영락제로 황제가 바뀌면서 조선에 대한 정책이 변화되어 고명을 보내 왔어요. 이 기회에 태종은 종계변무를 위해 명나라에 사은사를 파견했고, 사신단은 이성계의 종계를 고쳐도 된다는 명나라 예부에서 발행한 문서를 가져왔어요. 당연히 태종과 조선 대신들은 이 문서를 통해 종계변무가 해결되었다고 생각했어요. 그러나 약속과는 달리 명나라는 개정 작업을 하지 않았어요. 홍무제가 '한 글자라도 바꿀 수 없다'라고 써놓은 조훈조장(祖訓條章)이 '바꿔도 된다'는 영락제의 말보다 더 우선이라는 명분을 내세우며 바꾸지 않은 것이죠.

종계변무 문제가 다시 불거진 것은 100여 년이 지난 중종 때였어요. 1518년 명나라에 다녀온 이계맹이 "《대명회전》에 여전히 태조의 선조로 이인임이 기록되어 있습니다. 이것만이 아닙니다. 1375년부터 1392년까지 공민왕, 우왕, 창왕, 공양왕을 시해했다는 내용이 추가되어 있습니다"라며 긴급하게 보고문을 올렸어요. 이 소식에 조정은 발칵 뒤집혔어요. 급히 남곤을 명나라에 보내 이성계의 조상을 바로잡는 것과 더불어 고려 마지막 네 명의 왕이 죽는 과정을 자세하게 설명했어요.《대명회전》의 내용을 바꾸지 않는 것은 조선에 있어서는 아주 큰 문제라고 말이에요. 명나라 무종(武宗)은 남곤에게 개정하겠으니 돌아가라고 말했지만, 여전히 《대명회전》의 개정 작업은 이루어지지 않았어요. 답답했던 중종은 이후로도 종계변무를 위해 명나라에 여러 번 사신을 보내 부탁했지만, 늘 돌아오는 답변은 홍무제의 유훈을 어길 수 없다는 말이었어요. 이는 종계변무가 조선을 길들이기 위한 유용한 수단으로 활용된 측면이 컸다는 것을 보여 줘요.

선조 때 이르러 명나라는 더는 종계변무가 필요 없어졌어요. 어느 나라보다도 조선이 명나라를 잘 받들었거든요. 자신들을 '작은 중국'이라는 의미의 소중화라 부르며, 명나라에 인정받은 사실을 자랑스러워하는 모습에 더는 종계변무를 가지고 조선을 길들일 필요가 없다고 생각하게 돼요. 오히려 조선이 더 충성심을 발휘할 수 있도록 종계변무를 허용해 주는 것이 유리하다고 판단합니다. 마치 말 잘 듣는 아이에게 상을 내려 주듯이 말이에요. 1589년 드디어 명나라는 성절사로 방문한 윤근수에게 조선이 그토록 바라던 내용이 수정된 《대명회전》을 줘요. 선왕이 해결하지 못한 종계변무 문제를 해결하여 너무도 기쁘다는 내색을 조금도 숨기지 못한 선조는 창경궁 홍화문까지 직접 나가 사신단을 맞이했어요. 그러나 윤근수가 가져온 《대명회전》은 엄밀히 말하면 조선의 요구에 따라 수정된 것이 아니었어요. 홍무제의 유훈에 따라 한 글자도 바뀌지 않고, 다만 조선이 요구하는 내용을 덧붙인 것에 불과했어요. 하지만 이것만으로도 큰 성과로 인식한 선조는 사면령을 내려 죄인을 석방하고, 《대명회전》을 가져오는 데 공을 세운 유홍과 윤근수를 광국공신에 올렸습니다.

분명 종계변무는 200년 동안 조선 왕조의 뿌리를 바로잡는 중요한 문제였던 것은 맞아요. 그러나 한편으론 조선 중기 이후 자주성을 잃어버리고 맹목적으로 명나라를 떠받드는 사대주의에 빠졌음을 보여 주는 모습이기도 해요. 더욱이 가장 큰 문제는 종계변무를 해결한 1589년으로부터 3년 뒤에 일본의 침략을 받는 임진왜란이 일어났다는 점이에요. 물론 지금의 관점으로 해석해서는 안 되겠지만, 끊임없었던 일본이 쳐들어올 것이라는 정보보다 종계변무를 더 중요하게 생각한 당시 모습에 아쉬움이 남는 것도 사실입니다.

무엇보다 선조와 조정의 가장 큰 문제점은 누적된 사회 문제를 해결하는 데 소홀했다는 점이에요. 계유정난과 중종반정 이후 훈구파는 토지에서 백성을 쫓아내어 자신의 욕심을 채우는 데 혈안이 되어 있었어요. 그로 인해 삶의 기반이 무너진 백성들은 유랑민이 되거나 도적이 되어, 자신보다 약한 사람을 괴롭히는 악순환이 발생했고요. 또한 먹고살기 어려워진 백성이 군역을 회피하기 위해 자기 대신 군인으로 복무할 사람에게 면포를 주는 대립제가 성행했어요. 조선 정부는 초기에는 대립제를 막기 위해 형벌을 내렸어요. 그러나 시간이 지나면서 군역을 대신해 줄 사람을 소개하거나 눈감아 주는 대가로 이득을 취하는 관리들이 증가하기 시작했어요. 그 결과 임진왜란이 발발할 무렵의 조선은 싸울 무기와 군사도 없는 약하디약한 나라였어요. 종계변무에 힘을 기울였던 것만큼, 백성들이 마음 편하게 농사지으며 살아갈 수 있도록 도와주었으면 얼마나 좋았을까요. 그렇다면 자연스럽게 조선의 국력도 강해져서 일본의 침략을 손쉽게 막아 낼 수 있었을지도 모르겠습니다.

1593년 2월 1일 (선조 26년)
전라도 순찰사 권율이 행주에서 승리하다

전라도 순찰사 권율이 적병을 행주에서 격파하였다. 당시 경성에는 적들이 연합하여 둔을 치고 있었으므로 그 기세가 등등하였는데, 권율은 명나라 군사와 연대하여 경성을 탈환하려고 군사를 머물려 두고 있었다. 그러고는 선거이로 하여금 전군을 거느리고 금천의 광교산에 주둔케 하고, 권율 자신은 정병 4천 명을 뽑아 양천에서 강을 건너 행주산 위에 진을 치고는 책을 설치하여 방비를 하였다. (중략) 권율이 직접 칼을 빼어 물러난 자 몇 사람을 베고, 다시 책을 세워 방어하였다. 화살이 거의 떨어지려 할 때 수사(水使) 이빈이 배로 수만 개의 화살을 실어다 대 주었다. 적이 결국 패해 후퇴하면서 시체를 네 무더기로 쌓아 놓고 풀로 덮고 태웠는데, 그 냄새가 몇 리 밖까지 풍겼다. 우리 군사가 나머지 시체를 거두어 참획한 것만도 130급이나 되었다. - 《선조수정실록》 27권

1592년 4월 일본군이 부산포에 나타났어요. 일본이 쳐들어오지 않는다는 김성일의 주장을 받아들인 조선은 전쟁에 아무런 방비도 하지 않아서, 일본군의 공격에 제대로 된 저항 한번 하지 못했어요. 가장 큰 문제는 왕과 고위 관료들이 일본군에 맞서 싸우기보다는 백성보다 먼저 도망치는 데 급급했

다는 점이었어요. 물론 모두가 그런 것은 아니었어요. 부산에서 정발과 송상현은 절대적으로 열세인 상황에서 끝까지 일본군과 맞서 싸웠어요. 신립 장군도 충주 탄금대에서 조선의 국운을 걸고 목숨 바쳐 싸웠지만, 일본군을 막기에는 역부족이었어요. 선조는 일본군이 빠른 속도로 한양으로 올라오자, 장대비가 쏟아지는 밤, 백성 모르게 조용히 개성으로 도망갔어요. 다음 날 선조가 약속과 달리 야반도주한 사실에 화가 난 백성들은 한양의 궁궐을 불태워 버립니다.

이처럼 민심이 매우 화가 났는데도 선조는 계속 일본군을 피해 도망만 다녔어요. 개성에서 평양을 거쳐 의주까지 피난 가는 동안 선조가 한 일이라고는 명나라에 도움을 요청한 것밖에는 없었어요. 명나라는 선조의 도와 달라는 요청을 곧이곧대로 받아들이지 않았어요. 조선이 일본과 한편이 되어 명나라를 공격한다고 생각했어요. 원군 요청도 조선으로 명나라군을 유인하여 몰살시키려는 거짓으로 받아들였어요. 명나라의 판단이 부당하다고 말할 수만도 없어요. 일본군이 제대로 된 전투도 치르지 않고 북상하는 모습을 달리 설명할 길이 없었거든요. 선조는 명나라에서 원군을 보내주지 않자, 신하들의 만류에도 자신의 망명을 받아 달라고 요청했어요. 하지만 선조의 기대와는 달리 명나라는 선조에게 압록강 건너 100리 북쪽에 있는 관전보의 폐기된 관아 건물에 머물라고 했어요. 그제야 명나라가 자신을 도와줄 생각이 없다고 판단한 선조는 망명을 포기합니다.

다행스러운 것은 선조의 아들 광해군이 분조(조정을 나눔)를 끌고 일본군과 싸울 수 있도록 백성을 다독이며 독려했다는 것이었어요. 또한 수많은 백성이 의병이 되어 자기 가족과 마을을 지키기 위해 싸웠어요. 무엇보다 이순신이 이끄는 수군이 남해안에서 일본군을 맞아 연승을 거두었어요. 조선이 일본군과 맞서 싸워 승리하는 모습을 확인한 명나라는 그제야 조선이 일본과 한편이 아니라는 사실을 인정하게 돼요. 명나라는 조선에서 전쟁을 끝내야 자기들이 피해 보지 않는다는 생각으로 군대를 파병합니다.

조승훈이 이끄는 5천여 명의 명나라군은 조선을 침략한 일본군을 아주 얕봤어요. 조선이 주는 정보를 비웃으며 아무 전략도 없이 평양성을 공격한 조승훈의 명나라군은 일본군에게 대패하고 말아요. 이 전투로 일본군이 매우 강하다는 사실을 알게 된 명나라는 총지휘관에 송응창, 도독에 이여송을 임명하며 조선에 2차 원군을 보내요. 1차와는 비교도 되지 않을 정도로 병력이 늘어난 4만 3천 명의 대군이었어요. 1차 때와는 달리 조선과 협력하여 일본군 1만 명을 죽이며 평양성을 되찾는 데 성공합니다. 그러나 여기까지가 끝이었어요. 이여송은 기세를 몰아 일본군을 공격해야 한다며, 조선의 만류를 듣지 않고 한양으로 내려갔어요. 승리에 도취한 나머지 주력군인 포병 없이 기마병만을 이끌고 말이에요. 일본군은 명나라 군대가 내려온다는 정보를 입수하고는 벽제관에서 남쪽으로 3km 떨어진 숫돌고개 여석령에서 매복했어요. 이를 알지 못한 이여송의 명군은 제대로 싸워 보지도 못하고 크게 패배하고 물러납니다.

문제는 명나라군의 패배로 끝나지 않았다는 거예요. 평양성을 탈환하자, 권율을 비롯한 각 지방의 관군이 명나라군과 함께 한양을 수복하기 위해 북상하고 있었어요. 권율은 행주성, 전라병사 선거이는 금천 광교산, 전라도소모사 변이중은 양천, 충청병사 허욱은 통진, 창의사 김천일은 강화도에서 명나라 군대와 합동 작전을 펼치려 대기하고 있다가 고립되고 말아요. 일본군 총대장 우키타는 이 기회를 이용해 조선군의 연합 전선을 깨뜨리기 위해 3만의 대군을 동원하여 행주산성을 공격했어요. 행주산성의 권율과 수천의 병사는 일본의 3만 대군을 막아 내야 하는 불리한 상황이었지만 도망치지 않았어요. 성안에 있는 모든 화력을 동원하여 일본군에 맞서 싸웠어요. 분전한 결과 고니시가 이끄는 선봉 부대를 비롯해 이시다 미쓰나리가 이끄는 제2군과 구로다의 제3군의 공격을 모두 막아 내요. 일본 총대장 우키타는 수천에 불과한 조선군을 상대로 승리를 거두지 못하자 불안해지고 초조해졌어요. 일본군을 행주산성으로 더욱 몰아붙였고, 그 결과 수적 열세던 조선군은 점차 밀려나 제1 성책이 무너지고 제2 성책까지 후퇴해야 했습니다.

권율은 어려워진 상황을 타개하기 위해 총대장 우키타를 향해 모든 화력을 쏟아부었어요. 그 덕분에 우키타가 상처를 입어 후방으로 빠지게 되자, 조선군의 사기가 다시 올라왔어요. 이후 이시다 미쓰나리 등 일본 장군들이 연이어 부상당하며 조선의 매운맛을 제대로 봐야 했어요. 그러나 궁지에 몰린 일본군도 만만치는 않았어요. 여기에서 패배하면 한양마저도 빼앗길지 모른다는 절박함에 쉬지 않고 행주산성을 향해 달려들었어요. 전투가 오래도록 이어지면서 조선군의 화살과 화약이 다 떨어지게 돼요. 무기가 떨어지면 전투 의지가 상실되어 도망칠 수도 있는데, 조선군은 절대 밀려날 수 없다는 의기를 더욱 뿜어냈어요. 주변에 있는 돌멩이를 집어 일본군을 향해 던졌고, 일본군이 가까이 오면 맨손으로 싸우기를 주저하지 않았어요. 이런 모습에 성안에 있던 부녀자들도 돌멩이를 치마에 담아 관군에게 나르며 일본군에 맞서 싸웠습니다.

이처럼 행주산성의 조선군은 모든 상황이 열세였지만, 누구 하나 뒤로 물러나는 사람이 없었어요. 조선군의 투지에 일본군은 결국 전투를 포기하고 후퇴해요. 여기에는 총대장 우키타의 부상과 한양을 오랫동안 비워둘 수 없던 상황도 영향을 미쳤어요. 행주대첩은 전세가 역전될 수 있는 위기를 극복한 극적인 승리였어요. 조선 정부는 행주대첩의 승리를 이용하여 이참에 한양을 수복하자고 명나라군에 요청했어요. 그러나 벽제관 전투에서 간신히 목숨을 부지했던 이여송은 조선 정부의 요청에 응하지 않았어요. 오히려 우리의 뜻과는 정반대로 일본군과 강화 협상에 나섰어요. 조선은 명나라군이 아니더라도 충분히 한양을 수복할 좋은 기회였지만, 군 지휘권을 명나라에 넘긴 상황에서 아무것도 할 수 없었어요. 그저 명나라와 일본이 강화 협상을 맺는 것을 제3자가 되어 쳐다만 봐야 했습니다.

1598년 11월 1일 (선조 31년)
통제사 이순신 전사하다

유정(명나라 제독)이 순천의 적의 병영을 다시 공격하고, 통제사 이순신이 수군을 거느리고 그들의 구원병을 크게 패퇴시켰는데 순신은 그 전투에서 전사하였다. (중략) 순신의 형의 아들인 이완이 그의 죽음을 숨기고 순신의 명령으로 더욱 급하게 싸움을 독려하니, 군중에서는 알지 못하였다. 진린이 탄 배가 적에게 포위되자 이완은 그의 군사를 지휘해 구원하니, 적이 흩어져 갔다. 진린이 순신에게 사람을 보내 자기를 구해 준 것을 사례하다 비로소 그의 죽음을 듣고는 놀라 의자에서 떨어져 가슴을 치며 크게 통곡하였고, 우리 군사와 중국 군사들이 순신의 죽음을 듣고는 병영마다 통곡하였다. ─《선조수정실록》32권

1593년 3월 명나라와 일본은 조선을 배제하고는 강화 관련 협상을 진행했어요. 명나라는 조선 영토의 반환, 조선의 두 왕자와 대신 송환, 도요토미 히데요시의 사죄가 이루어지면 그 대가로 히데요시를 일본 왕으로 책봉하겠다는 조건을 내걸었어요. 반면 일본은 명나라가 일본에 강화사를 보내고 군대를 요동으로 철수시키면, 두 왕자와 대신을 돌려보내는 것과 동시

에 한양에서 철수하겠다고 대답했어요. 명나라 경략 송응창은 일본의 요구를 명나라 황제가 들어줄 리 없다고 판단했어요. 그래서 일본군의 요청에 따라 자신의 부하 장수 사용재와 서일관을 명나라 조정이 보내는 강화사로 위장시켜 일본으로 보냈어요. 이에 일본군도 한양에서 물러나 경상도에 주둔합니다.

도요토미 히데요시는 가짜 명나라 사신단 사용재·서일관에게 일곱 개의 조건을 제시했어요. 그가 요구한 조건 중 "명의 공주를 일왕의 후비(후궁)로 보내라. 조선의 4도를 일본에 할양하라. 조선이 일본에 영원한 항복을 서약하게 하라"는 명나라가 도저히 받아들일 수 없는 항목이었어요. 기꺼이 진행되던 협상까지 모두 어그러트릴 만한 어마어마한 조건이었거든요. 그러나 명나라 대표 심유경과 일본 대표 고니시는 이를 두고 교묘하게 명·조선·일본 모두를 속이기로 해요. 고니시는 "조선의 방해로 명나라에 조공을 바치지 못해 부득이하게 군사를 일으킨 것입니다. 황제께서 번왕의 칭호를 내려 주신다면 대대로 명의 신하가 되어 영원히 공물을 바치겠습니다"라는 거짓말로 가득한 항복 문서를 심유경에게 주었어요. 대신 심유경은 조선 왕에게 조선의 4도를 일본에 넘겨주어야 한다고 회유 및 압박을 넣었어요.

한마디 상의도 없이 우리 영토를 일본에 넘겨준다는 것을 조선 조정이 용납할 수 있겠어요? 선조와 조정 대신들도 그동안의 모습과는 달리 절대로 강화 협상을 인정할 수 없다고 강력하게 맞섰어요. 하지만 돌아오는 답변은 조선이 군량을 제대로 조달하지 못해서 철수하겠다는 협박이었어요. 한·중·일 세 나라의 지도자를 속이려 한 이들의 계획은 다행히도 오래 가지 못했어요. 어찌 보면 오래가지 못할 거짓말이기도 했어요. 그들이 감당할 수 없을 만큼 큰 거짓말이었거든요. 결국 이들이 추진했던 강화 협상은 결렬되고 맙니다.

이런 사실을 알지 못했던 도요토미 히데요시는 강화 협상 결렬이 자신을 무시한 처사라며 1597년 다시 전쟁을 일으키고자 했어요. 그래서 14만의 병력을 조선에 보내기 전에 제일 먼저 하려던 일이 이순신 제거였어요. 이순신이 이끄는 조선 수군이 제해권을 장악하고 있는 한, 전쟁의 승리를 장담할 수 없다는 것을 잘 알았거든요. 일본은 선조를 비롯한 조선의 관료들에게 거짓 정보를 흘려 이순신을 삼도수군통제사에 쫓아내 백의종 군하도록 만들었어요. 이순신의 뒤를 이어 삼도수군통제사에 오른 원균은 무리하게 전선을 운영하다가 칠천량에서 조선의 모든 수군을 잃어요. 이제 더는 겁날 것이 없는 일본군은 전라도 남원과 전주를 함락하며 무서운 속도로 북상했어요.

일본군의 공격에 다급해진 선조는 이순신에게 일본 수군을 막으라고 지시했어요. 이순신은 다시 삼도수군통제사에 올랐지만, 운용할 전선과 병력이 하나도 없었어요. 그래도 여기서기 어렵게 수소문한 끝에 칠천량해전에서 도망친 배설을 찾아내어 12척의 배를 확보할 수 있었어요. 조선 조정은 12척의 군함으로는 일본 수군을 막아 낼 수 없다고 판단하고, 이순신에게 바다를 포기하고 육군에 합류하라고 명령했어요. 이때 이순신이 "전선의 수는 비록 적지만, 신이 죽지 않는 한 적은 감히 우리를 업신여기지 못할 것입니다"라는 유명한 말을 남기죠. 이순신은 물살이 매우 빠른 명량에서 일본 수군에 맞설 준비를 했어요. 그리고 자기 말이 틀리지 않았음을 보여 주었어요. 12척으로 133척의 배를 격퇴해 3만여 명의 일본 수군을 상대로 큰 승리를 거둬요. 어느 누구도 감히 예상치 못한 큰일을 해낸 것이었어요. 이를 우리는 명량대첩이라 불러요. 다행히 육지에서도 양호가 이끄는 명나라군이 충남 천안의 직산에서 일본군을 상대로 승리를 거두면서 일본군의 진격을 막을 수 있었어요. 하지만 조선과 명나라도 완전한 승기를 잡지 못하면서 전쟁은 소강상태에 빠지고 맙니다.

이런 가운데 도요토미 히데요시가 죽자, 일본군은 서둘러 철수를 준비했어요. 더는 조선에서 싸울 필요가 없어진 것도 있지만, 일본에 권력의 공백이 생긴 만큼 재빨리 돌아가 자신들의 권리를 찾아야 했거든요. 선조와 명나라는 일본군의 철수를 반겼지만, 이순신은 절대 있을 수 없는 일이라며 일본군이 돌아가지 못하도록 봉쇄했어요. 일본 상황이 정리되면 다시 쳐들어올 것이라고 생각한 것이죠. 들어올 때는 마음대로 들어와도 나갈 때는 그렇지 않다는 것을 확실히 보여 줘야 한다고 강력하게 주장했어요. 그 결과 일본군은 남해안 일대에 고립되었어요. 순천왜성에 고립되어 있던 고니시 유키나가는 명군에게 많은 뇌물을 바치고, 통신선 한 척을 몰래 내보내요. 통신선의 임무는 남해 일대에 주둔하고 있던 일본군이 한날한시에 도망갈 수 있게 노량 바다로 모이도록 하는 것이었습니다.

　　그 결과 1598년 11월 18일 노량 바다에 2만 명에 달하는 일본군이 승선한 500여 척의 왜선이 집결했어요. 반대편 순천왜성에는 군사 1만 5천 명에 전함 300여 척을 가진 고니시 유키나가가 노량으로 합류할 준비를 하고 있었고요. 이순신은 상황이 불리해져서 돌아가려는 일본군을 그대로 두면, 훗날 다시 조선을 침략할 것이라며 명나라 제독 진린을 설득했어요. 이순신의 진심이 명나라 제독 진린에게 통했고, 마침내 그는 63척의 전함을 끌고 조선군에 합류해요. 이순신은 "이 원수만 무찌른다면 죽어도 한이 없습니다"라고 외치며 출정해요. 이순신을 따르는 조선 수군과 명나라 수군 2만여 명이 승선한 총 146척의 전함은 일본군을 상대로 큰 활약을 펼쳤어요. 다음 날 새벽까지 전투가 이어졌고, 그 결과 일본은 200여 척의 전선이 침몰하고, 100여 척이 나포돼요.

　　이순신은 이것만으로는 만족하지 못했어요. 한 명의 일본군이라도 더 죽여 다시는 감히 조선을 침략하지 못하도록 만들어야 한다는 집념만이 있을 뿐이었어요. 하지만 안타깝게도 관음포로 도망가는 왜군을 쫓던 중 일본군이 쏜 총탄에 왼쪽 가슴을 맞고 말아요. 그 와중에도 이순신은 자신의 죽음으로 행여 일본군 쫓는 일을 멈출까 걱정했어요. 그래서 그 유명한 "나의 죽음을 알리지 말라"라는 말을 조카에게 남깁니다.

　　전투가 끝나고 이순신이 죽었다는 사실을 알게 된 명나라 제독 진린은 가슴을 치며 크게 울었어요. 전투에서 자신을 살려 준 이순신에게 어떻게 보답할지 고민만 했지, 이순신이 죽었을 것이라고는 전혀 생각하지 못 했거든요. 비단 이순신의 죽음을 슬퍼한 것은 진린만이 아니었습니다. 조 선 수군과 명나라 수군 모두가 통곡하며 그의 죽음을 받아들이지 못했어요. 그러나 조선의 국왕 선조는 그러지 않았어요. 이순신의 죽음을 보고받고 는 "알았다. 오늘은 밤이 깊었으니 비변사로 하여금 후임 통제사를 천거해 서 차출케 하라"라며 방으로 들어가 버렸어요. 그래도 다행이라고 말해야 할지 모르겠지만, 선조는 임진왜란이 끝나고 무공을 세운 18명의 신하에게 선무공신을 내리는 과정에서 이순신을 권율, 원균과 함께 일등 공신으로 인 정했어요. 하지만 후대 왕들과 신료들은 이순신을 선조처럼 저평가하지 않 았습니다. 이순신이 죽은 지 45년 뒤 숙종은 충무공이라는 시호를 내려요. 특히 정조는 이순신을 매우 높이 평가하여 영의정으로 추존하며 모두에게 모범이 될 만한 신하라는 사실을 매번 강조했습니다.

1605년 4월 1일 (선조 38년)
유정(사명대사)이 일본에서
우리나라 남녀 3천여 명을 쇄환하다

유정(惟政)이 일본에서 돌아오면서 우리나라 남녀 3천여 명을 쇄환하였다. 【유정은 승려이다. 갑진년 봄 왜인 귤지정이 와서 통신을 요구하니, 조정에서는 유정에게 가서 적정을 탐색하라고 명하였는데 이때 이르러 비로소 돌아왔다.】
— 《선조수정실록》 39권

7년간의 임진왜란은 노량대첩을 마지막으로 끝이 나요. 조선에 일본군이 더는 남아 있지 않았지만, 전쟁의 여운은 여전히 남아 있었어요. 또한 해결해야 할 전후 처리 문제가 산처럼 많이 쌓여 있었어요. 그런데 가장 중요하고 우선되어야 하는 문제가 일본의 재침입을 알아내는 것이었어요. 도요토미 히데요시는 죽었지만, 그의 뒤를 이은 사가 다시 조선을 쳐들어올지도 모르는 일이었으니까요. 하지만 조선의 어느 누구도 일본에 들어가 정보를 수집해 오려고 하지 않다는 게 문제였어요. 조선 사람 대부분이 7년간의 전쟁에서 일본군의 잔혹함을 보고 두려워했거든요. 선조로서도 일본에 보낸 사신단이 협박받아 돌아오지 못하거나, 의도치 않은 조약을 맺는다면 매우 난처할 수 있다는 생각에 깊은 고심에 빠졌어요. 이때 선조가 떠올린 인물이 사명대사였습니다.

사명대사는 누구일까요? 법호는 사명당이고, 법명으로는 유정이라 불린 사명대사는 10대 중반에 부모님이 죽으면서 김천 직지사에서 출가했어요. 고려와는 달리 조선은 불교를 억압했기에 승려는 천민과 다를 바없이 업신여김을 당했어요. 그래도 명종 때 보우대사의 노력으로 불교가 잠시 중흥되면서, 사명대사는 운이 좋게도 승과에 응시할 수 있었어요. 출가한 지 3년밖에 되지 않았음에도 사명대사는 오랫동안 공부해 온 승려들을제치고 승과에 급제할 정도로 뛰어난 능력을 보여 주었어요. 학식과 함께인품까지 뛰어났던 사명대사는 영의정까지 역임했던 박순과 노순신에게학문을 배울 정도로 당대 뛰어난 문인과 교류하며 지냈어요. 그 결과 조선에서 사명대사를 모르는 사람이 없을 정도로 유명 인사가 됩니다.

사명대사는 속세에 연연하지 않고 금강산 유점사에서 불도를 닦았어요. 그러한 때 임진왜란이 발발했고 일본군은 사명대사가 머무는 유점사에도 들어와 승려를 겁박하며 노략질을 자행했어요. 사명대사는 무자비한 행동으로 횡포를 부리는 일본군을 향해 가부좌 상태로 호통을 쳤고, 이에 일본군은 자신들의 행동을 부끄러워하고 반성하며 물러났어요. 사명대사는 일본군이 물러나자마자 그길로 근처 아홉 마을을 돌아다니며 어려움에 빠진 백성을 돌봤어요. 그러고는 스승 휴정이 있는 평양 근처 순안으로 가서 일본군과 맞설 승병을 이끌었어요. 이때 사명대사는 "나라와 백성을 등지고 세상일을 잊어버리는 것이 불자의 도리는 아니며, 산중에서 세속 티끌을 떠나 마음을 닦는 선승의 참뜻은 세상의 백성을 구제하려는 것이다"라며 불교의 계율을 지켜야 하는지 고민하는 승려들에게 해답을 내려 주었어요.

사명대사는 평양성을 탈환하려는 조·명 연합군에 승병 2천 명을 데리고 참여했어요. 건봉사 사적비문에 따르면 사명대사는 대동강 남쪽으로 건너가 왜적의 통로를 차단한 뒤 명나라군과 함께 모란봉의 적진을 향해 돌진하여 2천 명의 일본군을 사살했다고 해요. 훗날 성호 이익은 평양성 전투를 두고 《성호사설》에서 "우리나라가 약해지기는 했어도 군사가 많았다. 사명대사가 거느린 승군이 참여해 기이한 작전을 많이 썼으니 이여송을 기다릴 필요가 있었겠는가?"라고 평가해요. 이런 기록은 사명대사가 이끄는 승병이 얼마나 큰 활약을 했는지 충분히 예상하게 해 줍니다.

평양성 전투가 끝난 이후 행주산성에서 권율이 이끄는 조선 관군에게 패배한 일본군은 식량과 보급품을 보충하기 위해 양주로 일부 병력을 보냈어요. 이때 사명대사는 양주 목사 고언백과 연합 작전을 펴서 사흘 동안 일본군과 싸워 승리를 거둬요. 이 전투를 노원평 전투라고 하는데, 이를 계기로 일본군은 식량 및 보급품을 제대로 확보하지 못해서 경상도로 물러나게 돼요. 조선 정부는 이 공로로 사명대사에게 선교양종판사를 내려 주었어요. 여기서 그치지 않고 관직을 내려 줄 테니 환속하는 것이 어떻겠냐고 제의해요. 불교를 천대하던 당시 모습을 떠올려 봤을 때, 조선 정부가 사명대사의 능력을 얼마나 필요로 했는지를 충분히 알 수 있습니다. 더불어 조정 대신들이 반대하지 않았다는 점에서 사명대사가 훌륭한 인품과 함께 병법에 능통한 재주를 가졌음을 보여 줍니다.

사명대사는 일본군이 있는 곳이라면 어디라도 마다하지 않고 달려가 싸웠어요. 경상도로 내려간 사명대사는 전투를 벌이면서도 백성을 보호하기 위해 성을 쌓는 등 궂은일을 마다하지 않았어요. 특히 이 시기의 사명대사는 조선을 따돌리고 몰래 강화 협약을 맺으려는 명나라와 일본군의 의도를 밝혀내는 데 큰 공로를 세워요. 일본이 조선의 4도를 요구하는 등 말도 안 되는 강화 조건을 내걸었다는 사실을 알게 된 사명대사는 즉시 가토 기요마사를 찾아갔어요. 강화 조건을 받아들이지 않는다면 재침략하여 조선 사람을 닥치는 대로 죽이겠다는 가토 기요마사의 말에 사명대사는 "옳은 일이 아니며 이로움을 찾지 말라"라고 답해요. 그러고는 옳은 일이 무엇인지, 일본이 무엇을 잘못하고 있는지를 가토 기요마사에게 조목조목 가르쳐요.

이때 가토 기요마사가 조선의 보배가 무엇인지 질문했는데 그에 대한 사명대사의 대답이 일품이었어요. 사명대사는 "너희로 인해 난리가 났는데 보배가 지금 어디 있겠는가? 굳이 보배를 찾는다면 조선의 보배는 오직 그대의 목이다. 그대가 없다면 조선은 전쟁 없이 편안해질 것이니 우리는 당신의 머리를 가장 값비싼 보배로 여긴다"라고 말해요. 자신 앞에서도 두려워하지 않고 올바른 길로 인도하려는 사명대사에게 가토 기요마사는 인생의 지침으로 삼을 글을 써 달라고 부탁할 정도로 존경을 표합니다.

임진왜란이 끝나고 나서도 사명대사는 사찰로 돌아가지 못했어요. 선조가 일본에 다녀오라는 명령을 내렸기 때문이에요. 모두가 두려워 가지 않으려는 일본이었지만, 사명대사는 한 치의 망설임도 없이 대마도로 가는 배에 몸을 실었어요. 무슨 일이 있어도 일본의 재침략 여부를 알아 오겠다는 일념밖에는 없었어요. 그러나 일본 본토에 들어가지 못하고 3개월 동안 대마도에서 아무 소득 없이 머물러야 했어요. 이대로는 안 되겠다고 생각한 사명대사는 주변의 만류를 뿌리치고 일본의 새로운 지배자인 도쿠가와 이에야스를 직접 만나러 가요. 후시미성에서 도쿠가와 이에야스와 두 번의 만남으로 사명대사는 '일본이 다시는 조선을 침략하지 않는다'는 약속을 받아 내요. 도쿠가와 이에야스는 약속을 꼭 지키겠다는 증표로 3천 명의 조선인을 쇄환하고, 임진왜란 중 선릉과 정릉을 도굴한 일본인을 찾아내 조선에 보내겠다고 약속합니다.

중차대한 임무를 완수한 사명대사가 조선으로 돌아가는 길목마다 일본군이 배치되었어요. 이것은 사명대사를 만나기만 하면 고향으로 돌아갈 수 있다는 희망으로 몰려드는 조선인과 이들을 저지하려는 일본인들로 소동이 일어났기 때문이에요. 이러한 사정을 알게 된 사명대사는 한 명의 조선인이라도 더 데려오기 위해 조선으로 향하는 걸음을 최대한 늦췄어요.

반면 이런 사정을 모르는 선조는 불안감으로 매일 밤을 뜬눈으로 새우다시피 했어요. 일본이 재침략하는지 알아보러 간 사명대사가 10개월이 되도록 돌아오지 않자, 또다시 전쟁이 일어날까 두려웠거든요.

그런 와중에 사명대사가 다시는 침략하지 않겠다는 일본의 약속과 함께 3천 명의 백성을 데려왔으니 얼마나 고마웠겠어요. 선조는 사명대사의 공로를 높이 사서 종2품에 해당하는 가선대부 동지중추부사를 내려 주었어요. 하지만 관직에 아무 욕심이 없던 사명대사는 다시 불도를 닦기 위해 사찰로 돌아갔고, 1610년 해인사에서 입적합니다.

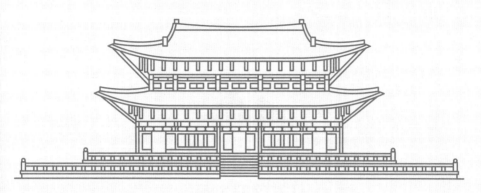

선조의 후궁 공빈 김씨의 둘째로 태어났다. 선조는 임진왜란이 발발하고 피신 가는 도중 광해군을 세
자로 책봉했다. 하지만 임진왜란이 끝나고 영창대군을 다음 왕으로 세우려는 선조로 인해 광해군은
재위 기간 국정을 어렵게 운영해야 했다. 정통성이 약했던 광해군은 친형 임해군과 이복동생 영창대
군을 죽이고, 인목대비를 유폐시켰다. 경기도에 대동법을 시행,《동의보감》간행, 중립 외교 등 국익을
우선하는 정책을 펼쳤지만, 궁궐 준공 등 지나친 토목 공사와 폐모살제를 명분으로 삼은 인조반정으
로 왕위에서 쫓겨났다.

제 15 대

광해군

(1575~1641, 재위 : 1608.2~1623.3)

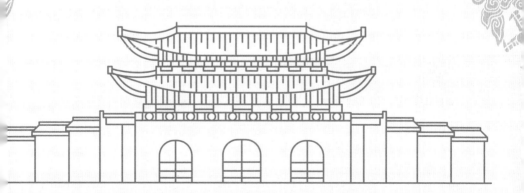

1608년 2월 8일 (광해 즉위년)
선조의 묘호를
조라고 일컫는 것이 옳다고 아뢰다

"대행 대왕의 묘호를 지금 바야흐로 논의하고 있는데 신들의 의견은 모두 '대행 대왕께서는 나라를 빛내고 난을 다스린 전고에 없던 큰 공렬이 있으니, 진실로 조(祖)라고 일컫는 것이 마땅하다'라고 하였습니다. 예로부터 제왕이 공을 세운 경우에는 조(祖)라고 일컫고 덕이 있는 경우에는 종(宗)이라고 일컫는 뜻이 이 때문인 것입니다. 지금 묘호를 조라고 일컫는 것이 온당할 것 같습니다. 감히 여쭙니다" 하니, 답하기를, "나의 뜻도 이와 같으니 아뢴 내용대로 조라고 일컫는 것이 매우 온당하겠다." - 《광해군일기》 1권

우리는 왕을 지칭할 때 묘호를 사용하고 있어요. 묘호란 종묘에 신위를 모실 때 붙이는 이름으로 조(祖)와 종(宗)으로 끝나요. 물론 예외도 있어요. 연산군과 광해군처럼 왕위에서 쫓겨난 경우에는 임금으로 인정하지 않아서 조와 종을 붙이지 않아요. 그럼 조와 종은 어떤 기준으로 사용하는 것일까요? 《태조실록》 황조실 책호문을 보면 정도전이 묘호에 관련하여 "공이 있

는 임금은 조를 사용하고, 덕이 있는 임금은 종을 사용한다"라고 규정해 놨어요. 이것에 따르면 조와 종 무엇이 더 좋거나 우월하다고 말하기가 어려워요. 즉, 조선시대는 조와 종에 큰 차이를 두지 않고 사용했습니다.

조선 전기의 왕 중에서 조를 묘호에 사용한 왕은 두 명밖에는 없어요. 조선을 건국한 태조와 계유정난을 통해 왕실을 지켜 냈다고 주장한 세조 외에는 모두가 묘호에 종을 사용했어요. 그럼 연산군을 내쫓고 왕이 된 중종은 조를 사용하지 않았을까요? 중종이 죽자 묘호를 두고 세조처럼 반정으로 왕이 되었으니 조를 사용하자는 주장이 초반에 우세했어요. 그러나 중종이 반정을 처음부터 주도하지 않았고, 성종의 직계는 연산군이 아닌 중종이라는 사실을 강조하는 것이 더 바람직하다며 종을 붙이기로 결정을 내립니다.

조와 종 어느 것을 사용할 것인지에 대한 논쟁은 광해군 이후 매우 민감한 사항으로 발전해요. 왕이 살아 있을 때는 한 번도 들어 보지도 못할 묘호가 죽은 뒤에 중요해지는 이유는 무엇 때문일까요? 선조와 광해군이 적장자가 아닌 방계 출신이라는 콤플렉스를 가지고 있었기 때문이에요. 양반의 경우 첩 사이에서 태어난 서얼들은《경국대전》에서 문·무과나 생원·진사시에 응시하지 못하도록 규정하는 등 차별받았어요. 사회적으로도 재산을 물려받지 못하고, 자손으로 인정하지 않아 제사에 참여하지 못하는 등 여러 제약이 따랐고요. 양반도 이런 차별을 받는데, 왕의 경우는 어떨까요? 더 엄격한 잣대를 적용해야 한다고 생각하지 않았을까요? 그런데 선조는 조선 최초의 방계 출신으로 왕위에 오른 인물이에요. 중종의 서자 중 일곱 번째 아들이던 덕흥군의 셋째 아들인 선조가 왕위에 올랐으니, 많은 이들이 수군덕거릴 수밖에 없었어요.

선조는 방계 출신의 왕이라는 한계를 극복하기 위해 평생을 노력했지만, 정작 자신부터가 방계라는 한계를 넘어서지 못했어요. 여기에 적장자가 아니라는 콤플렉스를 가진 선조는 의인왕후로부터 20년 가까이 자식을 생산하지 못했어요. 자신이 방계 출신이라 후궁에게서만 아들을 낳는다고 신료들이 생각하는 게 싫었던 선조는 세자 책봉을 임진왜란이 일어나기 전까지 거부했어요. 반면 많은 조정 대신들은 세자를 책봉해야 안정적인 국가 운영이 가능한 만큼, 광해군을 세자로 책봉하자고 주장했어요. 그러다 선조의 미움을 받아 정계에서 쫓겨나기도 했어요. 대표적으로 1591년 서인의 정철이 선조의 의중을 제대로 살피지 않고 광해군을 세자로 책봉하자고 건의했다가 파직당한 일이 있어요. 이를 건저문제라고 합니다.

어떡하든 적장자를 낳아 방계라는 꼬리표를 떼고 싶었던 선조는 신하들의 입에서 세자로 거론되는 광해군이 너무도 싫었어요. 그런 가운데 임진왜란이 발발해요. 일본군은 밑에서 빠른 속도로 올라오는데 명나라는 도와줄 생각을 하지 않자 이에 불안해진 선조는 왕에서 물러나고 싶었어요. 그래서 임진왜란이 발발한 지 보름 만에 광해군을 세자로 책봉하고는 이튿날 새벽 피난길에 오릅니다.

이렇게 일단락되었던 세자 책봉이 1606년 선조의 계비 인목왕후가 영창대군을 낳으면서 다시 불거지게 돼요. 선조는 서자 출신의 광해군이 아닌 적장자 영창대군에게 왕위를 물려주고 싶었어요. 하지만 이 문제는 왕이라고 해서 마음대로 결정할 수 있는 일이 아니었어요. 이미 광해군을 세자로 책봉했고, 임진왜란에서도 맡은 바 일을 훌륭하게 처리하는 모습을 관료와 백성이 다 봤거든요. 오히려 백성들은 제 살길을 찾아 도망치기에 급급했던 선조보다 자신들과 동고동락하며 일본군과 싸운 광해군을 더 좋아했어요. 선조는 서자 출신의 광해군이 세자로서 처신과 업무를 잘 처리할수록, 자신이 비난받는다고 느꼈어요. 어떡하든 선조는 세자의 자리에서 미운 광해군을 끌어내리고만 싶었어요.

선조는 55세에 낳은 영창대군을 세자로 만들기 위해서는 무엇보다 영창대군을 지지하고 지켜 줄 신료를 육성하는 것이 중요하다고 생각했어요. 이를 위해 선조는 노골적으로 문안 인사를 받지 않고, 연회에 초청하지 않는 등의 행위로 광해군을 따돌렸어요. 그 결과 조정은 광해군을 지지하는 대북파와 영창대군을 지지하는 소북파로 나눠지게 돼요. 하지만 영창대군에게 왕위를 물려주려는 선조의 바람은 이뤄지지 않아요. 1608년 선조가 갑자기 죽으면서 그의 노력은 수포가 되어 버립니다.

영창대군을 왕으로 즉위시켜도 지켜 줄 힘이 없던 인목대비는 고심 끝에 왕위를 광해군에게 넘겨줘요. 왕으로 즉위한 광해군은 자신을 왕으로 인정하지 않으려는 반대 세력이 조정에 있다는 것이 불안했어요. 그래서 가장 먼저 한 일은 자신을 위협하는 세력을 제거하는 동시에 정통성을 확립하는 일이었어요. 우선 선조가 영창대군을 보살펴 달라고 부탁했던 일곱 명의 대신을 숙청해요. 그러고는 아버지의 묘호를 선종이라고 붙이자는 의견에 반대 의사를 밝혀요. 선조가 태조 이성계의 조상을 바로잡는 종계변무와 임진왜란 때 쳐들어온 일본군을 내쫓아 승리한 공로를 내세워 조를 사용해야 한다고 주장했어요. 이것은 선조가 나라를 건국한 것과 맞먹을 정도로 큰 공로를 세웠으니, 더는 방계라는 꼬리표를 달지 말라는 메시지를 암암리에 신하들에게 전달한 것이었어요. 또한 광해군 자신도 아버지를 도와 일본군에 맞서 싸운 공로가 있는 만큼, 서자라는 것을 더는 문제 삼지 말라는 경고이기도 했습니다.

광해군이 종보다 조를 더 높게 평가한 인식은 후대 왕에게 영향을 미쳤어요. 19세기 왕권이 약한 상황에서 적장자 출신이 아니어서 정통성마저 내세울 것이 없었던 철종과 고종은 선왕의 묘호에 조를 붙이고자 했어요. 그 결과 영조와 정조 그리고 순조의 묘호가 종에서 조로 바뀌어요. 그전까지와 달리 영종이 영조로, 정종이 정조로, 순종이 순조로 바뀐 것이죠. 하지만 철종과 고종이 원하는 것처럼 자신의 왕권이 강화되지는 못했어요. 묘호에 조를 사용하는 것보다 더 중요한 것은 임금이 어떤 마음으로 백성과 나라를 위해 정치를 하느냐가 아닐까요.

1620년 3월 28일 (광해 12년)
비변사가 강홍립의 입국을
반대하나 따르지 않다

사신은 논한다. 강홍립 등이 군사들을 자기 멋대로 이끌고 노적(건주여진족)에 투항하여 나라를 팔고 생명을 유지하고 있다면, 그의 임금을 잊고 나라를 저버린 죄는 진실로 피하기 어려운 것이다. 마땅히 즉시 나라의 형벌을 시행하여 그의 머리를 중국에 전달해야 한다. 비국이 차꼬(죄수가 도망가지 못하도록 채우는 도구)에 채워 올려 보내라고 한 것도 후하게 용서한 책망을 면하지 못할 것이다. 그런데 위에서 도리어 '무슨 나라를 저버린 일이 있는가'라는 전교를 하였으니, 애석한 일이다. - 《광해군일기》 150권

임진왜란이 끝난 이후 동아시아 국제 정세는 빠른 속도로 변해 갔어요. 일본은 도요토미 히데요시가 죽은 이후 서군의 이시다 미쓰나리와 동군의 도쿠가와 이에야스가 정권을 잡기 위해 충돌했어요. 그 결과 세키가하라 전투에서 승리한 도쿠가와 이에야스가 에도 막부를 열고 안정적으로 국가를 경영해요. 에도 막부는 조선의 통신사를 통해 권력 확보의 정당성을 가져온

만큼 한동안 조선에 개입하지 않아요. 또한 쇄국 정책으로 동아시아 여러 나라와 엮이지 않고 자신들만의 세상에서 살아가게 돼요. 반면 중국은 명에서 청으로 왕조가 바뀌는 대혼란기에 빠져요.

청을 세운 만주족이 어떤 사람들인지 알아볼까요? 만주족은 조선 전기까지 명과 조선 사이에서 여러 부족으로 분열되어 하나의 국가를 세우지 못하던 여진족이에요. 그러다가 건주여진의 누르하치에 의해 통합되면서 막강한 힘을 갖기 시작해요. 누르하치는 임진왜란 때 참전하여 조선을 돕겠다는 의사를 밝히며, 과거와는 다른 위상을 보여 주고 싶었어요. 이제 자신들을 만만하게 보고 이용할 생각을 하지 말라고요. 더불어 명과 조선의 전투력을 가늠하는 동시에 자신들의 힘이 어느 정도인지를 확인해 보고 싶은 마음도 있었어요. 물론 여기에는 일본군은 쉽게 섬멸할 수 있다는 자신감이 있었겠지요. 명나라는 임진왜란 초기 일본에 고전을 면치 못하자 누르하치의 제안을 받아들이려고 했어요. 그러나 곧 자신들의 군사력이 약하다는 사실이 들통날까 두려워 거절했어요. 누르하치는 임진왜란에 참전하지는 못했어도, 바로 옆에서 명나라와 조선의 군사력이 예전처럼 강하지 못하다는 사실을 똑똑히 확인할 수 있었어요. 이제 자신들이 나라를 세워도 명과 조선이 어찌할 수 없다고 확신한 누르하치는 1616년 후금을 건국합니다.

반면 조선은 동아시아 국가 중에서 가장 상태가 좋지 못했어요. 한반도가 7년 동안 전쟁의 중심지였던 만큼 많은 사람이 죽고, 농경지가 황폐해졌어요. 기록에 따라 차이는 있지만, 농경지는 150만 결에서 30만 결로, 인구는 416만에서 152만 명으로 줄었다고 할 정도로 엄청난 큰 피해를 보았어요. 또한 호적과 양안˙도 소실되어서 국가에서는 세금을 얼마큼이나 걷을 수 있는지 제대로 파악조차 하지 못했어요. 이처럼 국가가 망할 위기에서 선조가 죽고 광해군이 즉위합니다.

이때 명과 후금이 충돌해요. 누르하치는 '누르하치의 조부와 부친이 억울하게 살해당했다. 명나라가 약속을 어기고 여진족 일에 개입했다' 등 일곱 가지의 이유를 내세운 칠대한을 발표하고는 요동 지방을 공격하여 무순과 청하를 함락시켰어요. 이 일을 계기로 명나라는 후금이 더 성장하기 전에 정벌하기로 마음먹고, 1619년 조선에 후금 정벌에 참전하라고 명령해요. 명나라의 요구는 임진왜란으로 인한 피해를 복구도 하지 못한 조선에 어려운 숙제였어요. 명나라를 상국으로 모셔 왔던 역사를 다음으로 치더라도, 임진왜란에서 조선을 도와준 것을 모른 체하기가 어려웠어요. 그렇다고 명나라를 도와주었다가 무서운 속도로 성장하고 있는 후금의 보복을 받을까 두렵기도 했어요. 이러지도 저러지도 못하고 있을 때 후금에서 연락이 와요. 조선과 명나라가 합세하여 공격할까 두려웠던 후금은 "명의 잘못으로 무순과 청하를 침입한 것이니 조선은 어여삐 여기기를 바란다"라며 조선과 친분을 유지하고 싶다는 마음을 보여 주었어요. 물론 이렇게만 말한

˙ 조세 부과를 목적으로 논밭을 측량하여 만든 토지 대장.

것은 아니었어요. 후금과 조선은 아무런 원한이 없으니 명나라의 술책에 동요해서 군대를 파병하지 말라고 위협하는 것도 잊지 않았어요.

임진왜란 당시 명과 일본의 협상 과정을 바라보며, 정치와 현실 감각을 키웠던 광해군은 "명나라는 부자지간과 같은 나라이며 임진왜란을 도와주었다. 명나라에 문제가 생기면 선봉이 되어 도와주는 것이 맞지만, 우리는 병과 농이 분리되지 않아서 하루아침에 군대를 소집할 수가 없다. 또한 누르하치는 건주위*이만주**에 비교되지 않을 정도로 천하의 강적이다. 그러니 병력을 국경에 배치하여 적의 동태를 살펴 움직이는 것이 어떠한가? 우리의 군병이 약한 것을 돌아보지 않고 하루아침에 적진 깊이 들여보낸다면 필시 명나라에 방해만 될 뿐이다"라고 말했어요. 명나라를 도와주는 것이 맞지만, 우리의 현실을 고려한다면 후금을 압박하는 것이 조선이 취할 수 있는 최선이라는 것이 광해군의 주장이었어요. 분명 당시 조선의 현실에서 강대국 간의 전쟁에 최대한 개입하지 않는 것이 좋다는 선견지명이었지만, 다수의 조정 대신들은 광해군에 동의하지 않았어요. 대의명분만을 내세우며 명나라에 원군을 파병해야 한다고 강하게 주장할 뿐이었습니다.

결국 광해군은 대내외 반발을 최소화하기 위해 원정군 도원수로 강홍립, 부원수로 김경서를 임명하여 출병시켰어요. 광해군은 출병을 앞둔

● 　　두만강과 압록강 유역의 여진족을 통제하기 위해 명나라가 설치한 군대.

●● 　　건주위가 관리하던 여진족 추장.

강홍립을 불러 은밀히 밀지를 내렸어요. "명 장수들의 말을 그대로 따르지 말고, 오직 패하지 않을 방도만 강구하는 데 힘을 쏟아라"라고 적힌 광해군의 밀지는 강홍립이 반드시 이뤄 내야만 하는 목표가 되었어요. 그러나 강홍립은 출정부터 광해군의 밀지를 지키기가 쉽지 않았어요. 원정군은 군량이 도착하지도 않은 상황에서 명나라의 재촉으로 어쩔 수 없이 출정해야 했거든요. 그 결과 추위와 굶주림으로 전장에 도착하기도 전에 사기가 바닥에 떨어지고 맙니다.

그런데 더욱 큰 문제는 후금을 같이 정벌하기로 한 명나라군이 힘도 써 보지 못하고 연전연패했다는 점이에요. 그런 사실을 전혀 모르던 강홍립이 이끄는 조선군은 명나라군에 한시라도 빨리 합류하기 위해 진군하다가 후금군과 마주하게 돼요. 아무 준비도 하지 못한 상황에서 김응하와 이일원이 이끄는 조선군은 열심히 싸웠어요. 그러나 모든 것이 열세인 상황, 화승총을 주력 무기로 하는 조선군을 날씨마저도 도와주지 않았어요. 결국 1만 3천 명의 원정군 중 병사 9천여 명이 전사하고 말아요. 원정군 모두가 몰살될 위기에 처하자 강홍립은 끝까지 싸울지 아니면 항복할지 깊은 고민에 빠졌어요. 그때 후금의 사신이 강홍립을 찾아와서는 양국이 서로 아무런 원한도 없는데 군대를 왜 파병했는지를 물었어요. 이에 강홍립이 조선의 사정을 설명하면서 어쩔 수 없이 이루어진 파병이라고 설명했고, 후금 사신은 이해한다고 말했어요. 그러면서 지금이라도 항복하면 어떤 보복도 없을 거라고 약속했어요. 후금의 사신이 전투를 이어 갈 수 없는 조선의 군대를 찾아와 항복할 기회를 준 것은 사실 강홍립의 역할이 컸어요. 강홍립은 전투 이전에 역관 하서국을 통해 조선군의 출정이 부득이하게 이루어졌음을 후금에 알렸거든요.

항복한 강홍립은 후금의 도성인 허투알라로 끌려가 누르하치를 만나게 돼요. 강홍립은 다시 한번 조선의 출정이 어쩔 수 없이 이루어진 것이라고 설명하면서 포로로 잡힌 병사들을 석방해 달라고 부탁했어요. 누르하치도 조선을 지금 당장 적으로 돌릴 생각이 없었던 만큼 강홍립의 의견을 받아들여 조선 병사를 석방하여 고향으로 돌아갈 수 있게 해 줬어요. 하지만 강홍립과 부장 10여 명은 풀어 주지 않고 후금에 억류시켰어요. 그렇다고 홀대하지는 않았어요. 요동지휘사 딸을 강홍립에게 시집보낼 정도로 후한 대접을 해 줬어요. 이것은 조선을 적으로 만들고 싶지 않다는 후금의 표현이었어요. 강홍립도 이 기회를 이용하여 조선과의 강화를 두고 벌이는 후금 내 의견 대립이나 군사 행동을 조사하여 광해군에게 몰래 알렸어요. 이런 노력에 힘입어 광해군은 명과 후금 사이에서 중립 외교를 효과적으로 수행하여 평화와 안정을 가져올 수 있었습니다.

그러나 명과 조선의 많은 관료는 강홍립을 배신자로 낙인찍고 비난했어요. 명나라가 의도적으로 군대를 항복시켰다며 조선에 압력을 가하자, 비변사와 삼사는 강홍립과 김경서 등 장수들의 직명을 삭제하자고 주장했어요. 더 나아가 그들의 가족까지도 처벌해야 한다고 말했어요. 광해군은 어떻게든 강홍립을 보호해 주려고 "강홍립이 무슨 나라를 판 일이 있는가"

라며 두둔했어요. 더 나아가 강홍립이 가족들과 자유롭게 연락할 수 있도록 도와주었어요. 그러나 인조반정으로 광해군이 쫓겨나자, 강홍립은 조선에서 버려지게 돼요. 정묘호란 당시 강화 협상을 위해 노력한 공로를 인정받아 그토록 원하던 고국으로 돌아오게 되나, 후금의 조선 침공을 유도했다는 이유로 조선 조정의 끊임없는 비난을 받아야만 했어요. 여기서 그치지 않고 강홍립을 처형해야 한다는 상소가 계속 올라왔어요. 결국 관직이 삭탈당하는 수모를 겪는 과정에서 몸과 마음이 상해 버린 강홍립은 병으로 죽고 맙니다.

1620년 11월 3일 (광해 12년)
경덕궁과 인경궁 공사의 일을 적절히
분담시킬 것을 명하다

"신들이 살펴본 결과 경덕궁 공사는 대충 마무리가 되어 가고 있고, 아직 조금 남아 있는 곳이래야 처마 밑 뜰을 쌓고 담을 쌓고 하는 자질구레한 일들에 지나지 않습니다." (중략) "알았다. 내가 보기에 경덕궁 공사는 거의 끝나고 약간 남아 있는 곳이래야 방을 놓고 담을 쌓는 일 정도인데 그래도 낭청·감조관은 각기 두 명씩을 아주 근간한 사람으로 골라 공사 감독을 하게 하고, 그 나머지 낭청·감조관은 모두 인경궁으로 보내 서로 분담해서 공사를 감독하게 하라." - 《광해군일기》 158권

광해군에 대한 평가는 시대에 따라 계속 변화됐어요. 이것은 광해군의 업적과 과오가 너무도 극명해서 그래요. 어떤 관점으로 보느냐에 따라 평가가 달라질 수밖에 없거든요. 중립 외교와 《동의보감》 편찬 그리고 경기도의 대동법 시행 등은 현실을 직시하지 못하고 명분만 강조하던 당시 사대부보다 훨씬 낫다는 평가를 받아요. 그러나 광해군은 전쟁 직후 열악한 재정 상태

를 감안하지 않고 궁궐 짓는 데 몰두해요. 급하지도 않고, 또 당장 필요하지도 않은 창경궁, 인경궁, 경덕궁(훗날 경희궁)을 추가로 지으면서 많은 신료와 백성의 원망을 받는 모습은 잘못이라는 평가를 받습니다.

광해군이 궁궐에 집착을 보였던 것은 서자로 왕위에 오르면서 정통성이 약한 것이 가장 큰 원인이었어요. 세자가 되기 이전부터 선조의 미움을 받았고, 왕으로 등극한 이후에는 정책을 결정할 때마다 신하들의 반대에 부딪히면서 한계를 느껴야만 했어요. 이를 해결하려는 방법으로 광해군은 풍수지리에 집착했어요. 《광해군일기》에 "왕이 지관 이의신에게 몰래 묻기를 '창덕궁은 큰일을 두 번 겪었으니 내가 머물고 싶지 않다'라고 말했는데 이는 단종과 연산군이 폐위된 일을 가리키는 것이다. 이의신이 대답하기를 '이는 고금의 제왕가에서 피할 수 없었던 변고입니다. 빨리 옮기시는 것이 좋습니다'라고 말했다. 이에 창경궁을 고치도록 재촉하곤 궁이 완성되자 또 머물지 않고, 두 개의 새 궁을 짓도록 했다. 완공한 뒤 거처하려고 했기 때문에 경덕궁을 먼저 짓고 인경궁은 완성되지 못했다"라는 대목이 있습니다. 이는 광해군이 왜 궁궐에 집착했는지를 명확히 보여 줍니다.

광해군은 창덕궁이 불길하다고 여겨 월산대군의 사저이던 경운궁(훗날 덕수궁)에서 오랫동안 지냈어요. 7년 후에 창덕궁으로 거처를 옮겼으나 만족하지 못하고, 이듬해 또다시 창경궁을 싯도록 지시를 내려요. 다행히 창덕궁과 창경궁은 기존에 있던 궁궐이어서 재건하는 데 시간과 비용을 크게 절감할 수 있었어요. 정작 문제가 된 궁궐은 인경궁과 경덕궁이었어요.

관료들은 궁궐을 짓지 못하도록 여러 이유를 제시하며 반대했지만, 광해군의 주장을 꺾지는 못했습니다.

사실 광해군은 한양의 기운이 약해졌다는 이의신의 주장을 받아들여 파주 교하로 도읍을 옮기고 싶었어요. 당연히 관료들은 엄청난 비용이 드는 천도에 강력하게 반대 의사를 표명했어요. 그럼에도 광해군의 뜻이 꺾일 생각을 하지 않자, 성지와 시문용이 인왕산 아래가 궁궐을 지을 만하다며 타협안을 제시했어요. 광해군의 총애를 받던 이이첨도 "교하에 도읍을 옮기는 것을 중지하고, 인왕산 아래에 궁궐을 지으면 백성들이 앞다투어 달려올 것입니다"라고 말하자, 광해군도 더는 파주로 도읍을 옮기는 것을 주장하지 않았어요. 관료들도 그제야 파주로의 천도가 무산되는 것에 만족하며 인경궁 건설에 크게 반대하지 않았습니다.

인경궁이 세워질 공간은 인왕산 아래 사직단 동쪽으로 과거 태종 이방원의 사저가 있던 장소였어요. 조선시대 성군이었던 세종과 문종 그리고 강력한 왕권을 행사했던 세조가 이곳에서 태어난 만큼 정통성이 약한 광해군에게 매우 매력적인 장소가 아닐 수 없었어요. 또한 아버지 선조의 사저도 이곳에 있었던 만큼, 자신이 선조의 뒤를 계승한 군주라는 이미지를 관료들에게 보여 줄 수 있다고 믿었어요.

1616년 인경궁을 짓기 위해 준비를 한창 하던 중 새문동의 정원군 집에 왕의 기운이 서려 있다는 말이 들려왔어요. 이곳은 선조가 즉위하기 전 중종의 맏아들 복성군의 양자가 되면서 물려받은 사저였어요. 선조는 즉위하면서 이 집을 넷째 아들 신성군에게 물려주었고, 신성군이 죽자 다시 다섯째 아들 정원군에게 물려주었어요. 이 집에는 왕암(숙종 때 서암으로 변경)이라는 커다란 바위 밑으로 흘러나온 물이 샘을 이루고 있었는데, 보기에 따라서 왕이 기운이 모이는 것처럼 해석되기도 했어요.

광해군은 왕의 기운이 이곳에 있다는 말에 인경궁보다 먼저 이곳에 작은 별궁인 경덕궁을 만들라고 지시했어요. 인경궁이 창덕궁을 모델로 한 큰 규모의 궁궐이었다면, 새문동에 세울 경덕궁은 창경궁을 모델로 한 작은 규모의 궁궐로 조성하고자 했어요. 그래서 정문을 단층으로 짓고, 기존에 있던 건물을 재활용하여 203칸의 작은 별궁으로 만들겠다는 계획을 발표했어요. 하지만 점차 경덕궁에 들어가는 부속 건물이 늘어나더니 나중에는 1,500칸이 되는 큰 궁궐이 되어요. 그러나 왕의 기운이 흐르는 장소에 궁궐을 세워 역모를 막고, 자신의 왕권을 한층 강화하려던 광해군의 염원은 이루어지지 않아요. 오히려 궁궐을 짓는 과정에서 파생된 백성들의 원망 어린 불만이 반정을 일으키는 하나의 이유로 작용하게 됩니다.

광해군이 인조반정으로 왕위에서 내쫓기면서 인경궁 공사는 중단돼요. 그동안 만들어진 건물들은 창덕궁과 창경궁의 보수 공사에 재활용되었어요. 그래서 지금도 창덕궁에 가면 인경궁에서 가져온 건물을 볼 수 있어요. 예를 들어 고급 청기와를 쓴 창덕궁 선정전이 인경궁에 있던 건물이에요. 반면 모든 전각이 옮겨져 빈터가 된 인경궁터에는 왕손들이 집을 지으며 거주지로 삼았습니다.

반면 경덕궁은 광해군이 내쫓긴 이후에도 살아남아요. 인조반정과 이괄의 난으로 창덕궁과 창경궁이 불타자, 인조는 이곳에 머물면서 국정을 운영했거든요. 이후 경덕궁은 여러 왕이 머물며 국정을 운영하는 궁궐로서 기능을 하게 돼요. 그렇다 보니 경덕궁에서 태어나서 왕으로 즉위하고, 이곳을 사랑하다 죽은 왕들이 많아요. 숙종과 경종이 경덕궁에서 태어났고, 정조와 헌종은 이곳에서 즉위했어요. 숙종과 영조 그리고 순조가 경덕궁에서 승하했고요. 특히 영조는 경덕궁을 좋아하여 여러 왕 중에서 가장 오랫동안 이곳에 머무르며, 궁궐의 이름을 경희궁으로 바꿉니다.

하지만 1829년 순조 때 큰 화재로 절반가량이 타 버리면서 경희궁은 점차 쇠락하게 돼요. 흥선대원군은 경복궁을 중건하는 과정에서 경희궁의 전각을 가져다 활용해요. 그러나 경희궁이 우리의 기억에서 사라진 것은 일제 때문이었어요. 일제는 나라를 빼앗은 이후 경희궁을 허물고는 그 자리에 일본인을 위한 주택과 경성중학교를 지었어요. 다행히 우리의 역사를 바로잡기 위한 노력으로 2002년 경희궁 자리에 서울역사박물관과 함께 경희궁 일부가 복원되었어요. 예전처럼 화려한 모습은 아니지만, 경희궁 내에 왕암은 아직 그대로 남아 경희궁의 오랜 역사를 보여 주고 있습니다.

1623년 3월 12일 (광해 15년)
대궐이 불에 타다

대궐이 불에 탔다.【왕이 이미 숨은 뒤에 군사들이 궁궐에 들어왔는데 궁중이 텅 비어 사람이 없고 왕을 찾았으나 찾지 못했다. 이때 횃불을 잘못 버려 궁전을 잇달아 태웠는데 임금이 도감의 군사들로 하여금 끄게 하였으나 인정전만 남고 모두 탔다. 그 후 잿더미 속에서 은 4만여 냥을 캐냈는데 이것은 왕이 가죽 주머니에 은을 넣어 침전 안에 두었던 것이다.】 - 《광해군일기》 187권

광해군은 왕위를 위협할 수 있는 사람이라면 형제라도 개의치 않고 죽였어요. 1609년 친형 임해군, 1614년 이복동생 영창대군, 1615년 이복동생 정원군의 아들 능창군을 역모 혐의로 처형했어요. 1618년에는 선조의 계비이자 영창대군의 친모인 인목대비를 경운궁에 유폐시켰어요. 이런 행동은 효를 강조하는 성리학의 나라 조선에서 가장 비난받을 만한 일이었어요. 결국 어머니를 유폐하고, 동생을 죽였다는 폐모살제를 명분으로 삼고 인조와 서인들은 반정을 일으키게 됩니다.

인조의 반정 주도는 동생 능창군이 역모로 죽은 것에 기반해요. 광

해군은 무예가 뛰어나고 훌륭한 인품으로 주변 사람들의 칭찬을 받던 능창군이 신경에 거슬렸어요. 혹시라도 자신을 반대하는 세력이 능창군을 중심으로 뭉칠 것을 우려한 광해군은 없는 역모죄를 만들어 능창군을 죽입니다. 이 일로 인조의 아버지인 정원군은 충격을 받아 40세라는 젊은 나이로 죽고 말아요. 한순간에 아버지와 동생을 잃은 능양군(인조)은 광해군에 대한 복수를 결심하게 돼요. 그러고는 적극적으로 광해군에 불만이 가득한 서인들과 접촉합니다.

광해군을 도와 국정을 이끌었던 세력은 대북파였어요. 여기서 대북파가 무엇인지 알아볼까요? 임진왜란 과정에서 북인은 많은 의병장을 배출하며 정계의 주도권을 잡았어요. 그러나 선조 말년에 북인은 광해군과 영창대군을 두고 갈라지게 돼요. 이때 광해군을 지지한 세력을 대북, 영창대군을 지지한 세력을 소북이라 불러요. 수적으로 열세였던 대북파는 권력을 유지하기 위해 학문적 정통성을 확립하고자 했어요. 그래서 그 유명한 회퇴변척이 일어나요. 회퇴변척이란 대북파였던 정인홍이 문묘 종사에 스승 조식이 빠진 것을 항의하는 과정에서 이언적과 이황을 깎아내리자, 서인과 남인이 반발한 사건을 말해요. 이것은 단순히 문묘 종사에 관련된 것만이 아니었어요. 각 당파가 정계의 주도권을 잡기 위한 다툼이었어요. 이 과정에서 정계에서 쫓겨날 수도 있다는 위기의식을 갖게 된 서인은 광해군과 대북파를 내몰고 정권을 잡아야겠다는 결심을 하게 됩니다.

인조가 1620년 이서, 신경진 등 인척들과 모여 반정을 모의하자,

구굉·구인후 등 무신과 김류·최명길·김자점 등 서인이 몰려들어 함께하기를 희망했어요. 이들은 여러 논의 끝에 이귀가 평산 부사로 부임하는 것을 기점으로 거사를 일으키기로 해요. 그러나 비밀이 새어 나가면서 반정이 실패할 뻔했으나, 김자점과 심기원이 상궁 김개시를 매수하여 사건을 간신히 무마시켰어요. 자칫 모두가 죽을 위기를 겪었음에도 이들은 반정을 포기하지 않았습니다.

이듬해 훈련대장 이흥립마저 포섭한 반정 세력은 3월 12일 다시 거사를 일으키기로 결정했어요. 이 과정에서 실패가 두려웠던 이이반이 반정 사실을 조정에 알렸으나, 광해군은 이상하게도 이번만큼은 아무런 조치도 취하지 않았어요. 박승종이 추국청을 설치하여 관련자를 체포해야 한다고 말했지만, 광해군은 후궁들과 연회를 벌이는 것에 몰두할 뿐이었어요. 오히려 훈련대장 이흥립을 풀어 주라고 명령을 내렸어요. 인조는 조만간 반정이 들통날지도 모른다는 생각에 거사를 서둘러야 한다고 생각했어요. 시간이 조금이라도 더 지체되면 지금까지 준비한 모든 것이 물거품으로 돌아갈 수 있다는 불안감에 급히 군대를 소집했어요. 이 과정에서 반정 실패를 두려워한 김류가 한동안 나타나지 않는 소동이 있기는 했으나, 이괄이 침착하게 반정군을 통솔한 덕분에 한양까지 큰 저항을 받지 않고 창덕궁에 도착하게 돼요. 궁궐 안에 있던 이항이 돈화문을 열어 주면서 반정군은 손쉽게 창덕궁을 점령할 수 있었어요. 하지만 북문 담을 넘어 달아난 광해군을 찾는 과정에서 반정군이 들고 있던 횃불이 전각에 옮겨붙는 바람에 안타깝게도 창덕궁이 불에 타 버리고 맙니다.

반정이 성공했다고 확신한 인조는 새로운 왕으로 즉위하기 위해 경운궁에 유폐되어 있던 인목대비를 찾아갔어요. 인조는 광해군에 대한 원한이 큰 인목대비가 순순히 윤허를 내려 줄 것이라 기대했어요. 하지만 광해군이 두려웠던 인목대비는 반정이 성공했다는 사실을 믿지 않았어요. 무조건 광해군을 데려와 무릎 꿇려야지만 윤허하겠다며 뜻을 굽히지 않았어요. 광해군을 잡지 못했던 인조가 난처한 기색을 감추지 못하고 있던 찰나, 의관 안국신의 집에 피신한 광해군이 잡혔다는 소식이 들려와요. 그제야 인조는 안도의 한숨을 내쉴 수 있게 됩니다.

인목대비는 자신 앞에 무릎 꿇은 광해군을 지금 당장 사형시키라고 요구했어요. 그러나 인조는 광해군을 폐서인시켜 강화도로 유배 보내는 것으로 마무리 지었어요. 대신 이이첨과 정인홍 등 광해군을 지지하던 대북파 수십 명을 참형에 처하고, 200여 명은 멀리 유배 보냈어요. 광해군과 대북파 모두를 처리한 인조는 그제야 자신을 도와준 이귀 등 서인 세력에게 정사공신을 내렸어요. 또한 대북파가 차지하고 있던 주요 요직을 반정을 도운 이들에게 나눠 줬어요. 이후 대북파는 사라지고, 서인이 조선 후기 내내 정국을 운영하게 돼요.

강화도로 유배된 광해군은 목숨은 건졌지만, 가족을 잃는 큰 아픔을 겪어요. 강화도에서 탈출하려다 붙잡힌 광해군의 아들과 며느리는 자결을 명받아 스스로 목숨을 끊고 죽어요. 이듬해에는 아내 폐비 유씨가 죽으면서 광해군은 홀로 남아 긴 시간을 보내야 했어요. 이후 병자호란이 끝난 이듬해인 1637년 제주도로 거처를 옮긴 광해군은 1641년 생을 마감합니다. 무려 15년간 국정을 이끌었던 왕이었지만, 쫓겨난 왕인 만큼 죽어서 묘호를 받지 못해요. 또 오랜 세월 폭군이라는 이미지로 각인됩니다.

마지막으로 강화도에서 제주도로 가면서 지은 광해군의 시 한 편을 읽어 볼까요.

부는 바람 뿌리는 비 성문 옆 지나는 길

후텁지근 장독 기운 백 척으로 솟은 누각

창해의 파도 속에 날은 이미 어스름

푸른 산의 슬픈 빛은 싸늘한 가을 기운

가고 싶어 왕손초를 신물나게 보았고

나그네 꿈 자주도 제자주에 깨이네

고국의 존망은 소식조차 끊어지고

연기 깔린 강 물결 외딴 배에 누웠구나.

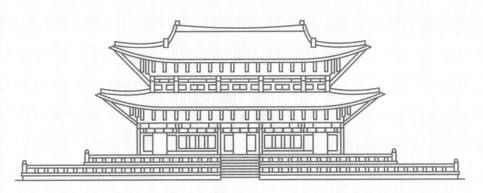

동생 능창군이 광해군에게 죽임을 당하자, 김자점·이괄 등과 반정을 일으켜 임금으로 즉위하였다. 이괄이 논공행상에 불만을 품고 난을 일으켜서 충남 공주로 피난을 가기도 하였다. 친명배금 정책으로 1627년 후금의 침략을 받아 강화도로 피신한 뒤, 형제의 맹약을 맺는 정묘약조를 체결하였다. 1636년에는 청의 침략으로 삼전도에서 항복하고, 소현세자를 비롯한 수많은 백성을 인질로 보냈다. 재위 시절 강화도에 대동법을 시행하고, 상평청을 설치해 상평통보를 주조하며 상업 진흥에 힘썼지만, 소현세자의 의문스러운 죽음으로 비난받았다.

제16대

인조

(1595~1649, 재위 : 1623.3~1649.5)

1633년 10월 15일 (인조 11년)
호조에서 화폐 유통에 대해 아뢰다

호조가 아뢰기를, "삼가 생각건대, 화폐의 사용이 위로는 소호 금천씨(중국 전설상의 임금)시대부터 아래로는 한·당·송·원 시대에 이르기까지 꾸준히 통용하여 오늘날에 이르렀습니다. 그 화폐는 아주 가볍지만, 그 용도가 매우 광범위해서 중국에 두루 쓰이고 있는데 그 효과가 곡식이나 마찬가지입니다. 그런데 유독 우리나라만은 아직도 사용하지 못하고 있으니, 이 어찌 재물을 늘리는 데 있어서 하나의 크게 잘못된 점이 아니겠습니까. (중략) 지금도 주조한 것이 상당히 남아 있고, 또 왜인이 조공하는 동전이 해마다 몇만 근에 밑돌지 않습니다. 만일 상평청에 저축해 둔 쌀과 베로 보조하여 더 만든다면 집집마다 재산이 넉넉해지고 국가 재정이 여유가 있게 될 것입니다." - 《인조실록》 28권

조선을 건국하기 이전인 1391년 태조 이성계는 화폐 제도를 만들기 위해 논의했어요. 화폐 발행이 가져오는 이점을 잘 알고 있었거든요. 하지만 화폐를 유통하는 일은 매우 어려운 일이었어요. 화폐로 처음 고려된 것이 은화였어요. 고려시대 은화가 국제 화폐로 사용되었지만, 조선시대는 은광이 폐쇄되면서 화폐로 통용하기 어려울 정도로 양이 줄어들었어요. 그래서 대

안으로 논의된 것이 구리로 만든 동전이었어요. 하지만 구리를 생산하는 광산도 부족해서 이 또한 포기해야 했어요. 결국 은화를 대체할 화폐로 선택한 것이 종이로 만든 저화였어요. 이와 함께 5승포°를 사용하기로 했어요. 그러나 사람들이 사용하지 않으면서 이듬해 중단되고 말아요. 조선 전기에 화폐가 쓰이지 않은 가장 큰 원인은 상품 화폐 경제가 발달할 만한 시장이 형성되지 않았고, 백성들이 화폐를 믿지 못하고 물물교환을 더 선호했기 때문이었습니다.

태조에 이어 태종도 화폐를 통용시키기 위해 적극적으로 노력했어요. 태조가 시행했던 5승포 사용을 금지하고는 사섬서라는 기구를 통해 저화를 유통하고자 했어요. 항상 모든 일에 자신만만했던 태종이었지만, 화폐만은 그러지 못했습니다. 사람들이 사용하지 않으면서 저화는 계속 가치가 하락했어요. 그럼에도 강제로 저화를 사용하게 하자 백성들은 왕을 원망했어요. 결국 태종은 화폐 발행으로 인한 부작용이 걷잡을 수 없이 커지자, 살아생전 다시는 저화를 발행하지 않겠다고 선언합니다.

못 하는 것이 없던 세종도 화폐 유통에 관심을 두고 보급이 될 수 있도록 심혈을 기울였어요. 당나라의 개원통보를 모델로 삼아 조선통보를 만들어 전국에 유통했지만, 여전히 백성들은 화폐 사용을 꺼리며 냉담한 반응

● 승포 : 고려시대에 화폐 대용으로 사용한 삼베 단위. 1승포는 한 새(날실 80올)로 만들어진 천인데 보통 옷감용 천이 되려면 5승포(400올)가 있어야 한다. 즉 제대로 된 옷을 만들 수 있는 5승포가 화폐의 기준이 되었다.

을 보였어요. 이로 인해 동전의 가치가 얼마나 떨어졌는지, 일부 사람들은 동전을 일본에 밀수출하거나 유기 등의 재료로 사용할 정도였어요. 결국 세종도 동전을 발행할수록 국가 재정이 약화하자, 동전을 만들지 않게 됩니다.

세조도 화폐를 유통하려는 노력을 보였어요. 재미있는 것은 경제적인 효과를 위해서만 화폐를 발행한 것이 아니었어요. 경제와 국방 두 마리의 토끼를 동시에 잡고자 기발한 아이디어로 독특한 화폐를 만들어 내요. 기존의 구리나 종이가 아닌 철로 화살촉 모양의 화폐인 철전을 생산했어요. 이 화폐는 전쟁이 발발하면 바로 무기로 활용하기 위해 만들었지만, 이 역시 백성들은 기피하며 사용하지를 않았어요. "그거야 나라님의 입장이지, 우리에게는 무슨 이득이 있겠소"라고 말하지 않았을까요.

이처럼 조선 전기 여러 왕이 화폐를 통용시키기 위해 노력했지만, 큰 효과를 보지 못했어요. 그러나 임진왜란과 병자호란을 겪으면서 화폐 통용은 선택이 아닌 필수 상황이 되었어요. 토지가 황폐해지고 인구가 급격하게 감소한 상황에서 예전처럼 농경만으로는 국가를 경영하기 어려워졌거든요. 당연히 백성들은 더욱 살아가기 힘들어졌고요. 이를 해결하기 위해서라도 조선 정부는 농업 진흥과 함께 상공업에 힘을 기울였어요.

대동법 시행도 화폐 사용을 도왔어요. 광해군이 대동법을 경기도에서 시행한 이후 100여 년 동안 여러 임금이 지주와 일부 관료들의 반대에 굴하지 않고 강하게 밀어붙였어요. 그 결과 상품 화폐 경제가 발달하면서 전국에 장시가 들어서자, 많은 사람이 동전을 이용하여 물건을 사고팔았어요. 여기에 청나라와 일본과의 교역이 발달하며 조선 후기 동전 유통은 더욱 활발해져요. 만상·송상·내상 등 국제 교역을 통해 성장한 대규모의 자본을 가진 상인 집단이 화폐를 사용하여 교역하자, 화폐 사용이 늘어날 수밖에 없었습니다.

1626년 인조는 이런 변화에 맞춰 화폐를 유통하려는 방법으로 주조와 세금 징수에 관련한 사안을 신하들과 논의했어요. 이때 정부가 보유한 돈이 적은 상황에서 화폐로 세금을 거두게 되면, 불법 제작이 우려된다는 의견이 제시되었어요. 또한 동전의 가치를 조정해야 한다는 의견도 나왔고요. 인조는 제기된 모든 주장을 수용하여 화폐를 유통하려 했지만 실패하고 말아요. 실패한 가장 큰 이유는 후금이 조선을 침략하는 정묘호란이 발발했기 때문이었어요. 인조는 전쟁이 끝나자 화폐 유통에 대한 재논의를 시작하였고, 그 결과 상평청의 쌀과 베로 화폐를 더 주조하기로 결의해요. 그러나 이런 노력에도 불구하고 1634년 사람들이 화폐를 사용하지 않아 실이익이 없다는 보고서가 올라옵니다.

동전이 활발하게 사용된 것은 이로부터 40~50년이 흐른 뒤예요. 1678년 숙종 때 허적과 권대운이 "돈은 천하에 통용되는 재화입니다. 역대 왕들이 화폐를 유통하려 했지만, 동전을 만들 재료가 조선에 없을뿐더러 중국과 풍습이 달라 매번 실패하고 말았습니다. 이제라도 호조·상평청·진휼청·어영청·사복시·훈련도감을 통해 상평통보를 만들어 시중에 유통시켜주시옵소서"라고 건의했고, 숙종은 이들의 주장을 반기며 상평통보를 주조하고 유통될 수 있도록 지원을 아끼지 않았어요. 이를 계기로 상평통보는 조선 최초로 화폐의 기능을 하게 돼요. 사람이 죽으면 하는 염습에서 죽은 사람의 영혼이 저승 갈 때 쓰라고 쌀 대신 상평통보를 입에 물리는 풍습이 보편화될 정도로 말입니다.

숙종 이후 상평통보가 화폐로서 기능을 하게 된 것은 좋은 일이었지만, 여러 기관에서 동시에 발행하는 문제점이 있었어요. 재정을 담당하는 호조 외에도 군사 기구와 구휼 기구 등에서 필요할 때마다 상평통보를 자체적으로 발행하다 보니 가치가 일정하게 유지되기가 어려웠어요. 또한 상평통보의 발행이 많아지자, 동전을 만들 재료가 제때 조달되지 못하는 문제가 발생했어요. 이것은 구리를 채굴하는 광산이 충분하게 개발되지 못한 상황에서 구리 수입을 일본에 의존하다 보니 생긴 일이었어요. 이 외에도 동전을 재산 축적의 수단으로 여겨 보관하는 데 치중하거나, 상거래가 활발한 서울로만 상평통보가 몰려드는 등 여러 문제가 발생했어요. 영조는 이런 문제를 해결하기 위해 오히려 과거처럼 조세를 면포로 거두는 정책을 펴기도 합니다.

결국 숙종 이후 화폐 주조와 관리를 하나의 관청에서 도맡아 처리하는 일원화가 중요한 현안으로 대두되었어요. 하지만 화폐가 유통되기까지 오랜 시간이 걸렸던 것처럼 일원화도 넘어야 할 산이 많았어요. 정조 때인 1785년에 이르러서야 호조가 상평통보를 만들고 발행하는 업무를 담당하며 일원화가 될 수 있었어요. 그러나 오래가지는 못했어요. 세도 정치 기간인 순조 때 다시 여러 관청에서 상평통보를 주조 발행하기 시작했거든요. 여기에 한 걸음 더 나아가 화폐 주조가 민영화되면서 상평통보를 제작할 때 넣는 구리의 양이 줄어들었어요. 그만큼 돈의 가치가 떨어졌겠죠. 또한 흥선대원군 때는 당백전 등 고액 동전이 위정자의 필요에 따라 수시로 발행되면서 물가 상승이라는 부작용을 가져와요. 당연히 그로 인해 가장 힘든 건 백성이었어요. 결국 상평통보는 1894년 갑오개혁 이후로 더는 주조되지 않으며 역사의 뒤안길로 사라집니다.

1637년 1월 30일 (인조 15년)
삼전도에서
삼배구고두례를 행하다

용골대와 마부대가 성 밖에 와서 출성을 재촉하였다. 임금이 남색 옷에 백마를 타고 의장은 모두 제거한 채 시종 50여 명을 거느리고 서문을 통해 성을 나갔는데, 왕세자가 따랐다. 백관으로 뒤처진 자는 서문 안에 서서 가슴을 치고 뛰면서 통곡하였다. 임금이 산에서 내려가 자리를 펴고 앉았는데, 얼마 뒤에 갑옷을 입은 청나라 군사 수백 기가 달려왔다. (중략) 용골대 등이 인도하여 들어가 단 아래에 북쪽을 향해 자리를 마련하고 상에게 자리로 나가기를 청하였는데, 청나라 사람을 시켜 여창(의식의 순서를 소리 높여 읽는 일)하게 하였다. 상이 세 번 절하고 아홉 번 머리를 조아리는 예를 행하였다. - 《인조실록》 34권

중립 외교를 했던 광해군과 달리 친명배금 정책을 펼친 인조는 두 차례의 전쟁을 겪게 돼요. 인조 5년 후금이 침입해 온 정묘호란과 인조 14년 청나라가 침입해 온 병자호란은 비교적 짧은 기간에 끝난 전쟁이지만, 조선에 엄청난 피해를 주었어요. 그만큼 조선의 국정 운영에 영향을 끼쳐서 그전과는 다른 조선의 모습을 갖게 했습니다.

그럼 만주족은 왜 조선을 쳐들어왔을까요? 누르하치에 이어 즉위한 후금의 태종은 고개를 숙이지 않는 조선이 신경 쓰였어요. 조선이 조선 영토인 가도(평안도 철산 앞바다에 위치한 섬)에 주둔하는 명나라 장수 모문룡을 지원하는 등 노골적으로 명나라를 지원하고 자신들을 배척하는 모습이 마음에 들지 않았어요. 특히 명나라를 정복하려는 후금 태종으로서는 후방의 안전을 위해서라도 조선을 굴복시켜야 했어요. 1627년 태종이 3만의 군대를 보내 조선을 공격하자, 인조는 강화도로 피난하여 항전했어요. 오랜 시간 조선과 싸울 수 없었던 후금은 전쟁이 장기화할 조짐을 보이자 당황했어요. 명나라와 대치 중인 상황에서 조선과의 전쟁이 길어지면 좋을 것이 하나도 없었거든요. 여기에 조선 각지에서 후금의 군대에 맞서 싸우려는 의병들이 한양을 향해 올라오고 있었어요. 더는 시간을 끌지 않는 것이 좋겠다고 판단한 후금은 형제지맹이라는 이름 아래 '서로 압록강을 넘지 않으며, 조선은 명을 적대하지 않아도 된다'는 내용으로 강화 조약을 맺으며 전쟁을 끝냈습니다. 이게 정묘호란이에요.

　　정묘호란 이후 후금의 국력은 점점 더 강해지는데, 조선은 예전과 별반 차이가 없었어요. 후금의 태종은 만주와 내몽고를 차지하고 명의 북경 근처까지 진출한 뒤, 1636년 국호를 청으로 바꾸고 황제로 등극해요. 같은 시간 조선은 국력의 증강 없이 정묘호란의 치욕을 갚아야 한다는 목소리만 높일 뿐이었어요. 그런 가운데 용골대와 마부대가 인조의 아내 인열왕후의 국상을 조문하기 위해 조선을 방문해요. 이들은 오만한 태도로 조선에서 횡포를 부리며, 군신의 예를 갖추어 맞이하라고 요구했어요. 이런 모습에 조선의 관료들은 크게 분개했어요. 조선 조정의 분위기가 심상치 않음을 인식한 이들은 서둘러 청으로 도망갔어요. 그러던 중 평양에서 청과의 전쟁을 준비하라는 조선 정부의 문서를 입수하게 돼요.

청 태종은 다른 나라와는 달리 고개를 숙이지 않고 전쟁까지도 감수하겠다는 조선을 더는 가만둘 수 없었어요. 이제는 청과 조선 둘만의 문제가 아니었어요. 청 태종은 조선을 확실하게 꺾어 놓지 않으면, 청에 굴복한 여러 나라와 민족이 이탈할지도 모른다고 생각했어요. 이를 막기 위해서라도 청에 대항하면 어떤 대가를 치르는지를 똑똑히 보여 주겠다며 1636년 12월 1일, 청 태종은 조선을 정벌하기 위해 직접 군대를 출정시킵니다. 이렇게 일어난 전쟁이 병자호란이에요. 청나라군 7만, 몽고군 3만, 청에 투항한 명나라군 2만, 총 12만의 대군이 한양을 향해 내려왔어요. 백마산성 등 청군에 대비했던 성들을 피해 청군은 물밀듯이 내려오면서, 12월 14일에는 개성을 통과해요. 그제야 청군이 한양 근처까지 왔다는 사실을 알게 된 인조는 급히 강화도로 피신을 떠나려 했어요. 하지만 정묘호란 당시 강화도에 들어간 인조로 인해 고생했던 경험을 기억하는 청군은 미리 강화도로 가는 길목을 차단해 버린 상태였어요. 더는 오갈 데가 없어진 인조가 급히 발걸음을 돌려 들어간 곳이 남한산성이었습니다.

전쟁 준비가 제대로 되어 있을 리 만무했던 남한산성은 1만 3천의 병력이 50여 일을 버틸 정도의 식량밖에는 없었어요. 인조는 급히 전국에 파발을 띄워 병력을 소집했어요. 그러나 김준룡이 이끄는 근왕병이 광교산에서 승리를 거둔 것 외에는 모든 관군이 청군에게 대패하고 말았어요. 관군이 패하자 의병들도 남한산성을 향해 쉽게 올라오지 못했어요. 그렇게 고립무원이 된 남한산성은 추위와 굶주림으로 힘든 시기를 보내야 했어요. 최명길을 비롯한 주화파는 관군과 명군의 지원을 받지 못하는 상황에선 우선 항복해야 한다고 말했어요. 지금 당장은 전쟁의 위기를 벗어난 후에 후일을 도모하자고 말이에요. 물론 김상헌 등 대다수를 차지하는 주전파는 맞서 싸워야 한다며 크게 반대했지만, 전국 어디에서도 도우러 오는 세력이 없자 인조는 항복을 결정합니다.

청나라가 보내온 '명나라와의 관계를 끊고 청을 모신다. 조선의 세자를 비롯한 대신을 인질로 보낸다. 명나라 정벌 시 원군을 파견한다. 향후 성곽을 보수하거나 쌓지 않는다' 등이 적힌 항복 조약 체결이 끝나자, 인조는 남한산성을 나섰어요. 청나라 태종에게 항복하기 위해서요. 신하를 뜻하는 남색 옷을 입고 백마에 올라탄 인조는 마중 나온 청나라 장수 용골대를 향해 두 번의 절을 올렸어요. 그러고는 삼전도로 향하는 청나라 군대를 따라갔어요. 도착한 삼전도에는 무장한 병사들이 청 태종을 호위하고 있었고, 악공들은 항복하는 자리를 빛내기 위해 음악을 연주하고 있었어요. 인조는 속에서 피눈물이 났지만, 감정을 숨긴 채 거만한 자세로 앉아 있는 청 태종을 향해 세 번 절하고 아홉 번 머리를 조아리는 삼배구고두례를 올렸어요. 이로써 청나라의 신하가 되겠다는 의식을 마친 인조는 청나라 군대의 호위를 받으며 창경궁에 돌아갈 수 있었습니다.

그로부터 3년 뒤 청나라는 인조가 신하로서 예를 갖춘 삼전도에 기념비를 세우라는 명령을 내렸어요. 그런데 더욱 굴욕스러운 것은 기념비에 새길 내용을 조선이 직접 작성하면 청나라가 선택하겠다는 것이었어요. 전쟁에서 패배하여 수많은 백성이 청에 끌려가 고초를 겪는 등 전쟁의 폐해로 고통을 받던 조선이 청나라를 칭송하는 비문을 작성하는 일이란 매우 어려운 일이었어요. 그러나 청나라에 비해 힘이 약했던 조선에 다른 선택지는 없었어요. 결국 비문을 작성해서 청나라에 보내야만 했습니다.

청나라 황제가 채택한 내용이 적혀 있는 삼전도비를 한번 살펴볼까요. "태종은 평화를 깬 것이 우리 조선으로부터 시작했다는 사실에 크게 분노하시어 내려오니 감히 항거하는 자가 없었다. 남한산성에 머물렀지만, 식량이 떨어졌다. 청 태종은 죽이지 않고 덕을 펼치는 것을 우선으로 삼아 조선에 항복을 권했다. 우리 임금은 '내가 어리석고 미혹한 탓에 백성이 죽었다. 죄는 나에게 있는데 태종이 잘못을 깨우칠 기회를 주셨다. 내가 어찌 감히 공경히 받들지 않겠는가'라며 죄를 청했다. 나라가 이미 망하였으나 다시 존속하게 하시었다. 종묘의 제사가 이미 끊어졌으나 다시 이어지게 하셨다. 동쪽 땅 주위 수천 리가 모두 생성의 은택을 입었다. 이는 실로 옛날 서책에서도 보기 드문 것이다. 아아. 훌륭하도다."

삼전도비의 정확한 명칭은 '대청황제공덕비'예요. 우리를 쳐들어와 많은 고통과 아픔을 준 청나라 황제의 공덕을 칭송하는 비석인 삼전도비가 세워진 곳은 경상도에서 경기도 이천을 거쳐 한양으로 들어오는 길목에 있는 한강 나루터였어요. 당연히 한양으로 오는 사람들은 삼전도비를 안 볼 수 없었고, 그때마다 분개감을 감추지 못했어요. 이런 분노의 감정은 인조 이후 왕이 된 효종에게 전달돼요. 효종은 재위 내내 청나라에 복수하겠다는 북벌론을 국정 과제 1순위로 올려놓았어요. 하지만 청나라와의 국력의 차이가 날이 갈수록 벌어지면서 시행하지 못합니다.

자주독립을 꾀하던 고종은 1895년 삼전도비가 패배와 굴욕의 상징물이라며 한강 변에 매립해 버려요. 그런데 일제가 한국인의 자존감을 떨어뜨리기 위해 삼전도의 비를 다시 세워 놓아요. 광복 이후 대한민국은 수치스러움의 상징이라며 삼전도비를 다시 묻어 버립니다. 하지만 1960년대 홍수로 다시 삼전도비가 모습을 드러내자, 부끄러운 역사도 기억하여 다시는 되풀이되지 않도록 가르쳐야 한다며 석촌호수 주변에 세워 놓았습니다.

1638년 6월 9일 (인조 16년)
성익이 소를 구하기 위해 몽골에 가다

비변사 낭청 성익이 소를 무역하는 일로 몽골에 들어갔다. 심양에서 서북쪽으로 16일을 가서 오환 왕국에 도달했고, 3일 만에 내만 왕국에 도달했다. 또 동북쪽으로 4일을 가서 도달한 곳이 자삭도 왕국이었고, 북쪽으로 가서 3일 만에 몽호달 왕국에 도달했고, 또 동쪽으로 가서 투사토 왕국·소토을 왕국·빈토 왕국에 도달했다. 소 181두를 사서 돌아오자, 평안도 10개 읍에 나눠 주어 농사짓는 데 도움이 되게 하라고 명하였다. – 《인조실록》 36권

살아서는 논과 밭을 갈아 주고, 죽어서는 고기를 내어 주며 무엇 하나 버릴 것이 없는 소중한 동물이 무엇일까요? 바로 소입니다. 농업을 가장 중요하게 여겼던 우리 민족에게 있어 소란 절대 없어서는 안 되는 아주 귀중한 동물이었어요. 한반도에 소가 가축화된 것은 약 2천 년 전이에요. 고대 국가 부여는 전쟁이 일어나면 소를 잡아 하늘에 승리를 기원하는 제사를 올렸어요. 그러고는 소 발굽의 벌어진 상태를 살펴 길흉을 점쳤어요. 삼국시대에도 소는 신성한 동물로 받들어졌어요. 백제는 순장할 때 소를 함께 매장했

고, 신라는 당나라에 우황(소의 쓸개 속에 병으로 생긴 덩어리로 한약 재료로 사용)을 수출하며 국고를 채웠습니다.

고려시대에도 소는 매우 중요한 가축이어서 전목사라는 관청을 설치하여 관리하도록 했어요. 소의 활동량을 계절마다 측정하여 사료의 양을 계산하고 배분하는 등 건강한 소를 키우기 위해 노력했어요. 전구서라는 관청은 소의 개체를 늘리는 일을 담당했어요. 지금과 비교해도 과학적이고 체계적인 방법으로 소를 사육했다고 말할 수 있지 않나요? 또한《우의방》이라는 책을 통해 소의 질병을 치료하는 방법을 전국적으로 보급하는 데 노력을 기울였어요.

조선도 소를 매우 소중하게 여겼어요. 건국 초기부터 금령을 통해 소를 함부로 도축하지 못하도록 막았어요. 만약 소고기를 먹는 사람을 신고하면 태종은 신고자에게 소고기를 먹은 사람의 재산을 포상으로 주었어요. 너무 과한 처벌 같다고요? 한번 생각해 볼까요? 고려와는 달리 조선은 상공업을 억제하고 농경을 강조했던 나라예요. 그렇다면 한 해 농사의 풍흉은 백성만이 아니라 국가 운영에까지 영향을 미쳐요. 풍년이 들어야 국가를 안정적으로 운영할 수 있는 만큼, 농사에 있어 가장 중요한 역할을 담당하는 소의 수를 일정 수준 유지해야 했어요. 만약 예전처럼 소를 함부로 도축하여 먹는다면, 내년 농사의 결과를 장담할 수가 없을 테니까요.

그렇다고 소를 함부로 도축하지 못하도록 막기만 한 것은 아니었어요. 조선 전기의 모든 왕은 소의 개체수를 늘리기 위한 노력을 쉬지 않았어요. 태조는 사축서, 태종은 전구서를 설치하여 소를 집중적으로 관리했어요. 세종은 당시 매우 귀한 보양식으로 여겨지는 우유를 얻기 위해 우유소를 설치했고요. 세조는 전생서를 설치하여 소의 개량과 증식에 힘을 기울였으며, 중종은 한글로 소의 질병을 치료하는 방법을 기록한《우마양저염역병치료방》을 간행했습니다.

　　국가가 주도적으로 나섰음에도 개체수를 늘리는 일은 쉽지 않았어요. 사람처럼 소도 전염병으로 죽는 경우가 많았거든요. 특히 17세기에는 조선에 모든 소가 사라질 정도로 큰 자연재해가 연이어 일어났어요. 이 시기 세계적으로 기상이변이 나타나 사람을 비롯한 많은 가축이 각종 전염병으로 죽는 일이 많았어요.《조선왕조실록》과《승정원일기》에 기록된 우역(소 전염병) 건수가 총 311건인데, 17세기 재위했던 인조와 영조 때까지 발생한 우역이 269건으로 전체의 87%나 돼요. 이 중에서도 1636년 인조 때 평안도에서 발생한 우역은 아주 큰 피해를 주었습니다. 이 당시를 기록한《조선왕조실록》에 따르면 8월에 발생한 우역으로 평안도에 살아남은 소가 한 마리도 없었다고 해요. 그해 9월에는 우역이 한양까지 내려오자, 전염병을 막기 위해 살아 있는 소도 도살했다고 하고요. 이로부터 3개월 뒤 청나라가 평안도를 거쳐 한양까지 빠른 속도로 남하하며 조선을 침략하는 병자호란이 발발합니다. 청나라군이 산성을 피해 내려온 것도 있지만, 우역으로 삶의 기반이 무너진 평안도라서 청나라 군대의 진격을 효과적으로 막지 못한 것도 있습니다.

설상가상으로 병자호란으로 평안도를 포함한 서북면의 토지가 황폐해지고 많은 백성이 인질로 잡혀간 상황에서 우역이 또다시 발생해요. 이번에는 조선에서 가장 많은 농경지를 보유한 전라도와 경상도에서 발생했어요. 병자호란과 얼마 전 발생한 우역으로 북쪽 지방에 온전한 소가 없는 상황이었는데 남쪽 지방에서도 소가 죽어 가니 조선 정부는 경악을 금치 못했어요. 전쟁을 복구하기 위해서는 소가 꼭 필요했으니까요. 하지만 날이 갈수록 한우의 종자를 지켜 내기 어려울 정도로 소가 죽어 갔습니다.

인조는 이 상태로는 더는 소를 지킬 수 없다고 판단했어요. 그러고는 몽골에 가서 소를 사 오는 특단의 조처를 해요. 안전이 보장되지 않는 아주 먼 길을 떠나 소를 구해 와야 하는 중차대한 일을 맡은 인물이 비변사 낭청 성익이었어요. 그에 대한 자세한 기록은 남아 있지 않지만, 그가 없었다면 오늘날 한우는 존재하지 않았을지도 모를 정도로 중요한 일을 해낸 인물이에요. 당시 몽골은 청에 복속되기는 했지만, 여전히 여러 부족으로 갈라져서 갈등을 표출하고 있던 시기였어요. 만주 지역 또한 청나라가 중국 본토로 넘어가기 위해 전쟁을 준비하느라 여기저기서 전운이 감돌면서 혼란과 불안감이 팽배했고요. 그런 상황에서 성익은 무장한 병력 없이 몽골로 가야 했어요. 왜냐하면 병자호란이 끝난 지 얼마 되지 않은 시점에서 군대를 데리고 청나라에 갈 수 없으니까요. 안전이 보장되지 않은 초행길을 떠나는 것만으로도 굉장히 두려운 일인데, 그의 주머니에는 소와 바꿀 귀중한 물건이 가득했어요. 그래서 도적 떼를 만나 빼앗기지는 않을까 더욱 불안감에 떨어야 했습니다.

인조 때만 해도 조선은 상품 화폐 경제가 발달하지 못해서 화폐가 통용되지 못했어요. 조선에서 화폐가 사용되었다고 해도, 몽골과 교역이 활발하게 이루어지는 상황이 아니었던 만큼 조선의 화폐는 소를 구매할 지불 수단이 될 수 없었어요. 그렇다면 몽골이 소를 내줄 정도로 가치가 있는 물건은 무엇이었을까요? 바로 담배였어요. 당시 조선에서 재배되는 담배는 맛이 너무도 좋아서 동아시아의 모든 민족과 국가가 탐내는 물건이었어요. 국제적으로 얼마나 인기가 좋았는지를 잘 보여 주는 것이 청나라의 흡연 금지령이에요. 청나라 사람이 조선의 담배를 구하기 위해 많은 재물을 탕진하자, 청 태종은 흡연을 금지하는 법령을 만들어 조선에서의 담배 수입을 막을 정도였어요. 그만큼 조선 담배는 인기 상품이었습니다.

병자호란 당시 3만의 몽골군이 청나라 군대와 함께 쳐들어왔다는 거 기억나시나요? 이들은 전쟁 중에 조선의 담배 맛을 보고 돌아갔기에, 많은 몽골인 사이에서 조선 담배의 품질이 매우 좋다는 인식이 널리 퍼져 있었어요. 몽골의 여러 부족은 조선 사신단이 담배와 소를 바꾸려 한다는 소식에 앞다투어 달려와 거래를 요청했어요. 그렇게 성익은 181마리의 소를 조선으로 가져올 수 있었어요. 그가 가져온 소는 다행히 한반도의 기후에 잘 적응하며 왕성한 번식력으로 개체수를 늘려 갔어요. 소들이 얼마나 한반도의 자연환경에 잘 적응했는지가 《현종실록》에 나와요. "몽고 땅에서 소를 사다가 굶주린 백성에게 나누어 주어 농사를 지을 수 있게 했습니다. 백성을 위한 걱정이 당초 매우 절실했습니다만, 그 뒤 소가 많이 번식되어 도리어 민간에 큰 폐단이 되고 있습니다"라고 기록될 정도로 잘 번식하며 조선을 위기에서 구합니다.

1645년 4월 26일 (인조 23년)
소현세자 졸기

세자가 심양에 있은 지 이미 오래되어서는 모든 행동을 일체 청나라 사람이 하는 대로만 따라서 하고 사냥하는 군마 사이에 출입하다 보니, 가깝게 지내는 자는 모두가 무부와 노비들이었다. 학문을 강론하는 일은 전혀 폐지하고 오직 재물의 이익만을 일삼았으며, 또 토목 공사와 구마나 애완하는 것을 일삼았기 때문에 적국으로부터 비난받고 크게 인망을 잃었다. 이는 대체로 그때의 궁관 무리 중에 혹 궁관답지 못한 자가 있어 보도하는 도리를 잃어서 그렇게 된 것이다. 세자가 10년 동안 타국에 있으면서 온갖 고생을 두루 맛보고 본국에 돌아온 지 겨우 수개월 만에 병이 들었는데, 의관들 또한 함부로 침을 놓고 약을 쓰다가 끝내 죽기에 이르렀으므로 온 나라 사람들이 슬프게 여겼다. 세자의 향년은 34세인데, 3남 3녀를 두었다. -《인조실록》 46권

소현세자는 아버지 인조가 반정을 성공시키면서 14세의 나이로 왕세자에 책봉되어 후계자 수업을 착실하게 받았어요. 정묘호란이 발발했을 때도 인조가 강화도로 들어가자, 위험을 무릅쓰고 분조를 데리고 전주로 내려갔어요. 이곳에서 불안해하는 백성을 다독이며 전쟁에 필요한 군량미를 확보하

고, 의병을 모집하여 한양으로 보냈어요. 이런 소현세자를 인조는 매우 자랑스러워했어요. 그래서 1634년 소현세자가 명나라로부터 정식으로 세자에 책봉되고, 강빈 사이에서 원손을 낳았을 때 좋아하는 기쁨을 감추지 않을 정도였습니다.

《인조실록》에도 병자호란 이전의 소현세자를 "정묘호란 때 호남에서 군사를 이끌 적에 대궐에 진상하는 물품을 절감하여 백성들의 고통을 제거하려고 힘썼다. 또 병자호란 때에는 부왕을 모시고 남한산성에 들어갔는데, 청나라군이 우리에게 세자를 인질로 삼겠다고 협박하자, 삼사가 적극적으로 반대하였고 임금도 차마 허락하지 못하였다. 그런데 세자가 즉시 자청하기를, '진실로 사직을 편안히 하고 군부(君父)를 보호할 수만 있다면 신이 어찌 그곳에 가기를 꺼리겠습니까'라고 하였다. 그들에게 체포되어 서쪽으로 갈 적에는 몹시 황급한 때였지만 말과 얼굴빛이 조금도 변함없었고, 모시고 따르던 신하들을 대우하는 데도 은혜와 예의가 모두 지극하였으며, 무릇 질병이 있거나 곤액을 당한 사람이 있으면 그때마다 힘을 다하여 구제하였다"라고 기록하며 칭찬하는 데 아낌이 없었습니다.

이렇게 아끼던 소현세자를 병자호란의 패배로 청나라에 인질로 보내야 했어요. 당시 청나라가 제시한 항복 조건에 따라 소현세자 내외만이 아니라 봉림대군 등 왕실 사람 수백여 명이 청나라의 심양으로 끌려갔어요. 그럼에도 인조는 자신이 지켜 주지 못해 머나먼 청나라로 가는 소현세자만 안타까워 청나라 예친왕에게 소현세자를 온돌방에서 재워 달라고 부탁할 정도로 애틋한 모습을 보였어요. 그러나 이런 인조의 따뜻한 모습은 이후로 다시는 볼 수 없게 됩니다.

심양에 끌려간 소현세자는 조선을 대표하여 청나라의 각종 행사에 참석해야만 했어요. 청 태종이 사냥하러 가면 소현세자도 따라나섰고, 연회를 베풀면 그 자리에 참석하여 분위기를 띄우려 노력했어요. 소현세자는 조선이 청나라에 항복했음을 보여 주는 증표로 자신이 이용당하고 있다는 사실을 너무도 잘 알았어요. 그러나 이를 수치스럽게 생각하기보다는 조금이라도 청나라와 명나라의 관계를 파악하여, 아버지인 인조에게 우리 조선이 어떻게 대응해야 할지를 알려 주고 싶은 마음만 가득했습니다.

청이 명을 원정하러 가는 길에도 참전한 소현세자는 예친왕 도르곤이 명나라를 멸망시키는 모습을 직접 목격해요. 이때 청나라의 국력이 매우 강해서 조선이 예전 외교 방식을 고집해서는 안 된다는 인식을 갖게 돼요. 또한 북경에서 예수회 신부 아담 샬로부터 서양의 천문, 과학, 수학 서적 등을 접하면서, 아시아보다 더 넓은 세계가 있다는 사실을 알게 되고요. 그동안 조선이 얼마나 좁은 세계관에 갇혀 변화를 거부해 왔는지를 소현세자가 절실하게 느끼는 순간이었습니다.

그렇다고 소현세자가 조선의 세자라는 지위를 인정받으며 편안하게 지냈던 것도 아니었어요. 청나라 장수 용골대는 틈만 나면 소현세자를 무시하고 협박하기 일쑤였어요. 아무리 청나라에 볼모로 잡혀 왔더라도 한 나라의 장수에 불과한 용골대가 일국의 세자인 자신을 하대하고 무시하는 모습을 가만히 둘 수는 없었어요. 그래서 소현세자는 용골대를 불러 예의를 갖추라고 요구하는 당당함을 보여요. 또한 청나라는 소현세자를 비롯하여 인질로 끌려온 수백 명의 왕실 사람이 머무는 데 필요한 경비를 어느 날 갑자기 중단해요. 이제 필요한 경비는 스스로 마련하라는 말만 남기고요. 소현세자는 아무 준비가 되어 있지 않은 상황에서 수백 명이 먹고 지낼 생활비와 청나라 관료에게 갖다 바칠 물건을 오롯이 혼자 준비해요.

이 과정에서 소현세자의 아내 강빈이 조선의 물건을 청나라 왕족과 귀족들에게 판매하여 얻은 이익이 큰 도움이 되었어요. 소현세자와 강빈은 사업 수단이 좋아서 많은 재물을 모았어요. 생활비를 쓰고도 남는 돈으로 아무 잘못 없이 청나라에 끌려와 고통받는 조선 사람의 몸값을 지불하고 자유인으로 만들어 주었어요. 이후 고향에 돌아가고자 하는 사람에게는 고국으로 돌아갈 경비를 제공하고, 돌아갈 곳이 없는 사람에게는 생계를 이어 갈 수 있도록 농토를 제공했습니다.

소현세자의 뛰어난 외교 능력과 선행이 청나라와 조선에 널리 알려지자, 칭송하지 않는 자가 없었어요. 단 한 사람, 인조만 빼고요. 인조는 청나라 관료들이 조선과 관련한 일들을 소현세자에게 묻고 향방을 결정하자, 옥좌를 빼앗길지도 모른다는 불안감에 휩싸였어요. 여기에 조선의 신료들마저도 인조의 생각이 틀리지 않다며 부추겼어요. 일례로 이성구는 청나라가 인조를 납치할지도 모른다고 우려했고, 홍서봉은 원나라에 의해 폐위된 고려 충혜왕처럼 인조도 폐위될 수 있다고 걱정했어요. 이런 상황에서 강빈의 부친 강석기의 죽음으로 소현세자와 강빈이 조선에 잠시 귀국하게 돼요. 이때 인조는 오랜만에 보는 소현세자를 따뜻하게 맞이하기는커녕 강빈이 친정에 가서 곡을 할 수 없도록 막는 등 노골적으로 불만을 표출합니다.

명나라가 멸망하자, 청은 소현세자를 조선으로 돌려보냈어요. 더는 조선을 경계할 이유가 없었거든요. 소현세자는 그리워하던 조국으로 돌아간다는 기쁨에 한숨도 자지 못했고, 인조는 소현세자에게 임금의 자리를 빼앗길까 두려워 한숨도 자지 못했어요. 인조는 신하들이 소현세자가 돌아온 것을 축하하는 것마저 허락하지 않았어요. 그리고 소현세자는 귀국한 지 얼마 지나지 않은 1645년 4월 23일 병에 걸렸고, 그로부터 사흘 뒤인 26일에 숨을 거둬요. 이때 죽은 소현세자의 시신이 온통 검은색이었고, 얼굴의 일곱 개의 구멍에서 붉은 피가 흘렀다고 해요. 곁에 있는 사람도 얼굴빛을 분별할 수 없었고, 마치 약물에 중독되어 죽은 사람과 같았다고 실록은 기록하고 있어요. 또한 소현세자의 졸기에 안타까움보다는 소현세자의 잘못을 지적하는 분량이 많은 것을 보았을 때 인조와의 관계가 어떠했는지를 충분히 짐작하게 합니다.

또한 인조는 소현세자의 장례에서 자신의 태도를 분명하게 보였어요. 소현세자의 치료를 담당했던 의관 이형익을 처벌해야 한다는 상소를 받아들이지 않고, 급하게 장례를 마무리 지었어요. 또한 소현세자의 아들이 어리다는 이유로 왕위를 둘째 봉림대군에게 물려주겠다고 발표해요. 신료들이 인조의 결정에 강하게 반대하자, 얼마 뒤에는 강빈이 자신의 수라상에 독을 넣었다며 사약을 내려 죽여요. 이 일로 소현세자의 자손은 역적의 굴레를 쓰게 되면서 왕위를 계승할 권리를 상실하게 됩니다.

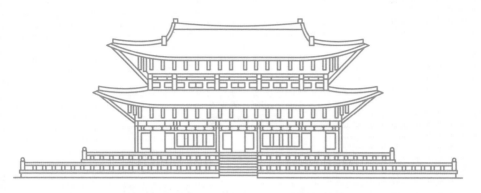

소현세자와 함께 청에 볼모로 끌려갔던 효종은 재위 시절 북벌론을 계획하였다. 북벌에 반대하는 김자점 등을 쫓아내고, 송시열·송준길을 중용하여 국방력 강화에 힘썼다. 이 기간 네덜란드인 하멜이 표류해 오자 훈련도감에 배치하여 화포 개량에 나섰다. 러시아 세력을 정벌하기 위한 나선 정벌 과정에서 큰 전과를 얻었다. 충청도와 전라도에 대동법을 시행하고, 상평통보를 유통해 상품 화폐 경제를 활성화했다. 하지만 얼굴에 난 종기로 41세에 죽으면서 북벌론은 시행되지 못했다.

제 17 대

효종

(1619~1659, 재위 : 1649.5~1659.5)

1649년 11월 5일 (효종 즉위년)
김육이 대동법 시행을 건의하다

"대동법은 역을 고르게 하여 백성을 편안케 하기 위한 것이니 실로 시대를 구할 수 있는 좋은 계책입니다. 비록 여러 도에 두루 행하지는 못하더라도 경기도와 관동에 이미 시행하여 힘을 얻었으니 만약 또 양호(충청도와 전라도) 지방에서 시행하면 백성을 편안케 하고 나라에 도움이 되는 방도로 이것보다 더 큰 것이 없습니다. (중략) 삼남에는 부호가 많습니다. 이 법의 시행을 부호들이 좋아하지 않습니다. 국가에서 영을 시행하는 데 있어서 마땅히 소민(小民)들의 바람을 따라야 합니다. 어찌 부호들을 꺼려서 백성들에게 편리한 법을 시행하지 않아서야 되겠습니까." – 《효종실록》 2권

양난 이후 조선을 유지해 준 제도를 찾는다면 많은 사람이 대동법이라고 말해요. 전쟁으로 농경지가 황폐해지고, 인구가 많이 감소한 상황에서 조선 정부가 취한 정책은 백성을 위한 지원이 아니라 세금을 줄여 주는 감세였어요. 조선 정부가 조세 감면을 선택한 것은 부와 권력을 가진 사람에게 큰 이익을 남겨 주어 조세 저항을 피하고자 하는 데 있었어요. 반면 가난한 사람에게는 국가가 애민 정신을 가지고 백성의 삶을 개선하고자 노력하고 있음

을 보여 주는 데 있었고요.

대표적인 조세 감면 정책으로 인조 때 실시한 영정법과 영조가 시행한 균역법이 있어요. 영정법의 경우 풍흉에 상관없이 토지 1결당 4~6두만 징수하면서 지주에게 큰 이익을 주었어요. 예를 들어 천 결의 토지를 가지고 있는 지주는 조선 전기라면 최대 2만 두를 세금으로 내야 해요. 그러나 영정법이 적용되면 지주는 4천 두만 세금으로 내면 돼요. 무려 1만 6천 두를 세금으로 내지 않으면서 큰 이익을 얻게 되는 거죠. 반면 보유한 토지가 적거나 없는 사람은 영정법으로 혜택을 보지 못했어요. 균역법도 마찬가지였어요. 군포를 2필에서 1필로 줄였으니 많은 사람이 혜택을 보았다고 생각할 수 있어요. 하지만 국가도 재원이 있어야 나라를 경영할 수 있는 만큼 균역법 시행으로 부족해진 부분을 지주나 양반에게 거둬들였어요. 결작이나 선무군관포라는 명목으로요. 여기까지는 좋아요. 있는 사람에게 세금을 부과한 것이니까요. 그런데 문제는 엉뚱한 곳에서 터져요. 지주와 양반은 자신이 부담해야 할 세금을 소작농에게 전가했고, 정부는 이를 알면서도 묵인하는 등 억울한 백성을 도와주려는 노력을 보이지 않았어요.

그러나 대동법은 달랐습니다. 우선 대동법 시행을 알기 위해 조선 중기로 올라가 볼까요. 조선 중기 관리나 상인이 권력을 이용하여 백성 대신 공물을 납부하고 강제로 이자를 받아 내는 방납이 유행했어요. 이에 따라 국가 수입은 감소하고, 백성의 삶은 피폐해지는 등 여러 폐단이 나타났고요. 양난으로 백성들의 삶이 무너진 상황에서도 관리나 상인은 오로지 방납을 통해 자신들의 이익만 추구했어요. 그로 인해 사회·경제적으로 폐단이 많아지자, 조선 정부도 이 문제를 시급히 해결하지 않으면 국가 존속이 어려울 수 있다고 생각하여 시행한 것이 대동법이에요. 대동법은 영정법과 균역법처럼 조세 감면이 아니라, 가진 사람이 세금을 더 내게 하는 조세 제도예요. 또한 지역 특산물이 아니라 돈·쌀·포 등으로 공물을 내도록 하여 방납의 폐단을 없애는 좋은 제도였습니다. 그러나 지주와 양반은 자신들의 이익을 침해하는 대동법이 마음에 들지 않아서, 무슨 일이 있어도 자신에게 피해가 오지 않도록 막으려고 했습니다.

대동법은 광해군 때 처음 시작되지만, 그전에도 대동법과 비슷한 제도를 시행해야 한다고 주장한 사람이 있었습니다. 바로 율곡 이이입니다. 이이는 황해도 해주와 송화 등지에서 토지 1결당 1두씩 쌀을 거둬 공물을 납부하는 모습을 보며 방납의 폐단을 막을 좋은 정책이라 생각했어요. 그래서 선조에게 전국의 모든 공물을 쌀로 걷자는 대공수미법을 건의했어요. 하지만 훈구파들과 결탁한 대상인들의 반대로 대공수미법은 시행조차 되지 못했어요. 대공수미법이 시행된 것은 그로부터 20여 년 뒤인 임진왜란 때입니다. 부족한 군량미를 확보하기 위한 방편으로 류성룡의 건의에 따라 시행되었지만, 이마저도 전쟁 중에 자신들의 이권을 지키려는 권세가와 대상인으로 인해 1년도 안 되어 폐지되고 맙니다.

대공수미법은 광해군 때 본격적으로 시행됩니다. 호조참의 한백겸이 대공수미법 시행을 제안하고, 당시 영의정이던 이원익이 적극적으로 밀어붙였어요. 이원익은 방납인에 의해 물건 가격이 몇 배에서 몇백 배가 되어 백성을 괴롭히는 폐단을 지적하며 광해군에게 거듭 대공수미법 시행을 촉구했어요. 광해군도 이원익의 제안을 받아들여 경기도 지역에서 대공수미법을 시행해도 된다고 허락했어요. 이 과정에서 대공수미법이란 말 대신 대동법으로 명칭이 바뀌어요. 또는 광해군이 내린 전교 가운데 선혜(宣惠)라는 말이 있어 선혜법이라고도 불렸습니다.

광해군의 조선 정부는 중앙에 선혜청과 지방에 대동청을 만들고, 지방 관리들에게도 시행이 원활하게 될 수 있도록 설명하는 등 대동법 정착을 위한 노력을 아끼지 않았어요. 그 결과 대동법이 백성과 국가에 실질적으로 도움된다는 사실이 객관적으로 증명되었어요. 이 소식에 곽재우 등 뜻있는 사람들은 연신 대동법을 전국적으로 확대 적용해야 한다는 상소를 올려요. 사헌부도 대동법이 가져온 효과가 크다며 조선 8도에 시행하자고 주장했어요. 그런데 어찌 된 일인지 광해군은 대동법의 전국 확대를 받아들이지 않아요. 아마도 대동법의 전국적 시행이 양반과 지주층의 반발을 일으켜 왕권이 위협받을 수 있다고 생각했는지도 모르겠습니다. 또는 전쟁으로 토지 대장이 소실되어 땅 소유자도 제대로 파악하지 못하는 현실에서 대동법을 시행하기 어렵다는 것을 인지했기 때문일 수도 있고요. 이도 아니라면 궁궐 공사에 막대한 재성을 쏟아붓는 등 예전의 현명했던 광해군의 모습을 잃어버렸기 때문일 수도 있습니다.

그래도 다행인 것은 대동법의 진가를 아는 사람들은 광해군이 쫓겨난 뒤에도 계속 시행을 주장했다는 거였어요. 인조도 조익의 건의를 받아들여 강원도, 충청도, 전라도에서 대동법을 시행해요. 그러나 2년 뒤 충청도와 전라도에서 대동법을 폐지합니다. 여기에는 지주들의 반발도 있지만, 인조와 서인이 토산물을 공물로 바치는 것을 충성심으로 받아들인 것도 한몫했어요. 일례로 서성은 "대동법은 중국 양세법을 따라 만든 것이지만, 우리나라에는 맞지 않는 제도입니다. 신이 호조를 맡아볼 적에 과거의 공법은 매우 간략했는데, 지금은 복잡합니다. 그 지역의 특산물로 공물을 바치게 하지 않고 전결로만 내게 한다면 민생들이 어찌 고달프지 않을 수 있겠습니까?"라며 대동법을 부정적으로 평가했어요. 그래도 조익과 이원익 등 일부 관료들이 대동법을 지키기 위해 최선을 다했습니다.

　　　이들은 효종이 즉위하자 대동법을 전국적으로 시행해야 한다며 강력하게 밀어붙였어요. 우의정 김육은 "대동법은 지주보다는 일반 백성에게 도움이 되는 조세 제도입니다. 대동법 시행이 한두 가지 불편하다고 멈추면 아니 되옵니다. 옳다고 여기시면 행하시고, 아니라면 신에게 벌을 주소서"라며 자신의 안위를 생각하지 않고 오로지 국가와 백성만 생각했어요. 하지만 모두가 김육과 같은 생각을 가진 것은 아니었습니다. 오히려 대동법 시행이 자신들의 이권을 침해하는 것을 두려워하여, 무슨 일이 있어도 대동법 시행을 저지하려는 사람이 더 많았어요. 결국 이를 두고 집권층이던 서인은 둘로 나뉘어요. 대동법 시행을 주장한 김육·조익·신면 등을 한당이라 하고, 대동법 시행을 반대한 김집·송시열·이기조 등을 산당이라 불렀어요. 수적으로 보면 산당이 훨씬 많은 다수였어요. 시간이 흐를수록 대동법 시행의 효과가 분명하게 나타나자, 효종은 즉위 2년이 되던 해에 충청도로 확대했어요. 효종 9년에는 전라도 연해 지역 27개 군현에 시행하고, 현종 3년에는 산군(山郡)까지 적용했어요. 그리고 숙종 34년인 1708년에는 황해도까지 시행되면서, 대동법은 100년 만에 전국적으로 확대됩니다.

　　　백성의 생활을 안정시키며 국가 재정을 튼튼하게 만들어 주던 대동법은 조선 후기 경제를 변화시켰어요. 우선 조선 관청에 물품을 조달하는 공인(貢人)이 등장합니다. 공인은 수공업자에게 물건을 만드는 데 필요한 비용을 먼저 주고 제작하게 하는 선대제를 시행하면서 조선 후기 상업 자본주의의 모습이 등장하게 돼요. 이것은 조선이 외부의 영향 없이 자본주의가 발달하며 근대화를 향한 변화가 시작되었다는 것을 의미합니다.

1654년 2월 2일 (효종 5년)
나선 정벌에 참어하라는 명령을 받다

청나라 관원 한거원이 서울에 들어와서 예부의 외교 문서를 바쳤다. 그 문서에 이르기를, "조선에서 조총 잘 쏘는 사람 100명을 선발하여, 회령부를 경유하여 앙방장의 통솔을 받아 나선(러시아)을 정벌하라. 3월 10일까지 영고탑(청 발상지로 현재 중국 헤이룽장성 닝안현성)에 도착하시오." 하였다. 한거원이 자리를 피하여 절을 하자, 임금이 위로하며 차를 하사하면서 이르기를, "나선은 어떤 나라이오?" 하니, 한거원이 아뢰기를, "영고탑 옆에 별종이 있는데 이것이 바로 나선입니다." 하였다. ─《효종실록》12권

청의 문물을 배워 조선이 변해야 한다고 생각한 소현세자와는 달리 봉림대군은 만주족에 대한 적개심이 강했어요. 봉림대군의 스승이 송시열이었던 만큼 명나라를 중심으로 한 동아시아 질서를 무너뜨린 만주족을 가만히 두고 볼 수만은 없었어요. 특히 아버지 인조가 당한 치욕을 어떻게해서든 갚아주고 싶은 마음이 컸어요. 봉림대군의 즉위와 관련한《조선왕조실록》의 기록을 살펴보면 봉림대군은 청나라가 주는 금옥과 비단을 소현세자와는 달

리 받지 않았다고 해요. 또한 조선에 들어와서 세자로 책봉되고 왕(효종)으로 즉위하기까지 인조와의 사이가 매우 좋았다고 기록되어 있습니다.

효종은 즉위하자마자 친청파였던 김자점을 버리고, 청에 대한 응징을 주장하는 송시열과 이완 등을 등용하여 주요 요직에 배치했어요. 이것은 북벌론을 국가 운영의 최우선 과제로 삼겠다는 것을 대소 관료들에게 말하는 것과 다를 바 없었어요. 우선 남한산성 일대를 방어하는 수어청과 한양과 왕을 호위하는 어영청에 유능한 장수를 배치하고 군사를 늘리는 등 군사력을 강화하는 데 힘을 기울였어요. 특히 청나라의 강력한 기병 부대의 위력을 체감했던 만큼 금군에 기병을 편제했어요. 어영청에도 기마 부대인 별마대와 포병 부대인 별파진을 추가한 결과 금군 1천 명, 어영청군 2만 1천 명, 훈련도감군 6,350명이 늘었습니다. 중앙군만 신경 쓴 것이 아니었어요. 지방군을 효율적으로 운영하기 위해 설치했던 영장제를 복구했으며, 네덜란드인으로 귀화한 박연을 훈련도감에 배속해 새로운 무기를 제작하도록 했어요. 이 외에도 제주도에 표류한 하멜과 일행 36명을 훈련도감에 배치하여 총과 화포를 제작하도록 했습니다.

그런 상황에서 청나라의 갑작스러운 파병 요청이 들어온 거예요. 청나라 관원 한거원이 총을 잘 쏘는 병사 100명을 나선 정벌에 합류시키라는 말에 효종은 깜짝 놀랍니다. 혹시라도 북벌을 준비하고 있다는 사실을 눈치채고, 진짜인지 떠보려고 내뱉은 말이 아닌가 말이에요. 그래서 효종은 먼저 나선이 어떤 나라인지 물었어요. 한거원의 답변을 보고 청의 진심이 무엇인지 파악하려고요. 한거원은 잠시의 망설임도 없이 효종의 질문에 영고탑에 있는 별종이라고 답해요. 효종은 북벌 준비가 들키지 않았다는 사실에 안도의 한숨을 쉴 수 있었습니다.

이제 효종이 다음으로 생각해야 할 문제는 청나라에 어떤 병력을 내놓는가였어요. 너무 약한 부대를 보내면 조선을 우습게 보고 압박할 것이고, 너무 강한 부대를 파병하면 조선을 경계할까 걱정되었어요. 신료들과 오랜 논의 끝에 함경도 병마우후 변급에게 조총군 100명과 초관 50명을 끌고 모란강 상류 지역의 영고탑에서 청나라 장수 명안달리가 이끄는 청군에 합류하도록 지시를 내려요. 그렇게 청나라 건국 이후 최초의 조청 연합군은 1654년 4월 28일 혼돈강에서 러시아군을 만나 교전을 벌이게 됩니다.

변급이 이끄는 조선군은 청나라군보다 용맹하고 날쌨습니다. 버드나무로 만든 방패에 몸을 숨긴 조선군은 러시아군을 향해 총을 쐈어요. 북벌을 위해 오랫동안 훈련해 온 조선군의 사격술을 러시아군은 당해 내지 못했어요. 조선군이 쏘는 총에 러시아군은 힘없이 고꾸라졌어요. 당시 조선군이 사용하는 화승총은 러시아군이 사용하는 총보다 세 배 이상 발사 속도가 느렸지만, 정확도에서 러시아군을 압도했거든요. 7일간의 교전 끝에 러시아군은 더는 버티지 못하고 뒤도 안 쳐다보고 도주했어요. 누가 뭐래도 제1차 나선 정벌에서 가장 혁혁한 공로를 세운 것은 조선군이었습니다.

조청 연합군의 승리에도 불구하고 러시아는 완전히 물러나지 않았어요. 군대를 계속 보내 우수리강 하구에 성을 쌓고 송화강 유역까지 영역을 넓혀 청나라를 압박했어요. 영고탑의 청나라 군대는 독자적으로 러시아 군과 맞섰지만, 러시아군의 최신 무기를 상대로 승리하지 못하게 돼요. 결국 청나라는 러시아군을 물리쳤던 조선군을 떠올리며 다시 조선에 원병을 요청했어요. 파병 외에는 선택지가 없던 조선은 다시 한번 신유를 대장으로 삼아 조총군 200명과 초관 60명을 나선 정벌에 나서게 해요. 이때 신유가 나선 정벌 당시의 행군 일지를 기록한《북정록》의 기록을 보면 조선군과 청나라군의 전투력 차이가 얼마나 큰지 쉽게 알 수 있어요. 러시아군과 교전이 있기 전 조선군과 청나라군은 사격 연습을 같이했어요. 이때 100명의 청나라 군인 중 과녁판을 맞추는 이가 몇 명 없었던 것과 달리, 조선은 200명 중 123명이 과녁을 맞혔어요. 이를 통해 조선군이 나선 정벌에 없어서는 안 될 주요 전력이었다는 사실을 알 수 있습니다.

1658년 조청 연합군은 헤이룽강에서 러시아군과 교전을 벌이게 돼요. 러시아는 청나라군이 나타나면 용맹하게 앞으로 나서며 싸웠지만, 조선군이 나타나면 겁을 집어먹고 강가 풀숲으로 도망치기 바빴어요. 그럼에도 불구하고 조선군이 쏘는 총에 러시아군은 하나둘 쓰러져서 다시는 일어나지 못했어요. 신유가 이끄는 조선군은 맨 앞으로 나아가 러시아군이 탄배를 불태워 전투를 승리로 마무리 지으려 했어요. 그러나 러시아군의 무기를 비롯한 전리품을 챙기고 싶었던 청나라 장수 사이호달은 조선군의 진격을 가로막았어요. 조청 연합군이 분열되는 틈을 포착한 러시아군이 반격하면서 조선군 7명이 그 자리에서 숨지고, 25명이 다쳤어요. 자칫 승기가 러시아로 넘어가면서 더 큰 피해를 볼 수 있는 상황에서 신유는 군사들을 진정시키며 러시아군을 상대로 일제 사격하여 위기를 넘겼어요. 그러나 숨진 조선군의 시신을 되찾아오지는 못했어요. 청나라 장수 사이호달은 자신으로 인해 전투에서 패배할 위기에 처했다는 사실에 죄책감을 느끼지 않았어요. 그저 자신의 전과를 높이기 위해 조선군이 노획한 무기를 가로채는 데 혈안이 되어 있을 뿐이었습니다.

두 차례의 나선 정벌은 효종에게 북벌이 불가능한 일이 아니라는 자신감을 심어 주었어요. 청나라군이 예전과 같지 않음을 확인하는 동시에 조선군이 청나라군보다 더욱 강하다는 사실을 확인하는 순간이기도 했어요. 이제 청나라를 쳐들어갈 명분과 정벌을 준비할 조금의 시간만 더 주어진다면 청나라를 무너뜨리고 명나라를 다시 일으켜 세울 수 있다고 확신했어요. 하지만 나선 정벌만으로 북벌이 성공할 수 있다고는 아무도 자신 있게 말하지 못했어요. 분명한 것은 청나라는 이 시기에도 강력한 군사력으로 영토를 계속 넓히며 국력이 더욱 세지고 있었으니까 말입니다.

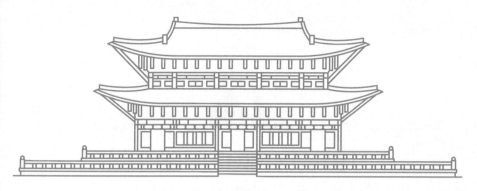

1659년 효종이 죽자 인조의 계비 자의대비의 복상 문제로 서인과 남인이 부딪쳤고, 1년 동안 상복을 입어야 한다는 서인의 주장이 받아들여지는 기해예송이 일어났다. 1674년에도 효종의 비 인선왕후가 죽자, 자의대비의 복상 문제가 불거졌다. 이번에는 남인이 승리하였는데 갑인예송이라 불렀다. 현종이 재위하던 시기는 세계적으로 기상이변이 크게 일어났던 시기로 경신대기근이라는 끔찍한 재난이 있었다. 현종은 여진족을 토벌하고 대동법을 시행하는 등 안정적으로 국정을 운영하려 했으나 큰 성과를 거두지는 못했다.

제 **18** 대

현종

(1641~1674, 재위 : 1659.5~1674.8)

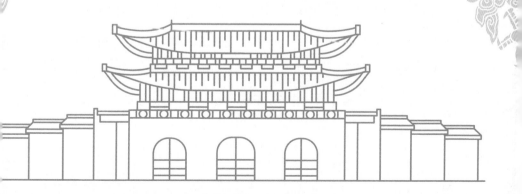

1669년 1월 4일 (현종 10년)
동성혼을 금지할 것을 아뢰다

송시열이 다시 아뢰기를, "향약은 비록 급한 업무는 아니지만 민속을 바르게 하지 않으면 안 됩니다. 혼인할 때 동성(同姓)을 아내로 취하는 것은 예가 아닙니다. 국가에서는 이미 예법을 준행하고 있는데 민속은 구습을 좇고 있습니다. 비록 본관은 같지 않더라도 성의 글자가 같으면 혼인하지 못하게 금하소서" 하니, 임금이 따랐다. – 《현종실록》16권

우리나라는 다른 나라보다도 결혼이 금지되는 혈족의 범위가 넓어요. 또한 얼마 전까지만 해도 동성동본은 결혼할 수가 없었어요. 즉, 근친혼이나 동성동본의 결혼을 금기시하는 문화가 사회 전반적으로 강하게 영향을 미칩니다. 그러나 알고 보면 근친혼이나 동성동본의 결혼이 불가능했던 시대는 우리 역사에서 차지하는 기간이 얼마 되지 않아요. 오히려 동성혼은 지배층만 누릴 수 있는 특권이었어요. 대표적으로 신라의 골품제를 살펴보면 성골과 진골은 친족 간 혼인을 권장했어요. 혹여라도 자신보다 낮은 신분과 혼인하게 되면 자손들의 신분이 강등되는 처벌을 받아야 했습니다.

고려도 신라와 크게 다르지 않아서 왕족끼리 혼인하는 경우가 많았어요. 고려는 왕실 혈통이 우월하다는 사실을 강조하여 호족이나 문벌귀족 등과 차별을 두고자 했어요. 고려 건국 이후에도 왕실만큼이나 큰 세력을 가진 호족들이 존재했던 만큼, 근친혼은 왕실을 보호하는 장치 중 하나였어요. 일례로 고려 왕건의 손녀였던 천추태후와 친동생 헌정왕후는 고려 경종에게 시집을 갔어요. 경종은 다섯 명의 부인을 두었는데 모두 근친혼이었어요. 경종이 죽은 후 헌정왕후는 왕건의 여덟 번째 아들인 왕욱과의 사이에서 현종을 낳습니다. 이처럼 고려 초 불안했던 정국을 타개하기 위한 방법의 하나가 근친혼과 동성혼이었어요. 그러나 성리학이 유입되는 고려 말부터는 동성혼에 대한 부정적인 인식이 점점 커져요. 한 예로 고려 충선왕은 왕실의 동성혼을 금지하는 명령을 내려요. 그렇지만 큰 효과는 없었어요. 그렇다면 일반 백성은 어땠을까요? 고려는 근친혼과 동성혼을 하지 말라는 명령을 종종 내렸어요. 이것은 다시 생각해 보면 백성들이 나라의 지시를 잘 따르지 않으니까, 국가가 계속 하지 말라고 이야기하는 것 아니었을까요.

성리학을 국가의 기본 이념으로 삼은 조선은 고려보다 적극적으로 동성혼 금지를 위한 노력을 펼쳤어요. 성리학 때문만은 아니었어요. 근친혼이나 동성혼을 하게 되면 자손이 번성하지 못한다는 인식이 확산한 현실적인 이유가 있었어요. 또한 고려시대보다 왕실이 혼인할 수 있는 가문이 크게 확대되었던 것도 주요한 배경이 되었어요. 그러나 조선 왕실이 동성혼을 금지하려 한 가장 큰 목적은 왕권 강화에 있어요. 두 차례의 왕자의 난을 통해 즉위한 태종은 왕위를 위협할 수 있는 친인척을 경계했어요. 그래서 동성과 이성(성이 다른 친족)의 친족 범위에 구별을 두어야 한다는 사헌부의 주장에 태종은 모두 같은 범위에 두라며 거부 의사를 분명하게 밝힙니다.

세종도 동성혼 문제를 두고, 깊은 고심을 하게 돼요. 이 당시 동성혼은 단순히 조선 내부의 문제가 아니라 외교 문제로 확대돼요. 중국은 오랫동안 동성혼은 오랑캐의 습속이라며 금지해 왔어요. 만약 동성혼이 발각되면 강제로 이혼당하는 것에 그치지 않고 처벌이 내려졌어요. 그런데 명나라는 자신들만 동성혼을 금지한 것이 아니라 조선에도 동성혼을 하지 못하도록 압력을 행사했어요. 미개한 풍습인 동성혼을 금지하여 문명국으로 도약하라고요. 이것은 조선을 길들이려는 정책의 하나이기도 했어요. 그래서 세종도 동성혼을 명나라에 숨기려는 노력을 기울이기도 해요. 하나의 사례를 살펴볼까요. 세종 24년 태종의 딸 경신옹주의 남편이었던 전의군 이완이 명나라에 사신으로 가게 됐어요. 이완은 본관이 전의 이씨로 전주 이씨인 조선 왕족과 달랐음에도, 세종은 중국에 트집 잡힐 것을 우려하여 성을 바꾸어 입조하라고 명령을 내려요. 더불어 왕실 사람들은 친족이 아니더라도 모든 이씨와 혼인하지 말라고 강력하게 말해요. 그럼에도 일부 사람들은 여전히 동성혼을 통해 가정을 이뤘습니다.

성종 때에 가면 《경국대전》에 이성 친족이 7촌을 넘어서면 혼인할 수 있도록 규정하면서, 동성 금혼 원칙이 동성동본만 남게 돼요. 그러나 동성혼을 금지하는 법령이 만들어진 것과는 별개로 동성혼은 여전히 빈번하게 일어났어요. 18세기 영조가 영빈 이씨를 후궁으로 삼아 사도세자를 낳는 등 왕실에서도 동성혼이 완전히 멈추지는 않았거든요. 당연히 백성들도 동성 간 혼인이 금지되었다는 사실을 알았지만, 크게 괘의하지 않고 동성혼을 이어 갔어요. 이것은 17세기 이수광의 《지봉유설》에 중국인들이 조선 사람의 동성혼을 비웃는다는 표현을 통해 다시 한번 증명되고 있어요. 이처럼 오랜 세월 이어져 온 풍습을 한순간에 바꾸기란 매우 어려운 일이었습니다.

　　하지만 동성 간의 혼인은 조선시대 후기로 갈수록 조금씩 줄어들었어요. 성리학적 삶을 따르는 것이 옳은 일이라고 가르치는 《주자가례》와 《소학》의 보급은 조선의 혼인 풍습을 조금씩 변화시켰어요. 여기에 강력한 쐐기를 박은 것이 조선 후기 막강한 영향력을 행사했던 송시열이었어요. 본관이 같지 않더라도 성의 글자가 같으면 혼인을 금지해야 한다고 송시열이 강력하게 주장하자, 현종이 동의하며 금지를 지시해요. 이후 부계 혈통만 동성동본혼이 금지돼요. 여기에는 성은 다르지만, 조상은 같은 이성동본도 해당했어요. 예를 들어 김수로와 허황후는 자식에게 김씨와 허씨 성을 주었다고 하여 김해 김씨와 김해 허씨 그리고 나중에 여기서 갈라진 양천 허씨와 인주 이씨도 조상이 같다는 이유로 이들 성씨 간에는 혼인이 금지돼요. 이 외에도 안동 김씨와 안동 권씨, 청주 한씨와 행주 기씨, 문화 류씨와 연안 차씨 등이 조상이 같다는 이유로 혼인하지 못하게 됩니다.

　　같은 성씨면 결혼할 수 없는 중국과는 달리 조선은 본관이 다르면 결혼할 수 있게 되었지만, 여전히 많은 문제가 계속 발생했어요. 조선이 멸망하고 대한민국이 들어서면서도 동성혼은 사라지지 않았어요. 오히려 사회적으로 더욱 강한 규범으로 자리 잡아요. 1958년 제정된 민법 제809조 제1항은 동성동본인 혈족은 혼인하지 못한다고 규정했어요. 제817조에서는 동성동본자 간에 혼인신고가 된 경우 본인이나 본인들의 직계존속 또는 8촌 이내의 방계 혈족이 그 혼인을 취소해 달라고 법원에 청구할 수 있도록 하여 동성혼이 이루어지지 못하도록 봉쇄합니다.

이로 인해 동성동본이라 혼인신고를 하지 못하는 사람들이 큰 불이익을 당해야 했어요. 자식을 낳아도 정상적으로 호적에 등재할 수 없었던 만큼, 이들은 동성혼 폐지에 대한 요구를 끊임없이 제기했어요. 결국 헌법 재판소는 1997년 "동성동본 불혼이 사회적 타당성 내지 합리성을 상실하였다. 인간으로서의 존엄과 가치 및 행복추구권을 규정한 헌법 이념 및 개인의 존엄과 양성평등에 기초한 혼인과 가족생활의 성립 유지라는 헌법 규정에 정면으로 배치될 뿐 아니라, 남계 혈족에만 한정하여 성별에 의한 차별을 함으로써 헌법상 평등의 원칙에도 위반된다"라고 판단하게 돼요. 그리고 2005년 민법을 개정하는 과정에서 8촌 이내의 혈족(친양자의 입양 전의 혈족을 포함) 사이에서는 혼인하지 못하는 것으로 개정돼요. 동성 간 혼인 제약이 사라진 것이죠. 그 결과 현종 때 송시열이 그토록 강조하던 동성혼 금지는 350여 년 만에 사라지게 됩니다.

1671년 3월 4일 (현종 12년)
경상도에서 9만여 명이 굶주리다

경상도에 굶주리는 백성이 98,360명이고 죽은 자가 140여 인이었다.
(1671.3.4.)

전라도에 전염병으로 죽은 자가 1,730명이고 굶주리는 백성이 133,590명이
다. 죽을 먹이는 곳에서나 도로에서 죽은 자가 140명이었고 지난해 10월 이
후로 각 고을의 죄수 중에 얼고 굶어 죽은 자가 130명이었다. (1671.3.10.)

경기에서 2월 보름날 이후로 굶주리는 백성이 45,600명이고 전염병으로 죽
은 자가 80여 인이었고 불타 죽은 자가 6명이었다. (1671.3.17.) – 《현종실
록》 19권

17세기는 지구의 평균 기온이 하락하면서 세계적으로 기상이변이 자주 일
어났던 시기였어요. 유럽에서는 영국의 템스강이 얼어붙고 알프스의 빙하
가 많이 늘어났어요. 강과 운하가 얼어붙어 배가 다니지 못하는 일도 잦았
어요. 이것은 비단 유럽만의 이야기가 아니에요. 아프리카의 에티오피아에
서는 1년 내내 눈이 녹지 않았고, 북아메리카에서는 너무나도 강한 추위에
얼어 죽은 원주민들이 많았어요. 가까운 중국도 무더운 강남 지역의 감귤이

추위에 얼어 죽어 종자가 끊겼어요. 그리고 우리 한반도에서는 현종의 재위 기간 중인 1670~1671년 최악의 자연재해로 기억되는 경신대기근이 일어나요. 그래서 임진왜란 전후로 태어난 사람들은 정유재란·정묘호란·병자호란의 큰 전쟁을 겪고 노후에는 경신대기근으로 역병과 굶주림에 생사를 넘나드는 삶을 살아야 했어요. 그래서 이 시기 사람들이 우리 역사상 가장 힘든 시기를 살아갔다고 말하는 사람도 있습니다.

현종이 통치하던 시기는 계속되는 기상이변으로 재해가 연신 발생했어요. 그중에서 가장 힘들었던 1670년(경신년), 1671년(신해년)은 두 해의 앞 글자를 따서 경신대기근이라 불러요. 이것이 자연재해라는 사실은 《조선왕조실록》에 잘 기록되어 있어요. 1670년 1월 1일부터 햇무리와 달무리가 보인다는 기록이 수도 없이 실록에 나와요. 햇무리는 햇빛이 대기의 수증기에 비치어 해 둘레에 둥그렇게 나타나는 테두리를 말해요. 달무리도 같은 원리로 달 둘레에 구름같이 허연 테가 보이는 것을 이야기해요. 이것은 햇빛이 정상적으로 지구에 도달하지 못한다는 사실을 보여 주는 거예요. 즉, 일사량이 부족해지면서 지구의 온도가 낮아지는 현상을 《조선왕조실록》은 기록하고 있는 것입니다. 또한 이 기간에는 지진도 자주 일어났어요. 1월 4일 전라도 영암군에서 창문이 모두 흔들렸다는 기록을 시작으로 전국 모든 지역에서 지진이 발생해요. 2월에는 경기도 교동과 김포, 5월에는 황해도 풍천, 6월에는 경상도 동래, 7월에는 충청도 대흥, 8월에는 삼남 지방에서 동시다발적인 지진이, 12월에는 충청, 전라, 평안도에서 지진이 발생했다고 실록은 기록하고 있습니다.

　　자연재해를 보여 주는 기록 뒤로 전염병과 병충해가 창궐했다는 내용이 계속 나와요. 1670년 2월 평안도에서 1,300명이 전염병에 걸리고, 충청도는 80명이 전염병으로 죽어요. 3월에는 경상도에서 천 명이 전염병에 걸리고, 4월에는 제주도에서 전염병으로 수많은 사람이 죽어요. 이 외에도 전염병으로 많은 이들이 죽었다는 내용이 실록에 수없이 기록되어 있어요. 오죽하면 당시 비참했던 모습을 "귀한 집이건 천한 집이건 독한 여역이 두루 차서 마치 불이 치솟듯 하였으므로 일단 여역이 걸린 자는 열에 하나도 낫는 자가 없고, 심지어는 온 가족이 다 죽기도 하였다. 그래서 사람들이 다 놀라고 황급하여 분주한 것이 마치 전쟁으로 발생한 화재를 피하는 것 같았다. 그 경황의 비참함이 이러하였다"라고 기록했을까요.

　　이뿐만이 아니었어요. 너무도 많은 사람이 죽어서, 시신을 바로바로 처리하지 못하는 모습도 기록되어 있어요. "궁인 중에서 의심스러운 병 때문에 질병가에 내보냈던 자가 잇따라 죽었고, 도성의 사대부로서 전후 죽은 자도 수가 많았으며, 심지어는 온 집안이 모두 전염되어 열 사람 가운데에서 한 사람도 낫지 않았다. 동서 활인서와 각처의 병자 수용소에서 병을 앓다가 죽은 자와 길에 쓰러진 주검이 얼마나 되는지 알 수 없었다. 그래서 각 부에서 죄다 묻지 못하고 구덩이에 가져나 두는데, 동서교 10리 안에 쌓인 주검이 언덕을 이뤘다. 빗물이 도랑에서 넘칠 때는 주검이 떠서 잇따라 내려갔다. 도성에서 이처럼 사람이 죽는 참상은 예전에 없던 것이다"라며 당시의 비참한 모습을 기록하고 있어요. 현종 때 처리하지 못한 시신이 얼마나 많았는지 이로부터 한참 뒤인 1753년 영조가 도성을 개축하는 과정에서 수천 개의 해골과 부서진 뼈들이 뒤섞인 채 발견되어 큰 충격을 주기도 합니다.

이 기간에 인간만 피해를 본 것이 아니었어요. 우역도 자주 발생하여 농사를 짓기 어렵게 만들었어요. 소는 1670년 8월 황해도에서 1만 6천 마리, 9월 황해도 8,418마리, 경기도 3,500마리, 10월 경기도 1,800마리, 11월 황해도 2,350마리가 죽어요. 또한 병충해도 연이어 발생해서 함경도에선 메뚜기의 일종인 황충 천만 마리가 들판을 닥치는 대로 먹어 치워서 도토리마저 열매를 맺지 못할 정도였다라고 해요. 당시 노인들은 이 시기를 임진년의 병화보다도 더하다고 말하며 자신이 살아오면서 이런 참화는 처음 겪는다며 한탄했어요. 오죽하면 부모가 어린 자식을 버리고, 자식이 늙은 부모를 버리는 일들이 아무런 문제가 되지 않았을까요. 승정원은 충청도 깊은 산골에서 한 여자가 다섯 살 된 딸과 세 살 된 아들을 죽여서 먹었다는 보고가 올라오자, 굶주림이 절박했고 진휼이 허술했기에 이런 일이 벌어졌다며 안타까워하는 보고서를 작성해요. 이 정도면 얼마나 힘들고 어려웠는지 와닿지 않나요?

경신대기근은 조선 역사를 크게 바꾸어 놓았어요. 우선 《정감록》 등 여러 비기가 등장하여 조선이 곧 망하고 새로운 세상이 열릴 것이라며 사람들을 동요시켰어요. 조선 정부는 먹고살기 어려운 사람들이 고향을 떠나 유랑민이 되는 것을 막기 위해 호패법과 오가작통제* 를 통해 백성을 강력하게 통제하고자 했어요. 그럼에도 처벌보다 먹고사는 것이 더 급했던 백성들은 조선을 떠나 개척되지 않은 북방 지역이나 만주로 넘어가 토지를 개간하여 정착했어요. 그러자 청나라는 조선인이 허락도 받지 않고 자신들의 근거지인 만주로 계속 넘어온다며 백두산정계비를 세워 국경선을 명확히 나눠 버립니다.

조선 정부는 기근으로 국가를 운영하는 데 필요한 재정이 부족해지자, 납속책과 공명첩을 마구 발행했어요. 이로 인해 조선 후기는 양반의 숫자가 증가하는 등 신분제가 흔들리게 돼요. 또한 조세 제도의 변화도 가져와요. 영정법, 균역법 등 세금을 감면해 주는 정책을 시행하여 어려운 백성을 도와주려는 노력이 이루어져요. 하지만 백성들에게 가장 환영받는 것은 대동법이었어요. 경신대기근에서 살아남은 사람들이 대동법 때문에 어려운 시기를 넘길 수 있었다고 말하자, 숙종은 대동법을 전국적으로 시행하여 백성을 도와주려고 노력해요. 그 결과 상품 화폐 경제가 발달하고, 상평통보가 화폐의 기능을 온전히 다 하는 시대를 맞이하게 돼요. 또한 백성들은 누구의 도움 없이도 스스로 살아남기 위해 감자, 고구마와 같은 구황작물을 재배하고, 저수지와 보를 만들어 농업 생산력을 높이는 노력을 펼칩니다.

*   조선시대 다섯 집을 한 통으로 묶은 호적의 보조 조직.

1674년 7월 1일 (현종 15년)
윤휴가 북벌을 추진하자고 말하다

윤휴가 남몰래 아뢰기를, "병자·정축년의 일은 하늘이 우리를 돕지 주지 않아 일어난 것입니다. 그리하여 짐승 같은 것들이 핍박해 와 우리를 남한산성으로 몰아넣고 우리를 삼전도에서 곤욕을 주었으며, 우리 백성을 도륙하고 우리 의관을 갈기갈기 찢어 버렸습니다. (중략) 오늘날 북쪽의 소식에 대해 자세히 알 수는 없습니다만, 추악한 것들이 점령한 지 오래되자 중국 땅에 원망과 노여움이 바야흐로 일어나 오삼계는 서쪽에서 일어나고 공유덕은 남쪽에서 연합하고 몽골은 북쪽에서 엿보고 정경은 동쪽에서 노리고 있으며 머리털을 깎인 유민들은 가슴을 치고 울먹이며 명나라를 잊지 않고 있다 합니다." - 《현종실록》 22권

효종이 죽은 뒤에도 북벌론에 관한 움직임은 멈추지 않았어요. 처음에는 오랑캐에 당한 수모를 갚고, 명나라를 다시 일으킨다는 명분을 내세웠어요. 하지만 시간이 흐르면서 서인들은 정권을 장악하기 위한 도구로 북벌론을 활용해요. 물론 예외도 있었어요. 성리학적 질서를 바로잡아야 한다며 북벌론을 주장한 윤휴가 그런 인물이었습니다.

윤휴의 집안은 영창대군을 지지하는 소북이었어요. 그러나 인조와

서인이 반정에 성공하면서 집안의 가세가 기울어지게 돼요. 그렇지만 어려서부터 뛰어난 자질을 보여 준 윤휴는 많은 이들의 기대를 받으며 성장했어요. 서인의 영수 송시열도 병자호란이 일어나기 한 해 전에 자신과 열띤 토론을 나눈 19세의 윤휴를 매우 높게 평가했어요. "30년의 나의 독서가 참으로 가소롭다"라고 말할 정도로요. 또한 윤휴는 당파에 구속되지 않고 서인과 남인과 두루 친하게 지내며 주변 사람과의 관계가 매우 좋았어요. 그런 만큼 조정에 나가 백성을 위한 일을 해 보겠다는 욕심도 컸어요. 하지만 과거 시험을 치르려고 하던 시기 병자호란이 발발해요. 인조가 청나라 태종에게 삼전도에서 머리를 조아리며 항복했다는 이야기를 들은 윤휴는 너무도 크게 분노했어요. 백성으로서 나라를 지키지 못해 임금이 치욕을 당했다는 자책감에 힘들어하던 그는 청나라에 복수를 하기 전에는 벼슬에 나가지 않겠다고 굳게 다짐합니다.

윤휴는 자신이 내뱉은 말처럼 초야에 묻혀 후학을 양성하며 살았어요. 그러던 중 58세가 되던 해에 벼슬에 나가겠다는 뜻을 내비쳐요. 젊은 나이도 아닌 노인이 다 된 시점에 왜 출사표를 던졌을까요? 그것은 중국에서 들려오는 심상치 않은 소식 때문이었어요.

잠시 청나라가 중국을 정복하는 과정을 살펴볼까요? 청나라는 만리장성을 넘어 명나라를 정복하는 과성에서 명나라 출신 장군들의 도움을 많이 받았어요. 그중에서도 청나라에 가장 큰 도움을 준 인물이 오삼계였어요. 1644년 명나라의 농민 반란 지도자였던 이자성의 군대가 명나라 수도 북경을 함락했을 당시 청나라의 침략을 막는 산해관을 책임진 사람이 오삼계였어요. 그는 50만 대군을 거느린 만큼 막강한 힘을 가지고 있었어요. 명나라를 무너뜨린 이자성이나 중국을 정벌하고자 하는 청나라 모두 오삼계의 향방을 주시할 수밖에 없었어요. 그러던 중 이자성의 부하들이 오삼계의 아버지와 그가 아끼던 여인을 잡아갔다는 말이 오삼계의 귀에 들어가게 돼요. 부모와 연인이 위태롭게 되었다는 사실에 몹시 분노한 오삼계는 청에 도움을 요청해요. 청나라로서는 이자성과 오삼계가 맞붙는 것만큼 좋은 일이 없었던 만큼 오삼계를 적극적으로 지지하겠다고 입장을 표명합니다.

그리고 얼마 뒤 청나라는 오삼계를 앞세워 이자성을 내쫓고 북경에 입성함으로써 중국 본토의 주인이 돼요. 청나라는 중국을 정복하는 데 큰 도움을 준 명나라 장수 오삼계를 비롯하여 공유덕, 상가희, 경중명을 번왕으로 임명하며 공로를 치하했어요. 번이란 울타리라는 뜻으로 중국 대륙 일부분의 통치를 이들 번왕에게 맡긴 거였어요. 물론 여기에는 청나라로서도 이들의 세력이 거대해서 무시하기 어려웠던 점도 있어요. 시간이 흘러 청나라 순치제가 죽고 8세의 나이로 강희제가 황제에 올랐어요. 강희제는 성인이 되자 번왕으로 영향력을 행사하는 오삼계와 상가희 그리고 경중명이 신경 쓰였어요. 만에 하나 군대를 보유한 이들이 연합하여 청을 공격하면 큰 위협에 빠질 수 있는 만큼, 이들을 제거하기로 마음먹어요. 1673년 강희제가 삼번을 철폐한다는 조서를 내리자, 오삼계는 "청나라가 이렇게 번성하게 된 것은 모두 내 덕분인데, 한낱 애송이가 황제에 오르더니 내 목을 조르겠다고 나서는구나"라며 반란을 일으켰어요. 청나라가 초반에 오삼계의 군대에 고전하자 상가희의 아들 상지신과 경중명의 손자 경정충 두 번왕도 반란에 합류해요.

그러나 강희제는 만만한 상대가 아니었어요. 훗날 청나라를 어느 시대보다도 강국으로 만들었다고 평가받는 인물이 강희제거든요. 강희제는 오삼계를 상대로 강공을 퍼부으면서도, 나머지 두 명의 번왕에게는 손을 내미는 작전을 펼쳤어요. 우선 삼번을 철폐하지 않겠다고 발표하여 상지신과 경정충이 오삼계와 함께할 명분을 없애 버렸어요. 그 결과 홀로 남은 오삼계는 한족의 부흥을 외치며 청나라와 18년간 싸우지만, 강희제의 상대가 되지는 못했어요. 결국 오삼계를 계승한 손자 오세번이 자결하면서 삼번의 난은 끝이 나고 맙니다.

다시 조선으로 돌아올까요. 윤휴가 벼슬을 하겠다고 말한 시점이 오삼계가 삼번의 난을 일으킨 시점이었어요. 윤휴는 청나라에서 중국인들이 반란을 일으킨 지금이야말로 그토록 염원하던 북벌을 이룰 수 있는 절호의 기회라 여겼어요. 윤휴는 오삼계와 타이완의 정성공 그리고 청나라에 무릎 꿇은 여러 나라와 연계하면 충분히 청나라를 이길 수 있다고 자신했어요. 그래서 현종에게 "우리나라의 정예로운 병력과 강한 활 솜씨는 천하에 소문이 난 데다가 화포와 조총을 곁들이면 넉넉히 진격할 수 있습니다. 병사 1만 대(隊)로 북경을 향해 나아가는 한편, 바닷길을 터서 정성공 세력과 힘을 합쳐야 합니다. 그러고는 연주, 계주, 요하 이북의 모든 지역과 여러 섬과 청, 제, 회, 절 등에 격서를 전하고 서촉까지 알려서 함께 미워하고 같이 떨쳐 일어나게 한다면 천하의 충의로운 기운을 격동시킬 수 있을 것입니다"라며 북벌을 추진하자고 강력하게 말합니다.

하지만 국제 정세를 파악한 후 북벌을 도모하자는 윤휴의 주장은 받아들여지지 않아요. 오히려 현실을 제대로 파악하지 못한 판단이라며 다른 관료들의 공격을 받게 됩니다. 특히 효종이 북벌을 추진하는 데 있어 크게 의지했던 송시열이 찬성하지 않았어요. 정국의 주도권을 가진 서인 중에서 가장 큰 영향력을 행사하던 송시열의 침묵은 윤휴의 북벌론이 실행되지 못하는 결정적인 원인이 돼요. 그럼 송시열은 윤휴의 북벌론에 왜 동조하지 않았을까요? 이것은 송시열의 북벌론이 정권을 장악하기 위한 용도로 활용된 측면이 컸다는 것을 보여 줍니다.

하지만 윤휴의 북벌론도 문제가 없었던 것은 아니었어요. 청나라의 지배에 반발한 중국 한족의 움직임에서 북벌의 가능성을 예측했다는 점은 국제 정세를 잘 읽었다고 평가할 수 있어요. 그러나 현종 시기는 연이은 자연재해로 백성의 삶이 매우 고통스러운 시기였어요. 특히 1670~1671년 경신대기근 동안 백만 명에 달하는 사람이 죽고, 우역으로 많은 소가 죽어 나가면서 조선은 나라를 유지하기에도 매우 벅찬 시기였거든요. 국가 존망을 걱정해야 하던 시기에 국가의 치욕을 갚는다는 명분으로 많은 병력을 동원하여 전쟁을 수행하는 것에 어떤 이익도 있을 수 없었어요. 특히 북벌론은 우리가 중국을 차지하자는 것도 아니에요. 청나라를 무너뜨리고 명나라가 부흥할 수 있게 돕자는 북벌론이 조선에 득이 될 것은 하나도 없었어요.

그럼에도 불구하고 북벌론은 숙종 때에도 계속 거론돼요. 수십 년이 지난

이후에도 제기된 북벌론의 진짜 목적이 권력을 장악하기 위한 것이었다는

사실을 우리는 이제 알 수 있습니다.

조선 후기 연표

1680
숙종
경신환국
남인 축출

1689
숙종
기사환국
송시열 사사

1691
숙종
사육신
복권

1750
영조
균역법 시행

1760
영조
청계천 준설
착공

1762
영조
사도세자의
죽음

1773
영조
청계천 준설
완공

17
정
규장각

1827
순조
효명세자
대리청정

1839
헌종
천주교 탄압
기해박해

186
철
최저
동학

1910
순종
경술국치

1909
순종
이토
히로부미
사살

1907
고종
네덜란드
헤이그 특사 파견,
고종 퇴위

1905
고종
을사늑약

1904
고종
러일
전쟁

1897
고종
대한제국
황제 즉위

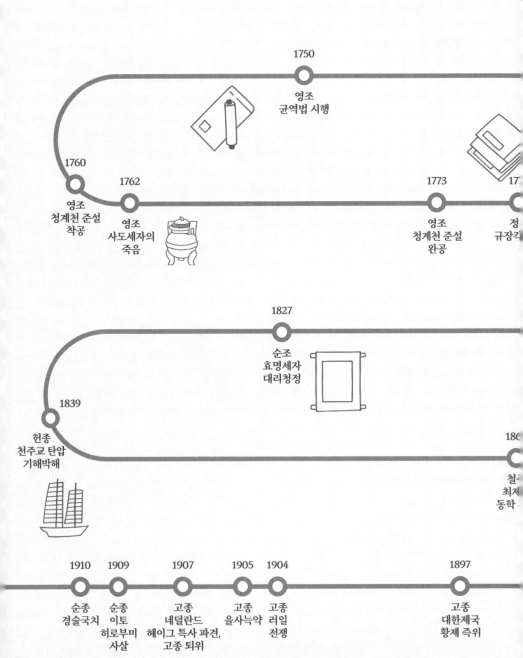

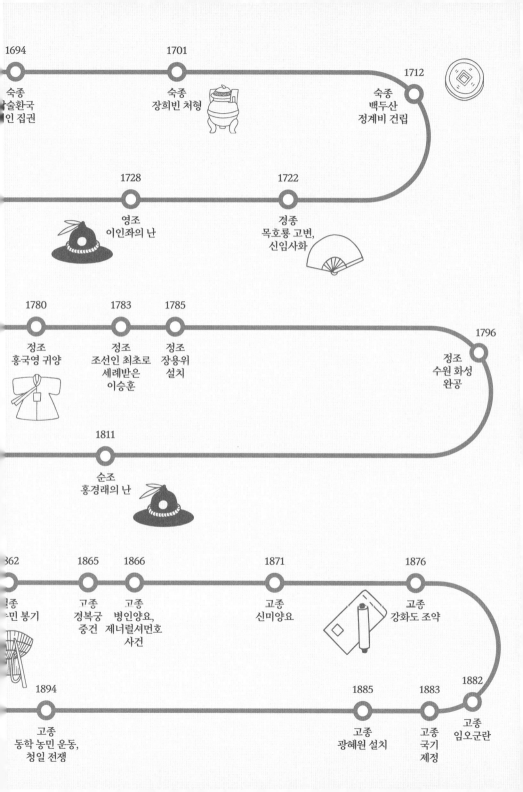

1694
숙종
갑술환국
인 집권

1701
숙종
장희빈 처형

1712
숙종
백두산
정계비 건립

1728
영조
이인좌의 난

1722
경종
목호룡 고변,
신임사화

1780
정조
홍국영 귀양

1783
정조
조선인 최초로
세례받은
이승훈

1785
정조
장용위
설치

1796
정조
수원 화성
완공

1811
순조
홍경래의 난

862
종
민 봉기

1865
고종
경복궁
중건

1866
고종
병인양요,
제너럴셔먼호
사건

1871
고종
신미양요

1876
고종
강화도 조약

1894
고종
동학 농민 운동,
청일 전쟁

1885
고종
광혜원 설치

1883
고종
국기
제정

1882
고종
임오군란

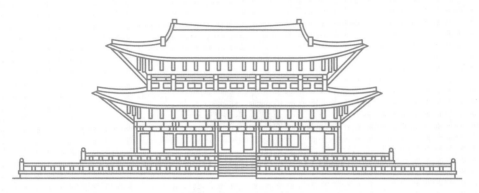

14세에 즉위한 숙종은 수렴청정 없이 국정을 운영했다. 재위 기간 경신환국, 기사환국, 갑술환국을 통해 왕권 강화를 꾀하였다. 국방 강화에 힘을 기울여 강화도 49곳에 돈대를 설치하고 북한산성을 보수했다. 군제도 개편하여 5군영 체제를 완성하면서 압록강 주변의 무창과 자성 2진을 개척했다. 안용복 사건을 계기로 울릉도와 독도가 우리 영토임을 일본에 확인받고, 청나라와는 백두산정계비를 통해 국경선을 확정 지었다. 대동법도 평안도와 함경도를 제외한 전국에 적용하면서 상품 화폐 경제가 발달하였다.

제 19 대

숙종

(1661~1720, 재위 : 1674.8~1720.6)

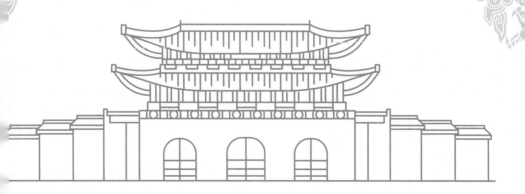

1691년 12월 6일 (숙종 17년)
사육신을 복작하고,
관원을 보내 치제하게 하다

성삼문 등 여섯 사람을 복작하고, 관원을 보내어 제사를 올리게 하였다. 사당의 편액을 민절이라 내리고, 비망기를 내리기를, "나라에서 먼저 힘쓸 것은 본디 절의를 숭장하는 것보다 큰 것이 없고, 신하가 가장 하기 어려운 것도 절의에 죽는 것보다 큰 것이 없다. 저 사육신이 어찌 천명과 인심이 거스를 수 없는 것인 줄 몰랐겠는가마는, 그 마음이 섬기는 바에는 죽어도 뉘우침이 없었으니, (중략) 마침 선왕의 능에 일이 있어서 그 무덤 옆을 지남에 따라 내 마음에 더욱 느낀 것이 있었다. 아! 어버이를 위하는 것은 숨기는 법인데, 어찌 이 의리를 모르랴마는, 당세에는 난신이나 후세에는 충신이라는 분부에 성의가 있었으니, 오늘의 이 일은 실로 세조의 유의를 잇고 세조의 성덕(盛德)을 빛내는 것이다"하였다. ─《숙종실록》23권

장희빈과 인현왕후가 너무 부각되다 보니 숙종이 여자에 휘둘리는 나약한 왕으로 인식되는 경우가 많아요. 하지만 실제로는 정반대였어요. 숙종은 적장자로서 조선 후기 어떤 왕보다도 강한 의지와 실행력으로 신하들을 견제하며 왕권을 강화한 군주였어요. 신하들이 왕에게 충성을 맹세하고 복종할

수 있도록 만들려는 방편으로 숙종이 활용한 것 중의 하나가 단종과 사육신의 복위였습니다.

12세에 즉위한 어린 단종에게는 수렴청정해 줄 어머니가 없었어요. 단종을 낳고 산후병으로 세상을 떠났거든요. 어린 아들을 놔두고 죽기 어려웠던 문종은 황보인과 김종서에게 단종을 부탁했어요. 둘째 동생이던 수양대군을 비롯해 왕이 되어도 하나도 이상하지 않을 만큼 뛰어난 자질을 가진 동생이 너무도 많아 불안했거든요. 문종의 불안감은 기우가 아니었죠. 수양대군은 김종서를 비롯한 대신들과 안평대군이 단종을 몰아내려 한다며 계유정난을 일으켰어요. 자신이 주나라의 주공이 되어 단종을 보필하겠다고 명분을 내세우면서요. 하지만 수양대군은 자기 말을 끝까지 지키지 않았어요. 조카가 성장하여 훌륭한 성군이 될 수 있도록 보필한 뒤 스스로 물러났던 주나라 주공과는 달리 단종을 내쫓고 왕위에 오릅니다.

수양대군은 안평대군과 김종서 등 자신을 위협할 수 있는 세력을 제거한 것에 그치지 않았습니다. 단종을 키웠던 세종의 후궁 혜빈 양씨와 금성대군도 왕으로 즉위하기 전 역모를 저질렀다며 죽였어요. 혹시라도 모를 후환을 남겨 두지 않으려고요. 이처럼 정변의 명분으로 내세운 것과는 달리 친족을 죽이며 권력을 독점하려는 수양대군의 모습에 이탈하는 사람들이 나타나기 시작했어요. 수양대군의 정변을 지지했던 집현전을 비롯한 여러 관료조차도 수양대군이 왕으로 즉위하는 모습에 몹시 분노했어요. 그리고 다짐했습니다. 무슨 일이 있어도 세조를 옥좌에서 끌어내리고, 단종을 복위시키겠다고 말입니다.

　　　세조를 끌어내리려는 여러 시도 중에서 가장 큰 역사적 사건으로 사육신의 난이 있어요. 여기서 사육신이란 성삼문, 박팽년, 이개, 하위지, 유성원 다섯 명의 집현전 출신 관료와 무신 유응부를 말해요. 사육신만 강조되다 보니 여섯 명이라는 적은 숫자로 명나라 사신을 접대하는 연회에서 세조를 죽이려다 실패한 사건으로만 기억하는 일이 많아요. 실제로 사육신의 난은 이들 여섯 명만 참여한 거사 계획이 아니었습니다. 집현전 출신의 관료를 중심으로 계유정난에 동참하지 않았던 무인 세력 그리고 단종의 외할머니부터 시작하여 외숙이던 권자신 등 단종의 인척까지 포함한 큰 역모 사건이었어요. 만약 여섯 명이 벌인 난이었다면 이토록 세조가 화를 냈거나, 역사적으로 큰 사건으로 기억되지 않았을 거예요. 사육신의 난이 얼마나 세조를 긴장하게 만들었는지 살펴볼까요? 박팽년의 인척이던 김문기는 "그대들은 안에서 일을 성사시켜라. 나는 밖에서 군사를 거느리고 있으니, 우리를 거역하는 자가 있다고 한들 그들을 제재하는 데 무엇이 어렵겠는가"라며 거사에 동참했어요. 즉, 김문기의 이 말은 유응부와 성승이 궁궐 연회장에서 세조와 그 측근을 죽이면, 밖에서 김문기가 군대를 몰아 세조의 친위 무사들을 제거하겠다는 뜻이에요. 정변에 성공하면 집현전 출신 관료들이 세조의 측근을 몰아내고 단종을 다시 왕으로 앉혀 나라를 바로잡겠다고 한 것이니 세조는 긴장하지 않을 수 없었던 거죠. 조정 관료 중에 누가 자신을 죽이려는 사람인지, 궁궐과 한성을 지키는 중앙군 중에 얼마나 많은 이가 자기 등에 칼을 꽂으려 하는지 알 수가 없으니까 말입니다.

세조는 이 기회에 자신에게 칼을 들이대면 어떻게 되는지를 똑똑히 보여 줘야 한다고 생각했어요. 그래서 바로 사육신을 비롯하여 역모에 가담한 많은 이들을 의금부에 투옥해요. 그러고는 세조는 의금부에서 결정한 형벌보다 훨씬 높은 강도의 처벌을 내렸어요. 사육신에게는 사지를 찢어 죽이는 거열형을 내렸어요. 역적의 자식이 15세 이하이면 종으로 삼는다는 규정을 무시하고 사육신의 자녀들도 교형으로 목숨을 앗아 갔어요. 체포되기 직전 자결한 유성원과 허조 및 심문 도중 죽은 박팽년의 시신도 거열형으로 다시 한번 처벌한 뒤, 목을 길거리에 매달아 놓았어요. 이후 어느 누구도 사육신을 거론해서는 안 되었어요. 사육신을 말하는 순간 무서운 형벌이 내려왔으니까요.

그러나 효와 충을 강조하던 조선에서 사육신은 잊히지 않았어요. 특히 왕권을 강화하려고 노력하는 왕일수록 사육신을 떠올렸어요. 왕을 무시하고 독단적으로 정국을 운영하려는 신료들에게 경각심을 심어 주는 데 사육신만큼 좋은 소재는 없었거든요. '너희들도 사육신처럼 왕을 능멸하면 비참한 죽임을 당할 수도 있다'는 경고를 하기에 이처럼 좋은 소재가 있을까요. 또 한편으로는 '임금을 위해 자신의 목숨까지도 기꺼이 내놓는 사육신처럼 너희늘도 충성을 다해 나를 모셔야 한다'는 메시지를 전달할 수도 있고요.

사육신을 이용하려고 한 첫 번째 왕은 중종이었어요. 중종은 조광조를 중심으로 사림을 등용하여 왕권을 강화하려 했던 군주였어요. 자신을 무시하고 부정을 저지르는 불충한 훈구파를 견제하는 데 사육신만큼 좋은 것이 없었어요. 사림파도 중종 옆에서 성리학 질서와 왕도 정치를 부르짖었어요. 자신들이 훈구파와 달리 왕에게 충성을 다하는 관료들이라는 사실을 보여 주기 위해 사육신과 사림을 동일시하려는 노력을 기울였어요. 그래서 정순붕과 기준 등 사림파는 사육신이 단종을 복위하려 한 것은 잘못이지만, 절의만은 후세에 권장해야 한다고 말하며 사육신의 복권을 주장했어요. 하지만 기묘사화로 조광조를 비롯한 많은 사림파가 죽거나 정계에서 쫓겨나면서 사육신의 복권은 이루어지지 못합니다.

이후에도 사육신을 복권하기 위한 노력을 멈추지 않았어요. 인종 때는 경연에서 한주라는 관료가 '사육신은 당대의 난신이나 후세에는 충신'이라는 의사를 당당히 펼쳤어요. 김성일과 조헌은 선조에게 사육신의 복권을 요청하는 상소를 올렸고요. 아직 사림이 정계를 완전하게 장악한 상황이 아니어서 받아들여지지는 않지만, 사육신에 대한 평가가 바뀌고 있음을 여실히 보여 주고 있어요. 사육신을 복권하려는 노력은 효종과 숙종이 집권하던 시기에도 이어졌어요. 송준길은 성삼문과 박팽년을 사당에 배향하게 해 달라고 요구했고, 허적은 사육신이 죽은 노량진에 사육신의 묘를 만들자고 주장했어요. 이런 노력과 왕권을 강화하려는 숙종의 의중이 맞아떨어지면서 1691년 사육신의 복권이 이루어져요. 능행에서 돌아오던 숙종은 노량진에서 사육신의 제사를 지내게 한 뒤, 복권을 명령했거든요. 그러고는 무덤 주변에 세워진 사당에 민절이라는 편액을 내려 주었어요. 물론 이 과정에서 반대가 없었던 것은 아니었어요. 그럴 때마다 숙종은 세조가 사육신을 후세에는 충신이라고 불렀다는 기록을 제시하며, 사육신의 복권은 세조의 성덕을 빛내는 것이라고 말했어요. 사육신의 복권은 다른 의미로 숙종이 자신의 원하는 방향으로 국정을 이끌 수 있게 되었다는 것을 의미하기도 합니다.

1694년 8월 14일 (숙종 20년)
울릉도 문제를 왜와 교신하다

임금이 이르기를, "교활한 왜인들의 상태를 보니 필시 점거하여 소유하려는 것이니, 전일에 의논한 대로 바로 말을 하여 대꾸해 주라" 하였다. 남구만이 아뢰기를, "일찍이 듣건대, 고려 의종 초기에 울릉도를 경영하려고 했는데, 동서가 단지 2만여 보뿐이고 남북도 또한 같았으며, 땅덩이가 좁고 또한 암석이 많아 경작할 수 없으므로 드디어 다시 묻지 않았습니다. 그러나 이 섬이 해외에 있고 오랫동안 사람을 시켜 살피게 하지 않았으며, 왜인들의 말이 또한 이러하니, 청컨대 삼척 첨사를 가려서 보내되 섬 속에 가서 형편을 살펴보도록 하여, 혹은 민중을 모집하여 거주하게 하고 혹은 진을 설치하여 지키게 한다면, 곁에서 노리는 근심거리를 방비할 수 있을 것입니다" 하니, 임금이 윤허하였다. —《숙종실록》 27권

고려 말부터 지속되어 온 왜구의 침략은 건국한 지 얼마 되지 않은 조선으로서도 큰 골치였어요. 잘못된 것을 바로잡고 새롭게 시작해야 할 일이 태산같이 쌓여 있는 상황에서 왜구의 침입은 해결해야 할 또 하나의 숙제가 되었거든요. 그중 가장 큰 문제는 섬에 사는 백성을 왜구로부터 보호하는 일이 쉽지 않다는 것이었어요. 3천 개가 넘는 섬을 모두 지킬 여력도 없었

거든요. 결국 선택한 것이 섬에 살던 백성을 뭍으로 나와 살게 하는 공도 정책이었어요. 태종은 두 번, 세종은 세 번에 걸쳐 울릉도에 사는 백성을 본토에 나와 살도록 했어요. 이후 왕들도 공도 정책을 꾸준히 이어 간 결과 숙종 때는 울릉도에서 조선인이 살지 않게 됐어요. 단지 물고기를 잡기 위해 잠깐씩 들르는 섬으로만 이용하게 했어요. 그렇다 보니 일본인들은 자신들의 섬처럼 머물며 어업 활동을 이어 갔어요. 아니 일부 일본인은 울릉도가 자신들의 섬이라고 생각하기도 했어요. 그 사례로 1625년 에도 막부가 일본 어민에게 울릉도에서 어업 활동을 해도 된다고 허가를 내린 일을 찾을 수 있습니다.

이 같은 사실을 알 리 없는 안용복과 울산 출신 어부 40여 명이 1693년 울릉도로 물고기를 잡기 위해 출항했어요. 울릉도 인근 바다에서 열심히 물고기를 잡던 안용복과 조선 어부들에게 일본 어민이 다가와서는 갑자기 위협을 가하기 시작했어요. 자신들의 영토에서 나가라고 위협하는 일본 어민들의 모습에 안용복은 울릉도는 조선의 영토라고 당당하게 말했어요. 그러나 수적으로 훨씬 많았던 일본인은 그 말을 무시하고는 안용복과 어부들을 강제로 일본으로 끌고 갔어요. 낯선 일본에 잡혀 왔지만, 안용복은 하나도 겁나지 않았어요. 결단코 자신들이 잘못한 것이 하나도 없다고 확신했거든요. 일본 호키주 태수 앞에 불려온 안용복은 조선의 영토에 함부로 들어와서 자신들을 잡아 온 것을 사과하고 즉각 석방하라고 요구했어요. 호키주 태수가 안용복의 논리정연한 말과 당당함에 조선의 관리를 잡아 온 것은 아닐까 생각할 정도였어요. 혹시라도 자신들이 조선의 관리를 납치해서 외교적 문제로 발전할까 두려워졌어요. 호키주 태수는 책임을 회피하기 위해 에도 막부에 전후 사정을 설명하며 어떻게 해야 할지를 물었습니다.

에도 막부는 호키주 태수의 질의에 즉각 안용복과 조선 어민을 나가사키로 이송해 조선으로 돌려보내라고 답변해요. 더불어 울릉도는 일본의 영토가 아니라는 서계도 함께 보내왔어요. 그렇게 일본에 끌려간 지 9개월 만에 안용복은 조선으로 돌아올 수 있었어요. 그러나 기쁨도 잠시였어요. 조선에 도착하자마자 허가 없이 국경을 넘어 일본에 갔다는 죄명으로 관아에 끌려가 곤장 100대를 맞아야 했거든요.

안용복이 울릉도에서 일본에 납치되었다가 돌아왔다는 보고를 받은 조선 조정은 이 문제로 술렁이기 시작했어요. 섬을 비워 놓는 공도 정책으로 일본인이 울릉도를 불법 점령하고 물고기를 잡고 있다는 사실을 안 이상 가만히 있을 수는 없다는 것이 대다수의 의견이었어요. 그래서 소론 출신이던 남구만과 윤지완의 강력한 주장에 따라 일본인의 울릉도 접근과 어업 활동을 허용치 않는 것으로 의견을 모아요. 또한 울릉도에 대한 정보를 제대로 알 필요가 있다는 판단 아래 삼척 첨사 장한상에게 울릉도와 주변 도서를 탐문하여 보고하라고 지시를 내립니다.

삼척 첨사 장한상은 울릉도에 대한 보고서를 작성하면서 독도에 관해서도 언급했어요. "독도는 울릉도 동남쪽 아득한 바다에 있는데, 크기는 울릉도의 3분의 1이며 거리는 300리밖에 되지 않는다"라고요. 조선 조정은 이를 바탕으로 일본 에도 막부에 울릉도와 독도는 조선의 엄연한 영토라는 외교 문서를 보냈어요. 이미 안용복에게 울릉도는 조선 땅이라고 밝혔던 에도 막부였던 만큼 조선의 주장을 순순히 받아들였어요. 울릉도와 독도가 조선의 영토임을 인정하며, 다시는 일본 어민이 넘어가서 어업 활동을 하지 못하게 단속하겠다고 말입니다.

조선과 일본 에도 막부 사이의 연락을 담당하며 이익을 얻던 대마도주는 이를 자신들의 가치를 높이는 절호의 기회라고 여겼어요. 대마도주는 조선 정부에 자신들이 아니면 일본과의 문제를 해결할 수 없다는 사실을 알려 주고 싶어서 서계 접수를 차일피일 미루었어요. 이를 알 리 없는 일본인들은 평상시처럼 울릉도에서 불법 어업 활동을 이어 갔고요. 이 모습을 못마땅하게 생각한 안용복은 관리 복장을 하고, 자신을 따르는 160여 명의 어부를 데리고 울릉도에 갔어요. 이곳에서 어업하던 일본 어부를 혼을 낸 안용복은 그길로 일본 호키주까지 건너갔어요. 그러고는 호키주 태수를 통해 서계를 접수하지 않은 대마도주의 죄상을 고발하는 글을 막부에 올리라고 명령했어요.

호키주 태수로부터 안용복의 항의 서한을 접한 에도 막부는 깜짝 놀라며 대마도주에게 사실 여부를 물었어요. 대마도주는 자신의 죄를 덮기 위해 우선 안용복은 조선 관리가 아니라고 답변했어요. 그러고는 안용복이 일본에 표류한 조선인이니 서둘러 돌려보내는 것이 외교 문제를 일으키지 않을 것이라고 말했어요. 자세한 사정을 알 리 없는 에도 막부는 대마도주의 의견을 받아들여서 안용복 일행을 조선으로 돌려보내는 것으로 마무리를 짓습니다.

조선 정부는 안용복이 울릉도 문제 해결에 나선 것보다는 관리라 속여 일본에 건너간 사실을 문제 삼고 처벌을 내렸어요. 조선 정부의 처벌이 억울하고 답답했던 안용복은 강원도 양양 감옥에서 탈출하여 동래로 도망갔다가 체포돼요. 탈옥한 죄까지 추가된 안용복이 한양으로 이송되자, 조정은 안용복 처벌 문제를 두고 깊은 고심에 빠지게 돼요. 영의정 유상운을 비롯한 노론은 국경을 허락 없이 넘어간 죄와 정부 문서를 위조한 죄를 물어 안용복을 처형해야 한다고 강력하게 주장했어요. 반면 남구만을 비롯한 소론은 안용복을 두둔하며 변호해 주었어요. 국경을 넘어가고 공문서를 위조한 것은 매우 큰 죄이지만, 울릉도와 독도의 영유권과 어업권을 막부에 직접 요청하여 답변받아 온 공로는 인정해야 한다고 말이에요. 즉, 안용복이 죄를 지은 것은 분명하지만, 울릉도와 독도를 조선의 영토로 확고히 하려는 노력과 그 결과를 정상 참작해야 한다고 주장한 거죠. 다행히도 소론의 의견이 받아들여져 안용복은 사형을 면하고 대신 유배형을 받아 머나먼 변방으로 떠나게 돼요. 그러고는 안용복의 기록이 어디에도 나오지 않습니다.

안용복이 울릉도와 독도가 조선의 영토라는 사실을 일본 에도 막부로부터 확인받아 온 결과, 이후 200년 동안 일본은 감히 울릉도로 넘어올 생각을 하지 못했어요. 그런 점에서 안용복의 공로를 인정하지 않고 잘못만을 묻던 당시를 안타깝게 생각하는 사람이 많았어요. 성호 이익도《성호사설》에서 "조정에서 포상하지 않고 형벌을 내리고 귀양을 보낸 일은 참으로 애통한 일이다. 안용복은 한 세대의 공적을 세운 것만이 아니다. 그런 사람을 장수로 등용하여 뜻을 펴게 했다면, 그 성취가 어찌 여기서 그쳤겠는가"라며 당시 조정을 비판하는 글을 쓰기도 했어요. 그리고 지금의 우리도 안타까운 심정을 갖고요. 동시에 우리가 해야 할 일이 무엇인지 명확하게 알게 해 줍니다.

1701년 9월 25일 (숙종 27년)
장희빈을 자진하게 하라는
비망기를 내리다

밤에 비망기를 내리기를, "옛날에 한나라의 무제가 구익 부인을 죽였으니, 결단할 것은 결단하였으나 그래도 진선하지 못한 바가 있었다. 만약 장씨가 제가첩이라는 운명을 알아 그와 같지 아니하였다면 첩을 정실로 삼지 말라는 《춘추》의 대의를 밝히고 법령으로 만들어 족히 미리 화를 막을 수 있었을 것 아니, 어찌 반드시 구익 부인에게 한 것과 같이할 것이 있겠는가? 그러나 이 경우는 그렇지 아니하였다. 죄가 이미 밝게 드러났으므로 만약 선처하지 아니한다면 후일의 염려를 말로 형용하기 어려울 것이니, 실로 국가를 위하고 세자를 위한 데서 나온 것이다. 장씨로 하여금 자진(自盡)하도록 하라"하였다. — 《숙종실록》 35권

숙종은 14세에 즉위하여 45년간 조선을 이끈 군주였어요. 조선 후기 약해진 왕권을 강화하기 위해 부단하게 노력했고, 그 결과 조선 후기 어느 왕보다도 강력한 왕권을 행사했던 인물이기도 합니다. 이 과정에는 인현왕후와 장희빈이 번갈아 가며 왕비가 되었다가 쫓겨나는 일이 벌어져요. 이를 두고

숙종이 장희빈에게 휘둘린 것으로 아는 사람이 많지만, 실제로는 정반대였어요. 남인을 대표하는 장희빈이 낳은 아들을 원자로 책봉하는 과정과 서인을 대표하는 인현왕후가 복위하는 과정은 신료들을 통제하기 위한 숙종의 정치 수단 중 하나일 뿐이었습니다.

　　숙종의 첫 번째 왕비는 인경왕후였어요. 그녀는 숙종과의 사이에서 두 딸을 낳았지만 모두 요절했어요. 둘이나 되는 자식을 먼저 보낸 죄책감에 이어 천연두까지 걸리자 인경왕후는 병을 이기지 못하고 20세의 어린 나이로 죽고 말아요. 그녀의 뒤를 이어 계비로 15세의 나이에 숙종의 두 번째 왕비가 된 여인이 인현왕후예요. 그녀는 왕비가 되어 중궁전에 들어섰지만, 숙종의 마음을 얻지는 못했어요. 당시 숙종은 궁궐 밖에 있는 궁녀 장옥정(장희빈)에게 마음을 주고 있었거든요.

　　장옥정은 어떤 여인이었기에 궁궐 밖에서도 숙종의 마음을 얻을 수 있었을까요? 장옥정은 중인 출신으로 나인이 되어 궁궐에서 생활했지만, 그녀의 집안은 세상 사람들이 알아주는 재력을 가진 가문이었어요. 장옥정의 숙부 장현은 역관으로 소현세자를 따라 6년 동안 중국에서 생활하면서, 조선의 그 누구보다 청나라의 정보통으로 명성을 날린 인물이었어요. 청나라에 가는 사절단은 늘 가장 먼저 장현을 찾았고, 덕분에 장현은 40년 동안 30차례나 북경을 다녀오게 돼요. 당시에 사신단의 일원으로 북경에 간다는 것은 막대한 재물을 얻을 수 있는 기회였어요. 또한 관료들과 친분을 쌓아 권력의 핵심 세력과 가까워질 수도 있었고요. 그 결과 장옥정의 집안은 나라 안의 부자라고 불릴 만큼 막대한 재산을 보유했고, 장현은 무난하게 종1품 숭록대부에 오릅니다.

이런 집안에서 태어난 장옥정은 무엇 하나 부족한 것 없이 자랄 수 있었어요. 그러나 남인이 몰락하는 경신환국이 일어나는 과정에서 집안이 풍비박산 나고 말아요. 평소 남인 출신 관료들과 친분이 있다는 이유로 장현이 유배되고 말았거든요. 장옥정도 정확한 시기와 배경은 확인되지 않지만, 머리를 땋아 올릴 때부터 궁중에 들어와 생활했다고 전해져요.

어린 나이에 궁궐에서 생활하던 그녀에게 희망을 준 사람이 숙종이었어요. 인경왕후를 먼저 저세상으로 보내고 외로워하던 숙종은 장옥정의 미모와 뛰어난 언변에 마음을 순식간에 빼앗기고 말아요. 이런 모습을 좋지 않게 본 숙종의 어머니 명성왕후는 곧바로 장옥정을 궁 밖으로 내쫓아버려요. 착한 인현왕후는 궁궐 밖으로 쫓겨난 장옥정이 안타까워 명성왕후에게 궁궐로 불러들이면 안 되냐고 물어봐요. 이에 대해 명성왕후는 "내전이 그 사람을 아직 보지 못하였기 때문이오. 그 사람이 매우 간사하고 악독하고, 주상이 평일에도 희로(喜怒, 좋아하고 노여움)의 감정이 느닷없이 일어나시는데, 만약 꾐을 받게 되면 국가의 화가 됨은 말로 다 할 수 없을 것이니, 내전은 후일에도 마땅히 나의 말을 생각해야 할 것이오"라며 절대 장옥정을 궁궐로 불러들여서는 안 된다고 못을 박습니다.

하지만 이미 장희빈에게 마음이 있는 숙종의 행보를 누구도 막을 수는 없었어요. 명성왕후가 죽자 숙종은 곧바로 장옥정을 궁궐로 다시 불러들여서는 숙원에 올리며 누구보다 아껴 주었어요. 그런 가운데 장옥정이 1688년 숙종 사이에서 아들을 낳아요. 숙종은 장희빈이 낳은 아들을 원자로서 명호(名號)를 정할 것이니, 이를 반대하는 사람은 조정에서 물러나라고 말했어요. 이것은 장희빈 사이에서 낳은 아들을 다음 후계자로 삼겠다는 것을 선포한 것과 같은 말이에요. 이에 서인들은 아직 인현왕후가 젊은 상황에서 후궁이 낳은 자식을 원자로 삼는 일은 있을 수 없다며 크게 반발했어요. 옛 왕들과 중국 역대 왕들이 후궁에서 낳은 자식을 바로 원자로 삼은 예가 없다며 숙종의 뜻을 바꾸려 했지만, 숙종은 "내 나이 거의 30이 되도록 왕세자가 없어 밤낮으로 근심하고 두려워하다가 이제야 비로소 왕자를 두었으니, 지금 내가 명호를 정하려는 것이 어찌 빠르다고 하겠느냐? 작년 5월에 내가 꿈속에서 어떤 사람을 만나, '내가 언제 아들을 낳겠느냐?'고 물으니, 그 사람이 이르기를, '이미 잉태하고 계신데 남자입니다' 하였다. 내가 듣고서 스스로 기뻐하였는데 아들을 낳게 되어서는 내 마음에 믿는 바가 있게 되었다"라고 답해요. 이것은 장옥정이 낳은 아들은 하늘이 점지해 준 다음 임금이며, 후사가 없어 불안해하는 민심을 안정시키기 위해서라도 명호를 정하겠다는 말이었어요. 숙종은 자신의 주장대로 원자의 명호를 정하고 장옥정을 희빈으로 승격시킵니다.

이를 두고 서인의 영수 송시열이 숙종의 처신이 잘못되었다며 강하게 비판했어요. 이를 계기로 숙종은 서인을 누르고 남인을 중용하여 왕의 위엄을 보일 필요가 있다고 판단하게 돼요. 그래서 송시열을 죽이는 것을 필두로 100명 이상의 서인을 처벌하는 기사환국을 일으켜요. 이후 서인이 내쳐진 빈자리는 남인이 차지하면서 정국의 주도권이 바뀌게 됩니다. 또한 왕실에도 큰 변화가 일어나서 인현왕후가 폐출되고 장희빈이 중전의 자리에 앉게 돼요.

그로부터 5년이 지난 시점 폐비가 된 인현왕후의 복위를 도모하는 일이 발각돼요. 숙종은 크게 화를 내며 사건의 진상을 조사하도록 명령을 내려요. 그런데 사람들의 예상과는 달리 서인이 인현왕후의 복위를 계획한 것이 아니라 남인 출신 관료들이 벌인 소행으로 밝혀졌어요. 이런 가운데 장희빈이 숙종의 총애를 받던 숙빈 최씨를 독살하려 했다는 이야기까지 들려와요. 이 시기의 숙종은 5년간 남인이 정권을 주도하는 과정에서 서인이 급격하게 몰락하자, 균형을 맞춰야 한다고 생각하던 참이었어요. 결국 정국의 주도권을 재편하려고 마음먹은 숙종은 남인을 쫓아내는 명분으로 장희빈을 이용하기로 해요. 장희빈이 투기와 질투로 많은 문제를 일으켰다며 왕비의 자리에서 쫓아낸 뒤 인현왕후를 다시 복위시켜요. 그러고는 남인을 내쫓고 서인을 조정으로 다시 불러들여요. 이 과정에서 남인은 다시는 재기가 불가능해질 정도로 큰 타격을 받는데 이를 갑술환국이라고 합니다.

장희빈은 남인이 몰락하자, 자신이 낳은 아들이 왕으로 즉위하지 못할까 걱정이 되었어요. 이제 오로지 믿을 것은 숙종밖에 없었어요. 그러나 숙종은 장희빈에게 예전만큼 살가운 존재가 아니었어요. 숙종의 마음은 숙빈 최씨에게 가 있었거든요. 이런 상황에서 만에 하나 인현왕후가 왕자를 낳기라도 한다면 세자가 바뀔 수도 있다는 불안감이 엄습해 왔어요. 결국 궁지에 몰린 장희빈은 인현왕후를 저주하는 무속 행위를 펼치다가 숙종에게 들키고 말아요. 우연인지 필연인지 모르지만 1701년 인현왕후가 죽자 숙종은 장희빈의 저주로 벌어진 일이라며 사약을 내려 죽여요. 이 과정에서 서인은 장희빈의 죽음이 정당하니 연잉군(숙빈 최씨의 차남, 훗날 영조)이 왕으로 즉위하는 것이 옳다는 노론과 장희빈의 죽음은 과한 처분이니 그녀가 낳은 경종이 왕이 되어야 한다는 소론으로 나뉘게 됩니다.

1712년 5월 23일 (숙종 38년)
접반사 박권이
백두산 정계의 일에 대해 치계하다

접반사 박권이 치계(임금에게 급히 서면으로 아룀)하기를, "총관이 백산 산마루에 올라 살펴보았더니, 압록강의 근원이 과연 산허리의 남변에서 나오기 때문에 이미 경계로 삼았으며, 토문강의 근원은 백두산 동변의 가장 낮은 곳에 한 갈래 물줄기가 동쪽으로 흘렀습니다. 총관이 이것을 가리켜 두만강의 근원이라 하고 말하기를, '이 물이 하나는 동쪽으로 하나는 서쪽으로 흘러서 나뉘어 두 강이 되었으니 분수령으로 일컫는 것이 좋겠다' 하고, 고개 위에 비석을 세우고자 하며 말하기를, '경계를 정하고 비석을 세움이 황상의 뜻이다. 도신과 빈신도 또한 마땅히 비석 끝에다 이름을 새겨야 한다'라고 하기에, 신 등은 이미 함께 가서 자세히 보아 살피지 못하고 비석 끝에다 이름을 새김은 일이 성실하지 못하다'라는 말로 대답하였습니다" 하였다. ─《숙종실록》 51권

세종은 여진족의 침략을 효과적으로 막으면서도 백성들이 살 수 있는 영토를 넓히기 위해 노력을 많이 기울였어요. 최윤덕과 김종서를 통해 압록강과 두만강을 경계로 4군 6진을 개척한 뒤, 이곳으로 백성을 이주시키는 사민 정책을 펼쳤어요. 세종의 북진 정책은 이후의 왕들에게도 계승되어 꾸준하

게 추진되었지만, 문제도 계속 발생했어요. 우선 4군 6진 지역은 높은 산이 많아 교통이 불편했어요. 또한 농경지가 적고 거친 환경으로 사람들이 살아가기에 매우 힘든 자연환경을 가지고 있었어요. 결국 많은 사람이 정착하지 못하고 계속 도망치자 4군 지역에는 방어시설만 남긴 채 아무도 살지 않도록 내버려둡니다.

17세기 조선이 양난을 겪고, 청이 중국을 차지하면서 조선의 북방에도 변화가 나타나요. 조선은 연이은 전쟁으로 농경지가 황폐해졌고, 이후 경신대기근처럼 연이은 자연재해로 굶주림과 전염병으로 살기가 매우 어려웠어요. 여기에 조선 정부가 뚜렷한 대책을 세우지 못하자, 백성들은 스스로 살아남기 위해 몸부림을 쳐야 했어요. 그런 움직임 중 하나가 새로운 농경지를 찾아 사람들이 북쪽으로 올라가면서 자연스럽게 북방 지역이 개발된 것이에요. 특히 조선 넘어 만주에는 산삼을 비롯하여 높은 가격에 팔수 있는 모피가 풍부해서 많은 조선인이 국경을 넘어 수렵과 채집 활동을 이어 나갔어요. 이뿐만이 아니었어요. 숙종 즉위 초 중국에서 삼번의 난이 일어나면서 만주족이 만주로 돌아올지도 모른다는 이야기도 퍼졌어요. 혹시라도 이 과정에서 만주족이 다시 조선을 침략할 수 있다는 전망이 나오면서 조선 정부도 북방 개척에 관심을 두게 돼요. 이 외에도 북벌론과 연계하여 만주족이 없는 상황을 이용해 조선 조의 영토를 회복하자는 주장이 제기되기도 했습니다.

청나라로서도 자신들의 발상지인 만주를 보호해야 한다는 의식이 높아지고 있는 상황에서 조선인들이 국경을 자주 넘어오는 일이 신경 쓰였어요. 또한 예전 러시아군과 맞서 싸울 때 조선군의 용맹함과 뛰어난 사격술을 똑똑히 기억하고 있었거든요. 그러던 어느 날 우려하던 사태가 벌어지고 말아요. 조선인들이 국경을 넘어와 청나라 사람을 죽이고 재물을 약탈하는 일이 연이어 벌어진 것이었어요. 청나라는 국경을 넘어 만주인을 살해한 일에 대해 조선 정부에 책임을 물으며 재발 방지를 요구했어요. 조선은 이 사건이 외교 문제로 발전하여 피해가 오지 않도록 국경을 넘어 만주로 가는 사람을 체포하여 목을 벤 다음 효수하는 강경책을 펼쳤어요. 그러나 만주로 넘어가 수렵과 채집을 하면 엄청난 경제적 이익이 발생하는 만큼, 국경을 넘어 만주로 가는 사람들의 움직임을 완전히 근절할 수는 없었어요. 그래서 숙종은 서북 지역의 조선 국경 내에서 인삼 채취를 허용함으로써 조선인의 월경을 막고자 노력합니다.

사실 국경선 주변에서 조선인만 문제를 일으킨 것은 아니었어요. 청나라 사람들도 조선인을 때리고 재물을 빼앗는 등 여러 사고를 일으켰어요. 그리고 그 수는 점점 증가했고요. 청나라는 일정 기간에만 봉금 지대인 만주에서 수렵과 채집을 허용했는데, 이를 어기고 만주에서 장기간 머무르는 사람들이 늘어났어요. 그럴 수밖에 없는 것이 이들도 만주에서 사냥과 산삼 채취가 큰 이익을 준다는 사실을 알고 있었으니까요. 이들이 만주에서 오랫동안 머무르기 위해서는 쌀이나 옷 같은 생필품이 필요했고, 이를 손쉽게 해결하는 방법으로 선택한 것이 조선에 들어와 약탈을 자행하는 것이었어요. 심지어는 조선인을 납치한 후 몸값을 요구하는 일도 자주 발생했습니다.

조선과 청나라는 양국 주민들이 국경을 넘나들며 문제를 일으키는 일이 계속 발생하자, 대책 마련에 나서게 돼요. 그 첫 번째 작업이 조선과 청의 국경선을 명확하게 확정 짓는 일이었어요. 청은 숙종 재위 시절인 1679년, 1698년, 1709년 조선과의 국경선 주변을 돌아다니며 조사하기 시작했어요. 이들이 만주만이 아니라 평안도와 함경도까지 들어와 이것저것 조사하는 모습에 조선은 긴장하지 않을 수 없었어요. 청보다 국력이 약했던 만큼, 국경선과 관련하여 청이 무리한 요구를 해 오면 거부하기가 어려웠기 때문이에요. 그래서 조선은 청나라 사람의 입국을 막고, 조선인이 국경을 넘어 사고를 치지 않도록 내부 단속에 나섰어요. 얼마나 철저하게 단속했냐면 청나라 관리의 요구에 조선의 교통과 지리를 알려 준 관리를 사형에 처하기까지 해요. 그러면서도 청나라의 지도와 지리지를 입수하여 청의 억지 주장에 맞설 준비를 하는 등 만일의 사태에 철저히 대비토록 했습니다.

그런 가운데 1710년 평안도 위원군에 살던 이만지 등 조선인 아홉 명이 국경을 넘어가서 청나라 사람 다섯 명을 죽이고 재물을 약탈해 오는 일이 벌어졌어요. 청나라는 이들을 쫓아 압록강을 넘어와서는 범인의 인도를 요구하며 도성의 경계를 담당하는 순라장을 끌고 가 버렸어요. 그러고는 이 사건의 진상을 조사하는 동시에 국경선을 명확히 하겠다며 오라총독관 목극등을 조선에 보내요. 국력이 강한 청나라의 의도가 무엇인지 너무도 잘 아는 조선은 이만지가 살인을 저지른 사건에 관한 조사에는 협조했지만, 백두산 일대를 답사하는 일에는 협조하지 않았어요. 그런 가운데 청나라 사람이 갑산부에 무단으로 들어와 잡히는 일이 발생하면서, 일단 이 사건은 일단락됩니다.

이 사건 이후 청은 조선과의 영토 확정이 더욱 필요하다고 여기게 돼요. 1712년 청 강희제는 조선과의 국경을 확정 지으라고 목극등에게 명령을 내렸어요. 이에 목극등이 조선 정부에 답사를 통해 국경선을 확정 지으러 가겠다는 문서를 보내오자, 조선 정부는 큰 혼란에 빠져요. 청나라가 억지 주장을 펼칠 것이 충분히 예상되는 만큼 목극등의 요구를 받아들여서는 안 된다는 의견도 있었지만, 마냥 회피만 할 수 없다는 주장이 더 강했어요. 결국 숙종은 박권을 접반사로 보내 함경감사 이선부와 함께 목극등을 맞이하게 했어요. 그리고 이들은 국경선을 확정 짓기 위해 백두산을 향해 나아갔어요. 그러나 10여 일 뒤 접반사 박권과 함경감사 이선부가 고령으로 험준한 지형의 백두산을 오르지 못해서 낙오하게 돼요. 그 결과 어쩔 수 없이 하급 관리와 역관 여섯 명만이 목극등을 따라 백두산 정상에 오릅니다.

백두산에 오른 목극등은 제 뜻대로 거침없이 국경선을 확정 지었어요. 그리고는 "오라총관 목극등이 황제의 뜻을 받들어 변경을 답사해 이곳에 와서 살펴보니 서쪽은 압록이 되고 동쪽은 토문이 되므로 분수령 위에 돌에 새겨 기록한다. 강희 51년 5월 15일"이라고 기록한 백두산정계비를 세워요. 조선과 청나라의 국경선을 확정 짓는 과정에 조선도 동의했다는 사실을 보여 주기 위해 백두산 정상까지 따라온 여섯 명의 조선인 이름도 새겨 놓고요. 목극등은 백두산정계비만으로는 부족하다고 여기고, 토문강의 수원이 되는 물길을 알 수 있도록 돌과 흙으로 돈대를 쌓아 표시해 두었어요. 이로써 조선과 청의 국경은 한동안 마무리되는 듯 보였어요. 그러나 이로부터 170년 뒤인 1881년 청나라기 간도를 개척하면서 다시 문제가 붉거지게 돼요. 조선은 토문강이 송화강의 지류라 주장했고, 청은 두만강이라고 주장하며 영토 분쟁이 다시 불거진 것이죠. 그런 가운데 일본이 1909년 청나라의 주장을 받아들이는 간도협약이라는 만행을 저질러요. 여기에는 남만주의 철도 부설권을 얻으려는 일본의 얄팍한 계산이 깔려 있었고요. 1931년 만주사변 이후에는 조선과 청의 국경을 알려 주는 백두산정계비와 돈대마저도 사라지면서 간도를 우리의 영토라고 주장할 근거가 사라져 버립니다.

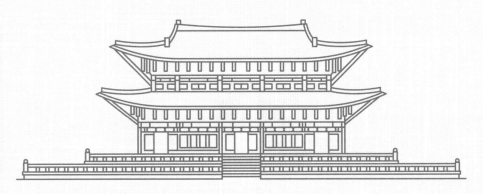

경종은 숙종 밀년 대리청징하며 원휠하게 국정을 이끌었다. 하지만 사약을 받고 죽은 장희빈의 아들이라는 이유로 왕으로 즉위하는 데 많은 반발이 있었다. 경종은 즉위하고서도 노론에 의해 연잉군(영조)을 세제로 책봉해야 했다. 노론은 여기에 그치지 않고 연잉군에게 대리청정을 맡길 것을 주장하였다. 경종을 지지하는 소론은 노론의 주장이 왕권을 무시하는 행동이라며 김창집 등 네 명의 대신을 죽이는 신임사화를 일으켰다. 소론과 노론의 당쟁이 격화되는 가운데 경종은 후사 없이 37세의 나이로 죽었다.

제 20 대

경종

(1688~1724, 재위 : 1720.6~1724.8)

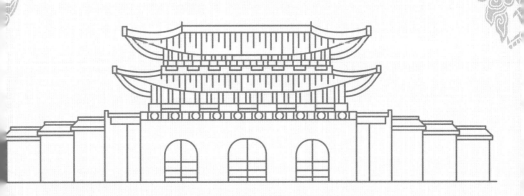

1722년 3월 27일 (경종 2년)
목호룡이 상변하여
정인중 등의 역모를 고하다

목호룡이란 자가 상변하여 고하기를, "역적으로서 성상을 시해하려는 자가 있어 혹은 칼이나 독약으로 한다고 하며, 또 폐출을 모의한다고 하니, 나라가 생긴 이래 없었던 역적입니다. 청컨대 급히 역적을 토벌하여 종사를 안정시키소서" 하고, 또 말하기를, "역적 중에 동궁을 팔아 씻기 어려운 오욕을 끼치려 하는 자가 있습니다. 역적의 정상을 구명해서 누명을 씻어 국본을 안정시키소서" 하였다. —《경종실록》 6권

숙종은 왕위를 물려줄 아들을 왕비에게서 낳지 못해요. 장희빈이 낳은 경종과 숙빈 최씨가 낳은 영조 그리고 명빈 박씨가 낳은 연령군 이렇게 세 아들을 얻었어요. 숙종은 장희빈이 낳은 첫째 아들 경종을 매우 사랑했어요. 송시열을 죽이는 위험을 감수하면서까지 세 살의 경종을 왕세자로 책봉하며 깊은 신뢰를 보냈어요. 그러나 그 기간은 오래가지 못했어요. 경종의 이복동생인 연잉군(영조)과 연령군이 태어난 데다, 장희빈이 숙종과 사이가 나빠

지면서 경종의 세자 자리는 위태로워져요. 그런 가운데 숙종이 총애하던 연령군이 21세의 나이로 죽자, 다음 후계자를 두고 신료들은 노론과 소론으로 나뉘어요. 장희빈의 죽음을 옳다고 여기며 경종을 세자의 자리에서 끌어내리려는 세력을 노론이라 하고, 장희빈의 죽음이 과한 처벌이라 주장하며 경종을 옹호하는 세력을 소론이라 부릅니다.

그런 가운데 1717년 숙종이 눈이 잘 보이지 않는다며 경종에게 정사의 일부를 맡기겠다고 선포해요. 갑작스러운 대리청정에 노론이 반대하지 않고 찬성하자, 소론은 두려움에 떨어요. 왜냐고요? 경종이 정사를 돌봄에 있어 조그마한 실수라도 하면 노론이 득달같이 달려들어 폐세자로 만들자고 주장할까 봐요. 그래서 소론은 숙종에게 대리청정을 뒤로 미루자고 요청하지만, 받아들여지지는 않았어요. 다행히도 4년간의 대리청정 기간 경종은 큰 문제없이 정사를 잘 살피면서 1720년 왕위에 오르게 됩니다.

노론이 경종의 즉위를 반대하지는 않았지만, 그렇다고 환영하는 것도 아니었어요. 경종을 끌어내릴 명분이 없어 지켜만 보고 있었던 거예요. 경종이 즉위한 지 1년이 지나자 노론은 연잉군을 왕세제로 책봉해야 한다며 매일같이 주장했어요. 당시 경종의 나이가 34세로 충분히 자식을 낳을 수 있는 나이인데도, 연잉군을 세제로 삼으라고 말한 것은 자칫 역모로도 볼 수 있는 중차대한 사안이에요. 과거 정철이 선조에게 광해군을 세자로 삼으라고 말했다가 곤욕을 당한 선례가 있는 만큼, 경종은 영의정 김창집을 비롯한 노론 세력을 정계에서 쫓아낼 수도 있을 만큼 민감한 상황이었어요. 하지만 경종은 어떤 이유에서인지 노론의 주장을 받아들였어요. 연잉군이 세제 임명을 거두어 달라고 요청하고, 소론의 유봉휘가 반대의 상소를 올렸지만, 경종의 마음에는 변화가 없었어요. 그러자 노론은 유봉휘가 경종이 결정한 일을 뒤흔든다며 역모의 죄로 다스려야 한다며 강하게 맞받아쳤습니다.

노론의 경종을 무시하는 처사는 점차 도를 지나치기 시작했어요. 연잉군이 세제로 책봉된 지 두 달 만에 경종의 건강이 좋지 않다는 이유로 대리청정을 맡겨야 한다고 주장한 것이었어요. 이때도 경종은 노론의 손을 들어 주며 연잉군에게 대리청정을 허락한다고 말해요. 이제 소론은 더는 물러날 곳이 없게 됐어요. 이대로 가면 노론이 경종에게 왕위를 양위하도록 요구할 수도 있다는 경각심을 갖게 된 김일경과 박필몽 등 소론 일곱 명은 경종에게 "대리청정은 항상 있는 것이 아니고 간혹 있으며, 모두 수십 년을 임어하여 춘추가 많고 병이 중한 뒤에 진실로 절박하고 부득이한 데서 나온 것입니다. 지금 전하께서는 즉위하신 원년에 나이가 바야흐로 한창이시고 또 드러난 병환이 없으십니다. 조정에 있는 신하들이 전하를 복종해 섬긴 세월이 얼마나 됩니까? 그런데 도리어 오늘날 차마 전하를 버리려는 자가 있으니, 저들의 마음이 편한지를 알지 못하겠습니다. 신 등은 망령된 생각으로는 전하께서 '인(仁)·명(明)·무(武)' 세 글자 중에서 '무'가 부족함이 있으시니, 저 무리가 굽어보고 쳐다보며 엿보아 업신여기는 것입니다"라며 대리청정을 주장한 노론을 처벌해야 한다고 주장했어요. 경종도 소론의 모습에 용기를 내었는지, 이번만큼은 소론의 손을 들어 줘요. 그 결과 영의정 김창집과 좌의정 이건명을 비롯한 노론 출신의 여러 대신이 유배돼요.

이후 소론의 반격이 거세지는 가운데 목호룡의 고변이 올라와요. 노론 출신으로 연잉군의 왕세제 책봉을 옹호했던 목호룡의 말에 따르면 노론이 경종을 시해할 준비를 하고 있다는 거였어요. 목호룡은 구체적으로 노론이 경종을 죽이기 위해 계획했다는 세 가지 방법을 말했어요. 첫 번째는 숙종의 국상 때 김용택이 백망에게 칼을 주어 경종을 시해하는 것이고, 두 번째는 상궁을 매수하여 경종에게 극약을 먹여 시해하는 것이고, 세 번째는 숙종의 조서를 위조하여 경종을 폐출하려 한다는 것이었어요. 이것이 거짓이 아니라는 것을 증명이라도 하듯, 역모를 논의한 인물과 매수 금액까지 구체적으로 진술했어요. 심지어 두 번째 방법은 경종 즉위 후 반년 동안이나 시행하고 있다고 말해 조선 조정을 발칵 뒤집어 놨습니다.

경종은 목호룡의 고변에 매우 놀라며, 국청을 즉시 열어 관련자를 잡아 오게 했어요. 이렇게 붙잡혀 온 이들 중에는 노론의 중심인물이던 김창집의 손자 김성행과 이이명의 아들 이기지, 조카 이희지가 포함되어 있었어요. 소론은 목호룡의 고변을 계기로 노론을 정계에서 완전히 몰아내기 위해 더욱더 강하게 나섰어요. 그 결과 국청이 8개월이나 열린 끝에 노론 4대신을 비롯한 60여 명의 노론계 인물이 처형당해요. 이 사건을 신임사화라고 부릅니다. 그런데 신임사화 도중에도 경종은 연잉군을 크게 아끼고 보호해 주었어요. 목호룡 심문 과정에서 노론이 경종을 몰아내고 연잉군을 왕으로 추대하려 했다는 진술을 여러 차례 들었음에도 경종은 연잉군을 처벌하지는 않았어요. 이것은 경종이 연잉군을 자상하게 살피며 우애를 보였던 것도 있지만, 다른 한편으로는 연잉군을 처벌했을 때 불어닥칠 후폭풍을 걱정했던 측면도 있었습니다.

이로부터 2년 뒤인 1724년 경종은 연잉군이 보내온 게장과 생감을 먹고 5일 만에 죽어요. 경종이 즉위하는 순간부터 연잉군의 이름이 세간에 오르내렸고, 또 신임사화에서는 경종을 죽이고 연잉군을 왕으로 올리려 했다는 죄명으로 노론을 처벌한 일이 있었잖아요? 특히 경종을 독으로 죽이려 했다는 목호룡의 고변이 있었던 만큼, 연잉군은 형 경종을 죽였다는 의심을 받으며 왕으로 즉위합니다.

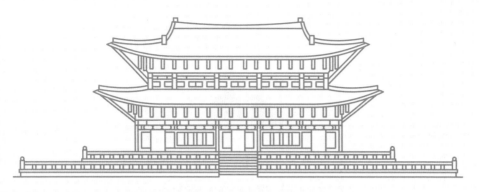

경종을 독살했다는 의혹을 가지고 왕으로 즉위한 영조는 소론을 중용하며 정국을 안정적으로 이끌고자 노력했다. 하지만 이인좌가 반란을 일으키며 위기를 겪기도 하였다. 영조는 당쟁을 막고 왕권을 강화하는 탕평책을 따르는 완론자들만 등용해 정국을 이끌었다. 재위 기간 성균관에 탕평비를 세우고, 군역을 1필로 줄여 주는 균역법을 시행하였다. 청계천을 준설하고 《속대전》 등 법률을 제정하며 애민 정신을 기반으로 정책을 펼쳤다. 말년에 사도세자를 죽여야 하는 비극이 벌어졌지만, 손자 정조를 안정적으로 왕위에 올렸다.

제 21 대

영조

(1694~1776, 재위 : 1724.8~1776.3)

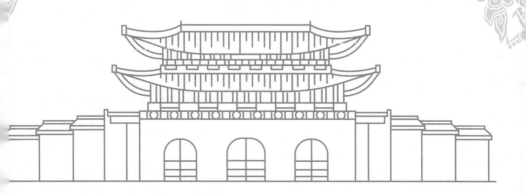

1733년 4월 15일 (영조 9년)
남원에서 괘서가 나타나다

좌의정 서명균이 남원의 괘서의 변을 아뢰기를, "남원 부사가 보고하기를, '남원 산사에 흉서가 석불상에 걸려 있었는데 임금을 모함하는 흉악한 말이 한결같이 무신년의 흉격을 답습했다'라고 하였으며, 끝에 '호서와 영남의 몇만 명의 군병이 이제 곧 날짜를 지정하여 일을 일으키겠다'라고 하고 명칭하기를, '영호 대원수 정회충'이라고 하였는데, 말을 늘어놓은 것과 뜻을 표한 것이 대단히 흉참합니다. 청컨대 포청으로 하여금 기포하게 하소서" 하니, 임금이 말하기를, "이 무리들이 신축년의 일을 항상 김일경·박필몽 등이 말한 것을 믿었던 까닭에 그 말이 같으니, 무신년의 전례에 따라 현상금을 걸어 체포하도록 하라" 하였다. -《영조실록》 34권

경종이 갑작스럽게 죽으면서 동생이던 영조가 왕으로 즉위하게 돼요. 하지만 왕이 되기 위해 형을 독살했다는 구설수로 시작이 좋지 않았어요. 영조는 불안한 왕권을 강화하기 위해 즉위하는 해에 목호룡의 고변으로 죽은 노론 4대신의 신원을 복구시키며, 자신에게 호의적인 노론을 중용했어요. 당연히 경종을 지지하던 소론은 조정에서 배제될 수밖에 없었어요. 소론의 김

일경은 유배를 가게 되고, 목호룡은 옥에서 죽은 뒤 당고개에서 효시됩니다.

정국이 소론에서 노론 위주로 흘러가자, 소론의 박필현과 이유익 등 일부 세력은 영조가 경종을 죽였다고 확신했어요. 이들은 남인 한세홍과 이인좌 등을 포섭하며, 자신들을 무신당이라 부르며 새로운 일을 도모했어요. 바로 소현세자의 증손인 밀풍군 이탄을 왕으로 추대하여 새로운 조정을 여는 역모였어요. 역모에 동참하는 세력이 점점 늘어나면서 이들은 경기도와 충청·전라 그리고 경상도를 아우르는 큰 세력을 형성하게 됩니다.

세력이 커질수록 전국에 퍼져 있는 무신당 회원 간에 정보를 공유하고 하나의 목표로 달려갈 수 있도록 할 구심점이 필요했어요. 그 역할을 담당한 것이 바로 충주에 기반을 둔 이인좌였어요. 반정을 일으킬 인적 기반이 마련되었다고 생각한 이들은 구체적인 반정 계획을 세워요. 우선 정세윤이 결성한 700여 명의 녹림당을 필두로 전국 각지에서 반정군이 한양으로 올라가면, 한양에 있는 동지들이 호응하여 영조를 옥좌에서 끌어내기로 약속해요. 이들이 성공을 확신한 데는 평안병사 이사성과 금군별장 남태징 등 중앙과 지방군을 통솔하는 무신의 참여가 있었기에 가능했습니다.

이처럼 반정 준비가 차근차근 준비되던 중 한양에서 변수가 발생해요. 영조가 노론을 우대하는 정책을 바꿔 소론 출신의 관료를 중용하기 시작한 것이었어요(영조 3년). 영조는 유배 간 소론 출신 인물을 조정으로 불러들이고, 죽은 노론 4대신 김창집·이건명·조태채·이이명을 역적이라 번복했어요. 영조의 결정에 반발하는 관료는 당파를 가리지 않고 정계에서 내쫓아 버렸어요. 이것을 정미환국이라고 하는데, 여기에는 붕당 간의 대립을 최소화하여 왕권을 강화하려는 영조의 의지가 반영되어 있었습니다.

소론이 완전히 배제될 것이라 예상하고 반정을 준비하던 무신당은 갑작스러운 정국의 변화에 제대로 대처하지 못했어요. 서울에 있던 박필현과 이유익 등 반정 세력은 정변을 일으킬 명분이 사라진 것에 대해 당혹스러워했어요. 반면 지방의 반정 세력은 영조를 내쫓을 준비를 계속 이어 갔고요. 안동과 상주는 정홍수, 거창과 안음은 정희량, 이호와 정세윤은 호남에서 열심히 군사를 모았어요. 영조가 소론을 중용하는 정책을 펼쳤음에도 지방의 반정 세력이 흔들림 없이 거사를 준비하자, 태인 현감으로 부임해 있던 박필현도 다시 거사에 참여했어요. 담양 부사 심유현을 포함하여 고부의 송하와 부안의 김수종 그리고 순창의 양익태 등 호남의 지역 유지들도 반정에 참여하기로 약속했어요. 반정 계획이 순조롭게 진행된다고 생각한 이들은 백성들을 동요시켜 반정에 참여하도록 유도하기 위해 전주와 남원에 영조가 경종을 독살했다는 괘서를 붙였어요.

하지만 모든 것이 순조롭게 진행된 것은 아니었어요. 한양과 지방에 있던 반정 세력 간에 소통이 제대로 이루어지지 못하면서 계획이 틀어졌거든요. 한양에 있던 반정 세력은 1728년 4월 거사를 일으킬 준비를 하고 있었던 것과 달리 충주의 이인좌는 3월부터 병력을 집결시키고 있었어요. 이인좌는 300여 명의 병력이 모이자 소사평과 가천역에서 무기와 말을 탈취하여 무장시킨 뒤, 총융사 김중기와 전라병사 조경이 거사에 동참한다는 소문을 퍼뜨렸어요. 또한 금군과 총융청 등 중앙군과 지방군 모두가 반정에 동참하고 있다는 여론을 퍼뜨려 반정의 명분과 병력을 보충하고자 했어요. 실제로 이인좌의 선전 효과는 큰 효력을 발휘해서 청주성을 큰 어려움 없이 점령하게 돼요. 이후 이인좌는 목사에 권서봉, 병사에 신천영을 임명하며 황간, 회인, 목천, 진천 등지로 세력을 넓혀 갔어요.

경기 남부 지방에서 이인좌가 승기를 잡은 것과는 달리 영남과 호남의 반정군은 고전을 면치 못했어요. 이웅보가 안동에서 거사를 일으키려 했으나 백성의 호응이 적자, 장소를 거창과 안음으로 옮겨 거사를 일으켜요. 당연히 갑작스러운 봉기 장소의 변경으로 인해 이인좌와 연계가 잘 되지 않았어요. 태인 현감 박필현도 군대를 일으키고자 했으나 따르는 사람이 많지 않았어요. 여기에 평안병사 이사성은 반정군에게 했던 약속을 어기고 군사를 동원하지 않았고요. 그로 인해 각도의 병사들이 한양을 에워싸고 공격하려는 작전이 어긋나자 이인좌는 홀로 진격할 수밖에 없었습니다.

영조는 반란군이 한양에서 호응하는 것을 막기 위해 소론의 김일경과 목호룡의 가족을 체포하는 등 이인좌와 연계될 수 있는 인물 모두를 제거했어요. 동시에 장기간의 결전을 준비하기 위해 한양 인근의 곡식을 모두 도성 안으로 옮기고, 금위영과 어영청의 군사를 불러 모아 방어 태세를 갖추었어요. 동시에 병조판서 오명항에게 군대를 주며 이인좌를 비롯한 반정군을 토벌할 것을 명령했어요. 이것은 흡사 반란군 토벌이 아닌 전쟁과 같은 모습이었어요. 반면 이인좌는 어떤 도움도 없이 홀로 한양에서 내려오는 중앙군을 맞아 싸워야 했어요. 결국 군대 사기가 저하되면서 일부 병력이 이탈하자, 안성과 죽산에서 관군에게 크게 패배하고 맙니다.

영조는 이인좌의 난을 소탕한 병조판서 오명항이 한양으로 온다는 소식에 비로소 안도의 한숨을 내쉬었어요. 한양을 중심으로 경기, 충청, 호남, 영서, 평안도 전국 각지에 자신을 향해 칼을 겨눈 반정 세력이 있다는 사실만으로도 두려운 일인데, 충주성을 함락시킨 반정군이 한양 도성으로 오고 있다는 소식에 눈앞이 캄캄해지며 불안했거든요. 그런데 영남과 호남의 지역민이 반정 세력에 동참하지 않았다는 소식과 함께 이인좌의 반란군이 소탕되었으니 얼마나 기뻤을까요. 영조는 반란군을 토벌하고 오는 오명항의 군대를 숭례문까지 나가 환영하며 승전을 축하하는 의식을 열어 줍니다.

그런데 5년 후 나주에 또다시 영조가 경종을 죽였다는 괘서가 붙자, 영조는 불안감을 감출 수가 없었어요. 현상금을 걸어서라도 반정을 도모하는 무리를 송두리째 잡아들이라고 명령을 내려요. 하지만 이것이 끝이 아니었어요. 이인좌의 난은 영조가 죽는 날까지 트라우마로 작용했어요. 경종을 죽여 왕이 되었다는 소리가 가장 두려웠던 영조는 연신 "이 어제시(경종이 지은 시)는 내가 연잉군으로 있을 때 주신 것이다. 내가 그냥 연잉군으로 있었다면 어찌 이런 아픔이 있겠는가? 이 옷을 벗지 않는다면 무슨 얼굴로 지하에 돌아가 형님을 뵐 수 있겠는가?"라며 자신은 왕이 되기 싫었다고 밝혀요. 그러면서 자기 뜻대로 정국 운영이 되지 않으면 언제든 왕위를 선위할 의향이 있다고 신료들에게 말했어요. 영조에게는 선위 선언이 억울함을 호소하는 수단이었지만, 정작 이로 인해 가장 큰 피해를 보는 것은 훗날 사도세자가 됩니다.

1762년 윤5월 21일 (영조 38년)
사도세자가 죽다

사도세자가 훙서하였다. 전교하기를, "이미 이 보고를 들은 후이니, 어찌 30년에 가까운 부자간의 은의를 생각하지 않겠는가? 세손의 마음을 생각하고 대신의 뜻을 헤아려 단지 그 호를 회복하고, 겸하여 시호를 사도세자라 한다. 복제의 개월 수가 비록 있으나 성복은 제하고 오모·참포로 하며 백관은 천담복으로 한 달에 마치라. 세손은 비록 3년을 마쳐야 하나 진현할 때와 장례 후에는 담복으로 하라" 하였다. 또 전교하기를, "이제 이미 처분하였은즉 빈궁은 효순과 같으니, 구인을 사용해서는 안 된다. 혜빈이란 호를 내려 일체로 옥인을 내리고, 조정은 정후하라" 하였다. — 《영조실록》 99권

조선 후기 왕들은 왕비에게서 아들을 낳지 못하는 경우가 많았어요. 태종과 세종이 수많은 아들을 낳았던 것과 비교해 보면, 조선 후기의 왕들은 늘 후사를 계승할 왕자가 없다는 사실에 노심초사해야 했어요. 영조도 마찬가지였어요. 두 명의 왕비를 두었지만, 누구에게서도 왕자를 생산하지 못했거든요. 간신히 후궁 정빈 이씨가 아들 효장세자를 낳지만, 9세의 어린 나이에 세상을 뜨고 말아요. 그로부터 다시 아들을 본 것은 7년 뒤 영빈 이씨가 사

도세자를 낳게 되면서였어요. 이때 영조의 나이가 41세였어요. 조선 왕의 평균 수명이 47세 전후였던 점을 고려해 본다면 사도세자는 매우 늦은 나이에 얻은 귀한 아들이었습니다.

영조는 왕위를 계승할 왕자를 생산했다는 사실에 누구보다도 기뻐했어요. "효종·현종·숙종의 혈맥이 이어지게 되었으니, 이제야 조상님들을 뵐 면목이 서게 되었다. 즐겁고 기뻐하는 마음이 지극하고 감회 또한 깊다"라며 사도세자를 조선 역사상 가장 어린 나이에 왕세자로 책봉했어요. 그러나 이것은 사도세자가 충분한 사랑을 받지 못하는 계기가 되어요. 중전의 양자로 책봉되는 순간 생모 영빈 이씨와 떨어져 생활해야 했거든요. 그로 인해 사도세자는 어린 시절에만 배울 수 있는 사랑의 감정과 표현 등을 제대로 익힐 수가 없었어요. 그럼에도 굉장히 총명한 자질로 영조를 비롯한 많은 관료의 사랑을 듬뿍 받았어요. 사도세자는 만 2세 때 글자를 단순하게 읽는 정도가 아니라 한자 안에 담긴 의미를 알고 활용할 정도로 영민했어요. 사도세자는 왕(王)이란 글자를 보고 영조를 가리켰고, 세자(世子)라는 글자를 보고는 자신을 가리켰어요. 영조가 비단과 무명 중에 무엇이 나은지를 묻는 말에는 백성에게 도움이 되는 무명이 더 낫다고 대답하며 모두의 사랑과 기대를 한 몸에 받았습니다.

그러나 사도세자가 10대에 들어서자 영조와의 사이가 틀어지기 시작했어요. 영조가 만나는 사람마다 자랑하기에 바빴던 사도세자가 이제는 누구에게도 말하기 부끄러운 사고뭉치가 되었거든요. 반면 사도세자에게 아버지 영조는 자신의 이야기는 들을 생각도 하지 않는 고집불통으로 늘 최고가 되라고 강요만 하는 부모였어요. 또한 나라를 운영하는 데 있어 중요하게 생각하는 덕목도 달랐어요. 학문을 숭상하고 내치를 중요하게 생각하는 영조와는 달리 사도세자는 무예를 숭상하고 강병을 육성하는 것을 중요하게 생각했어요. 이것은 앞으로 국가를 어떻게 경영할 것인가에 대한 문제였던 만큼 영조는 무슨 일이 있어도 사도세자의 생각을 고치고 싶어 했어요. 이런 모습을 보여 주는 사례로 영조가 13세의 사도세자와 나눈 대화가 있어요. 영조가 한나라의 황제 무제와 문제 중에 누가 더 훌륭하냐고 묻자, 사도세자는 곧바로 한 문제라고 답해요. 그러나 예와 덕을 바탕으로 나라를 다스리는 문제를 훌륭하다고 말하는 사도세자의 답변을 영조는 끝까지 믿지 않으며, 자신을 속이고 있다고 화를 내요. 이처럼 영조는 사도세자의 모든 언행을 하나하나 지적하며 고치기를 강요했고, 사도세자는 그럴수록 더욱 어긋난 행동을 보였습니다.

영조가 사도세자를 무조건 혼내고 나무란 것은 아니었어요. 누구보다도 귀한 아들이었던 만큼 자신의 뒤를 이어 왕위에 오르더라도 아무 문제없이 국정을 수행할 수 있도록 대리청정을 맡겼어요. 하지만 사도세자에 대한 불신이 완전히 해소되지 않은 만큼 신하들과 국정을 논의하는 과정에서 어렵고 의심되는 일이 있으면 무조건 자신과 상의 후에 결정하라고 당부해요. 영조의 이런 불안감은 사도세자를 모든 일에 위축되도록 만들었어요. 그로 인해 사도세자가 눈치를 볼수록 영조는 더욱 불신감을 갖게 되는 악순환이 반복됐어요.

결국 대리청정한 지 3년째 되던 해에 영조는 사도세자에게 충격 요법을 주겠다는 마음으로 양위를 발표해요. 이것은 영조를 왕으로 인정하지 않고, 왕이 되고 싶은지를 사도세자에게 묻는 말이에요. 영조가 진심으로 양위할 생각이 없다는 것을 잘 아는 사도세자는 서둘러 용서를 빌었어요. 아버지를 내쫓고 왕이 되는 일은 절대 없다는 의지를 보여야 했거든요. 그러자 영조는 《시경》의 육아시를 읽게 했어요. 육아시는 부모의 기대를 저버리고 볼품없는 삶을 살아가던 자식이 반성한다는 내용이에요. 이걸 읽는 사도세자는 어떤 심정이었을까요? 이때 사도세자의 나이가 17세였으니, 그가 받은 충격은 매우 컸을 겁니다. 사실 영조의 양위 파동은 이번이 처음은 아니었어요. 사도세자가 4세가 되던 해 왕위를 물려주겠다는 양위 선언을 한 것을 시작으로 영조는 툭하면 양위 선언을 해요. 그렇게 영조가 재위 52년간 양위하겠다고 선언한 것만 여덟 번이나 됩니다.

영조는 사도세자와 말을 나누고 나면 항상 듣지 못할 나쁜 말을 들었다며 물로 귀를 씻었어요. 이 모습을 보는 사도세자는 얼마나 비참한 심정이었을까요? 결국 사도세자는 숨 막히는 상황을 이겨 내지 못하고 강박증과 여러 정신 질환 증세를 보이게 돼요. 예를 들어 사도세자는 영조만 보면 사시나무 떨듯이 두려움에 떨었다고 해요. 사도세자의 아내이자 정조의 어머니인 혜경궁 홍씨가 훗날 참사를 회고하며 지은 《한중록》 속 기록을 볼까요? "10세의 사도세자는 영조와 감히 마주 앉지도 못하고 신하들처럼 몸을 굽혀 엎드렸다"라고 사도세자가 표현되어 있어요. 1757년 양위 선언 때는 영조가 "네가 뉘우친 것이 무엇이냐?"라며 묻는 말에 사도세자가 대답하지 못하자, 장인 홍봉한이 "동궁은 보통 때도 입시하라는 명령만 들으면 두려워 벌벌 떨며 쉽게 알고 있는 일도 즉시 대답하지 못합니다"라며 변호해요. 그러다 결국 사도세자는 겁에 질려 기절하고 말아요. 시간이 흐를수록 사도세자의 정신 질환은 점점 더 심해져서 나중에는 옷도 입지 못하거나, 궁인들을 해치는 일까지 벌어지게 돼요. 당연히 이런 행동은 영조의 심기를 더욱 불편하게 만들었습니다.

1755년에는 나주에서 소론 출신의 윤지가 "간신들이 조정에 가득해 백성들이 도탄에 빠졌다"라는 내용의 벽서를 붙이는 일이 벌어져요. 노론은 이 기회에 소론을 정계에서 완전히 쫓아내고자 벽서와 관련된 소론 출신 관료를 처형해야 한다고 주장했어요. 그러나 사도세자는 노론의 의견을 받아들이지 않았어요. 또한 서인이 중요하게 여기는 송시열과 송준길의 문묘 배향과 김창집의 석실 서원 배향도 거부했어요. 이런 행동은 집권 세력이던 노론을 매우 불안하게 만들었어요. 자신들에게 적대적인 모습을 보이는 사도세자가 왕으로 즉위하게 되면 어떤 불길한 일이 벌어질까 두려워했어요. 영조로서도 경종을 지지하던 소론의 손을 들어 주는 사도세자의 행동을 좋게 보지 않았어요. 이것 또한 자기 말을 듣지 않고 반항하는 모습으로 보였거든요. 그러나 영조가 가장 크게 우려하는 것은 노론의 반격으로 사도세자가 왕위를 제대로 계승하지 못하는 것이었어요. 만에 하나 노론이 사도세자를 역적으로 죽인다면 하나밖에 없는 세손인 정조도 죽을 수밖에 없다는 사실이 두려웠어요. 이것은 자신의 혈육에서 왕이 나오지 못할 수도 있다는 것을 의미했거든요.

그래서 영조는 1762년 사도세자의 비리를 고변하는 나경언을 참형에 처하고, 그가 올린 문서를 아무도 보지 못하게 불태워 버려요. 그러고는 "부당(父黨)·자당(子黨)이 생겼으니, 조정의 신하가 모두 역적이다"라는 말과 함께 사도세자를 서인으로 폐출하고는 《한중록》에 표현된 뒤주에 가둬요. 뒤주에 갇힌 사도세자가 괴로워하다 9일 만에 죽자, 영조는 세손(정조)을 자신의 첫째 아들이자 이른 나이에 요절한 효장세자의 아들로 입적시켜 다음 왕위를 계승하도록 해요. 그리고 몇 달 뒤 영조는 세손에게 "그의 어머니는 만고에 없는 지경을 당했고, 그의 아버지는 만고에 없는 의리를 실행했다. 그렇지 않았다면 내가 어찌 오늘이 있었겠으며, 세손 또한 어찌 오늘이 있었겠는가? 그때 존망이 순간에 달려 있었다"라고 말해요. '존망이 순간에 달려 있었다'를 어떻게 받아들이냐에 따라 여러 해석이 나와요. 사도세자의 악행으로 존망이 달려 있는지, 아니면 집권 세력 노론의 반발로 존망이 달렸는지 말이에요. 그래서 지금도 많은 사람이 사도세자의 죽음을 두고 다양한 해석을 하고 있습니다.

1773년 5월 29일 (영조 49년)
청계천 준설의 물력을 마련할 방안을 아뢰다

좌의정 김상철이 말하기를, "이번에 청계천을 준설하고 석축할 물력(物力)을 제때 마련하지 않을 수 없습니다. 그런즉 비국에서 행회한 관서의 무역 보관 중인 소미(小米) 1만 석을 3군문에 나누어 주어 청계천을 준설하고 석축을 끝낸 뒤에 준천사에서 주관하여 조적하고 있는 소미 3천 석을 해마다 모조까지 합하여 차차로 이번에 나누어 준 1만 석의 수량을 채워 주게 하는 것이 좋겠습니다" 하니, 임금이 허락하였다. ―《영조실록》102권

서울을 대표하는 랜드마크 중의 하나이면서, 영조가 자신의 3대 치적 중의 하나로 손에 꼽았던 것이 청계천이에요. 영조는 스스로 청계천 준천˙을 중국 고대 왕조 하나라 우임금의 치수, 수나라 양제의 대운하와 비교하면서 자신의 애민 정신을 강조했어요. 서울을 둘러싸고 있는 북악산, 인왕산, 남산, 낙산의 물줄기가 흘러내리면서 만들어진 약 10km의 하천인 청계천은 서울이

˙ 물이 잘 흐르도록 하천의 바닥을 파내는 공사.

조선의 도읍이 되면서 문제가 발생했어요. 왜냐하면 홍수 때 산에서 흘러내린 토사물로 청계천이 한강에 바로 합류하지 못하면, 왕이 사는 궁궐과 관아가 있는 한양이 물에 잠기는 일이 종종 벌어졌기 때문입니다.

　　태종은 1406년 "해마다 장맛비에 시내가 불어나 물이 넘쳐 민가가 침몰하니, 밤낮으로 근심이 되어 개천 길을 열고자 한 지가 오래다"라며 청계천의 수심과 폭을 넓히는 공사를 벌였어요. 1411년에는 개천도감을 설치하여 다시 한번 청계천의 바닥을 파내고 수로를 직선으로 만들어요. 또한 경복궁과 창덕궁의 문 앞을 모두 돌로 쌓아 흙이 무너져 흘러들지 못하게 막는 공사를 했어요. 하지만 청계천의 모든 구간을 돌을 이용하여 석축을 쌓기는 어려워서 종묘동 어귀에서 수구문까지는 나무로 방축을 만들었어요. 이때 사람들은 새로운 하천이 만들어졌다며 청계천을 '개천(開川)'이라고 부르기도 했습니다.

　　청계천은 세종 때 보수한 이후로 준천 작업이 크게 이루어지지 않았어요. 왜냐하면 태종과 세종이 청계천을 준천한 이후 한양의 인구 10만여 명이 쏟아내는 하수를 처리하는 데 큰 문제가 없었기 때문이에요. 그러나 영조가 재위하던 17~18세기는 상황이 달랐어요. 가장 먼저 한양의 인구가 급속하게 증가했어요. 숙종 43년(1717년) 한양의 인구는 23만 명으로 조선 전기보다 두 배 가까이 늘어났어요. 이것은 한양과 도성 인근에 늘 상주하는 5군영이 갖추어지고, 상품 화폐 경제의 발달로 농촌을 떠나 한양으로 상경하는 사람이 늘어났기 때문이에요. 그러나 가장 큰 원인은 이 당시가 소빙하기로 기상이변이 자주 일어나면서 기근과 전염병으로 고향을 떠나 한양으로 올라오는 빈민들이 많았다는 데 있어요. 이들은 식수를 구하기 쉬운 청계천 주변으로 몰려들었어요. 또 밥을 짓고 난방을 하기 위해 한성을 둘러싼 산에서 몰래 나무를 베다가 군불로 땠어요. 그 결과 도성 주변에 나무가 줄어들면서 청계천으로의 토사 유입이 더욱 많아지게 되었습니다. 여기에 이들이 버린 오물과 하수로 청계천은 더는 하수 배출의 기능을 하지 못해요. 1725년경에는 청계천의 바닥이 평지와 같아질 정도였다고 하니, 영조에게 청계천 준천은 선택이 아닌 꼭 해야만 하는 일이었습니다.

자연 현상의 변화 외에도 영조는 한양으로 밀려드는 빈민의 곤궁한 생활을 해결해 주어야 했어요. 백성들의 불만이 높아지면 국가 운영의 어려움을 넘어 반란으로도 이어질 가능성이 있었거든요. 무엇보다 영조는 백성의 삶을 제 일처럼 돌보는 애민 군주로서의 이미지를 잃고 싶지 않았어요. 그래서 준천 공사를 통해 실업자에게 일자리를 제공하여 사회 불만을 해소하고자 했어요.

영조는 청계천 준천을 하기 전 19번의 공청회를 통해 백성들의 의견을 하나도 빠짐없이 경청했어요. 그러고는 공청회에 모인 백성에게 "한성을 지키려면 청계천을 파내는 것이 급선무이다. 큰 다리가 이 지경이니 작은 다리는 어떠한지 보지 않아도 알 수 있다. 그러나 백성을 힘들게 하면서 청계천 준천을 하는 것이 옳은지 모르겠다. 준천이 백성을 위한 옳은 일이지만, 불편한 마음을 가졌다면 억지로 따르지 않도록 하라"라고 말했어요. 이 말에 감동한 백성들은 준천 공사를 환영했고, 참여하겠다고 자원한 사람만 1만 명이 넘었어요.

본격적인 청계천 준천은 1760년 2월 18일에 시작되어 4월 15일 끝 났어요. 총 여덟 개 구간으로 나누어 공사가 진행되었는데, 오랜 세월 쌓여 굳어진 토사를 걷어 내어 개천의 깊이와 폭을 회복하는 일은 쉽지 않은 공 정이었어요. 여기에 경복궁, 창덕궁, 경희궁 등 궁궐을 지나가는 물길과 남 산, 낙산, 인왕산, 북악산과 연결되는 모든 물길을 준설해야 하는 만큼 많은 노동력이 필요했어요. 이 기간 동원된 인력을 살펴보면 청계천 주변 백성 15만 명, 고용된 인력 5만 명, 자원봉사자 1만 명으로 총 21만 명이나 돼요. 정말 엄청난 규모의 공사였음을 알게 해 줍니다. 영조는 청계천을 준천하는 과정에서 실업자에게 품삯을 지불하여 일하게 만들고, 청계천 주변에 살던 사람들은 다른 곳으로 이주하여 살 수 있도록 집값을 보상해 주었어요. 그 렇게 쓰인 돈이 자그마치 3만 5천 냥에 쌀 2,300여 석이었어요.

영조도 재위 기간 벌인 최대 규모의 역사였던 만큼, 청계천 공사 현 장에 자주 나가 작업을 독려했어요. 그리고 고생하는 백성을 위로해 주었어 요. 그런 모습이 실록에 잘 나와 있어요. 4월 9일에는 대제(大祭)를 마친 영 조가 오간수문에서 준천 공사를 관찰하는데 거센 비바람이 불어왔어요. 신 료들은 비바람을 피할 수 있는 곳으로 자리를 옮기자고 했으나, 영조는 허 락하지 않았어요. 오히려 영조 옆에서 홀로 묵묵히 자리를 지키던 임준을 크게 칭찬하며 승지의 관직을 내려 주었어요. 당연히 비바람을 피하자고 했던 관료들은 머쓱했했겠죠. 이 기록은 영조가 청계천 준천에 얼마나 큰 관심을 두고 있는지를 잘 보여 줍니다.

청계천 준천이 한창 진행되던 중 안타까운 소식도 들려왔어요. 양난과 경신대기근 때 죽은 수많은 사람의 시신이 청계천 토사에 묻혀 있다가 발견된 것이었어요. 영조는 "준천할 때 오래된 유골이 더러 흙에 섞여 나오는 것이 있거든 베로 싸서 지대가 높고 깨끗한 곳에 묻어 주어라. 준천을 마친 뒤에는 수문 밖에 제단을 설치하여 제사를 지내 주도록 하라. 굶주림 끝에 구렁텅이에 쓰러져 죽은 해골을 생각하니 나도 몰래 측은해진다"라며 죽은 영혼을 위로해 주라고 명령을 내립니다.

청계천 준천이 끝나자, 영조는 광통교 다리 기둥에 '경진지평' 네 글자를 세로로 새기게 했어요. 여기에는 후대 왕들도 '경진지평' 네 글자 중 한 자라도 흙에 묻히면 준천을 시행하여 백성이 불편을 겪지 않도록 하라는 뜻이 담겨 있어요. 영조도 청계천 준천 이후에도 다시 토사가 쌓이는 것을 경계하였고, 1773년도에도 청계천 기슭에 석축을 세우고, 돌로 제방을 쌓아 흙이 무너지지 않도록 했어요. 또한 버드나무를 심어 큰비가 오더라고 제방이 무너지는 일이 없도록 대비하게 했어요. 그리고는 광통교로 왕세손 정조를 데리고 나가 인부들의 공로를 칭찬해 주며 애민 정신이 무엇인지를 몸소 가르쳤습니다.

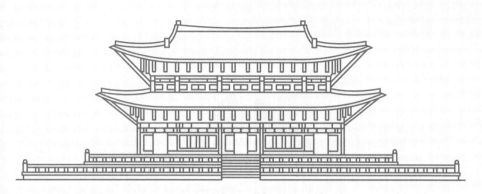

영조의 맏아들 효장세자의 양자 신분으로 왕으로 즉위한 정조는 반대 세력이 궁궐에 자객을 보낼 정
도로 불안한 출발을 하였다. 그러나 홍국영의 도움으로 정국의 주도권을 장악하고는 규장각을 통해
친위 세력을 육성하였다. 장용영을 통해 5군영에 맞설 군대를 육성하고, 수원 화성을 통해 왕권을 강
화하였다. 정조 시기에는 천주교가 종교로서 인식되면서, 탄압하는 일이 벌어지기도 하였다. 중인 계
층과 평민의 의식이 성장하고, 우리의 산천을 중시하는 진경산수화가 발달하는 등 문예 부흥이 이루
어진 시기이기도 했다. 갑작스러운 병으로 49세에 죽으면서, 정조의 여러 개혁은 모두 폐지되고 만다.

제 22 대

정조

(1752~1800, 재위 : 1776.3~1800.6)

1780년 2월 26일 (정조 4년)
이조판서 김종수가
홍국영을 귀양 보낼 것을 청하다

이조판서 김종수가 임금을 뵙고 상소를 올리기를, "홍국영은 본디 사나운 성질에 교활한 재주까지 가졌습니다. 하늘의 공을 자기 힘으로 된 것으로 삼고, 공을 믿고서 스스로 방자하여 조종하고 여탈하는 것이 모두 자기에게서 나오고 동정·언행에 전혀 신하의 모습이 없었습니다. (중략) 바라건대, 성상께서는 망설이지 말고 쾌히 강단을 내려 빨리 유사에 명하여 귀양 보내는 법을 시행하여 뭇사람의 분노를 풀게 하소서" 하니, 정조가 대답하기를, "내가 이런 말을 듣게 되고 경이 이런 말을 하게 하였으니, 나는 말이 없고자 한다" 하였다. —
《정조실록》 9권

사도세자가 죽는 데 일조했던 노론으로서는 정조가 왕으로 즉위하면 자신들에게 복수하지는 않을까 두려웠어요. 그래서 정조가 왕이 되지 못하도록 갖은 노력을 기울였지만, 영조의 보호로 실패하고 말아요. 영조가 장수하여 83세에 죽으면서, 정조는 왕으로서 갖추어야 할 덕목과 자질을 충분히 키울 수 있었어요. 그렇다고 상황이 나아졌다고만 볼 수는 없었어요. 왕으로 즉위한 이후에도 정조는 늘 생명의 위협을 당해야만 했거든요. 심지어 정조 1년인 1777년에는 홍계희의 손자 홍삼범이 궁궐로 자객을 보내 정조를 죽이려는 사건이 벌어지기도 했어요. 이 외에도 홍계희의 팔촌인 홍계능과 홍삼범의 사촌 홍상길이 정조의 이복동생인 은전군을 왕으로 추대하며 역모를 꾀하기도 했습니다.

왕이 된 자신을 죽이기 위한 역모들이 일어날 때마다 정조는 홍국영을 찾았어요. 정조가 의지했던 홍국영은 누구였을까요? 우선 홍국영은 잘생긴 외모에 시와 노래를 잘하는 것으로 유명했어요. 또한 홍국영의 집안도 명문가였어요. 정조의 외할아버지 홍봉한과는 10촌 관계였고, 영조의 계비 정순왕후의 오라버니인 김귀주와는 8촌 사이였어요. 《한중록》에 의하면 영조가 홍국영을 손자라고 부를 정도로 아꼈다고 해요. 그렇다 보니 자연스럽게 정조와도 어려서부터 친분을 맺을 수 있었어요. 그러나 정조가 홍국영을 가까이에 둔 이유에는 홍국영이 어떤 당파에도 속하지 않았다는 점이 가장 컸습니다.

1771년 24세의 나이로 과거에 급제한 홍국영은 2년 뒤 세자였던 정조에게 왕의 덕목을 가르치는 시강원 설서로 임명돼요. 보통 시강원 관원은 자신이 가르치던 세자가 즉위하면 주요 요직을 담당하는 관직을 임명받는 게 관례였어요. 그중에서도 시강원 설서는 정7품에 불과하지만, 삼사 등 청직으로 진출할 수 있는 자리예요. 정조와 홍국영은 이 기간 우정을 다지며, 앞으로 정국을 어떻게 운영할지를 논의하고 서로의 의중을 확인했어요.

이후 홍국영은 홍인한과 정후겸에게 맞서 정조가 대리청정을 수행할 수 있도록 도와주었어요. 무엇보다 노론 벽파가 정조를 죽이려는 음모를 막아 내며 정조에게 꼭 필요한 존재로 각인됩니다.

정조는 왕으로 즉위하자마자, 홍국영을 승정원 도승지로 임명하여 자신의 옆에 뒀어요. 정조는 홍국영을 왜 도승지로 임명했을까요? 도승지란 왕의 명령과 지시를 각 부서와 관료에게 전달하고, 각종 정책에 대해 조언하는 일을 담당하는 승정원의 총책임자예요. 즉, 정조가 국정을 홍국영과 같이 논의하여 결정하겠다는 표현인 거예요. 정조 재위 기간 도승지로 임명된 사람이 85명으로 평균 99일간 재임했어요. 그런데 홍국영이 도승지로 1,204일 동안 있었다는 것은 그가 정조의 신임을 얼마나 받았는지를 여실히 보여 줘요. 정조는 정책을 보좌하는 일만 홍국영에게 맡긴 것이 아니었어요. 정조 신변의 안전도 책임지게 했어요. 홍계희 가문이 세 번에 걸쳐 역모를 꾀하자, 정조는 자신의 호위 기관으로 숙위소를 창설하면서 홍국영에게 모든 권한을 넘겨주었어요. 또한 5군영 중 훈련대장과 금위대장으로 홍국영을 임명하여 막강한 권력을 부여합니다.

한 사람에게 권력을 집중하는 것이 얼마나 위험한지를 잘 아는 정조였지만, 홍국영밖에는 다른 대안이 없었거든요. 정조는 자신과 함께 새로운 조선을 꿈꾸고 설계한 홍국영 말고는 누구도 믿을 수 없었어요. 그렇기에 군권을 부여하고 자신의 옆에서 국정을 보좌하는 일을 맡겼던 거예요. 홍국영도 정조의 기대에 부응하여, 왕권을 위협하는 세력을 제거하는 데 주저함이 없었어요. 당시 최고 권력자들이었던 홍인한·정후겸·홍계능 등에게 죄를 묻고, 정순왕후의 동생인 김귀주를 유배 보냈습니다. 정조를 대신하여 영조와 정조의 외척을 제거하는 홍국영을 가로막을 것이 없었어요. 어떤 권력자도 홍국영 앞에서는 몸을 사릴 수밖에 없었어요. 이런 홍국영을 보고 정조는 "만약 경이 없었다면 오늘의 내가 있었겠는가"라며 칭찬을 아끼지 않았어요. 이런 홍국영의 모습에 손뼉 치며 환영하는 사람도 있었지만, 권력이 집중되는 모습을 경계하는 이들도 있었어요. 그래서 이들은 홍국영의 횡포가 정후겸 못지않다는 의미로 대후겸이라 부르기도 했습니다.

홍국영은 권력의 본질을 너무도 잘 아는 인물이었어요. 권력을 오래도록 갖기 위해서 송시열의 후손이던 송덕상을 우대하며 산림 세력을 자신의 지지 기반으로 만들었어요. 산림이란 정치에 직접 참여하지는 않지만, 학문적 권위로 정치에 영향을 미치는 사람을 이야기해요. 그러고는 왕비가 자식을 낳지 못한다는 이유로 13세인 자기의 누이동생을 후궁으로 입궐시켰어요. 이로써 정조와 처남·매부 사이가 된 홍국영은 그 누구도 건들 수 없는 막강한 존재가 되었어요. 하지만 권력을 좇는 사람은 자신이 가진 것을 잃을까 두려워서 또는 더 큰 권력을 가지려고 추악한 짓을 저지르죠. 홍국영도 다르지 않았어요. 권력을 가지고 부정된 행동을 하는 자들을 쫓아내고 조선을 바로잡으려던 홍국영의 모습은 점점 사라져만 갔습니다.

누이동생이 궁에 들어가고 이듬해에 죽자, 홍국영은 정조의 비 효의왕후가 독살했다고 의심했어요. 그러고는 누이동생이 독살당한 증거를 찾겠다며 궁궐의 나인에게까지 칼을 빼 들고 위협하며 돌아다녔어요. 그럼에도 그 누구도 홍국영을 말리지 못했어요. 독살당한 증거를 찾지 못한 홍국영은 정조의 이복동생 은언군의 아들을 죽은 누이동생의 양자로 삼아 세자로 책봉하고자 했어요. 이것은 신하로서 절대로 해서는 안 되는 월권행위이자, 왕을 무시하는 처사였죠. 그동안 홍국영의 횡포를 참아 왔던 정조도 이 소식을 듣고는 아연실색하고 말아요. 궁궐에서 칼을 들고 궁인을 협박하는 횡포를 부리고, 다음 후계자를 정하려는 홍국영은 더는 자기 신하가 아니었습니다.

1779년 9월 26일 정조는 홍국영을 궁으로 불러서는 한동안 깊은 대화를 나누었어요. 둘이 나눈 이야기가 무엇인지 전해지지는 않지만, 정조와의 독대를 마친 홍국영은 "신이 대궐 문을 나가서 다시 세상에 뜻을 둔다면 하늘이 반드시 벌을 줄 것입니다"라며 모든 관직을 내려놔요. 이에 정조는 "이전과 이후 천년에 이와 같은 군주와 신하의 만남이 언제 있었고, 또다시 있겠는가. 예부터 흑발 재상은 있었지만, 드디어 흑발의 봉조하도 있게 되었다"라며 홍국영에 원로대신이나 받을 수 있는 봉조하를 내려요. 봉조하가 뭐냐고요? 봉조하란 사임한 관료에게 국가 의식이 있을 때만 참여하는 대가로 녹봉을 지급하는 것이에요. 즉, 나라를 위해 한 일이 많으니 그 공로를 인정하겠다는 말이에요. 이때 홍국영의 나이가 32세에 불과했어요. 참 젊은 나이죠. 그러니 다른 관료들이 정조가 홍국영의 죄를 묻지 않고 봉조하를 내린 것에 크게 항의했어요. 이에 정조는 "홍국영의 잘못은 모두 짐

의 허물이며 과실이다"라며 더는 항의하지 못하도록 홍국영을 감싸 주었어

요. 홍국영도 자기가 내뱉은 말처럼 한양을 떠났고, 얼마 뒤인 1781년 강릉

근처 바닷가에서 생을 마감합니다.

1781년 8월 26일 (정조 5년)
어진 1본을 규장각에 봉안하기 위해
김홍도에게 모사를 명하다

"내가 어진 1본을 모사하려 하는데, 이는 장대시키려는 의도는 아니다. 삼가 선조 때를 상고하여 보건대, 매양 10년마다 1본씩 모사하였다. (중략) 선조 계사년 이전에는 도감을 설치한 일이 없었다. 간혹 대신과 척신·상방신에게 명하여 감동하게 하였으니, 여기에서 절약하려 한 성덕을 볼 수 있다. 나도 또한 도감을 설치하지 않으려 한다. 이번에 그림을 그린 뒤에는 규장각에다 봉안하면 비용이 덜릴 뿐만이 아니라, 실로 고례를 원용하는 것이 된다. 나의 의견은 이러한데, 제신들의 의견은 어떠한가?" (중략) 한종유·신한평·김홍도에게 각기 1본씩 모사하라고 명하였다. ─《정조실록》12권

왕의 초상화를 어진이라고 불러요. 그리고 어진에 대하여 지내는 제사를 진전이라고 해요. 조선 전기 진전에 관련된 제도는 태조 이성계의 어진을 모신 다섯 곳에서의 외방 진전˚과 궁궐에서의 진전으로 나눌 수 있어요. 그러

˚ 영흥 준원전, 개성 목청전, 전주 경기전, 경주 집경전, 평양 영숭전.

나 성리학이 조선 사회에 뿌리를 내리면서 어진보다는 신주를 더 중요하게 여기게 되었고, 자연스럽게 외방 진전의 위상은 날로 약해졌어요. 그래서 임진왜란과 병자호란을 겪으면서 목청전, 집경전, 영숭전이 소실되지만, 조선 왕실은 재건하지 않습니다.

진전에 대해 좀 더 자세히 살펴볼까요. 태종은 한양에 태조와 신의 왕후의 영정을 모신 진전을 설치하고는 문소전이라 불렀어요. 이것은 종묘와는 별도로 태종이 왕이 아닌 아들로서 아버지와 어머니를 위한 효심을 보여 주기 위한 사당이었어요. 종묘에 이미 태조의 신주를 모시고 있는데, 태종은 왜 굳이 궁궐에 문소전을 만들었을까요? 이것은 왕자의 난으로 태조의 미움을 받았지만, 부모님을 향한 자신의 마음은 변함이 없다는 것을 신하와 백성에게 보여 주기 위한 목적이 컸어요. 반면 세종은 한양에 진전이 계속 늘어나면 백성에게 부담을 줄 수 있다 판단해서, 어진을 궤에 넣어 궁궐 내 선원전에 보관하게 했어요. 선원전은 어진 외에도 왕실의 족보 등을 보관하는 장소여서 이후 별도의 제향이 이루어지지 않아요. 이것은 어진이 왕의 생전 모습을 담은 그림일 뿐, 혼령을 담고 있지 않다는 인식이 뿌리내렸다는 것을 의미합니다.

어진을 향해 제사를 지내는 진전이 사라졌던 것이 조선 후기에 들어서면서 부활해요. 그 시작이 광해군이었어요. 서자로 왕이 되어 정통성이 약했던 광해군은 왕권 강화를 위한 방법으로 임진왜란 과정에서 훼손된 어진을 다시 복구했어요. 태조와 세조의 어진을 자신의 어머니인 공빈 김씨를 모시는 사당인 봉자전에 옮기고는 남별전이라 불렀어요. 여기에는 자신이 태조와 세조의 직계 자손이라는 것을 보여 줌으로써 정통성을 갖고자 하는 마음이 담겨 있어요. 광해군을 내쫓아야 하는 명분이 약했던 인조도 남별전에 자신의 아버지 정원군의 영정을 모셨어요. 이것은 아버지 정원군이 원종으로 추존되었음을 보여 주는 동시에 자신이 왕이 될 자격이 있음을 알리는 일이었어요. 이후 전란으로 강화도에 있던 진전이 불에 타자, 그곳에 있던 세조의 어진을 남별전으로 모셔 와 원종과 합봉했어요. 이것 또한 광해군과 같은 이유였습니다.

　　숙종도 조선 후기 누구보다 왕권을 강화하고자 노력했던 인물로 진전에 깊은 관심을 보였어요. 우선 숙종은 남별전이 너무 낡았으니, 이 기회에 장소를 옮겨 다시 짓자고 주장했어요. 하지만 관료들의 반발이 너무 심해서 다시 짓지는 못하고 1실을 3실로 확장하는 것으로 만족해야만 했어요. 1실에는 태조의 어진을 모사하여 봉안하고, 2실과 3실에는 세조와 원종(인조의 아버지)의 어진을 봉안했어요. 그러고는 남별전이란 이름을 버리고 영희전이라는 공식 전호를 내렸어요. 이로써 세종 때 문소전이 사라진 이후 200여 년 만에 진전이 한양에 다시 등장하게 돼요. 이후 숙종은 태조, 세조, 원종의 어진이 모셔진 영희전에 3년에 한 번씩 방문하여 술잔을 올리며 제례를 진행했어요. 선왕들의 신주가 모셔진 종묘가 있음에도 굳이 영희전에서 제례를 진행한 것은 태조에서 인조로 왕위가 계승되었음을 문무 관료에게 보여 줌으로써 왕권을 강화하려는 의도가 담겨 있습니다.

진전의 위상을 높여 왕권을 강화하려는 노력은 영조에게도 이어졌어요. 어머니의 출신 신분이 낮았던 영조는 자신이 숙종을 계승했다는 사실을 알리고자 더욱 영희전에 신경 썼어요. 우선 영조는 영희전에서 올리는 제례를 국가 전례로 편입한다는 내용을 《국조속오례의》에 담아요. 그러고는 영희전에 2실을 증축하여 숙종의 어진을 봉안하였어요. 이후 영조는 영희전의 축문을 종묘의 제도를 따라 하도록 하여 진전의 격을 높였어요. 또한 매년 영희전으로 가서 제사를 지냈는데, 종종 숙종의 영정 앞에서 밤새도록 우는 모습을 보여 주기도 했어요. 정조도 즉위 후 영희전의 비어 있는 5실에 영조 어진을 봉안하며 자신이 영조의 후계자임을 신료들에게 보여 줍니다.

그럼 궁궐 선원전에서 보관하던 어진은 어떻게 되었을까요? 안타깝게도 양난의 과정에서 선원전에 보관 중이던 수십여 개의 어진이 훼손되었어요. 그래서일까요. 조선 후기 왕들이 살아생전 자신의 어진을 그리는 큰 변화가 생겨나요. 숙종은 1695년 자신의 어진을 강화부 장녕전과 선원전에 봉안하면서, 그 과정을 의례화하고 신료들에게 절을 올리게 했어요. 그러자 어유구는 "어진을 오래 전하는 것이 무슨 이익이 있기에 영구히 보관하려 하십니까. 송나라 구양수가 말한 '스스로 그 명예를 좋아함이 지나치면 나중에는 무궁한 우려가 된다'라고 한 것에 기깝습니다"라며 반대 의사를 분명하게 했어요. 하지만 숙종의 뜻을 꺾을 수는 없었어요. 결국 창덕궁에 선원전을 다시 짓고는 그곳에 자신의 어진을 보관하게 했어요. 그러자 영조는 숙종 어진이 있는 선원전에 보름마다 삭망분향*을 올리며 제사를 올렸어요. 영조가 죽자 정조도 선원전에 1실을 추가하여 영조 어진을 보관하고는 똑같이 제사를 올렸습니다.

숙종과 영조가 자신의 어진을 강화도에 봉안했던 것과는 달리 정조는 어진을 창덕궁 규장각 주합루에 봉안했어요. 표면적으로는 자신이 거처하는 규장각에 어진을 보관하여 비용을 줄이겠다는 거지만, 그 이면에는 자신의 권위를 높이려는 목적이 있었어요. 정조는 어진을 관리하는 항목을 적은 〈어진봉심절목〉을 통해 규장각에 어진을 관리하는 사람을 두지 않았어요. 대신 규장각 관료가 5일마다 청소하고, 춘하추동이 시작하는 사맹삭 (1, 4, 7, 10월) 15일마다 어진을 꺼내어 점검하고 참배하도록 했어요. 여기까지는 어진을 관리하는 비용과 시간이 줄어든 것처럼 보일 수 있어요. 그런데 진전을 관리하는 관리의 품계가 종7품이었던 것과 비교해 규장각의 책임자는 종1품의 제학이에요. 즉 어진을 관리하는 관료가 종7품에서 종1품으로 높아졌다는 의미로 해석할 수 있어요. 이로써 정조는 어떤 왕보다도 높은 권위를 갖게 된 것과 같은 효과를 얻습니다.

복잡하죠? 다시 정리해 보면, 숙종 이후 자신의 어진을 제작하여 독립된 진전에 봉안하는 의식이 계속 진행돼요. 자신의 어진을 향해 신하들이 예를 갖추어 받드는 의례를 통해 신료들에게 충심을 얻어 내려고 만든

●   매달 초하룻날과 보름날 날이 밝기 전에 문묘에 올리는 분향 의식.

정책이었던 거죠. 여기에는 양난 이후 붕당의 변질로 왕권이 약화한 상황을 타개하려는 목적이 담겨 있어요. 가뜩이나 어머니의 출신 신분이 낮았던 영조는 경종을 죽이고 왕이 되었다는 소문까지 겹쳐 흔들리는 왕권을 안정시킬 필요가 있었죠. 이를 위해 숙종과 자신의 어진을 영희전에 봉안했고요. 정조는 아버지 사도세자를 죽음으로 몰고 간 노론으로부터 자신을 지키는 동시에 새로운 세상을 만들기 위해 자신의 어진을 규장각에 봉안하여 왕권을 강화하고자 했어요. 숙종, 영조, 정조 모두 어진을 통해 국정 운영의 주도권을 가져오려 노력한 것입니다.

1786년 9월 14일 (정조 10년)
의빈 성씨의 졸기

의빈 성씨가 졸하였다. 하교하기를, "의빈의 상례(喪禮)는 갑신년의 예에 따라 후정의 1등의 예로 거행하라" 하였다. 처음에 의빈이 임신하였을 때 약방 도제조 홍낙성이 호산청을 설치하자고 청하자, 출산할 달을 기다리라고 명하였는데, 이때 이르러 병에 걸려 졸한 것이다. 임금이 매우 기대하고 있다가 그지없이 애석해하고 슬퍼하였으며, 조정과 민간에서는 너나없이 나라의 근본을 걱정하였다. ─《정조실록》 22권

정조는 늘 외로운 사람이었어요. 할머니 영빈 이씨가 사도세자를 죽여 달라 말했고, 할아버지 영조는 아버지 사도세자를 죽였죠. 어머니 혜경궁 홍씨는 남편의 죽음을 적극적으로 말리지 않았고요. 오로지 홀로 아버지 사도세자를 살려 달라고 울부짖었어요. 이후 영조의 맏아들로 어린 나이에 죽은 효장세자의 양자가 되어 세손에 책봉되지만, 왕으로 즉위할지는 아무도 장담할 수 없었어요. 그런 정조에게 누구도 해 주지 못하던 편안한 휴식처를 제공한 여인이 있었어요. 정조는 그녀가 옆에만 있으면 불안한 마음이 사라졌

고, 무엇이든 할 수 있겠다는 자신감이 생겼어요. 그래서 정조는 두 번에 걸쳐 연모하는 마음을 그녀에게 보여 주며 후궁으로 삼고자 했으나, 모두 거절당하고 말아요. 조선시대 왕의 승은을 거절한다는 것은 어느 누구도 상상조차 하지 못할 일인 거 아시죠. 그런데 15년간 정조의 마음을 받아 주지 않아 애타게 했던 여인이 있었으니, 바로 의빈 성씨입니다.

　의빈 성씨의 이름은 덕임이에요. 의빈 성씨의 출신과 어떤 삶을 살았는지를 알게 해 주는 것으로 의빈 성씨의 묘비 '어제의빈묘표'가 있어요. 묘비에 의하면 의빈 성씨의 집안은 고려 때 중윤직을 맡았던 성인보의 후손으로 처음부터 중인 계층이 아니었다고 해요. 그러나 조선시대에 점점 벼슬에 나간 인물이 없어지면서 가세가 기울어졌어요. 의빈 성씨의 아버지 성윤우는 혜경궁 홍씨의 아버지 홍봉한의 잡일을 맡아보고 시중을 드는 청지기로 생계를 이어 가요. 이때의 인연으로 궁궐에 입궁한 의빈 성씨는 혜경궁 홍씨의 곁에서 지낼 수 있게 됩니다.

　혜경궁 홍씨는 자신의 두 딸과 나이가 비슷한 의빈 성씨를 곁에 두고 매우 아꼈어요. 그러다 보니 정조는 어린 시절부터 의빈 성씨와 자주 만났고, 자연스럽게 연모하는 마음을 갖게 되었어요. 1766년 왕세손 시절의 정조는 의빈 성씨를 자신이 여인으로 삼으려 했으나, 거절당하고 말아요. 의빈 성씨의 거절 이유는 효의왕후가 아직 아이를 낳지 못하는 상황에서 승은을 받을 수 없다는 것이었어요. 모든 궁녀가 정조의 승은을 받고 싶어 하던 것과는 달리 의빈 성씨가 승은을 거절한 것은 그녀도 정조를 진심으로 연모한 까닭에 있어요. 또한 효의왕후에게 아픔을 주고 싶지 않던 마음도 있었습니다.

의빈 성씨는 효의왕후에게 왜 상처를 주지 않으려 했을까요? 효의 왕후는 10세의 나이로 왕세손빈으로 책봉된 지 4개월 만에 사도세자가 죽는 모습을 봐야 했어요. 어린 나이에 모든 것이 혼란스럽고 어찌해야 할지를 몰라 하고 있을 때 영조가 효의왕후에게 친정으로 가라고 말해요. 그러나 효의 왕후는 시어머니를 홀로 둘 수 없다며 혜경궁 홍씨 옆에서 떨어지지 않았어요. 어린 나이였지만, 남편을 잃고 슬퍼하는 시어머니를 위로할 줄 아는 현명한 여인이었던 거죠. 그래서 의빈 성씨는 심성이 착하고 올곧은 효의왕후를 슬프게 하는 것이 옳지 않다고 생각했던 거예요. 혜경궁 홍씨는 효의왕후를 위해서 정조의 마음을 거절한 의빈 성씨가 너무나 예뻤어요. 특히 후궁의 자리에 욕심부리지 않고, 정조가 적장자를 볼 수 있기를 기원하는 의빈 성씨가 그렇게 예쁠 수가 없었어요. 그래서 단순히 궁녀로만 여기지 않았어요. 자기가 낳은 딸처럼 여기며 한글을 가르쳤어요. 어느 날은 10권 10책에 달하는 국문소설 《곽장양문록》을 두 딸과 의빈 성씨에게 필사하도록 했어요. 그렇게 해서라도 자신의 옆에 두고 싶어 했습니다.

정조도 의빈 성씨가 승은을 받지 않으려는 이유를 알고 있었기에 어쩔 수 없이 물러났어요. 그러나 여전히 정조의 가슴에는 그녀를 연모하는 마음이 가득했어요. 그렇게 13년이 지난 1779년 홍국영의 누이동생이자 후궁인 원빈 홍씨가 사망하고, 새로운 후궁으로 화빈 윤씨가 간택되는 일이 벌어져요. 이 과정에서 정조는 의빈 성씨가 너무도 야속하게 느껴졌어요. 이렇게 다른 여인들은 후궁을 받아들이는데 왜 의빈 성씨는 안 되는가 하는 억울한 생각이 든 거죠. 그래서 정조는 다시 의빈 성씨에게 승은을 내리고자 해요. 하지만 이때도 의빈 성씨는 정조의 승은을 거절해요. 정조는 더 이상 참을 수 없었어요. 의빈 성씨가 승은을 받지 않으면 하인에게 벌을 내리겠다고 엄포를 놓자, 의빈 성씨도 그제야 승은을 받아들이겠다고 말합니다.

후궁이 된 의빈 성씨는 정조의 사랑을 듬뿍 받고 문효세자를 낳았어요. 정조는 사랑하는 의빈 성씨가 아이를 낳은 것도 기뻤지만, 그토록 기다리던 아들이라는 사실에 흥분을 감추지 못했어요. 처음으로 얻은 아들이었거든요. 정조는 신료들을 모아 놓고는 "성씨가 오늘 새벽에 분만하였다. 종실이 이제부터 번창하게 되었다. 내 한 사람의 다행일 뿐만 아니라, 머지않아 이 나라의 경사가 계속 이어지리라는 것을 확실히 알 수 있으므로 더욱더 기대가 커진다. 성씨를 소용(내명부 정3품)으로 삼는다. 비로소 아비라는 호칭을 듣게 되었으니 다행스럽다"라며 기쁜 감정을 감추지 않았어요. 정조는 1784년 문효세자를 왕세자로 책봉하고는 성씨에게 정1품의 의빈을 내려요. 그러나 안타깝게도 문효세자는 세 살이 되던 해에 죽고 맙니다.

당시 의빈 성씨는 셋째를 임신 중이었는데 문효세자를 저세상으로 먼저 보낸 슬픔을 이겨 내지 못했어요. 결국 궁궐을 나가 요양하고 돌아왔으나, 건강을 회복하지 못해요. 정조는 사랑하는 의빈 성씨가 점점 야위어 가는 모습에 어떻게 할지 몰라 애만 태웠고요. 그러던 중 내관 이윤묵이 사사로이 제조한 약을 의빈 성씨에게 먹여 건강이 더 안 좋아졌다는 말을 듣게 돼요. 정조는 크게 화를 내며 내관 이윤묵을 유배 보내고는 자신이 직접 의빈 성씨가 먹을 약을 직접 살피는 등 지극정성으로 돌봤어요. 이런 정조의 노력에도 불구하고 1786년 9월 의빈 성씨는 임신 9개월의 몸으로 죽고 말아요. 그녀는 죽으면서도 "이제부터 자주 정전에 거동하시어 부지런히 대를 이을 아들을 바란다면 곧 죽어도 여한이 없겠습니다"라며 효의왕후 사이에서 아들을 낳아 종묘사직을 지키기를 바랐어요.

정조는 그녀의 부탁대로 문효세자의 묘에서 100걸음 떨어진 곳에 의빈 성씨의 묘를 조성했어요. 이곳이 지금의 서울 용산구의 효창원이에요. 정조는 자신이 죽을 때까지 의빈 성씨를 잊지 못했어요. 〈어제의빈치제제문〉에서 "나는 빈의 죽음에 더더욱 이와 같이 슬프다. 죽음으로써 떠나보낸 재앙은 비통하고 참혹하며, 인정과 도리는 끊어질 듯이 아픈 마음이 문효세자의 죽음을 슬퍼하며 우는 것보다 심한 일이 없었다. 하지만 오로지 위로하고 애써 떨쳐 내면서 세월이 흘러가는 동안 더위와 추위가 바뀌어 갔다. 평상시처럼 웃으면서 이야기하고 근심하지 않는 얼굴로 서로 잊고 지내는 듯했는데 빈의 죽음 때문에 이와 같이 슬프다"라며 애통한 마음을 감추지 못했어요. 정조는 빈말이 아니라는 듯 의빈 성씨와 문효세자의 묘를 자주 찾아가 이들을 그리워했습니다.

1790년 2월 19일 (정조 14년)
지평 유경이 가체를 얹지 못하는 금령의
엄격한 시행을 청하다

지평 유경이 아뢰기를, "연전에 가체를 얹지 못하도록 거듭 금령을 내린 것은, 실로 검박함을 밝힌 선조의 뜻을 따라 사치를 숭상하는 일세의 풍습을 없애려는 데서 나온 일입니다. 그러니 비록 시골의 어리석은 아녀자라 하더라도 응당 조정의 명을 받들어 행하고 감히 이를 어겨서는 안 될 것입니다. 그런데 요즈음 보건대, 길거리에 나다니는 상천 여인들도 본체의 부피가 처음에 비해 점점 더 커져 가고 있습니다. (중략) 서울은 사방의 본보기가 되니, 마땅히 미리 경고하고 단속함으로써, 지방에 사는 사람들이 알아듣도록 타이르도록 해야 할 것입니다. 그런 뒤에 금령을 범하는 자가 있거든 절목에 따라 무겁게 다스리소서" 하였다. ─《정조실록》 29권

인간은 몸에 두르는 옷이나 치장품을 중요하게 여겨요. 이것은 단지 아름답게 보이고자 하는 욕구를 넘어 자신을 타인과 구분 짓는 용도로 사용하기 때문이에요. 예를 들어 신분·계급·성별·혼인 여부 등을 의상이나 치장품으로 표현해요. 신라의 경우 관직의 등급에 따라 자주·빨강·파랑·노란색으로

구분하여 관복을 입게 했어요. 그중에서도 머리카락은 자신의 염원이 이루어지기를 바라는 도구이자, 자신을 위치를 드러내는 데 큰 비중을 차지했어요. 특히 조선시대에는 성리학이 자리 잡아 화려함보다는 정갈함을 강조했던 만큼, 의상보다는 머리카락으로 자신을 나타내는 경우가 많았습니다.

구체적으로 조선시대 머리카락이 갖는 기능을 알아볼까요. 첫 번째로 머리카락이 효와 예를 상징한다고 봤어요. 《효경》에 '身體髮膚受之父母不敢毀傷孝之始也(신체발부 수지부모 불감훼상 효지시야)'라는 구절이 있어요. 해석하자면 '머리카락과 신체 모든 것은 부모님에게 받았으니 감히 훼손하거나 상하지 않게 하는 것이 효의 시작이다'라고 할 수 있겠네요. 그래서 우리 선조들은 아침에 일어나면 제일 먼저 머리를 단정하게 한 뒤 부모님에게 문안 인사를 올렸어요. 외출할 땐 맨머리로 나가지 않았으며, 심지어는 화장실을 갈 때도 머리카락을 감싸는 건(巾)은 벗지 않았어요.

두 번째로 머리카락은 성인이 되었다는 사실을 보여 주었어요. 관례(남자 성인식)와 계례(여자 성인식)에서 길게 늘어뜨린 댕기 머리를 상투머리와 쪽머리로 바꾸면, 사람들은 이제 아이가 아니라 성인이 되었음을 인정했습니다.

세 번째로 머리카락은 신분과 계급을 보여 주었어요. 신분이 높을수록 관모를 높고 화려하게 꾸몄고, 신분이 낮은 자에게는 머리 장식을 하지 못하도록 했어요. 만약 이를 어기면 처벌을 내리기도 했어요. 그래서 조선시대 백정들은 상투를 틀지 못했고, 관모도 쓰지 못했어요. 궁궐에서 일하는 나인들도 경력과 서열에 따라 댕기의 길이를 다르게 했고요.

　　　　네 번째로 머리카락은 부를 상징했어요. 그로 인해 조선 후기 여성들은 집 몇 채 가격에 해당하는 가체를 머리에 얹는 것으로 자신의 부를 과시했어요.

　　　　다섯 번째는 관상학적으로 머리카락이 인생을 결정한다고 봤어요. 남성은 넓은 이마가 출세와 관련되어 있다고 하여 머리카락을 뽑았고, 여성은 네모난 이마를 미인상으로 여겨 황새의 똥과 명주실을 이용하여 잔털을 제거했어요. 특히 머리카락이 검고 굵으며 윤기가 흘러야 아이를 많이 낳는다고 생각하여 모발 관리에 큰 노력을 기울였습니다.

　　　　머리카락과 관련된 한자 용어도 각각의 의미가 달라요. 발(髮)은 순수한 두상에 있는 머리카락, 체(髢)는 다리라고도 불리며 자기 머리카락에 덧대서 연결하는 머리카락, 계(髻)는 완성된 머리 스타일을 의미해요. 이 중에서 조선 후기 사회 문제로 대두된 것이 가체였어요. 그럼 가체는 어떤 과정을 통해 만들어졌는지 알아볼까요? 우선 가체의 재료를 구하는 일부터 쉽지 않았어요. 조선시대는 머리카락을 부모님이 주신 신체의 일부로 여겼기 때문에 잘린 머리카락을 구하는 게 보통 어려운 일이 아니었거든요. 그래서 죄인 또는 승려의 머리카락을 활용하는 경우가 많았어요. 또는 남성들이 상투를 틀기 위해 정수리의 머리카락을 자른 배코를 사용하기도 했어요. 이렇게 머리카락 수집이 끝나면 같은 색상으로 염색했어요. 그렇게 머리카락의 색깔이 같아지면 가체를 만드는 장인이 밀초로 머리카락을 한 올 한

올 붙여 진짜 머리카락인 것처럼 만들어 내요. 그렇게 만들어진 가체의 높이는 1척, 대략 21cm 이상으로 무게도 상당히 나갔어요. 즉 가체를 만들기 위한 머리카락을 구하기 힘들고, 만드는 데도 많은 시간이 필요해서 매우 비싼 가격에 거래됐어요. 그럼에도 여러 집을 방문하여 장사하는 여쾌나 혼례 때 몸치장을 해 주는 수모를 통해 가체를 사려고 하는 사람들이 엄청 많았습니다.

문제는 조선 후기 여성들이 가체를 꼭 가지고 있어야 하는 필수 용품으로 여겼다는 데 있어요. 많은 여성이 가체를 사는 데 필요한 막대한 비용을 조금도 아까워하지 않으면서, 그로 인한 사회적 물의가 연달아 일어났어요. 도대체 가체가 얼마나 비쌌길래 사회적 문제가 되었던 것일까요? 아마 읽는 여러분도 가격을 들으면 깜짝 놀라실 거예요. 가체의 품질에 따라 가격 차이가 있기는 했지만, 좋은 가체의 경우 여러 채의 집값과 맞먹을 정도로 고가였어요. 지금의 우리는 그렇게 큰 비용을 지불해서 가체를 사지 않겠지만, 조선시대의 여성들은 그렇게 생각하지 않았어요. 자신이 엄청난 부자라는 사실을 과시하고자 어떡하든지 가체를 사고 싶어 했어요. 공급보다 수요가 많다 보니 가체의 가격은 점점 더 높아지기만 했습니다.

높은 가체를 선호하다가 가체의 무게를 이기지 못해서 여인이 죽는 일이 벌어지기도 했어요.《청장관전서》에 "요즘 어느 부잣집 며느리가 나이 13세에 가체를 얼마나 높고 무겁게 하였던지, 시아버지가 방에 들어가자 놀라서 갑자기 일어서다 가체에 눌려 목뼈가 부러졌다. 사치가 능히 사람을 죽였다"라는 기록이 남아 있어요. 이것을 보면 당시 사람들도 가체 자체를 문제시하기보다는 사치와 과시욕의 수단이 되는 것을 경계하고 있었던 거예요. 이처럼 가체에 대한 부정적 기록이 하나둘이 아니었어요. 《영조실록》에서도 "가체를 뇌물로 주어 법망을 벗어난 자가 많다는 기록과 습속이 갈수록 사치스러운 데로 흘러가게 한 꼭지의 비용이 자못 한나라 문제가 말하는 열 집의 재산보다 많으니, 이는 곧 여말의 퇴폐한 풍습이다"라며 걱정하고 있어요.

영조는 가체로 인한 문제가 계속 발생하자 족두리 사용을 권장했어요. 그러나 문제를 해결하지는 못했어요. 말했다시피 가체가 문제가 아니었으니까요. 영조의 말에도 여전히 많은 여성은 가체를 사용하거나, 족두리에 귀금속으로 만든 장식물을 덧대 치장했어요. 이럴 용기가 없는 여인들은 뒷머리를 크게 부풀리거나 짧은 머리를 덧대 높이 쌓아 올리며 자신의 가치를 높이고자 했어요. 또는 가체 사용을 단속하는 관리에게 고발하지 않는 대가로 금품을 제공하기도 했어요. 예나 지금이나 사람들의 인식이 변화되지 않는 한 잘못된 사회 풍조를 바꾸기가 어려운 건 매한가지였나 봅니다.

영조의 뒤를 이은 정조도 가체로 인한 사회 문제가 커지자, 이를 해설하기 위해 〈가체신금사목〉을 내려요.

"사족의 처첩과 여항의 부녀들은 다리를 땋아 머리에 얹거나 본머리로 얹는 것을 금한다. 족두리에 칠보 장식을 금하고 수식의 금옥주패와 진주댕기 등을 일절 금한다. 혼례 때 칠보로 장식한 족두리를 빌려주는 수모와 여쾌는 포도청에서 엄격히 다스린다. 상천녀와 공사천은 본 머리를 허락하되 첩지와 가체는 금한다."

이것을 보면 단순히 금지 사항을 적어 놓는 것에 그치지 않고 강력한 처벌을 내리겠다는 의지가 보여요. 영조와 정조의 이런 노력 덕분에 가체의 폐단이 조금씩 줄어들다가 마침내 순조 때 해결돼요. 19세기에는 머리 뒤쪽에 쪽을 묶은 후 작은 비녀를 꽂는 것이 보편화되면서 가체는 역사의 뒤안길로 사라지게 됩니다.

1790년 7월 1일 (정조 14년)
한강을 건너기에 편한
배다리에 관한 어제《주교지남》

배다리의 제도를 정하였다. 임금이 현륭원을 수원에 봉안하고 1년에 한 번씩 참배할 채비를 하였는데, 한강을 건너는 데 있어 옛 규례에는 용배를 사용하였으나 그 방법이 불편한 점이 많다고 하여 배다리의 제도로 개정하고 묘당으로 하여금 그 세목을 만들어 올리게 하였다. 그러나 임금의 뜻에 맞지 않았다. 이에 임금이 직접 생각해 내어《주교지남》을 만들었는데, 그 책의 내용은 이러하였다. ─《정조실록》30권

강은 인간의 삶에 있어서 매우 중요한 역할을 하죠. 물고기 등 식량 자원을 제공하는 것과 더불어 하천의 범람은 농경지를 기름지게 만들어 줘요. 그러나 강은 때때로 인간의 이동을 제약하는 방해물이 되기도 해요. 옛 선조들은 배를 이용하여 강을 건넜지만, 대규모의 인원이나 물자를 수송하는 데는 한계를 느낄 수밖에 없었어요. 이런 문제점을 해결하기 위해 고안된 것이 배를 모아 놓고 그 위로 사람이 건널 수 있는 상판을 놓는 배다리예요. 동아

시아에서 배다리를 사용했다는 최초의 기록은 《시경》에 중국 주나라 문왕이 위수에서 배로 다리를 만들어 신부를 맞이했다고 나와요. 우리나라의 경우에는 고려 정종 때 임진강에 배다리를 설치했다는 기록이 처음 나와요. 이후 여러 역사 문헌에서 배다리를 이용했다는 이야기가 종종 발견됩니다.

조선시대에 들어서면 배다리를 이용하여 강을 건넜다는 기록이 많이 나와요. 전쟁이 발발하면 배다리를 통해 군사와 물자를 나르기도 했지만, 주로 배다리는 왕을 위해 설치되는 경우가 많았어요. 수도 한양에 한강이 가로질러 흐르는 만큼, 왕이 도성을 벗어나 남쪽을 향할 때마다 배다리가 설치되어야 했어요. 배다리가 부실하여 혹여라도 왕의 신변에 문제라도 생기면 국가 위기가 발생하는 만큼, 배다리를 만들고 관리 감독하는 데 매우 심혈을 기울였어요. 만약 조금이라도 왕에게 위험이 될 일이 생기면 큰 처벌이 내려졌어요. 실제로 태종은 송파구에 있던 마전포의 배다리를 튼튼하게 만들지 않았다는 죄목으로 관리를 파직하기도 했습니다.

그러나 배다리를 만든다는 것은 백성에게 큰 곤욕이었어요. 왜냐하면 배다리를 만들기 위해서는 많은 선박이 동원되어야만 했거든요. 그럼 그 많은 배를 갑자기 어디서 구했겠어요. 어쩌다 한 번 행차하는 왕을 위해 수백 척의 배를 만들어 놓고 관리할 수는 없잖아요. 그래서 배다리를 만들어야 하는 상황이 생기면 인근 어선을 끌어다가 사용했어요. 그렇다 보니 왕이 행차할 배다리가 놓여 있는 동안은 어업 활동을 할 수가 없어 생계유지에 많은 어려움이 따랐어요. 또한 선박이 파손되면 수리하는 동안 어업 활동을 하지 못하는 고충도 발생했고요. 그래서 백성에게 피해를 줄까 두려워 행차하지 않는 왕도 있었어요. 대표적인 왕으로 중종이 그랬어요. 중종은 성종이 묻혀 있는 선릉을 참배하고 싶어도 배다리를 수축하는 데 따른 폐단이 크다며 행차를 망설이는 경우가 많았어요. 사실 중종이 배다리 사용을 망설인 것에는 애민 정신도 있지만, 다른 이유도 있기는 했어요. 중종은 과거 연산군이 800여 척의 배를 동원하여 배다리를 만들고는 자신의 유흥을 위해 청계산으로 사냥하러 갈 때마다 백성들이 쏟아 냈던 원성을 기억하고 있었거든요.

그러나 우리가 배다리 하면 가장 먼저 떠오르는 왕은 정조예요. 사도세자의 죽음으로 아주 어렵게 왕으로 즉위한 정조가 가장 먼저 한 일은 사도세자의 추숭*이었어요. 개인적으로는 억울하게 죽은 아버지의 원한을 풀어 주는 일이었고, 왕의 신분으로서는 사도세자를 국왕으로 높여 왕위 계승의 정통성을 확보하기 위한 일이었어요. 1789년 정조는 현재 서울시립대 근처인 양주 배봉산 자락에 있던 사도세자의 묘소인 영우원을 수원으로 이전해 현륭원을 조성했어요. 그러고는 현륭원에 살던 화산의 주민들은 새로 만든 화성으로 이주시켰어요. 이후 정조는 매년 한 차례 이상 아버지 사도세자가 계신 현륭원으로 행차할 계획을 세웠어요. 실제로 정조는 재위 기간 동안 13번이나 현륭원을 다녀왔어요. 이것은 단순히 효심의 발현만은 아니

* 왕위에 오르지 못하고 죽은 이에게 임금의 칭호를 주던 일.

었어요. 화성과 현륭원에 내려가는 동안 백성들의 민심을 듣고 국정에 반영하려는 정조의 애민 정신이 담겨 있었습니다.

하지만 현륭원으로 가기 위해서는 한강을 건너야 하는 문제가 있었어요. 왕과 신료 그리고 군인들까지 이동하는 대규모 행차였던 만큼 배다리는 필수적으로 놓여야 했어요. 그래서 정조는 배다리에 관심이 매우 클 수밖에 없었어요. 정조는 "선박에 짐을 싣는 일이 한창일 때 많은 배들이 허구한 날 이에 매달리게 되는 것은 마땅히 고려해야 한다"라며 배다리로 백성이 피해 보는 일이 없도록 하라며 연신 당부했어요. 그러고는 배다리를 건설하고 관리하는 주무 부서인 주교사를 두었어요. 정조의 관심이 컸던 만큼 의정부에서도 배다리와 관련하여 《주교절목》을 만들어 보고를 올렸어요. 그러나 《주교절목》이 마음에 들지 않았던 정조는 1790년 직접 《주교지남(舟橋指南)》을 만듭니다.

《주교지남》의 15개 항목을 살펴보면 "배다리를 놓을 장소는 강폭이 넓고, 길을 돌게 되는 동호(동호대교 일대)와 물살이 거센 빙호(서빙고·동빙고 일대)보다는 노량진 나루터가 가장 적합하다. 또한 배다리를 만드는 데 소요되는 배의 수량을 알기 위해 강물의 너비 측정, 배의 크기와 높낮이를 고려한 결과 약 60척의 배가 필요하다" 등 매우 구체적으로 기술되어 있어요. 또한 바닥 판의 규격을 너비 1척 이상, 두께는 3촌을 기준으로 삼아 배다리에 사용할 소나무의 수량을 계산하고 어디서 가져와야 하는지도 제시했고요. 이뿐만이 아니에요. 배다리에 깔 잔디를 어디서 구하고, 효율적으로 까는 방법까지도 적혀 있어요. 그냥 정조가 생각나는 대로 적은 것도 아니었어요. 정조의 방안을 그대로 실현하면 연산군이 800척의 배를 동원한 것과는 달리 60척의 배만 활용하면 됐어요. 이것은 정조가 많은 의견을 수렴하고 연구를 통해 효율적인 배다리를 만들었음을 보여 줍니다.

그러나 그중에서도 가장 눈에 띄는 것은 배다리에 동원되는 선박으로 인해 백성들이 피해를 보지 않도록 배려한 부분이에요. 정조는 배마다 일련번호를 부여하고 출납과 인수인계를 명확히 하여 뒤섞여 분실되지 않도록 했어요. 그러면서도 자발적으로 배를 내놓는 선주들의 이익은 보장해 주고, 동참하지 않는 사람들에게는 어떤 처벌을 내릴지도 제시해 놓았어요. 이것은 강제로 동원되어 아무 보상도 받지 못하거나, 또는 매우 적은 보상을 받던 과거와는 아주 다른 모습이었습니다.

구체적으로 어떻게 보상했는지 살펴볼까요? "앞으로 배다리를 설치하는 데 들어가는 것을 전적으로 경강의 선박에만 책임지게 하려면, 대오를 이루는 제도를 별도로 세워서 그들이 기한에 맞추어 부역에 응하게 하고, 이득을 볼 수 있는 방도를 깊이 강구해서 그들이 이익을 얻고 힘을 바칠 수 있게 하는 것이 좋겠다. 내 생각에는 지방과 기읍(경기도 안의 고을)의 세곡 운반을 경강의 선박들에 나누어 주되 훈련도감의 선박으로 세곡을 운반하도록 원래 정했던 것처럼 한다면, 강가에 사는 백성들은 원통함을 호소할 단서가 없을 듯하고 뱃사람들도 기꺼이 부역하려는 바람이 있을 것이다"라고 정조가 말했어요. 또한 정조는 배다리를 왕의 행차 때에만 사용하지 않고, 그대로 두어 백성들이 사용할 수 있도록 했어요. "이번에 배다리를 설치하는 공사 때 뱃사람들의 공로는 비할 데가 없었으며, 배다리는 우선 내년 봄 다시 사용하려고 한다. 그들의 노고에 보답할 방도를 생각하지 않을 수가 없으니, 해감의 두 제조는 그리 알고 헤아려서 조처하라고 분부하라"라고 지시했어요. 어떤가요? 정조가 왜 성군이라 불렸는지를 잘 느끼게 해 줍니다.

왕이 지나간 길인 동시에 한강을 편하게 건널 수 있다는 장점 때문에 배다리에 많은 사람이 몰리자, 정조는 성문과 강의 역참에 한자와 한글로 얇은 얼음을 밟으면 깨져 사고가 날 수 있음을 알리는 글을 붙여 놓게 했어요. 그리고 군교와 나졸을 강 언덕에 배치하여 한 번에 사람이 몰려 다치는 일이 발생하지 않도록 철저히 준비시켰어요. 그래서일까요? 유희를 위해 강제로 선박을 동원하여 배다리를 만들었던 연산군과 백성을 위해 배다리를 활용했던 정조는 계속 비교됩니다.

1791년 11월 3일 (정조 15년)
평택 현감 이승훈과
양근 사람 권일신을 잡아다 문초하다

"아버지의 사행에 따라가 수백 권의 사서(邪書)를 널리 가져와 젊고 가르칠 만한 사람들을 그르친 자가 있으니, 바로 평택 현감 이승훈이 그 사람입니다. 신은 승훈과 본래 사이가 좋았지만, 이 일이 있은 뒤로는 사사로운 원수처럼 미워했습니다. (중략) 정미년 겨울에 몰래 반촌에 들어가 젊은이들을 속여 유혹하면서 그 가르침을 널리 폈습니다. 신의 친구인 전 지평 이기경이 직접 보고 돌아와 신에게 걱정하며 탄식하기에, 신은 '성균관이 어떤 곳인데, 어찌 이런 무리들이 이런 짓을 하게 내버려둘 수 있겠는가' 하며 곧바로 동지들을 불러 모아 글을 올려 엄히 토죄하려 했습니다. 그러나 승훈이 곧 놀라 도망치는 바람에 신이 미처 글을 올리지 못하고 이어 대책의 글에서 진술하게 되었던 것입니다. 지금 사학이 이런 지경에까지 이른 것은 모두 승훈으로부터 말미암은 것입니다." - 《정조실록》 33권

유럽에서 개신교의 등장으로 교세가 약화한 가톨릭은 여러 종교 개혁을 펼쳤어요. 그중에는 식민지를 통해 가톨릭을 강화하려는 목적으로 로욜라가 만든 예수회가 있었어요. 예수회는 가톨릭 국가였던 스페인과 포르투갈이

아메리카를 식민지로 만드는 길을 따라 선교 활동을 활발하게 펼쳤어요. 그리고 포르투갈이 아시아 지역으로 진출하자, 예수회도 명말청초 시기 중국에 진출했어요. 이들은 중국의 수준 높은 문화 수준을 보고는, 남아메리카처럼 강압적인 방식으로는 전도할 수 없다고 판단했어요. 이들은 학문 교류를 통해 친밀도를 높이는 일이 우선이라고 생각하며 중국에 없던 유럽의 각종 서적과 시계·망원경 등 새로운 여러 물건을 가져왔어요. 이에 중국인들은 이들이 가져온 기술과 사상을 일컬어 서쪽에서 들어온 학문이란 뜻으로 서학이라 불렀습니다.

조선이 서학을 만나게 된 것은 사신단으로 명나라에 들어가면서부터였어요. 조선 사신단은 북경에 머무르는 동안 중국의 선진 문물을 가져오기 위해 흠천감을 자주 방문했어요. 흠천감은 천문과 시간을 계산하는 관청이었는데 이곳에는 가톨릭 신부들이 서양의 역법을 소개하면서 선교 활동을 하고 있었어요. 그러다 보니 자연스럽게 조선 사신단은 가톨릭 신부를 통해 기존에 보지 못했던 여러 서적과 문물을 받아 귀국하게 돼요. 서학의 도입은 조선에 큰 변화를 가져왔어요. 예를 들어 홍이포를 통해 무기의 발달이 이루어졌고, 김육이 가져온 천문 관련 서적을 통해 서양 역법인 시헌력을 사용하게 돼요. 하지만 이때까지만 해도 서학을 종교로 인지하지는 않았어요. 서학이 종교로서 인지된 것은 18세기 무렵부터였어요. 그 시작은 남인 계통의 이벽·정약전·권철신·이승훈 등 젊은 학자들이었어요. 이들은 서학이 새로운 문물과 제도를 넘어 아주 오랜 역사를 가진 종교라는 사실을 깨닫고는 믿음을 갖게 돼요. 그중에서도 이승훈은 신앙심이 매우 깊어서 우리나라 최초로 세례를 받게 됩니다.

이승훈의 집안은 누구나 알아주는 명문가여서 자연스럽게 영·정조 시대를 대표하는 당대 석학들과 교류가 많았어요. 아버지 이동욱은 정시 문과에 급제한 수재였고, 어머니는 성호 이익의 조카이자 정승으로 거론되었던 이가환의 누나였어요. 또한 이승훈이 정약용의 누나와 결혼하면서 정약용 형제들과도 인연을 맺게 돼요. 이승훈은 정약용 형제와 함께 경기도 광주의 천진암에서 열린 강학회에 나갔다가 서학을 접하게 돼요. 이때 우리나라 최초의 가톨릭 신자로 알려진 이벽을 만나게 됩니다.

1783년 이승훈은 동지사 서장관으로 가는 부친의 자제 군관이 되어 북경을 가게 되었어요. 이때 이벽이 이승훈을 찾아왔어요. 그는 이승훈이 북경에 가게 된 것은 하느님이 조선을 구원하고자 보내는 것이라며, 북경의 천주당에 있는 신부를 만나 예배와 관련된 것을 알아봐 달라고 부탁했어요. 그러고는 자신이 소중하게 가지고 있던 《천주실의》를 건네줬어요. 이벽이 준 《천주실의》을 통해 서학을 종교로 받아들인 이승훈은 40여 일을 북경에 머무는 동안 가톨릭 신부를 만나 많은 대화를 나눴어요. 앞으로 남은 생애는 가톨릭을 위해 살겠다고 맹세한 이승훈은 그라몽 신부에게 세례를 내려 달라고 부탁했어요. 그 결과 '베드로'라는 세례명을 받으며 우리나라 최초의 영세자가 됩니다.

북경에서 천주교 서적과 성물을 가지고 돌아온 이승훈이 세례를 받았다는 소식에 이벽을 포함한 정약용 형제 등 서학을 믿는 사람들이 찾아왔어요. 그러고는 자신들에게도 세례를 내려 달라고 부탁했어요. 하지만 이승훈이 신부가 아니었던 만큼, 신부를 임시 대리하는 가사제의 자격으로 이벽의 집에서 찾아온 이들에게 세례를 내려 주었어요. 이후 이들은 이벽의 집에 모여 예배를 드리며 종교 활동을 가졌어요. 하지만 신앙 활동이 오래가지 못했어요. 이벽과 함께 이승훈으로부터 세례를 받은 역관 김범우의 집에서 천주교 집회를 하던 중 형조의 나졸들에게 발각되었거든요. 이때 청나라에서 어렵게 가져온 예수의 성상이 압수당하고 현장에 있던 사람들 모두가 형조에 끌려갔어요. 불행 중 다행히도 김범우만 단양으로 유배 가는 것으로 마무리돼요. 그렇지만 김범우는 고문 후유증으로 유배지에서 죽으면서 이승훈을 비롯한 천주교 신자들의 마음을 아프게 했어요. 여담이지만 김범우의 집터에 훗날 명동성당이 세워집니다.

이때 이승훈은 아무 처벌을 받지 않았어요. 오히려 정조는 이승훈을 평택 현감으로 제수하여 보호해 주었어요. 이것은 김범우의 처벌과 비교하여 형평성이 맞지 않지만, 당시는 신분제 사회였으며 이승훈의 집안이 명문가였다는 배경을 무시할 수가 없어요. 그러나 1791년 정약용의 사촌이던 윤지충과 권상연이 천주교의 교리에 따른다며 어머니의 신주를 불태우는 사건으로 이승훈은 다시 곤경에 처하게 돼요. 조정의 많은 관료가 이승훈이야말로 사교(邪教)의 우두머리로 북경에서 수백 권의 사서를 가져와 젊은이들을 잘못된 길로 이끌었다며 탄핵해야 한다고 강하게 문제를 제기했어요.

심지어 이기경은 "이승훈이 사서를 읽는 것은 장차 천하를 뒤집으려는 심산입니다"라며 역모로 몰아가기도 했어요. 이 일로 이승훈은 다시 의금부에 압송되어 심문받지만, 정조의 도움으로 다시 무죄로 석방됩니다.

그러나 하느님 외에는 절을 할 수 없다는 이승훈의 행동은 결국 문제가 되고 말아요. 수령으로 부임한 이승훈은 향교의 대성전에 있는 공자 위패에 절을 해야 했어요. 그런데 이승훈은 낡은 향교의 전각만 고치고 공자에게 절을 올리지 않았어요. 성리학의 나라 조선의 관료로서 공자를 향해 절을 올리지 않는 이승훈의 행동은 굉장한 문제가 됐어요. 이것만큼은 정조도 이승훈을 보호해 줄 수 없었어요. 결국 이승훈은 충남 예산에서 5년간 유배 생활을 하게 됩니다.

그러나 진짜 고난은 정조가 죽으면서 시작되었어요. 정순왕후는 수렴청정 과정에서 정조의 세력을 제거하는 방법으로 서학을 이용했어요. 세례를 받았거나, 가톨릭 물건을 가진 사람을 잡아들여 처형하는 신유박해를 일으켜 정조의 사람들을 정계에서 쫓아냈어요. 이때 이승훈을 비롯하여 정약용, 이가환 등 많은 사람이 의금부에 잡혀갔고, 이들 중 100명이 처형되고 400여 명이 유배 보내졌어요. 그 과정에서 이승훈은 모든 문제의 근원으로 낙인찍히면서 사형 선고를 받게 돼요. 처형되기 전 "月落在天水上池盡(월락재천 수상지진 : 달이 지더라도 하늘에 있고, 물이 넘쳐도 연못에 가득하네)"라는 시를 남겼어요. 자신이 죽더라도 사람들의 하느님에 대한 믿음은 변하지 않을 것이며, 더욱 많은 사람이 하느님을 믿을 것이라고요.

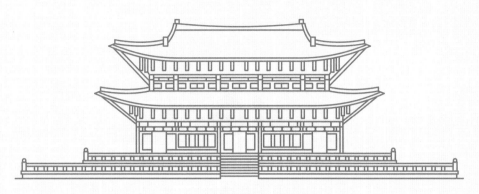

정조의 갑작스러운 죽음으로 11세의 어린 나이로 즉위했다. 영조의 계비 정순왕후가 순조를 대신하여 수렴청정하는 동안 정조의 개혁 정치가 모두 중지되었다. 정순왕후와 벽파는 신유박해를 통해 정약용 등 정조의 측근 세력을 모두 내쫓았다. 이후에는 순조의 장인이던 김조순이 정권을 장악하면서 세도 정치가 시작되었다. 순조 재위 기간 과거제와 삼정의 문란이 심해졌고, 기근과 전염병으로 백성의 삶은 매우 어려웠다. 홍경래는 평안도 지역의 차별과 어려운 현실을 배경으로 반란을 일으켰다. 이후 순조는 정치의 뜻을 접고 효명세자에게 대리청정을 맡겼다.

제 23 대

순조

(1790~1834, 재위 : 1800.7~1834.11)

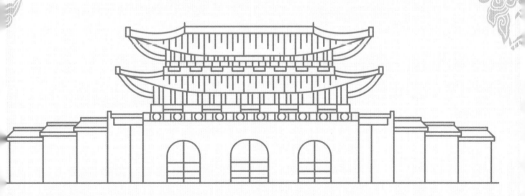

1811년 12월 22일 (순조 11년)
평안병사가
정주 목사가 달아난 사실을 아뢰다

토적이 가산군에 침범하여 군수 정시를 죽였다. 평안병사가 아뢰기를, "가산 군수 정시가 이미 적도의 칼날에 해침을 당하였으며, 적도가 이로 인해서 남도 로 향하여 박천 지경의 진두에 둔취하고 있는데, 신의 병영과의 거리가 30리에 불과합니다" 하고, 또 아뢰기를, "정주 목사 이근주가 단신으로 내투하여 말 하기를, '어젯밤 2경에 적병이 정주성 아래에 와서 핍박하자, 이례가 내응하여 성문을 열고 적을 맞아들였으므로 인신과 병부를 잃어버리고 사잇길을 따라 달려왔다'라고 하였으니, 청컨대 해당 목사를 우선 파직시킨 뒤에 감죄하게 하 소서" 하였다. ─《순조실록》 14권

11세의 나이로 왕으로 즉위한 순조 대신 정순왕후가 수렴청정하면서 정 조가 쌓아 올린 업적 대부분이 무너져 내렸어요. 신유박해를 내세워 정조 의 측근 세력을 정계에서 내쫓고 노론 벽파가 정국을 주도하면서 왕권은 매우 약화하였고요. 순조는 어린 시절에는 표현을 못 했지만, 성인이 되 면서 정국의 주도권을 자신에게 가져오고 싶었어요. 그러나 순조의 의지

를 꺾고 무기력한 왕으로 만든 두 가지 사건이 있었어요. 1809년 대기근과 1811년 홍경래의 난이에요. 이후 순조는 더는 패기 있는 모습을 보여 주지 못해요. 오히려 장인이던 김조순이 권력을 장악하면서 조선에서는 60년 동안 세도 정치가 벌어지게 돼요. 그와 함께 조선도 내리막길을 걸으며 서서히 무너졌어요.

　　　19세기 순조를 좌절하게 만든 홍경래의 난은 평안도에서 일어났어요. 조선 건국부터 평안도는 다른 지역에 비해 심한 차별을 받았어요. 평안도는 중국 명나라와 여진족하고 국경이 맞닿아 있는 지역인 만큼 유달리 전쟁이 많이 발발했어요. 이때마다 평안도 성인 남자들은 군대에 차출되고, 남아 있는 가족들은 전쟁 비용을 책임져야 했어요. 전쟁이 일어나지 않더라도 평안도 주민들의 삶은 괴로움이 많았어요. 중국 왕조로 가는 길목에 있는 만큼 조선과 청 사신단을 환영·환송하는 데 사용되는 막대한 비용을 평안도 주민이 담당해야 했거든요. 그래서 평안도는 조세를 조정에 납부하지 않고, 사신 접대와 군대 유지 비용으로 사용하도록 했어요. 그렇다 보니 평안감사가 개인 용도로 돈을 사용하거나 빼돌리는 부정·비리가 자주 발생했어요. 오죽하면 '평안감사도 저 하기 싫으면 그만이다'라는 속담이 나올 정도로 평안도 관찰사는 막대한 부를 축적하고 막강한 권력을 행사했어요. 문제는 그로 인한 피해를 오로지 평안도 주민이 져야 했다는 거예요. 평안도의 양반들도 불만이 쌓이는 건 다를 바 없었어요. 아무리 열심히 공부하더라도 자신의 재주를 뽐낼 기회가 주어지지 않았거든요. 과거 시험에서 합격하는 사람 대부분이 한양과 경기 그리고 삼남 지방 출신이었고, 평안도 출신은 정말 손에 꼽을 정도로 합격이 적었습니다.

조정에 관료가 나가지 못하는 만큼 평안도 지역의 요구 사항은 중앙 정부에 제대로 전달되지 못했어요. 이로 인해 내야 할 세금이 점점 더 많아졌고, 평안도 사람들의 불만은 점점 높아졌어요. 여기에 불을 붙인 것이 1809년 대기근이었어요. 흉년으로 사람들이 죽어 가는데 정부가 아무런 대책을 내놓지 못하자, 홍경래는 역모를 꿈꿨어요. 오래 지속되어 온 지역감정과 경제적 어려움을 이용하여 반란을 일으키고자 한 거죠. 홍경래는 몰락한 양반이었지만, 각계각층의 많은 사람과 친분이 많았어요. 그들 중에는 홍경래를 좋아하고 흠모하며 추종하는 사람들이 많이 있었어요. 그의 말 한마디에 희망을 얻고 새로운 세상을 만들고자 했던 인물로 평안도 가산 지역의 우군칙과 이희저, 곽산의 홍총각과 김창시, 개천의 이제초, 황주의 김사용이 있었어요. 그러나 단순히 홍경래를 추종하여 역모를 계획한 것은 아니었어요. 홍경래를 지지하고 역모에 가담한 사람 중 많은 이가 청나라와의 교역으로 큰 부를 가졌던 만상(의주 상인)과 유상(평양 상인)이었어요. 이것은 홍경래의 난이 조선 후기 지속되어 온 사회적 모순이 가져온 사건이라는 것을 보여 줍니다.

그럼 홍경래의 난 진행 과정을 살펴볼까요? 홍경래는 평안도 가산의 다복동을 근거지로 삼은 뒤 광산 개발을 한다는 명목으로 사람을 불러 모았어요. 이들에게 급료를 주는 대가로 반란군에 참여시킨 홍경래는

1811년 또다시 평안도에 흉년이 들자 봉기를 일으켰어요. 자신을 대원수로 지칭하고 부원수에 김사용, 선봉장에 홍총각, 후군장에 이제초를 임명하고 는 봉기를 일으키는 격문을 지역마다 뿌렸어요. "조정에서는 평안도를 버 림이 더러운 땅과 다름이 없다. 심지어 권세 가문의 노비들도 서토의 인사 를 보면 반드시 평민 놈이라 일컫는다. 평안도에 있는 자 어찌 억울하고 원 통하지 않은 자 있겠는가. 막상 급한 일에 당하여서는 반드시 평안도의 힘 에 의지하고 또한 과거를 볼 때는 반드시 평안도의 문장을 빌렸으니 400년 이래 서쪽 사람들이 조정을 저버린 일이 있는가"라는 내용이 가득 적힌 격 문을 읽은 평안도민은 격하게 공감하며 홍경래의 봉기에 하나둘 가담했습 니다.

　　홍경래는 민심을 얻기 위해 평안도 가산과 곽산 관아를 점령한 뒤, 관아 창고에 있던 곡식을 백성에게 나눠 줬어요. 쌀을 나눠 주는 반정군을 싫어할 사람이 어디 있겠어요? 홍경래는 진군하는 곳마다 백성들의 환영을 받았어요. 정주·선천·태천·철산·용천·박천을 차례로 점령하며 무서운 기 세를 떨치던 홍경래는 박천의 송림 전투에서 관군에 패배하면서 밀리기 시 작했어요. 초반 무서운 기세로 무조건 성공한다는 자신감은 사라지고 점점 패배감이 홍경래의 반정군을 감쌌어요. 한두 명이 홍경래의 무리에서 도망 치자, 도미노 현상처럼 밤만 되면 무리에서 이탈하는 자들이 늘어났어요. 결국 병력이 부족해진 홍경래는 점령했던 모든 지역을 다시 내주고, 정주성 에 모여 마지막 항전을 벌일 수밖에 없었습니다.

뒤로 물러설 곳이 없는 홍경래의 반정군은 3개월간 관군에 맞서 싸웠어요. 이 과정이 얼마나 치열하고 비참했는지, 반정군은 고립된 정주성에서 먹을 식량이 없어 소·말·돼지 등 모든 가축을 잡아먹으며 버텼어요. 결국 정주성에는 먹을 가축마저 사라지게 돼요. 홍경래는 아무 죄가 없는 사람들이 자신으로 인해 굶어 죽는 것을 막기 위해 두 번에 걸쳐 사람들을 성 밖으로 내보냈어요. 하지만 홍경래와 핵심 세력은 항복하지 않고 결사 항전을 다짐하며 관군에 맞서 싸웠어요. 결국 관군은 최후의 수단으로 성 밑에 화약을 묻은 다음 터트려요. 이 과정에서 성 일부분이 무너지자 관군은 순식간에 성안으로 진입하여 홍경래를 비롯한 지도부를 죽이거나 체포했어요. 관군은 성안에 있던 남자 1,917명을 모두 처형하는 잔혹한 모습을 보입니다. 1812년 홍경래의 난은 진압되었지만, 순종에게는 그 여파가 오래 갔어요. 순조와 조정은 홍경래와 주동자들이 살던 지역을 강등시키는 한편, 평안도의 민심을 어루만지기 위해 환곡 등 세금을 탕감해 주었어요. 그럼에도 불구하고 평안도 사람들은 조선의 사회 구조적 모순을 지적하며 새로운 세상을 열려고 했던 홍경래를 그리워했어요. 그리고 홍경래는 어디선가 죽지 않고 도망쳤고, 지금 이 순간도 거사를 다시 일으킬 준비를 하고 있다고 믿었어요. 얼마나 오랫동안 홍경래가 살아 있다는 소문이 지속되었는지, 1826년 홍경래가 죽지 않았다는 괘서를 붙인 김치규가 처벌되었다는 기록이 있어요. 홍경래의 난이 일어난 지 무려 14년이 흐른 뒤였는데 말입니다.

1832년 4월 3일 (순조 32년)
김조순의 졸기

"'이 신하는 반드시 비도(非道)로 너를 보좌하지 않을 것이다. 너는 그렇게 알라'라고 하신 말씀이 어제의 일과 같아 아직도 귀에 쟁쟁하다. 보위에 오른 지 30여 년 동안 보필의 중요한 자리를 맡겼던 것은 왕실의 가까운 척친이었던 까닭만은 아니었다. 그는 부지런하고 충정하며 한결같은 마음으로 왕실을 위하여, 안으로는 지극한 정성으로 힘을 다해 나를 올바르게 돕고 밖으로는 두루 다스리어 진정시켜 시국의 어려움을 크게 구제하였으니, 국가가 오늘날이 있도록 보존한 것이 누구의 힘이었겠는가? 참으로 선왕께서 부탁하여 맡기신 성의를 저버리지 않은 소치인데, 이제는 끝났다. 내가 애통해하는 것 이외에 나라의 일을 장차 어디에 의뢰하겠는가?" - 《순조실록》 32권

19세기 순조·헌종·철종의 정치를 세도(勢道) 정치라고 불러요. 외척 가문이 정국을 좌지우지할 수 있었던 배경을 이해하기 위해서는 세도(世道) 정치를 먼저 알아야 해요. 한글로는 같은 발음이지만, 뜻은 달라요. 세도(世道) 정치가 역사에 등장한 것은 박제형이 1866년에 출간한 《근세조선정감》이에요. 이 책은 세도를 "조선에서는 정권을 세도라고 하며 어떤 사람이나 집안이 그

것을 갖는다. 왕이 세도에 책임을 물으면 그들은 지닌 관직에 관계없이 의정판서에게 명령을 내릴 수 있고, 국가의 중대사와 모든 관료의 보고를 왕보다 먼저 들을 수 있었다"라고 설명하고 있어요. 여기서 세도는 왕 자신일 수도 있고, 때로는 왕이 지목한 인물이나 가문이 될 수도 있음을 뜻합니다.

조선 건국 초기에는 왕 스스로가 세도가 되어 정국을 운영했어요. 그러나 중기에 들어 사림이 등장하면서 세도의 주체가 변해요. 특히 양난 이후로는 유학자를 대표하는 산림이 세도라고 하는 인식이 강해집니다. 그로 인해 붕당 간의 갈등이 증폭되고, 왕은 정국을 주도할 힘을 점점 잃어 갔어요. 그래서 조선 후기의 왕들은 군권을 확보하여 세도가 되려고 친인척을 호위대장에 임명하는 등 척신 정치의 비중을 높여 갔어요. 그렇게 역사에 등장하여 막강한 권력을 휘둘렀던 대표적인 사람으로 사도세자의 장인 홍봉한, 영조의 처남 김귀주, 정조의 사람 홍국영이 있습니다.

정조가 홍국영을 내쫓은 것도 국왕 자신이 세도가 되어 국정을 운영하기 위해서였어요. 하지만 정조도 오랜 세월 세도의 주도권을 빼앗긴 현실을 바꾸기는 어려웠어요. 결국 말년에는 자신이 전면에 나서기보다는 김조순을 세도로 내세운 뒤, 수원 화성에서 머물며 상왕으로 정국을 운영하고자 했어요. 자신이 누구보다 믿을 수 있는 김조순과 함께라면 정국을 안정적으로 이끌 수 있다고 믿었거든요.

이토록 정조의 신임을 받았던 김조순은 어떤 사람이었을까요? 김조순을 알기 위해서는 그의 가문을 먼저 봐야 해요. 김조순 집안의 가계도를 따라 올라가면 병자호란 당시 청과 끝까지 싸워 명과의 의리를 지키자고 주장한 김상헌이 있어요. 이후로도 노론의 영수였던 김수항, 신임사화 때 죽은 김창집 등 노론을 대표하는 인물이 배출되면서 영조 시기 조선에서 제일가는 최고의 가문으로 손꼽힙니다. 정조가 재위하던 시절의 김조순의 집안은 노론 시파가 되어 다른 당파에 유화적인 모습을 보여 주었어요. 김조순도 집안의 영향으로 당파를 가리지 않고 정약용 등 당대 뛰어난 인물들과 친분을 맺었어요. 그렇다 보니 노론 벽파에 맞서 시파와 남인을 등용하여 탕평책을 추진하려는 정조에게 있어 김조순과 김조순의 집안은 꼭 필요했습니다. 그래서 1778년 정조는 신료들의 반대를 무릅쓰고 김창집을 영조의 묘정에 배향하며 안동 김씨의 가문을 치켜세워 줍니다.

김조순이 21세의 나이로 문과에 급제하자, 정조는 매우 기뻐하며 '낙순'이란 이름을 '조순'으로 바꿔 주었어요. 이것도 부족했는지 풍고라는 호까지 지어 주었어요. 이렇게 정조의 총애를 듬뿍 받은 김조순은 급제한 이듬해에 한림이 되고, 3년 뒤에는 규장각에 들어가 초계문신제로 실력과 인맥을 넓혀 갈 수 있었어요. 정조의 김조순에 대한 사랑은 여기서 그치지 않았어요. 김조순을 지방관으로 파견하지 않고, 더 넓은 세상을 경험하라고 북경에 연행사로 보냅니다.

물론 위기가 없었던 것은 아니었어요. 정조는 탕평책의 일환으로 패관잡문이나 소설의 문체를 사용하지 못하게 막고, 순정고문을 사용하게 하는 문체반정을 일으킨 적이 있어요. 이것은 유교 경전에 어긋나는 내용이나 문체를 사용하지 못하도록 금지한 정책이에요. 구어체 등 신(新)문체로 쓰인 책들에 반봉건적인 내용이 많기도 했지만, 문체반정을 일으킨 가장 큰 목적은 왕권 강화에 있었어요. 성리학을 보다 강조하여 왕실과 국가에 대한 충성도를 높이고자 했거든요. 이 과정에서 정조는 남공철, 이덕무, 박제가 등 노론 벽파·시파, 소론, 남인을 가리지 않고 제재를 가했어요. 당연히 규장각에서 다양한 학문을 접하고, 북경까지 다녀오며 다양한 사고방식을 갖게 된 김조순도 예외는 아니었습니다. 그러나 김조순은 문체반정을 주도한 정조의 의도를 눈치채고는 곧바로 자기 잘못을 반성하는 시문을 올려요. 이것은 위기를 기회로 바꾸는 결정적인 계기가 됩니다. 정조는 김조순이 올린 글을 읽고는 "지어 올린 이 시문을 보니 문(文)은 사람이 늘상 먹는 곡식 같고, 시는 비단이나 자개 같았다. 이미 전날의 잘못을 깨닫고 또 새로운 보람을 보였으니 이 뒤로는 더욱더 힘쓰도록 하라"라며 크게 칭찬해요. 이후 정조의 김조순에 대한 믿음과 애정은 더욱 높아져서 1797년 33세의 나이에 이조참의에 올리며 곁에 둡니다.

　　1800년에는 정조가 장용영을 책임지는 직책을 맡기려 하자 자신은 훈신 또는 외척의 신분이 아니라며 거절하는 상소를 올려요. 또한 이조판서를 사직할 때도 비슷한 논리로 자신을 드러내지 않으려 했어요. 그럴수록 김조순에 대한 정조의 믿음은 커졌어요. 그러던 중 정조가 갑작스럽게 병으로 쓰러지자, 김조순을 국구(왕의 장인)로 앉혀 어린 순조를 보필하게 만들고자 해요. 그래서 "내가 김조순 가문에 대해 처음에는 별 마음을 두지 않았었는데 현륭원 참배를 하던 날 밤에 꿈이 너무 좋았다. (중략) 오늘 간택 때 그녀가 들어왔을 때 보니 얼굴에는 복이 가득하고 행동거지도 타고나 궁중 사람들 모두가 관심이 쏠렸으며 자전과 자궁도 한 번 보시고는 첫눈에 좋아하셨다. 종묘사직의 끝없는 복이 오늘부터 다시 시작되는 것이다"라고 말하며 김조순의 딸을 간택하려 했어요. 그러나 마지막 단계를 남겨 두고 정조가 죽고 맙니다.

노론 시파였던 김조순의 딸이 간택될까 노심초사하던 노론 벽파와 정순왕후는 서둘러 김조순의 딸과 순조의 혼인을 무산시키려 했어요. 그러나 정조 말년 주요 자리를 제의받고도 거절했던 처신이 거론되며 김조순은 국구의 자리에 오르게 됩니다. 아마도 노론에게 김조순이 그리 위협적으로 느껴지지 않았던 것 같아요. 실제로 김조순도 정순왕후의 수렴청정 기간 몸을 한껏 낮추었어요. 그 결과 신유박해 등으로 정조의 측근들이 정계에서 쫓겨나는 상황에서도 김조순은 어떤 처벌도 받지 않았어요. 그렇게 때를 기다리던 김조순은 정순왕후가 죽자 반남 박씨 척족과 연립하여 시파의 세도 정권을 수립해요. 하지만 이때도 김조순은 반남 박씨의 박종경처럼 적극적인 정치 활동을 하지 않아요. 오히려 고초를 겪던 혜경궁 홍씨의 집안을 지원하는 활동으로 김조순은 후대에 후덕했다는 좋은 평가를 받게 돼요. 훗날 이런 평가는 김조순이 세도를 장악하고 오랫동안 권력을 유지할 수 있는 바탕이 됩니다.

그렇다고 김조순이 권력에 욕심이 없었던 것은 아니었어요.

1802년 이후 30년간 비변사 당상관으로 있으면서 정국 운영에 영향력을 행사해요. 1817년 반남 박씨가 정계에서 힘을 잃고 떨어져 나가자 풍양 조씨와 연합했고, 효명세자가 죽자 풍양 조씨를 정계에서 쫓아내는 등 정치적 감각이 남달랐어요. 물론 이것이 가능했던 가장 큰 배경에는 홍경래의 난 이후로 순조가 김조순에게 의지했던 측면이 커요. 하지만 김조순으로 시작된 안동 김씨의 세도 정치는 매관매직과 삼정의 문란 등 여러 문제를 일으키며 19세기의 조선이 새로운 변화에 능동적으로 대처하지 못하게 만듭니다.

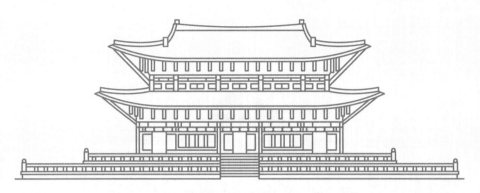

대리청정을 통해 많은 기대를 받았던 효명세자가 갑자기 죽으면서 헌종이 8세에 왕으로 즉위하였다. 조선 역사상 가장 어린 나이에 왕으로 즉위한 만큼 친정을 펼치지 못했고, 안동 김씨가 정국을 운영하였다. 15세가 되던 해 수렴청정이 끝났으나, 안동 김씨와 풍양 조씨의 세력 다툼으로 정국을 주도하지 못했다. 재위 시기 이양선이 해안에 출몰하고, 자연재해로 백성들의 삶이 매우 어려웠다. 천주교 탄압도 계속 이루어져 기해박해가 일어나고, 한국인으로 최초의 신부였던 김대건이 처형당했다.

제 24 대

헌종

(1827~1849, 재위 : 1834.11~1849.6)

1840년 9월 4일 (헌종 6년)
윤상도와 연루된 김정희를
대정현에 위리안치하도록 하다

하교하기를, "이제 우상의 차본을 보니 옥사의 맥락과 요점이 매우 분명하다. 인하여 계속 신문해야 마땅하겠지만, 증거를 댈 길이 이미 끊어져서 힐문할 방도가 없고, 또 대신이 옥체와 범리를 누누이 말한 것이 실로 공평하고 명정한 논의이니, 그 의심스러운 죄는 가볍게 벌한다는 의리에 있어서 감사의 법을 써야 마땅하다. 국청에서 수금한 죄인 김정희를 대정현에 위리안치하도록 하라" 하였다. ─《헌종실록》7권

영조 때 권력의 중심에 있던 경주 김씨 집안에서 김정희는 태어났어요. 김정희의 할아버지 김한신은 영조의 딸 화순옹주와 결혼한 부마였고, 아버지 김노경은 이조판서를 지냈어요. 순조 초기 수렴청정하던 영조의 계비 정순왕후가 12촌 대고모여서 김정희는 어린 시절 무엇 하나 부족함 없는 삶을 살 수 있었어요. 여기에 뛰어난 재능까지 겸비해서 많은 이들의 관심과 부러움을 한 몸에 받았어요. 실학 하면 떠오르는 박제가도 7세의 김정희가 대

문에 붙여 놓은 '입춘대길'을 보자마자, 부친 김노경에게 자신이 이 아이의 스승이 되고 싶다고 말할 정도였으니까요. 김정희의 타고난 자질을 알아본 것은 박제가만이 아니었어요. 정조 때 영의정을 지낸 채제공도 "이 아이는 필시 명필로 세상에 이름을 떨칠 것이오. 만약 글씨를 잘 쓰게 되면 반드시 운명이 기구할 테니 절대로 붓을 쥐게 하지 마시오. 대신에 문장으로 세상을 울리게 하면 반드시 크고 귀하게 될 것이오"라며 김정희가 뛰어난 자질로 오히려 고생하지는 않을까 걱정할 정도였습니다.

김노경은 이런 출중한 아들의 장래를 위해 《북학의》를 저술한 당대 최고 학자인 박제가에게 교육을 부탁했어요. 사실 이것은 쉬운 결정은 아니었어요. 박제가가 뛰어난 학자이기는 했지만, 서자 출신이라는 꼬리표가 달려 있었으니까요. 그럼에도 불구하고 김정희를 박제가에게 맡긴 것은 성리학만이 아니라 다양한 학문과 사상을 받아들일 수 있는 인재로 성장하기를 바라는 마음에서였어요. 그 결과 김정희는 훗날 고증학 등 새로운 분야에서 일인자가 될 수 있었고, 형식에 구애받지 않는 추사체를 완성할 수 있는 토대가 마련돼요. 또한 김정희는 신분과 직업에 구애받지 않고 다양한 사람들과 만나 교류를 가졌어요. 그중에는 김정희가 투정도 부리고 누구에게도 말하지 못하는 이야기를 터놓는 초의선사도 있었어요. 우리 차가 중국 차에 절대 뒤지지 않는다는 내용의 《동다송》을 집필할 정도로 학식이 높은 초의선사에게 김정희는 불교와 전통차에 대해서도 배우게 돼요. 이처럼 김정희는 신분과 성리학만을 강조하던 시대에 맞지 않게 유연성 있게 다양한 사람을 만나고 학문을 익힙니다.

김정희가 조선을 뛰어넘어 중국과 일본에까지 이름이 알려진 게 된 것은 중국의 대학자였던 완원과 옹방강의 역할이 컸어요. 1810년 아버지 김노경이 동지사 부사로 북경에 가게 되면서, 김정희는 자제 군관이 되어 북경에 가게 됐어요. 그곳에서 고증학을 집대성하고, 건륭제의《사고전서》편찬에 참여한 청나라의 대학자 완원을 만난 김정희는 필담을 통해 가르침을 받아요. 이때 완원은 필담만으로도 김정희의 능력에 감탄하며 '완당'이라는 호를 사용해도 된다는 승낙을 해 줘요. 또한 김정희는 청에서 금석학과 서예 등으로 많은 이의 존경을 받던 78세의 옹방강도 만나요. 이때도 옹방강으로부터 재주와 능력을 인정받아 해동 제일의 서예가라고 친필을 받게 됩니다.

이처럼 중국 대학자들의 인정을 받은 김정희는 조선에서 모르는 사람이 없을 정도로 유명해졌어요. 그만큼 김정희에 대한 기대감도 높아졌고요. 김정희도 그런 기대에 맞춰 대과에 응시하여 조정에 나갔어요. 하지만 김정희의 관직 생활은 순탄치 않았어요. 김정희와 부친 김노경을 중용하여 안동 김씨를 견제하려던 효명세자가 일찍 죽으면서 김정희는 자기의 능력을 펴 볼 기회도 얻지 못해요. 안동 김씨는 김노경을 정계에서 쫓아내기 위해 윤상도 사건을 이용해요. 윤상도 사건의 경위는 다음과 같아요. 윤상도가 호조판서 박종훈과 어영대장 유상량 등을 탐관오리로 탄핵했다가, 군신 사이를 이간시켰다는 죄명을 뒤집어쓰고 추자도에 유배 보내졌다가 처형당해요. 이 과정에서 김노경도 연루되었다며 강진현 고금도로 유배 보내져요. 효심 깊은 김정희는 아버지를 모셔야 한다며 벼슬을 관두고 유배지를 따라갑니다. 근데 이게 끝이 아니었어요. 그로부터 10년 뒤 대사헌 김홍근이 윤상도의 상소는 김정희가 써 준 것이라며 모함했어요. 그러자 안동 김씨를 따르는 여러 관료가 김정희를 사형시켜야 한다는 상소를 연이어 올렸어요. 김정희가 아니라고 해명해도 아무 소용이 없었습니다.

다행히도 조인영의 도움으로 김정희는 사형을 면하고 제주도에 유배 가는 것으로 사건은 마무리돼요. 그러나 김정희는 이 일로 제주도에 9년 동안이나 머물지 몰랐어요. 제주도에 있는 동안 사랑하는 아내가 죽으면서 김정희는 매우 힘든 시기를 보내야만 했습니다. 시간이 흘러 유배가 풀려 서울로 다시 올라온 김정희는 용산 한강 변에 거처하며 조용히 지내고자 했어요. 하지만 김정희의 명성이 높았던 만큼, 이를 견제하는 세력에 의해 또다시 모함받아 함경도 북청에서 1년간 유배 생활을 하게 돼요. 뛰어난 재주를 가졌지만, 세도 정치하에서 자기 능력을 펼칠 기회를 얻지 못했던 김정희는 경기도 과천에서 71세로 생을 마감합니다.

김정희는 정치적 업적을 쌓지는 못했지만, 사회 문화적으로는 큰 업적을 남겼어요. 특히 국내를 넘어 중국과 일본에까지 김정희의 이름이 알려져서, 많은 사람이 김정희의 글을 받고자 앞다투어 찾아와 줄을 섰어요. 지금도 김정희 하면 가장 먼저 떠오르는 것이 추사체입니다. 당시에도 김정희의 추사체는 굉장히 높은 평가를 받았어요. 동시대 문인인 유최진은 "추

去年以晚學大雲二書寄來今年又以
藕畊文編寄來此皆非世之常有得之
千萬里之遠積有年而得之非一時之

事也且世之滔滔惟權利之是趨爲之
費心費力如此而不以歸之權利乃歸
之海外蕉萃枯槁之人如世之趨權利

者太史公云以權利合者權利盡而交
踈君亦世之滔滔中一人其有超然自
拔扵滔滔權利之外不以權利視我耶

太史公之言非耶孔子曰歲寒然後知
松柏之後凋松柏是毋四時而不凋者
歲寒之前一松柏也歲寒之後一松柏

也聖人特稱之扵歲寒之後令君之扵
我由前而無加焉由後而無損焉然由
前之君無可稱由後之君亦可見稱扵

聖人也耶聖人之特稱非徒爲後凋之
貞操勁節而已亦有所感發扵歲寒之
時者也烏乎西京淳厚之世以汲鄭之

賢賓客與之盛衰如下邳榜門迫切之
極矣悲夫阮堂老人書

김정희의 〈세한도〉.

사의 글씨에 대하여 잘 알지 못하는 자들은 괴기한 글씨라 할 것이요, 알긴 알아도 대충 아는 자들은 황홀하여 그 실마리를 종잡을 수 없을 것이다. 원래 글씨의 묘를 참으로 깨달은 서예가란 법도를 떠나지 않으면서 또한 법도에 구속받지 않는 법이다"라고 평가했어요.

　　박규수도 "추사의 글씨는 어려서부터 늙을 때까지 그 서법이 여러 차례 바뀌었다. (중략) 소동파, 구양순 등 역대 명필들을 열심히 공부하고 익히면서 대가들의 신수(神髓)를 체득하게 되었고, 만년에 제주도 귀양살이로 바다를 건너갔다 돌아온 다음부터는 마침내 남에게 구속받고 본뜨는 경

향이 다시는 없고 여러 대가의 장점을 모아서 스스로 일법(一法)을 이루었으니, 신(神)이 오는 듯, 기(氣)가 오는 듯, 바다의 조수가 밀려오는 듯하였다. 그래서 내가 후생 소년들에게 함부로 추사체를 흉내 내지 말라고 한 것이다”라며 추사체는 누구도 따라 할 수 없는 경지라고 평가했어요. 이 외에도 김정희는 무학대사비로 잘못 알고 있던 비석이 진흥왕순수비임을 밝혀냈고, 황초령 진흥왕순수비가 올바르게 보존될 수 있도록 했어요. 김정희는 그림도 잘 그렸는데, 그중에서도 제주도 유배 시절 자신을 도와준 이상적을 위해 그린 〈세한도〉가 가장 많이 알려져 있습니다.

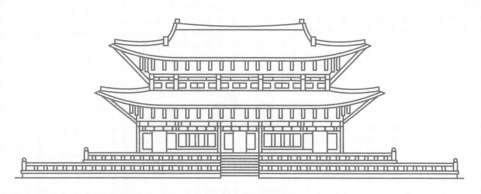

헌종이 23세에 후사 없이 죽자, 대왕대비 순원왕후는 정조의 이복동생 은언군의 자손 이원범을 다음 왕으로 지목하였다. 강화도에서 일반 농민과 다를 바 없는 삶을 살던 이원범이 철종으로 즉위하면서, 안동 김씨의 세도 정치는 계속 이어졌다. 철종은 삼정의 문란을 바로잡으려고 삼정이정청을 운영하기도 했으나, 큰 효과는 없었다. 오히려 그동안의 적체된 문제로 백성들의 봉기가 연이어 일어나는 임술 농민 봉기가 발발하였다. 1860년에는 최제우가 후천개벽 사상과 인내천 사상을 바탕으로 동학을 창시하였다.

제 25 대

철종

(1831~1863, 재위 : 1849.6~1863.12)

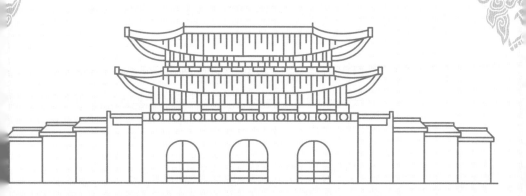

1849년 6월 9일 (철종 즉위년)
대왕대비가
임금의 학업 증진에 대해 의논하다

임금이 답하기를, "일찍이 《통감》 두 권과 《소학》 1, 2권을 읽었으나, 근년에는 읽은 것이 없소" 하였다. 조인영이 아뢰기를, "독서와 강리는 참으로 성덕을 이루는 근본이 됩니다. 만약 이미 배운 몇 편에 항상 온역을 더하여 힘써 행하고 게을리하지 않는다면 예로부터 지금까지 성현의 천언만어가 어찌 《소학》 한 편의 취지에 벗어남이 있겠습니까?" 하니, 임금이 답하기를, "그러나 어렸을 때 범연히 읽어 넘겼으니, 지금은 깜깜하여 기억할 수가 없소" 하였다. 대왕대비가 이르기를, "만일 글을 읽는다면 어떤 책부터 읽어야 하겠소?" 하니, 정원용이 아뢰기를, "시작은 《사략》으로부터 하여 조금 문리를 이해케 된 뒤에 계속하여 경서를 배우는 것이 좋겠습니다" 하였다. - 《철종실록》 1권

헌종은 부인을 네 명 두었지만, 후사를 이을 자식을 낳지 못하고 죽었어요. 왕실은 급히 다음 왕의 재목을 찾았지만, 어디에도 다음 왕으로 즉위할 사람이 마땅히 없었어요. 결국 영조의 혈통을 이은 사도세자의 후손에서 다음 왕을 찾았어요. 사도세자는 살아생전 정조, 은언군, 은신군, 은전군 네 명의

아들을 낳았어요. 문제는 정조를 제외한 나머지 세 아들이 격심한 정치적 변동 속에서 제명에 살지 못하고 죽으면서 후손이 끊겼어요. 더러 살아남더라도 일반 백성과 다를 바 없이 비참하게 살아갔어요. 결국 그중에서 고르고 골라 왕으로 즉위하게 된 인물이 바로 철종이었습니다.

사실 철종은 왕이 될 것이라고는 꿈에도 생각하지 못했어요. 그저 하루하루 오늘은 무엇을 먹을지 걱정하며 살던 가난한 청년이었어요. 그럴 수밖에 없는 사연은 영조 시대로 거슬러 올라가요. 영조는 정조가 안정적으로 왕위에 오를 수 있도록 위험 요소를 사전에 제거했어요. 그중에는 철종의 할아버지였던 은언군도 있었어요. 영조는 은언군을 서울에서 가장 멀리 있는 제주도로 유배 보냈어요. 그렇다 보니 은언군은 왕손이지만 어떤 대접도 받지 못했어요. 유배 생활이 끝나 뭍에 올라와도 홀대받는 생활은 크게 달라지지 않았어요. 생계를 유지하라고 낮은 관직을 받게 됐지만, 이는 더 큰 불행이 오기 전 잠시의 휴식에 불과했습니다.

정조가 즉위하고 홍국영이 하늘을 나는 새도 떨어뜨릴 정도로 권세를 누렸을 때의 일이에요. 홍국영은 자기 누이가 정조의 아들을 낳으면, 다음 후계자로 지명할 생각이었어요. 그러나 홍국영의 누이는 궁궐에 들어간 지 얼마 되지 않아 죽고 말아요. 자신의 야망을 포기할 수 없던 홍국영은 은언군의 아들 상계군을 자기 누이 원빈 홍씨의 양자로 들여 왕으로 추대하고자 했어요. 하지만 얼마 지나지 않아 홍국영은 정조에게 쫓겨나고 말죠. 이후 원빈 홍씨의 양자가 되었던 상계군은 죽임을 당하고, 은언군은 강화도로 유배 보내지게 돼요. 그러나 이게 끝이 아니었어요. 강화도에서의 생활도 순탄치 않았어요. 1801년 신유박해 때 은언군의 부인 송씨와 큰며느리가 청나라에서 건너온 주문모 신부에게 세례를 받은 사실이 발각되었거든요. 이 일로 은언군과 부인 송씨, 큰며느리가 죽게 됩니다.

이때 간신히 목숨을 부지했던 은언군의 아들 전계대원군(철종 아버지)은 노비 생활을 하며 철저하게 자신의 신분을 감추고 살아갔어요. 그러다 너무도 빈곤한 삶에 어쩔 수 없이 한양에 일자리를 구하러 올라오지만, 생활은 전혀 나아지지 않았어요. 그나마 삶의 변화가 있다면 철종을 낳은 것뿐이었어요. 전계대원군은 한양에 오래 머물지 못했어요. 몰락한 노론계 출신 민진용이 철종의 큰형 이원경을 왕으로 추대하려다 발각되면서 아들을 잃게 돼요. 이 과정에서 전계대원군은 남은 철종이라도 살리기 위해 다시 강화도로 돌아와 몸을 숨겼어요. 이후 철종은 평범한 농촌 청년으로 성장하게 돼요. 그렇게 살아가던 중 어느 날 갑자기 왕이 되어야 한다고 문무백관이 찾아온 겁니다.

사실 철종은 역적의 자손이라는 걸림돌 외에도 항렬이 헌종의 숙부여서 왕이 될 수가 없었어요. 그렇지만 정치적 이해관계에서 이런 부분은 크게 중요하지 않았어요. 순조의 비(妃)면서 김조순의 딸 순원왕후는 풍양 조씨에게 권력의 자리를 내준 상황을 바꾸고 싶었거든요. 그래서 19세가 되도록 제대로 교육받지 못한 철종을 왕으로 즉위시킨 후, 자신이 수렴청정하고자 했어요. 다시금 안동 김씨에게 권력을 주기 위해서 말입니다.

이런 복잡한 이해관계를 알 리 없었던 철종은 평소와 다름없이 땔감을 마련하기 위해 산으로 올라가 나무를 주웠어요. 지게 가득 나무를 실은 철종은 기분 좋게 내려오다가, 자기 집을 가득 메운 관헌을 보고 매우 놀라요. 철종은 형처럼 죽게 된 줄 알고 벌벌 떨며 살려 달라고 애원했어요. 그런 철종을 향해 영의정 정원용은 예를 갖추며 인사를 올리며 말했어요. 이제 왕으로 즉위하게 되었으니 어서 한양으로 가자고 말이에요. 철종에겐 믿기지 않는 이야기였지만, 무엇보다 선택의 권리가 없었던 만큼 순순히 한양으로 따라갔어요. 그리고 왕으로 즉위하게 됩니다.

선왕보다 항렬이 높고, 후계자 수업을 한 번도 받지 않은 사람, 더욱이 역적 집안에서 왕이 나온다는 것은 정상적인 상황에서는 절대 일어날 수 없는 일이었어요. 이런 문제점을 잘 알고 있던 순원왕후는 우선 은언군 내외의 작위를 회복시켜 주었어요. 더불어 선조가 생부를 덕흥대원군으로 봉작한 사례를 들며 철종의 아버지에게 전계대원군이라는 군호를 내려 주었어요. 마지막으로 철종이 아무것도 배우지 못한 일개 농부처럼 생활한 것을 큰 장점으로 내세웠어요. "철종은 만고풍상을 겪어 거의 촌아이와 다름없다. 지난날 어려움이 많았고 시골에 살아왔으나, 옛날의 제왕 중에는 민간에서 생장한 이가 있어 백성의 괴로움을 빠짐없이 알고 애민의 정사를 해왔다. 지금 주상도 백성의 일을 익히 알고 있다"라며 어느 왕보다도 백성을 잘 어루만져 줄 거라며 추켜세워 줬어요.

관료들도 철종을 추켜세우는 데 열심이었어요. 철종이 어린 시절

《통감》과《소학》을 읽어 본 적이 있으나 제대로 공부한 적은 없다고 말하자, 조인영은 소학에 모든 학문의 기본이 담겨 있으니 아무 문제가 없다고 말해요. 정원용은《사략》부터 공부하면 되니 아무 걱정하지 말라고 이야기했어요. 그러나 말과는 달리 현실에서는 철종을 무시하는 태도를 자주 보여요. 허수아비 왕이 되기를 바라던 관료들이었던 만큼 철종의 말에 귀 기울여 주는 사람은 거의 없었습니다. 그 결과 철종은 안동 김씨의 꼭두각시 역할을 아주 충실히 해냈어요. 안동 김씨의 수장이던 김문근의 딸을 왕비로 맞이하는 것을 시작으로 대제학에 김병학, 훈련대장 김병국, 좌찬성 김병기 등 안동 김씨를 주요 관직에 앉혔거든요. 결국 철종은 수렴청정이 끝난 뒤에도 자신의 정치를 펴지 못했어요. 오히려 백성을 가장 잘 아는 왕으로 선정을 베풀 것이라 말했던 순원왕후의 말과는 달리 철종은 안동 김씨를 비롯한 세도가에 쩔쩔매는 무능력으로 백성들을 괴롭히는 왕이 되고 맙니다.

1862년 4월 4일 (철종 13년)
박규수가 진주 민란의 원인이
백낙신의 탐욕이었음을 보고하다

경상도 안핵사 박규수가 포리를 조사하고 옥사를 다스리는 것 때문에 치계하기를, "금번 진주의 난민들이 소동을 일으킨 것은 오로지 전 우병사 백낙신이 탐욕을 부려 침학한 까닭으로 연유한 것이었습니다. 병영의 환포와 도결을 시기를 틈타 아울러 거행함으로써 6만 냥의 돈을 가호에 배정하여 백징하려 했기 때문에 군정이 들끓고 여러 사람의 노여움이 일제히 폭발해서 드디어 격발하여 전에 듣지 못하던 변란이 돌출하기에 이른 것이었습니다. 난민들의 패려한 습성은 진실로 통분스럽습니다만, 진실로 그 이유를 따져 보면 실은 스스로 취한 것입니다" 하였다. ─《철종실록》 14권

진주 민란이 일어나고 한 달여 뒤, 안핵사로 파견되었던 박규수가 상소문을 올려요. "난민들이 스스로 죄에 빠진 것은 반드시 이유가 있을 것입니다. 그것은 곧 삼정이 모두 문란해진 것에 불과한데 (중략) 병폐를 받는 것은 우리 백성들뿐입니다"라며 민란의 원인을 특정 인물의 잘못이 아닌 사회 구조적 문제라고 밝힌 상소문이었어요. 박규수가 지금 당장 해결해야 할 사회 구조

적 문제가 삼정의 문란이었습니다.

　　그렇다면 삼정의 문란이 무엇일까요? 삼정은 전정, 군정, 환곡을 이용한 관리들의 수탈을 말해요. 19세기 권력을 잡은 안동 김씨와 풍양 조씨는 돈을 받고 관직을 파는 매관매직을 일삼았어요. 그렇기에 세도가에게 돈을 갖다 바치고 수령이나 관찰사가 된 관료들은 백성의 삶에는 조금의 관심도 두지 않았어요. 오로지 부와 권력을 누리는 일에만 관심을 가질 뿐이었어요. 구체적으로 살펴보면 토지세인 전정은 1결당 4~6두를 걷는 것이 원칙이었으나, 여러 이유를 제시하며 거둬들여야 하는 양보다 더 많이 가져갔어요. 더욱 문제인 것은 토지주가 자신이 내야 할 전정을 소작농에게 모두 전가한다는 것이었어요. 군정은 16~60세까지 군역의 의무가 있는 양인 남성에게 1년에 군포 1필을 거두어들이는 조세예요. 그러나 수령들은 죽은 사람과 갓 태어난 어린아이에게도 불법적으로 군포를 거두어 갔어요. 이것이 얼마나 백성에게 큰 부담이었는지, 군포를 낼 형편이 되지 못한 남성이 자기 성기를 자르며 저항하는 일도 있을 정도였어요. 그러나 그중에서도 가장 백성을 크게 괴롭힌 것은 환곡이었어요. 원래 환곡이란 먹을 것이 부족한 가난한 백성에게 약간의 이자만 받고 관아에서 빌려주는 구휼 제도예요. 그런데 지방관이 환곡을 강제로 빌려주거나 곡식의 양을 속인 뒤 비싼 이자를 붙여 거두어들이며 막대한 이익을 취했습니다.

　　삼정의 공통점은 수령들이 공권력을 이용하여 원래보다 더 많은 조세를 거둬들였다는 데 있어요. 수령들의 횡포에 저항하거나 도망칠 때는 매질이나 옥에 가두는 방식으로 보복을 가했고, 백성은 이를 견디지 못했어요. 물론 수령의 부정·비리를 막는 방법으로 정부는 일종의 감찰관이라 부를 수 있는 암행어사를 보냈어요. 그러나 오히려 암행어사의 출현으로 백성들이 더욱 고통스러워지는 일이 많았어요. 왜냐하면 돈을 주고 암행어사 벼슬을 산 사람이 많았거든요. 이들이 감찰할 수령에게 자신이 도착할 날짜를 먼저 통보하면, 수령은 암행어사에게 갖다 바칠 뇌물을 백성에게 뜯어내 바쳤어요. 그러니 암행어사가 온다는 것은 백성들에겐 또 수탈당해야 한다는 것을 의미했습니다.

결국 삼정의 문란을 이겨 내지 못한 사람들은 민란을 일으켰어요. 특히 1862년에는 전국에서 동시다발적으로 민란이 일어났어요. 이것을 임술 농민 봉기라고 불러요. 그 시작점은 진주 목사 홍병원과 경상우도병마절도사 백낙신의 수탈에 봉기한 진주 민란이었어요. 진주 목사 홍병원은 부족한 재정을 메꾸기 위해 토지에 추가로 세금을 부과하는 도결을 시행했어요. 여기에 경상우도병마절도사 백낙신도 부족한 병영 재정을 메꿔야 한다며 진주 백성에게서 6만 냥을 강제로 징수했어요. 이들의 과도한 세금 징수는 그동안의 세금 수탈로 힘들어하던 백성이 폭발하는 계기가 됩니다.

이들의 횡포에 불만을 품은 진주의 몰락한 양반이던 유계춘과 이계열이 장날을 이용하여 나무꾼인 초군을 비롯한 많은 사람을 끌어들여서는 봉기를 일으켰어요. 이들이 도결 중지를 크게 외치자, 순식간에 장에 나온 많은 사람이 동참했어요. 용기를 얻은 이들은 부호들의 집을 공격하는 것에 멈추지 않고 진주 관아를 향해 나아갔어요. 진주 목사 홍병원은 수천 명의 백성이 머리에 흰 두건을 쓰고 성난 모습으로 다가오는 모습에 겁을 먹고는 도결을 철폐하겠다는 문서를 작성하며 위기를 벗어났어요. 기세등등하던 홍병원이 겁을 먹고 꼬리를 내리는 모습에 의기양양해진 진주 백성은 그길로 백낙신을 찾아갔습니다.

백낙신은 수많은 백성이 몰려오자 겁을 집어먹었어요. 모든 것은 자신이 아니라 서리 김희순이라며 책임을 떠넘겼어요. 그러고는 곤장을 쳐서 김희순을 때려죽이고는 다시는 부당한 세금을 거두지 않겠다는 약속장을 썼어요. 하지만 책임을 전가하는 백낙신의 모습을 진주 백성들은 믿지 않았어요. 이들은 백낙신의 잘못을 낱낱이 밝히는 한편, 세금을 징수하던 하급 관리들을 처벌하고 죽였어요. 민란은 6일간 지속되었지만, 삼정의 문란은 해결될 조짐을 보이지 않았어요. 진주 목사와 경상우도병마절도사를 혼낸다고 해결될 문제가 아니었으니까요.

진주 백성 수만 명이 다음 달에도 진주성에 몰려와 문제 해결을 촉구하자, 조선 조정은 진주 민란의 책임을 물어 홍병원과 백낙신을 파직했어요. 그러고는 진상 조사를 위해 박규수를 안핵사로 파견해요. 박규수는 부패한 관료들과는 달리 백성을 사랑할 줄 아는 현명한 관리였거든요. 그는 진주 민란의 원인이 삼정의 문란에 있다는 것을 잘 알았어요. 그중에서도 환곡의 폐단이 백성을 가장 힘들게 한다는 것도 말이에요. 조선 조정은 박규수의 보고를 받고 진주 민란의 책임을 백낙신에게 물어 강진현의 고금도로 유배 보냈어요. 그러나 홍병원에게는 어떠한 처벌도 내리지 않았어요. 반면 진주 민란을 일으킨 주동자로 지목된 10명을 효수형에 처하고, 20명은 유배 보냈어요. 이것은 누가 봐도 올바르고 공정한 판결이 아니었어요. 조정의 불공평한 판결은 진주에만 해당하지 않았어요. 1862년에만 30곳이 넘는 지역에서 농민들이 봉기를 일으켰고, 예외 없이 백성들에게 책임을 물으며 더 큰 처벌을 받게 됩니다.

물론 조선 정부도 아무 노력을 안 한 것은 아니었어요. 환곡을 중심으로 삼정의 문제를 바로잡을 수 있는 특별 기구를 만들자는 박규수의 상소를 받아들여 삼정이정청을 설치했어요. 정원용, 김좌근, 김흥근, 조두순 등을 총재관으로 삼고, 김병익, 김병국 등 선혜청 당상과 8도 사무를 담당하던 구관당상이 중심이 되어 삼정의 문란을 해결할 방안을 전국 각지에 물었어요. 그러고는 삼정의 문란을 해결할 방안으로 제시된 상소문을 바탕으로 전정 13개 조, 군정 5개 조, 환곡 23개 조의 〈삼정이정절목〉을 발표했어요. 하지만 삼정의 문란을 해결할 방안보다는 예전부터 나왔던 해결책을 되풀이하는 수준이었어요. 특히 환곡의 경우 책임을 수령과 향리에게 떠넘기는 내용이 많아서 일부 수령은 조세 납부를 하지 않는 방법으로 저항하기도 했어요. 결국 서로 책임지지 않으려고 하는 관료들과 현실성이 없는 방안으로 〈삼정이정절목〉은 오래가지 못하고 곧 폐지되고 맙니다.

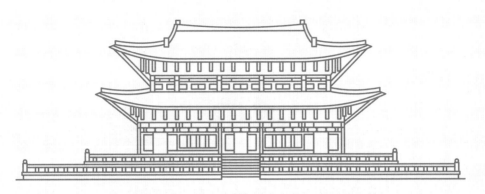

철종이 후사 없이 죽자, 조대비는 흥선대원군의 12세 둘째 아들을 왕으로 즉위시켰다. 흥선대원군은 고종을 대신하여 10년간 정국을 운영하면서 호포제, 서원 철폐 등 적체된 문제를 개선했으나 경복궁 중건을 계기로 하야했다. 이 기간 병인양요와 신미양요 등 서구 세력의 침입을 받았다. 고종이 친정한 이후 민씨 척족을 중용하여 강화도 조약을 맺으며 서구 문물을 수용하려 했으나, 임오군란·갑신정변 등 내부 혼란을 겪었다. 국제 정세를 제대로 읽지 못해 열강의 각축장이 되자 대한제국으로 국호를 변경하며 자주독립을 외쳤다. 하지만 청일 전쟁과 러일 전쟁에서 승리한 일본에 의해 강제로 황제 자리에서 쫓겨났다.

제 26 대

고종

(1852~1919, 재위 : 1863.12~1907.7)

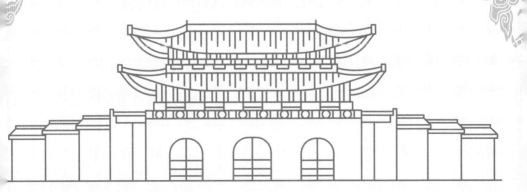

1865년 4월 2일 (고종 2년)
대왕대비가 경복궁 중건을 명하다

대왕대비가 전교하기를, "경복궁은 우리 왕조에서 수도를 세울 때 맨 처음으로 지은 정궁이다. 규모가 바르고 크며 위치가 정제하고 엄숙한 것을 통하여 성인의 심법을 우러러볼 수 있거니와 정령과 시책이 다 바른 것에서 나와 팔도의 백성들이 하나같이 복을 받은 것도 이 궁전으로부터 시작되었다. 그러나 불행하게도 전란에 의하여 불타 버리고 난 다음에 미처 다시 짓지 못한 관계로 오랫동안 뜻있는 선비들의 개탄을 자아내었다. 지금 정부의 중수로 인하여 왕조가 번창하던 시기에 백성들이 번성하고 물산이 풍부하며 훌륭한 신하들도 많이 등용되었던 것을 늘 생각하면 사모하는 동시에 추모하는 마음이 더욱 간절해진다. (중략) 아! 마치 오늘을 기다리느라고 그랬던 것 같다." - 《고종실록》 2권

철종이 후사를 남기지 못하고 재위 14년 만에 죽자, 다음 후계자로 흥선대원군의 둘째 아들이 선택되었어요. 여기에는 안동 김씨에 눌려 기를 펴지 못했던 신정왕후와 왕권을 강화해 조선을 바로잡으려는 흥선대원군의 사전 조율이 있었어요. 물론 대왕대비였던 신정왕후가 다음 왕을 결정하는 권한을 가지고 있더라도 권력을 쥐고 있던 안동 김씨의 승낙이 필요했어요.

그러나 이 문제는 어렵지 않게 해결될 수 있었어요. 신정왕후의 빠르고 적절한 대처도 있었지만, 흥선대원군이 그동안 보여 준 행실과 그의 둘째 아들이 12세라는 점이 크게 작용했어요. 안동 김씨는 흥선대원군이 정치에 관여할 사람이 아니니, 12세의 어린 왕이 성인이 될 때까지 자신들의 뜻대로 조선을 움직일 수 있을 것으로 생각했습니다.

신정왕후는 자신이 수렴청정하게 되었지만, 안동 김씨를 상대하기 위해서는 흥선대원군의 도움이 절대적으로 필요했어요. 그러나 살아 있는 대원군*이 지금까지 존재한 적이 없어서 흥선대원군을 어떻게 조정에 끌어들여야 할지 난감했어요. 여기에다 왕실 종친은 정치적인 활동이 금지되어 있어 흥선대원군을 기용하기가 어려웠어요. 그래서 흥선대원군에게 정치 활동이 아닌 경복궁 중건을 맡김으로써 권력을 장악할 명분과 힘을 실어 주는 방법을 선택합니다.

왜 갑자기 경복궁 중건을 이야기한 것일까요? 우선 경복궁은 조선이 건국되며 제일 먼저 세워진 법궁이에요. 다시 말하면 조선과 왕실을 상징하는 건물이라 할 수 있어요. 그런 경복궁이 임진왜란 때 불에 탔는데, 고종이 즉위하는 시점까지 중건되지 못하고 있었어요. 물론 중건에 대한 논의가 없었던 것은 아니었어요. 선조는 여러 차례 경복궁을 중건하려 했고, 숙종도 이 문제를 신하들과 논의했어요. 이처럼 조선 왕들은 경복궁이 조선

• 왕이 후사 없이 죽고 종친 중에서 왕위를 계승할 때 국왕의 생부에게 주던 존호.

제1 법궁이라는 지위를 가지고 있었던 만큼 왕권을 상징한다고 생각했어요. 그래서 신정왕후와 흥선대원군은 경복궁 중건을 통해 실추된 왕권을 강화하겠다는 왕실의 의지를 보여 주고자 한 것입니다.

흥선대원군은 경복궁 중건을 위해 만들어진 영건도감의 공식적인 책임자가 될 수는 없었어요. 하지만 자기 사람을 영건도감의 책임자로 활동하게 한 뒤, 뒤에서 조정하는 방법으로 실질적인 권력을 갖고 국정을 주도할 수는 있었어요. 국가의 제일 사업인 경복궁 중건에 드는 막대한 재원과 조정의 인재를 활용할 수 있게 된 흥선대원군은 결의에 찼어요. 왜냐하면 경복궁 중건은 국정 운영의 주도권을 가져올 수 있느냐 없느냐를 판가름하는 중요 승부처였으니까요. 그런데 이런 이유 말고 신정왕후의 개인적인 바람도 들어가 있었어요. 신정왕후는 남편인 효명세자가 살아생전 경복궁을 중건하려 했던 뜻을 꼭 이뤄 주고 싶었거든요.

신정왕후가 경복궁 중건을 논의하라고 지시한 지 11일 만인 1865년 4월 13일 공사가 시작됐어요. 그러나 경복궁 중건에 있어 가장 큰 문제는 재정 조달이었어요. 오랜 시간 이어진 삼정의 문란으로 백성이 낸 세금이 세도가와 지방관 주머니로 들어가면서 국고가 텅 비어 있었거든요. 이런 상황에서 막대한 돈이 들어가는 경복궁 중건은 조선에 큰 부담으로 작용했어요. 이를 해결하기 위해 우선 백성에게 기부금을 거두기로 해요. 이 것을 백성들이 나라를 위해 스스로 원해서 내는 돈이라는 뜻으로 원납전이라고 불렀어요. 기부금을 많이 걷기 위해 자발적으로 돈을 내는 사람에게는 포상을 내렸어요. 여기에는 관직이나 관품을 주는 포상도 있었어요. 예를 들어 1866년 10월 원납전 1만 냥 이상을 납부한 53명에게는 금액에 상응하는 관직이나 관품을 주었어요. 이것을 다른 말로 매관매직이라고도 부르죠. 여기서 깨알 같은 지식을 더하면 매관이란 관품만 주는 것이고, 매직은 실질적인 관직을 내려 주는 것을 말합니다.

그럼에도 원납전이 생각보다 걷히지 않자, 1867년 다시 한번 관직과 관품을 파는 방법을 사용해요. 하지만 지급할 수 있는 관직과 관품이 정해져 있는 만큼 계속 시행할 수 없었어요. 그래서 부족한 재정을 마련하기 위해 다음으로 선택한 것이 당백전 주조였어요. 호조에서 명목 가치 20분의 1에 불과한 당백전을 발행하자, 화폐의 가치가 떨어지고 물가는 가파르게 상승했어요. 이로 인해 가장 피해를 보는 사람은 평범하게 살아가던 일반 백성이었어요. 이것은 경복궁 중건에 들어간 비용을 분석해 보면 손쉽게 알 수 있어요. 5년간의 공사비로 783만 냥이 투입되었는데, 왕실 재산인 내탕금과 종친이 45만 냥, 국가 재정은 16만 냥이 들어갔어요. 나머지 722만 냥이 민간에서 걷은 돈이었어요. 즉, 경복궁 중건에 들어간 모든 비용을 백성이 부담했으니, 백성들의 불평불만이 얼마나 컸을지는 말하지 않아도 되겠죠. 그런데 이것만이 아니었습니다. 인건비를 아끼기 위해 농사를 지어야 하는 시기에도 백성을 강제 동원하여 공사 현장에 투입했어요. 경복궁 중건으로 고통받는 백성들은 〈경복궁 타령〉이라는 노래로 신세 한탄하며 고달픈 삶을 견뎌 내려 했습니다.

"조선 팔도 유명한 돌은 경복궁 짓는 데 주춧돌 감이로다. 우리나라 좋은 나무는 경복궁 중건에 다 들어간다. 근정전을 드높게 짓고 만조백관이 조화를 드리네. 석수장이 거동을 봐라. 망망칠 들고서 눈만 끔벅한다. 경복궁 역사가 언제나 끝나 그리던 가속(가족)을 만나나 볼까."

1868년 7월 2일 경복궁 중건은 고종이 대왕대비 신정왕후, 왕대비 효정왕후, 대비 철인왕후를 모시고 경복궁에 들어가면서 끝이 나요. 그러나 흥선대원군이 바라던 왕권 강화는 이루어지지 않았어요. 오히려 흥선대원군이 적체된 사회 문제를 해결하기 위해 추진했던 여러 좋은 개혁들이 경복궁 중건에 대한 불만에 묻혀 버리고 말아요. 양반들에게도 군포를 거둬들이는 호포제, 군역 회피로 이용되던 서원의 철폐, 환곡의 폐단을 해결하는 사창제 등이 큰 효력을 발휘하지 못하게 돼요. 또한 흥선대원군의 조정에 대한 권력 장악도 약해졌어요. 여기에는 흥선대원군이 직책을 갖지 못했던 한 계점과 더불어 흥선대원군에 대한 고종의 반발도 있었어요. 특히 고종이 흥선대원군에게 반발한 모습을 가장 잘 보여 주는 장소가 경복궁 안에 있는 건청궁이에요. 1873년 고종은 관료들에게 알리지 않고 내탕금으로 건청궁을 짓게 했어요. 신료들이 문제를 제기했지만 괘의치 않아 했어요. 오히려 궁이라는 지위를 부여하고, 자신과 왕비의 거처이자 외교관 접대 장소로 활용해요. 이것은 흥선대원군과는 다른 길로 가겠다는 의지를 확실하게 보여 주는 일로 건청궁이 완공되는 그해 11월 흥선대원군은 정권에서 배제되며 하야하게 됩니다.

1882년 8월 5일 (고종 19년)
서울과 지방에 세운 척양비를
모두 뽑아 버리라고 명하다

"근년 이래로 천하의 대세는 옛날과 판이하게 되었다. 영국·프랑스·미국·러시아 같은 구미 여러 나라에서는 정교하고 이로운 기계를 새로 만들고 나라를 부강하게 만드는 사업에 최선을 다하고 있다. 그들은 배나 수레를 타고 지구를 두루 돌아다니며 만국과 조약을 체결하여, 병력으로 서로 견제하고 공법으로 서로 대치하는 것이 마치 춘추 열국의 시대를 방불케 한다. 그러므로 천하에서 홀로 존귀하다는 중화도 오히려 평등한 입장에서 조약을 맺고, 척양에 엄격하던 일본도 결국 수호를 맺고 통상하고 있으니 어찌 까닭 없이 그렇게 하는 것이겠는가? 참으로 형편상 부득이하기 때문이다. (중략) 서양과 수호를 맺은 이상 서울과 지방에 세워 놓은 척양에 관한 비문들은 시대가 달라졌으니 모두 뽑아 버리도록 하라." ―《고종실록》 19권

홍선대원군이 집권했던 시기는 서구 세력이 아시아를 침탈하던 시기였어요. 중국 청나라는 무역 적자를 해소하기 위해 아편을 파는 영국을 제지했다는 이유로 벌어진 아편 전쟁에서 크게 패했어요. 일본은 미국 페리 제독이 끌고 온 함대의 무력시위에 굴복하여 1853년 미·일 화친 조약을 체결해

요. 조선도 서구 세력의 위협으로부터 자유롭지 못했어요. 이미 오래전부터 연안에 이양선이라 불리는 서양 배가 출몰했고, 러시아와 두만강을 경계로 영토를 마주하게 됩니다.

홍선대원군은 러시아의 남하를 견제하기 위해 오랫동안 외교 전략으로 사용하던 이이제이를 이용하기로 마음먹어요. 이이제이란 오랑캐는 오랑캐로 막는다는 뜻으로, 홍선대원군은 조선에서 포교 활동하던 프랑스 선교사를 통해 러시아를 견제하고자 했어요. 하지만 홍선대원군의 의도와는 달리 프랑스 선교사들은 협조하지 않았습니다. 아니 협조할 수 있는 지위가 아니었죠. 이런 모습에 사람들은 홍선대원군이 천주교 신자라서 선교사들을 그냥 두는 것이 아니냐는 소문이 퍼졌어요. 천주교를 사학(邪學)이라 부르며 탄압하던 시절인 만큼, 홍선대원군은 이로 인해 정치적 위기를 맞을 수밖에 없었어요. 홍선대원군은 자신이 천주교 신자가 아니라는 것을 보여 주기 위해 프랑스 신부 아홉 명과 천주교 신자 8천 명을 처형하는 병인박해를 일으켜요. 이 과정에서 중국 톈진으로 간신히 도망친 리델 신부가 프랑스 함대 사령관 로즈 제독과 프랑스 대리공사에게 박해 사실을 알렸어요. 프랑스는 병인박해가 조선과 통상 수교할 좋은 기회라 여기고는 함대를 끌고 한강 인근의 수로를 탐색한 후 강화도를 침략했어요. 강화 유수부가 물러나라고 경고했지만, 프랑스군은 아랑곳하지 않고 강화도 일대를 쑥대밭으로 만들었어요. 이 과정에서 외규장각의 도서가 불타고 의궤를 약탈당해요. 다행히도 양헌수와 한성근이 이끄는 조선군의 반격이 성공하면서 프랑스군을 내쫓을 수 있었습니다.

같은 해 평양에서는 미국 상선 제너럴셔먼호가 통상을 요구하며 횡포를 부렸어요. 정중하게 통상을 할 수 없다고 거절했음에도 평양 군민을 해치는 미국인의 모습에 분개한 평양 사람은 제너럴셔먼호를 격침해 버려요. 이를 계기로 미국은 1871년 존 로서스가 이끄는 1,230명의 미군을 조선에 파병해요. 미국 또한 군대를 파견한 진짜 목적은 통상 수교였어요. 미군이 강화도 광성보를 공격하자, 어재연이 이끄는 조선군이 목숨 걸고 싸웠지만 막강한 화력을 앞세운 미군을 막아 내지는 못했어요. 350여 명의 조선군이 전멸한 것에 비해 미군은 세 명만 죽는 대참패였어요. 미국은 광성보 전투의 승리를 발판 삼아 통상 수교를 요구했지만, 조선이 응하지 않자 철수하였습니다.

1868년에는 독일인 오페르트가 조선과의 통상 교섭에 실패하자, 흥선대원군의 아버지인 남연군 묘를 도굴하는 사건이 벌어졌어요. 오페르트는 100여 명의 사람을 러시아 군인이라 속이고는 충남 예산에 들어가 남연군 묘를 파헤쳤어요. 덕산 군수 이종신과 몇몇 사람이 제지했으나, 역부족이었어요. 그래서 다음 날 남연군 묘 도굴을 막기 위해 마을 사람들과 함께 올라가, 오페르트를 내쫓아요. 이 사건을 조사하는 과정에서 흥선대원군은 오페르트를 도와준 한국 천주교 신지들이 있다는 사실에 매우 화를 내며 천주교도를 더욱 탄압하며 분개감을 감추지 않았습니다.

남연군 묘 도굴 사건과 두 번에 걸친 서구 세력의 강화도 침략은 조선에 매우 큰 충격을 주었어요. 하지만 다른 한편으로는 자신감을 심어 주는 계기도 되었어요. 청과 일본이 서구 세력의 총칼 앞에서 패배하거나 항복하는 모습과 달리 조선은 프랑스와 미국의 군대를 내쫓았다고 생각했거든요. 그래서 서구 세력을 막아 낼 수 있다는 자신감을 갖게 된 흥선대원군은 전국에 척화비를 세우도록 했어요. 척화비는 화강암으로 높이 1.2~1.8m, 너비 40~45cm, 두께 25cm로 만들어졌어요. 비석 표면에는 "서양 오랑캐가 침입하는데, 싸우지 않으면 화친하자는 것이다. 화친을 주장하는 것은 나라를 파는 것이다(洋夷侵犯 非戰則和 主和賣國)"라는 문구를 새겨 놓아, 조선의 어느 누구도 서구 세력과 소통하지 못하도록 엄중히 경고했어요. 또한 그 옆에 작은 글씨로 "우리들 만대 자손에게 경고하노라! 병인년에 짓고 신미년에 세운다(戒我萬年子孫 丙寅作 辛未立)"라고 새겨 앞으로도 후손들이 계속 지켜 가야 할 정책이라고 강조했어요. 이것은 흥선대원군의 통상 수교 거부 정책이 얼마나 강경했는지를 보여 줍니다.

척화비는 우리의 자주적인 모습을 보여 주지만, 국제 정세에 얼마나 어두웠는지도 보여 줘요. 고종이 "서양 오랑캐가 우리의 영역을 침범한 것이 매우 통분할 노릇이다"라며 한탄하자, 우의정 홍순목은 "이 오랑캐들은 원래 사나운 만큼 그 수효는 그다지 많지 않다고 들었습니다. 그런데 그 형세는 미칠 듯 날뛰며 계속 불리한 형편에 처한 보고만 오니 더욱 통분합니다. 우리나라가 예의의 나라라는 데 대해서는 온 세상이 다 알고 있습니다. 지금 일종의 불순한 기운이 온 세상에 해독을 끼치고 있으나, 오직 우리나라만이 유독 순결성을 보존하는 것은 바로 예의를 지켜 왔기 때문입니다. 병인년(1866) 이후로부터 서양 놈들을 배척한 것은 온 세상에 자랑할 만한 일입니다. 지금 이 오랑캐들이 이처럼 침범하고 있지만 화친에 대해서는 절대로 논의할 수 없습니다. 만약 억지로 그들의 요구를 들어준다면 나라가 어찌 하루인들 나라 구실을 하며, 사람이 어찌 하루인들 사람 구실을 하겠습니까?"라고 답변해요. 자국의 이익을 위해서라면 다른 나라를 침략하여 수탈하는 것에 어떤 주저함도 보이지 않던 시대에 성리학에 따라 예의를 강조하는 모습은 조선이 얼마나 우물 안 개구리였는지를 잘 보여 주는 사례라 할 수 있습니다.

　　1871년 4월 서울을 시작으로 전국에 설치된 척화비는 흥선대원군의 바람처럼 오래가지는 못했어요. 1882년 임오군란을 시작으로 척화비가 철거돼요. 명성황후와 민씨 척족들의 요청에 군대를 끌고 조선에 들어온 위안스카이는 일본의 요청을 받아들여 척화비를 철거하여 땅에 파묻었어요. 이것은 임오군란 당시 권력을 잡았던 흥선대원군을 철저하게 밟아 놓아, 조선을 자기 뜻대로 움직이려는 의도가 담겨 있어요. 조선에서의 최고 권력자는 위안스카이 자신임을 각인시킴으로써 청나라에 반하는 어떤 행동도 용납하지 않겠다는 의지를 보여 준 겁니다.

1883년 1월 27일 (고종 20년)
국기를 제정하였으므로
8도와 4도에 사용하도록 하다

통리교섭통상사무아문에서 아뢰기를, "국기를 이미 제정하였으니 팔도와 사도
에 행회하여 다 알고 사용하도록 하는 것이 어떻겠습니까?" 하니, 윤허하였다.
─《고종실록》20권

군부대를 표시하거나 가문의 상징으로 사용되던 깃발이 17세기 대항해시
대를 맞아 국가를 상징하는 국기(國旗)로 발전하게 돼요. 우리나라의 경우
1882년 수신사 일원으로 일본에 가던 박영효가 사용한 태극기가 국기의 시
초라고 알려져 있어요. 이듬해인 1883년 태극기가 국기로 제정되었으니 널
리 사용하라고 지시했다는《조선왕조실록》의 기록을 통해 개항 이후 태극
기가 우리나라를 상징하는 국기가 되었음을 짐작할 수 있어요. 그러나 태극
기에 대한 논쟁이 지금까지도 대내외적으로 계속 벌어지고 있어요. 일본과
중국은 태극기가 중국의 제안을 받아들여 만들어졌다고 주장하고 있어요.

우리도 일본과 중국이 주장하는 내용과 크게 다르지 않게 말하고 있습니다.

　　태극기가 독자적으로 만들어진 것이 아니라는 말에 깜짝 놀라지는 않았나요? 중국과 일본이 바라보는 태극기의 시작에 대한 관점이 홍콩 계간지《시월평론》에 잘 나와 있어요.

　"조선은 운양호 사건으로 일본에 모욕당하고 문호를 개방했다. 일본에 파견된 조선 사신 김홍집 일행은 황준헌(주일 청나라 외교관)의 《조선책략》으로부터 아이디어를 얻어 조선 국기에 대해 생각했다. 황준헌은 조선인에게 청 왕조의 용기(용의 깃발)를 사용하도록 권고함으로써 조선이 대청제국의 속국임을 세계에 알리고자 했다. 북양 대신 이홍장은 조선의 국기의 용은 발톱을 네 개로 하여 천자국 다섯 개와 차이가 드러나야 한다고 했으나, 조선이 받아들이지 않았다. 태극기가 널리 알려지게 된 것은 일본에 머물던 또 다른 사신 박영효 일행이 일본 고오베 숙소에 태극기를 게양하면서부터다. 마건충(청나라 사신)과 김홍집이 나눈〈청국문답〉에 따르면, 마건충이 흰색 바탕에 태극과 8패를 동시에 배치한 도안을 제시했다. 임오군란 이후 제물포 조약의 서명을 강요당하자, 박영효를 사신으로 파견하여 일본에 가서 사죄하도록 했다. 이때 박영효가 메이지 마루 선박에서 조선의 국기를 설계하면서 마건충의 도안을 사용하기로 결정했다. 선장 영국인 제임스와 영국 영사 아스톤

이 8괘가 너무 복잡하니 4괘만 남겨 두고 45도 회전하면 보기가 좋을 것이라 건의했다. 태극기는 이렇게 탄생했다."

사실 우리가 알고 있는 태극기의 역사와 크게 다르지 않아요. 백과사전에 '태극기'를 검색하면 조금씩 차이가 있을 뿐 대부분 위와 내용을 비슷하게 설명하고 있음을 확인할 수 있습니다. 만약 이것이 사실이라면 태극기가 우리의 국기가 될 수 있을지 의문이 들 수밖에 없어요. 국제 사회의 일원으로 국기를 제작한 것이 아니라, 일본에 사과하러 가는 과정에서 중국인 마건충이 제안한 도안을 사용했다. 여기서 그치지 않고 중국과 영국인의 제안도 받아들여 만들어진 것이 사실이라면 태극기에는 한국을 상징하는 것이 하나도 없게 돼요. 일본에 고개를 숙여야 하는 굴욕스러운 상황에서 임시방편으로 외국인의 도움을 받아 만들어진 국기가 됩니다.

분명한 것은 세계적으로 국기가 국가를 상징하게 된 것이 17세기 이후였다는 점이에요. 이를 고려했을 때, 1882년 조선이 국기를 만들었다는 것은 사실입니다. 그러나 태극기가 외국인의 도움을 받아 급하게 만들어진 것은 아니에요. 1880년대 조선이 주변 열강과 통상 수교를 맺는 과정에서 실수하고 잘못 처사한 부분이 있는 것은 사실이에요. 하지만 자주국으로서 자부심을 잃지는 않았던 시기이며, 새롭게 도약하여 발전하려는 의지가 여기저기서 솟구쳐 오르던 시기기도 합니다. 그렇기에 한 나라를 상징하는 국기를 제작하고 선정하는 과정이 이토록 체계 없이 이루어지지는 않았을 거예요. 분명 태극기는 많은 고심 끝에 만들어졌고, 합의된 국기입니다.

우선 태극 문양은 중국에서 가져온 것이 아니에요. 태극은 아주 오랫동안 우리가 사용해 오던 문양이에요. 태극기에 있는 태극 문양이 《주역》에서의 '천지자연의 원리를 묘사한 자연의 문양'이라는 고태극도에서 온 것이라는 주장이 있지만, 태극 문양은 《주역》과 아무 상관이 없어요. 중국의 태극 문양에는 가운데에 흑백의 둥근 점이 찍혀 있지만, 우리의 태극 문양에는 점이 없어요. 또한 초창기 태극기에 그려진 태극 문양은 음양의 꼬리가 원을 한 바퀴 이상을 감돌 정도로 훨씬 깁니다.

태극기 색깔도 오행을 의미하는 것이 아닌 광명(光明)을 표현하는 것이에요. 태극기를 구성하는 하양, 파란, 빨간색은 우리 민족이 예로부터 좋아하며 사용한 색깔이에요. 그래서 청실홍실, 색동저고리 등 우리 선조들은 일상생활에서 세 가지 색깔을 자주 사용했어요. 만약 태극기가 마건충의 제안으로 만들어졌다면 태극 색깔은 중국처럼 검정과 빨간색이 되어야 하지 않을까요? 또한 태극 문양 주변의 4괘는 중국의 8괘가 아닌 봉황을 의미해요. 중국이 용을 숭상해 온 것과 달리 우리 민족은 봉황을 숭상하고 받들어 왔어요. 특히 네 마리의 봉황은 천지신명을 의미해요. 태극기의 4괘가 건곤감리를 빌린 것이긴 했지만, 중국 태극도의 8괘하고는 달리 민족의 기층 신앙을 4괘로 표현한 것입니다.

태극 문양과 봉황이 그려진 모습을 보여 주는 옛 그림들은 우리의 태극기가 갑자기 등장한 것이 아니라는 사실을 증명해 줘요. 콜롬비아대학의 개리 레드야드 한국학 교수는 명나라 진린 제독의 참모부에 속한 화가가 순천성 전투와 노량대첩을 묘사한 그림 〈임진정왜도〉에서 태극 문양을 발견해요. 그리고 긴 연구 끝에 "한국의 역사가들은 근대적인 국제관계에 처음 들어서는 과정에서 1882년 한국을 나타낼 국기인 태극기가 고안되었다고 받아들여 왔다. 그러나 거의 300년 전에 그려진 이 그림 속에 분명한 태극기의 선구적 원형이 있다. 더구나 이 태극기의 출현은 실로 중국의 선박이나 일본의 선박으로부터 한국의 선박을 구분하기 위해 쓰인 국가의 상징이었음을 분명히 증명한 것 같다"라고 발표했어요. 실제 〈임진정왜도〉에는 조선 군선을 상징하는 깃발에 태극 문양과 네 마리의 봉황이 그려져 있습니다.

1725년 영조의 책봉례에 참석한 청나라 사신 아극돈이 그린 〈봉사도〉에도 태극 문양이 나타나요. 황색 용의 깃발을 들고 오는 청나라 사신을 맞이하기 위해 나온 조선 병사들이 삼각형의 태극기를 들고 있어요. 그리고 청나라 사신이 머물던 숙소 주변에 태극 2괘도를 그린 휘장이 걸려 있어요. 여기에는 8괘나 4괘가 아닌 리(☲)괘와 감(☵)괘만 그려져 있다는 점에서 이 괘는 해와 달을 상징하는 것으로 해석돼요. 이 외에도 1882년 이전에 사용했던 태극 문양을 프랑스에서 찾기도 해요. 1866년 발발한 병인양요 때 프랑스가 가져간 태극기가 현재 성루이성당의 천장 벽에 걸려 있는데, 여기에도 태극 문양과 리괘와 감괘가 선명하게 그려져 있습니다.

지금도 학자들 사이에서는 태극기에 대한 논쟁이 진행되고 있어

고종 시기 외교 고문을 지낸 미국인 데니가 1890년 5월 청의 미움을 받아 미국으로 돌아갈 때 가져갔던 것으로 일명 '데니 태극기'라 한다. 현재 우리나라에 남아 있는 태극기 가운데 가장 오래된 것으로 추정된다. (국립중앙박물관 소장)

요. 그러나 분명한 것은 우리는 태극기의 유래를 정확하게 아는 것도 중요하지만, 태극기가 우리에게 어떤 의미로 사용되었는지를 기억해야 한다는 것이에요. 일제에 나라를 빼앗겼을 때, 우리 선조들은 태극기를 중심으로 하나가 되어 독립을 쟁취하고자 했어요. 자신들의 목숨보다 더 소중하게 태극기를 보관하고 자손에게 물려주려고 했던 그 마음을 우리가 기억해야 하지 않을까요.

1885년 2월 29일 (고종 22년)
광혜원을 설치하도록 하다

의정부에서 아뢰기를, "혜민서와 활인서를 이미 혁파하였는데 이는 조정에서 널리 구휼하려는 뜻을 놓고 볼 때 아주 결함이 됩니다. 별도로 원(院) 하나를 설치하여 광혜원이라고 이름 부르고 외서에서 전적으로 관할하게 하는 동시에 당상과 낭청을 차출하는 것과 일체 사무를 처리하는 것은 모두 해당 아문에서 문서를 작성하여 아뢰는 것이 어떻겠습니까?" 하니, 윤허하였다. ─《고종실록》22권

인류는 전염병으로 많은 사람이 죽어 갔고, 이를 극복하기 위해 살아왔다고 해도 과언이 아니에요. 국가가 형성된 후 좁은 공간에서 많은 사람이 모여 살고, 교류를 통한 다양한 접촉은 전염병을 계속 확산시켰어요. 그래서 국가를 운영하는 통치자들은 전염병을 매우 두려워했어요. 전염병을 극복하지 못하면 나라가 멸망하는 최악의 상황을 맞이할 수도 있었으니까요. 조선을 건국한 태조도 예외는 아니어서 전염병만이 아니라 일반적인 병까지도 국가가 치료해 주려는 노력을 기울였어요. 이후의 왕들도 태조의 뜻을 계승

하여 병을 극복하려는 노력을 펼쳤어요. 특히 세종은 《향약집성방》 등 우리 산천의 약재와 전통 의술을 연구하는 한편 중국의 선진 의술도 받아들이려는 노력을 멈추지 않았어요. 조선 전기 내내 의학 발전과 보급을 위한 노력은 선조와 광해군 때 명의였던 허준에 의해 집대성되어 《동의보감》이 탄생하게 돼요. 이후에도 의학에 대한 노력은 계속 이어져서 19세기에는 이제마가 사람의 체질에 따라 치료법을 달리하는 사상 의학을 창시해요. 이처럼 조선은 꾸준하게 의학을 발달시켜 왔습니다.

그렇다면 조선시대 의료 기관은 무엇이 있었을까요? 크게 내의원, 전의감, 혜민서 세 가지로 나눠 볼 수 있어요. 내의원은 내국이라고도 불렸는데 이곳의 주 업무는 임금과 궁중에서 쓰이는 약을 조제하면서, 왕과 왕실의 건강을 돌보는 것이에요. 전의감은 궁중에서 쓰는 의약을 공급하고 임금이 하사하는 의약을 담당했어요. 혜민서는 일반 백성의 질병을 담당하는 관청이었고요. 궁궐, 관료, 백성을 나누어 체계적으로 관리하던 조선의 의료 시스템이 안타깝게도 19세기 말에 무너지게 돼요. 혜민서는 1882년 경비 절감을 위해 없어졌고, 전의감은 1894년 갑오개혁 때 내의원에 통합되거든요. 무엇보다도 병자와 오갈 곳 없는 사람을 돌봐 주는 활인서마저도 혜민서와 함께 없어지면서, 백성들은 아파도 치료받을 곳이 없어지게 됐어요. 정조 때 전염병이 놀던 한양 사대문 외과에 환자를 격리해 치료하는 병막을 956곳이나 설치하던 것과 비교해 보면 이 시기 사람들이 얼마나 힘들었을지가 보이는 듯해요. 그러나 다행히도 서구 의학이 들어

오면서 위생 관념이 발달하고, 효과적인 질병 치료가 가능해져요. 그 시작점이 광혜원이었습니다.

광혜원의 시작에는 미국 선교사 알렌이 있었어요. 알렌은 신시내티 마이애미 의과대학에서 의사 면허를 취득하고 중국 상하이를 거쳐 1884년 선교사로 조선에 입국했어요. 알렌을 가장 크게 반긴 것은 조선인이 아닌 조선 주재 미국특명전권공사 푸트와 그 가족이었어요. 낯선 조선에서 병에 걸려도 치료받지 못할까 걱정하던 푸트는 서둘러 알렌을 미국 공사관 의사로 임명했습니다.

그해 알렌이 선교사보다는 뛰어난 의사로서 고종에게 확실하게 인식되는 일이 벌어져요. 김옥균과 서재필 등 급진 개화파들이 조선을 개혁하기 위해 갑신정변을 일으키는 과정에서 반대파를 제거했어요. 이 과정에서 민씨 척족이던 민영익이 칼로 목, 등, 얼굴 등을 찔리며 크게 다쳐요. 지혈 등 응급 처치도 받지 못한 채 민영익은 살겠다는 일념으로 조선 해관(고종 20년에 항구에 설치한 관아) 총 세무사였던 묄렌도르프 집으로 도망쳤어요. 묄렌도르프는 민씨 척족인 민영익을 치료해 주면 이후 많은 도움을 받을 수 있겠다 생각하고 알렌을 급히 불렀어요. 창덕궁에서 청군과 개화파 군인들이 총격전을 벌이는 위험한 상황에서도 알렌은 민영익을 치료했어요. 미국 공사를 비롯한 많은 서양인이 제물포로 도망가는 상황에서 말이에요. 그 결과 아무도 살지 못할 것이라 생각했던 민영익이 살아남아요. 이듬해에는 민영익이 거동까지 하게 되자, 고종을 비롯한 서울의 모든 외국 공사들이 알렌을 찾았어요. 이후 알렌은 선교사가 아닌 청국공사관의 전속 의사가 돼요. 일본 공사관으로부터 연간 500달러를 받으며 의료 봉사 활동을 펼치고요. 그러나 알렌의 삶에 큰 변화를 준 것은 고종과의 만남이었습니다.

고종은 갑신정변 이후 자신을 비롯한 왕실 사람의 진료를 알렌에게 모두 맡겼어요. 조선 역사상 외국인이 왕의 건강을 전담하는 것은 처음 있는 일이었어요. 알렌은 이 기회를 이용하여 미국의 영향력을 확대하는 동시에 선교 활동을 효과적으로 수행하고자 마음먹었어요. 그래서 1885년 1월 알렌은 미국 대리공사 포크의 추천 서신과 함께 병원 설립안을 조선 정부에 제출해요. 고종도 서양 의술이 놀라운 효과를 직접 보고 느낀 만큼 서양식 병원 건립을 허락했어요..물론 반대가 없었던 것은 아니었어요. 이때만 해도 미신을 믿고 외국인에 대해 혐오와 두려움을 가진 사람이 있었거든요. 예를 들어 엠마 엔즈버거 의사는 "조선인들이 외국인 의사를 안방으로 들이면 귀신의 기분이 상해 가문에 화를 불러올지도 모른다며 두려워했다"라고 조선에서 진료하며 느낀 것을 기록해 놓았어요. 하지만 서양 의학을 직접 경험한 고종은 민심에 아랑곳하지 않고 김윤식을 책임자로 임명하고는 홍영식의 집을 병원으로 사용하라고 내줘요. 그리고 병원이 개원하자 광혜원이라는 이름을 내려 주었다가 2주 뒤 통리교섭통상사무아문의 건의로 《논어》의 '널리 베풀어 백성을 구제한다'는 뜻의 제중원으로 이름을 바꾸어 사용하게 했어요.

하지만 600평 규모의 한옥에서 환자를 치료하는 일이 쉽지 않았어요. 결국 1886년 현재의 을지로 지역에 있던 넓은 부지의 혜민서로 병원을 이전하여 운영하게 돼요. 이때의 제중원은 미국 북장로회와 합작 형태로 운영되어 조선 정부의 온전한 소유물은 아니었어요. 조선 정부는 건물·운영비·관리 인력을 제공하고, 미국 북장로회는 의사·간호사 등 의료진과 일부 운영비를 부담했습니다.

　　　제중원은 치료 등 의료 행위만 하지는 않았어요. 제중원 내에 의학교도 운영하여 16명의 학생을 의사로 육성했어요. 그러나 운영 과정에서 여러 잡음이 끊이지 않았어요. 결국 제중원 책임자로 온 에비슨은 조선 관리의 부패를 문제 삼으며, 제중원 운영의 권리를 모두 달라고 요구해요. 이때는 동학 농민 운동과 청일 전쟁 등으로 조선 정부가 제 기능을 제대로 수행하지 못할 때였어요. 결국 제중원을 운영하기 벅찼던 고종은 미국 북장로회 선교부에 모든 권한을 넘겨요. 이후 미국 실업가였던 세브란스는 1만 달러를 기부하여 1904년 제중원을 남대문 밖 도동으로 옮기며 현대식 병원 건물을 갖추게 돼요. 이때 고종이 내려 준 제중원이란 이름이 사라지고, 세브란스로 명칭이 바뀌어요. 반면 광혜원이 존재하게 만들었던 알렌은 이 당시 의사와 선교사로서의 활동을 하지 않았어요. 열강의 각축장이 된 조선에서 미국의 이권을 챙기기 위해 노력하는 정치인이 되어 있었거든요. 서양식 병원을 세워 많은 조선인을 고통에서 벗어나게 했던 공헌이 무색해질 만큼, 알렌은 아시아 최대 금광이던 평안도 운산 광산의 채굴권을 미국이 가져가도록 로비를 펼쳐요. 그 결과 조선의 많은 이권이 미국으로 건너갑니다.

1897년 10월 12일 (고종 34년)
황제의 자리에 오르고,
왕후 민씨를 황후로 책봉하다

천지에 고하는 제사를 지냈다. 왕태자가 참석하였다. 예를 끝내자 의정부 의정 심순택이 백관을 거느리고 아뢰기를, "고유제(告由祭)를 지냈으니 황제의 자리에 오르소서" 하였다. 신하들의 부축을 받으며 단에 올라 금으로 장식한 의자에 앉았다. 심순택이 나아가 12장문의 곤면을 성상께 입혀 드리고 씌워 드렸다. 이어 옥새를 올리니 상이 두세 번 사양하다가 마지못해 황제의 자리에 올랐다. 왕후 민씨를 황후로 책봉하고 왕태자를 황태자로 책봉하였다. —《고종실록》36권

1894년 동학 농민 운동이 일어나자 민씨 척족이던 민영휘는 청나라에 원군을 요청했어요. 당연히 조선에서 이권을 챙길 수 있는 좋은 기회를 청나라가 마다할 리가 없었죠. 서둘러 군대를 파병해요. 그러자 일본도 톈진 조약을 내세워 군대를 조신에 파병히더니, 조선의 지배권을 두고 청일 전쟁을 일으켰어요. 청나라는 일본의 상대가 되지 못했어요. 전쟁에 승리한 일본은 시모노세키 조약을 통해 청나라로부터 막대한 이권을 받을 생각에 들떴지

만 오래가지는 못했어요. 러시아·독일·프랑스의 삼국 간섭으로 많은 이권을 포기하는 것과 동시에 팽창 정책도 한동안 멈춰야 했거든요. 이를 본 조선 정부가 러시아를 끌어들여 일본을 견제하려 하자, 불안해진 일본은 명성황후를 죽여요. 이 사건을 을미사변이라고 합니다.

이후 일본은 김홍집을 내세워 친일 내각을 구성하고는 명성황후가 잘못을 많이 저질러 왕후의 자리에서 쫓아낸다는 조칙을 발표하게 해요. 그러나 을미사변의 만행을 똑똑히 본 러시아 등 여러 열강은 을미사변의 책임을 일본에 물었어요. 그러자 일본 정부는 책임을 회피하고자 미우라 주한 일본 공사의 독단적 행동이라 주장하며, 명성황후 시해와 관련된 48명을 히로시마 재판소에 넘겼어요. 그러나 이 모든 것이 보여 주기 위한 행동이었던 만큼, 얼마 뒤 48명 모두 증거 불충분으로 석방됩니다.

이 기간 조선의 김홍집 내각은 단발령을 단행하며 을미개혁을 추진했어요. 이 과정에서 효를 상징하는 상투를 강제로 자르는 정책은 많은 조선인을 분개하게 했어요. 그렇지 않아도 을미사변으로 감정이 격해져 있는 상황에서 일본에 의해 조직된 김홍집 내각이 단발령을 강요하자, 화가 난 많은 사람이 의병이 되어 일본군을 내쫓기 위해 공격했어요. 이런 가운데 고종은 러시아 공사관으로 몰래 거처를 옮긴 뒤 친일 내각의 주요 관료들을 역적으로 규정하며 죽이라는 명령을 내립니다.

그리고는 "범인을 묶을 때 어리석은 백성들이 폭동을 일으켜 갑자기 범인들을 살해하고 나머지 범인은 모두 다 목숨을 건지려고 도망쳐 버리니 군중의 심리가 더욱 흉흉하여 안정되지 않고 있다. 이때를 당하여 짐이 있는 곳을 너희 백성들에게 명백히 알릴 겨를이 없었는데 이제 대궐이 무사하고 민심이 여느 때와 같게 되었으니 짐이 경사스럽고 다행하게 여기는 바이다. 며칠 안으로 장차 대궐로 돌아가려고 한다"라는 성명을 발표해요. 즉 자신이 혼란해진 상황을 정리하고 머지않아 궁궐로 돌아갈 테니, 백성들은 아무 걱정하지 말고 생업에 종사하라는 발표였어요. 또한 단발령을 취소하고, 의병에게 해산하라고 명령했어요.

러시아 공사관에 머물던 고종은 새로운 조선을 만들 준비를 해요. 23개 부로 지방 행정 구역을 나누었던 것을 13개 도로 되돌려요. 내각 제도를 폐지하고 의정부를 설치하여 국정의 주요 사항을 의결하게 하는 등 일본의 침략 의도가 반영된 갑오개혁을 지우려는 노력을 보여요. 그러나 무엇보다도 중점에 둔 것은 고종의 권한을 강화하여 국정을 이끌어 가는 것이었어요. 고종은 "제도를 새로 정하는 것은 바로 옛 법을 그대로 따르면서 새 규정을 참고하는 것으로, 무릇 백성들과 나라에 편리한 것이라면 참작하여 절충하되 되도록 꼭 실행하도록 해야 할 것이다"라며 구본신참을 개혁 방향으로 내세워요. 하지만 고종이 말한 조선을 위한 새로운 법은 좀처럼 등장하지 않습니다.

그렇게 1년이 지나갔지만, 여선히 고종은 환궁하지 않고 러시아 공사관에서 머물렀어요. 곧 돌아오겠다는 고종의 말을 기억하는 백성들은 환궁을 연신 요청했지만, 고종은 경운궁(덕수궁) 수리를 핑계 대며 돌아오지 않

있어요. 그러다가 경운궁 수리가 마무리된 1897년 2월 25일이 되어서야 환궁해요. 1896년 2월 11일부터 1897년 2월 25일까지 주권을 가진 왕이 러시아 공사관에 머무는 모습은 어떤 말로도 이해되기 어려운 일이었습니다.

경운궁에 돌아온 고종은 주요 대신과 서양인 고문이 참여하여 새로운 법을 만들 교전소를 설치하도록 했어요. 1897년 4월 12일 열린 교전소 1차 회의에 박정양 등 정부 고관과 서양 고문 그레이트 하우스, 브라운 그리고 서재필과 이상재 등이 참여했어요. 회의에서 고종은 옛 조선처럼 의정부를 중심으로 국정을 운영하며 간관 제도를 강화하는 소극적인 변화를 요구했어요. 반면 서재필, 이상재 등 개혁론자들은 국가 권력에서 왕권을 기능적으로 분리한 권력 분립 제도를 만들고자 했습니다.

고종은 생각대로 일이 풀리지 않자, 청과 일본처럼 고종도 황제가 되어야 하는 여론을 이용하여 왕권을 강화해야겠다고 결정해요. 물론 최익현과 유인석 등 성리학을 신봉하는 보수적인 유생들은 존왕양이를 내세우며 절대 불가를 외쳤지만, 고종에겐 큰 문제가 되지 못했어요. 그해 9월과 10월 사이에 황제로 즉위해야 한다는 14건의 상소문을 바탕으로 고종은 1897년 10월 11일 새 국호를 '대한(大韓)'으로 결정해요. 이튿날에는 경운궁 앞 환구단에서 황룡포에 면류관을 쓰고 황제로 즉위하고요. 이때 고종은 태조 이성계가 조선을 건국했던 방법을 그대로 활용했어요. 정부 대신들이 여덟 번이나 황제로 즉위하라고 요청하는 것을 거부하다가, 아홉 번째 요청에서야 마지못해 받아들이는 척해요. 하지만 태조 이성계와 달리 권력을 장악하지 못한 상황에서 이루어진 만큼, 대내외적으로 황제의 권위를 인정받지는 못합니다.

고종도 이 사실을 너무 잘 알았지만, 인정하고 싶지는 않았어요. 특히 서재필을 필두로 지식인과 개혁론자들이 중심이 되어 만든 독립협회가 고종의 신경을 거스르게 했어요. 독립협회는 고종의 의중에는 관심을 두지 않고 자주적인 나라가 되어야 한다며 청나라 사신을 맞이하던 영은문 자리에 독립문을 건설해요. 또한 한글과 영어로 된《독립신문》을 발간하여 고종의 생각과 다르게 조선이 앞으로 나아갈 방향을 제시했어요. 더 나아가 1898년 10월 28일에서 29일 사이에는 만민 공동회를 뛰어넘어 관료들도 참여하는 관민 공동회를 개최해요. 이곳에서 헌의 6조를 채택하고, 백성의 의사를 정책에 반영할 수 있는 중추원을 세우자고 결의해요. 고종은 황제권을 제약할 수 있는 중추원 설립 등을 강요하는 독립협회가 마음에 들지 않았어요. 그런 고종의 마음을 읽은 수구파들이 독립협회의 주장은 왕정을 폐지하자는 것이라면서 가만히 있으면 안 된다고 부추겼어요. 그렇지 않아도 독립협회를 해산할 명분을 찾던 고종에게 이처럼 반가운 소식이 없었어요. 고종은 즉각 보부상을 동원한 황국협회를 이용하여 독립협회를 강제 해산시켜 버립니다.

그러고는 1899년 8월 17일 총 9조로 이루어진 대한국 국제를 반포해요. '제3조 대한국 대 황제는 무한한 군권을 향유하니 공법에 이른바 정체(政體)를 스스로 정함이라'라는 내용처럼 대한국 국제는 고종이 입법, 사법, 행정, 군통수권, 외교권을 모두 행사할 수 있도록 정해 놓은 법이었어요. 고종은 권력이 왕에게 있으면 어떤 결과가 나오는지 보여 주겠다며 광무개혁에 더욱 박차를 가했어요. 지계를 조사하여 근대적 토지 소유권 제도를 확립하고, 원수부를 설치하여 국방력을 강화하려는 노력을 보였어요. 이 외에도 상공업을 진흥하고 전화·우편·전차·철도 등 근대적 시설을 확충하려 했어요. 하지만 일본 등 열강의 계속된 간섭과 개혁에 필요한 재원을 마련하지 못하면서 추진하던 사업 대부분이 뚜렷한 성과를 거두지 못해요. 그러다 러일 전쟁이 발발하면서 광무개혁은 중단됩니다. 또한 고종 황제도 얼마 뒤 일본에 쫓겨나며 고종이 꿈꿨던 세상은 오지 않습니다.

1907년 7월 4일 (고종 44년)
이완용 등이 민종식을
처벌한 데 대하여 아뢰다

내각 총리대신 이완용, 법부대신 조중응이 아뢰기를,

"평리원(平理院)에서 심리한 내란 죄인 민종식(閔宗植)에 대한 안건을 조사해 보고 해당 범인을 《형법대전(刑法大全)》 제195조의 정사를 변경시키기 위하여 난을 일으킨 자에 대한 법조문을 적용하여 교형에 처하기로 하였습니다. 해당 범인으로 말하면 스스로 의병의 괴수가 되어 성을 함락하고 나라의 군사를 대항해서 생명에 화를 끼쳤으니 그 범죄를 추구하면 적용한 원래의 법조문에 부합합니다.

그런데 시국을 오해하고 망령되게 여러 사람을 동원하고 의리에 빙자하고 거사하여 스스로 죄를 부른 것은 전적으로 우매한 탓이었으며 제 개인을 위한 것은 아니었습니다. 그런 만큼 사정을 참작하여 법을 살펴보면 참작해 주어야 하겠기에 본년 칙령 제35호에 의한 〈내각 관제(內閣官制)〉 제7조 7항에 의하여 내각회의(內閣會議)를 거친 후에 특별히 한 등급을 감해 줄 것을 삼가 아룁니다" 하니, 윤허하였다. -《고종실록》 48권

일제의 침략에 맞서 붓과 낫을 내려놓고 맞서 싸운 사람들을 우리는 의병이라고 불러요. 대한제국의 군대가 러일 전쟁 이전 2만 9천여 명이었고, 그 이후로는 계속 축소되어 군대가 해산되는 1907년에는 1만여 명밖에는 되지 않았어요. 그러나 제대로 된 총도 없이 나라를 구하겠다는 굳은 마음으로 일본군과 싸운 의병은 수만 또는 수십만 명이 넘어요. 꼭 총을 들고 싸워야 의병이 되는 것이 아니라, 의병을 지지하고 도와주려는 모든 사람이 의병이에요.

구한말의 의병을 크게 시기별로 3단계로 나눠요. 1895년 명성왕후가 시해되는 을미사변과 단발령에 반발한 을미의병, 1905년 을사늑약에 반발하여 일어난 을사의병, 1907년 고종의 강제 퇴위와 군대 해산에 일어선 정미의병으로요. 수많은 의병장과 의병 중에 《조선왕조실록》에 민씨 척족이던 의병장 민종식에 대한 기록이 있어요.

민종식은 가만히 있어도 장래가 보장되는 집안에서 태어났어요. 증조부 민치병이 명성왕후의 생부인 민치록과 재당질 간이고, 아버지도 충청감사를 비롯하여 이조·호조·형조·공조판서를 역임했어요. 민종식도 21세에 과거에 급제하여 관직에 나가요. 예조·형조·이조 참판으로 국정에 참여하고, 세자의 교육을 담당하기도 했어요. 그러나 민종식의 관직 생활은 그리 길지 못했어요. 1895년 명성왕후가 시해되는 광경을 목격하고는 관직을 버리고 고향으로 내려가요.

세상일에 담을 쌓고 살아가고 싶었지만, 현실이 도와주지 않았어요. 을미사변 이후 조선은 대한제국으로 나라 이름을 바꾸며 재도약하려고 했지만 실패하고 말아요. 오히려 대한제국은 이권을 하나둘 뺏기며 약소국으로 전락하고 맙니다. 결국에는 1904년 한반도의 지배권을 두고 일본과 러시아가 전쟁을 벌여요. 이 과정에서 일제는 재정 고문 메가타와 외교 고문 스티븐슨을 파견하여 대한제국을 내정 간섭 하더니, 결국에는 1905년 외교권을 박탈하는 을사늑약을 체결하고 말아요. 이 순간은 대한제국이 실질적으로 멸망한 것과 같아요.

민종식은 을사늑약의 철회와 이완용을 비롯한 을사오적을 처벌하라는 상소문을 올리기 위해 서울로 올라가요. 그런데 같이 상소문을 작성한 이설과 김복한이 상소를 올렸다는 죄명으로 일본 경찰에 체포되었다는 소식을 듣게 돼요. 당시 민종식은 조정에 영향력을 행사하는 친족인 민영익과 민영휘를 찾아가 도와 달라고 부탁하고 있었거든요. 물론 이들은 민종식의 말을 들어주지 않았어요. 상소를 올린다고 아무것도 변한 것이 없으니 멈추라고 말리기만 했어요.

크게 실망한 민종식은 말과 글로는 세상을 구할 수 없다고 판단해요. 이제는 무기를 들고 직접 일본군을 내쫓고, 을사오적 등 친일파들을 처단해야 한다며 의병을 일으켜요. 그러자 충청도 홍주향교에서 학생들을 가르치던 안병찬 등 수많은 사람이 민종식을 의병장으로 추대하며 함께하기를 희망했어요. 민종식은 자신을 믿고 의병이 돼 준 사람들에게 너무 감사했어요. 조금이라도 감사를 표하고 싶은 마음과 의병 활동에 도움이 되면 좋겠다는 마음으로 전 재산을 정리한 2천 원을 군자금으로 내놓았어요.

1906년 3월 15일 충남 예산군 광시면에서 열린 광시장터에서 민종식은 하늘에 의병을 봉기한 이유를 설명하고, 장터에 모인 사람들에게 동참할 것을 촉구했어요. 그러자 민종식과 일본군을 내쫓겠다며 600여 명이 의병 부대에 합류해요. 민종식은 과거 을미의병 때 훈련이 부족하여 실패했던 경험을 떠올리며 이세영에게 체계적인 군사 훈련을 지시해요.

하지만 처음부터 승리를 거두지는 못했어요. 공주 관아를 공격하러 가던 중 일본군과 관군의 공격을 받아 23명의 의병이 붙잡혀 끌려가며 의병 부대가 강제로 해산돼요. 민종식은 전주와 홍산 등을 돌아다니며 흩어진 의병들을 다시 규합했어요. 비록 첫 전투에서 패배했지만, 의기가 꺾인 것은 아니었거든요. 민종식과 의병 부대는 더 독한 마음으로 훈련했고, 드디어 남포 읍성을 함락시켜요. 4일간의 치열한 전투 끝에 승리한 민종식의 의병 부대는 남포 군수 서상화를 붙잡고 관군 31명을 의병 부대에 합류시켜요.

민종식의 의병 부대가 승리했다는 소식이 주변에 퍼지자, 유생과 농민들이 의병이 되겠다고 찾아와요. 그렇게 의병 부대는 금세 천여 명으로 늘어나요. 민종식이 5월 19일 승리의 기세를 몰아 홍주성을 공격하자, 기세에 눌린 일본군은 제대로 맞설 생각도 못 하고 도망쳐 버려요. 충청도에서 큰 성에 속하는 홍주성을 점령했다는 말에 의병의 수는 계속 늘어나 1,200명을 넘게 돼요. 여기에는 민종식이 인근 지역에 의병 부대가 고종을 내쫓는 것이 아닌 나라를 위한 군대임을 계속 알린 것도 한몫했어요.

하지만 아무 힘이 없는 대한제국은 의병의 활동을 도와주기는커녕 지켜 주지도 못했어요. 일본군은 수원 헌병 부대에서 파견한 헌병과 경찰 혼성 부대를 보내 홍주성을 공격해 왔어요. 여기에 공주 진위대 관군까지 합류시켰죠. 하지만 홍주성 주변을 정찰하다 민종식의 의병 부대에 걸려 일본군 세 명과 일진회 회원 두 명이 총살당해요. 이토 히로부미는 이 소식을 듣고 무슨 일이 있어도 홍주성을 함락하라고 지시를 내립니다.

일본군 보병 제60연대의 대대장 다나카 소좌는 400명 규모의 보병 두 개 중대와 기병, 그리고 전주 수비대 한 개 소대를 동원하여 홍주성을 포위해요. 그리고 5월 31일 새벽 2시 30분 일본 기마병 폭발반을 동원하여 홍주성 동문을 폭파해요. 민종식 의병 부대는 두 시간여를 홍주성 안에서 시가전을 벌이며 맞섰지만, 결국 수백 명의 의병을 잃고 퇴각해야 했어요.

민종식은 홍주성 전투에서 가까스로 목숨을 구했지만, 자신으로 인해 수많은 의병이 죽거나 다친 것이 너무도 미안했어요. 죄책감을 떨굴 수 있는 유일한 방법은 다시 의병을 일으켜 일본군을 한반도에서 내쫓는 것밖에는 없다고 민종식은 생각했어요. 그러나 예산에 있는 처남 이남규 집에서 의병을 다시 일으킬 준비를 하는 도중 일진회 회원에게 발각되어 붙잡히고 말아요.

일제는 민종식이 고종의 밀명을 받고 의병을 일으켰다는 증거를 잡고 싶었어요. 고종을 강제로 황제 자리에서 끌어내리려고요. 하지만 민종식이 태연하게 의병을 일으킨 것은 일제가 우리의 국권을 침탈하는 데 있다고 말하며 고종과의 연관성을 거부해요. 때마침 고종이 네덜란드 헤이그에 특사를 파견하자, 이것을 빌미로 고종을 강제로 퇴위시켜요. 더는 민종식이 필요하지 않은 일제는 1907년 7월 3일 그에게 교수형을 내려요. 다행히 순종이 그해 12월 특별 사면을 내리면서 풀려나지만, 식민지로 전락하는 것을 막지 못했다는 죄책감에 힘들어하던 민종식은 1917년 56세의 나이로 숨을 거둬요.

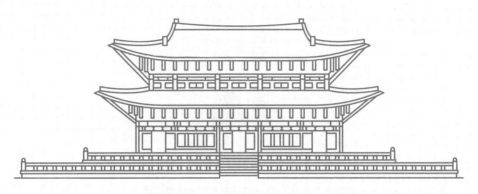

고종이 네덜란드 헤이그에 특사를 파견한 일로 황제의 자리에서 쫓겨나면서, 일본에 의해 강제로 황제로 즉위하였다. 즉위하던 해에 법령 제정·관리 임명·행정권 등을 일본에 넘겨주는 정미7조약을 체결하였다. 이후 군대가 해산되고 사법권 등 나라의 주권을 하나둘 일본에 빼앗겼다. 대한제국이 멸망하자 이왕으로 강등된 순종은 창덕궁에 머무르다 1926년 죽었다.

제 **27** 대

순종

(1874~1926, 재위 : 1907.7~1910.8)

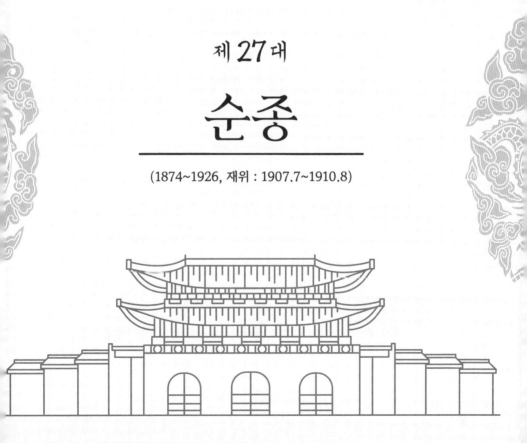

1907년 7월 20일 (순종 즉위년)
헤이그 밀사 이상설, 이위종,
이준 등을 처벌하다

조령을 내리기를, "이상설, 이위종, 이준의 무리들은 어떤 흉악한 성품을 부여받았으며 어떤 음모를 품고 있었기에 몰래 해외에 달려가 거짓으로 밀사라고 칭하고 방자하게 행동하여 사람들을 현혹시킴으로써 나라의 외교를 망치게 하였는가? 그들의 소행을 궁구하면 중형에 합치되니 법부에서 법률대로 엄히 처결하라" 하였다. ─《순종실록》 1권

20세기에 들어서면서 대한제국의 운명은 바람 앞에 촛불처럼 매우 위험한 처지에 놓이게 돼요. 1902년 영국과 일본은 서로의 이익을 도모하며 제1차 영일 동맹을 맺어요. 영국은 러시아로부터 중국에 확보한 이권을 지키고, 일본은 대한제국을 식민지로 만들기 위해 서로가 필요하다는 것을 인식했거든요. 협약문 제1조 '영·일 양국은 한·청 양국의 독립을 승인하고, 영국은 청에, 일본은 한국에 각각 특수한 이익을 갖고 있으므로, 제3국으로부터 그 이익이 침해될 때는 필요한 조치를 취한다'는 영국과 일본이 어떤 의도를

가지고 동맹을 맺었는지를 여실히 보여 줍니다.

영국의 지원을 받아 러시아를 기습 공격하며 전쟁하던 일본은 1905년 미국과 가쓰라 태프트 밀약을 맺어요. 미국이 필리핀을 지배하는 것을 인정하는 대신 한반도에 대한 소유권이 일본에 있다고 확답받게 되죠. 이로써 일본은 두려운 것이 없었어요. 그러나 러시아의 거센 저항으로 확실한 승리를 거두지는 못했어요. 결국 미국의 도움을 받아 러시아로부터 한반도의 지배권을 인정받는 포츠머스 조약을 체결해요. 일본은 영국, 미국, 러시아로부터 한반도 지배를 인정받게 되자, 본격적인 식민지 만들기 작업에 들어갔어요. 그 첫 번째 작업이 외교권을 빼앗는 을사늑약이었습니다.

외교권을 빼앗긴다는 것은 주권을 약탈당하는 것과 같은 의미였던 만큼, 고종은 조약문에 서명하지 않았어요. 이토 히로부미는 고종의 서명을 받는 것이 어려워 보이자, 정부 대신을 창덕궁 중명전으로 불러들였어요. 그러고는 군대를 동원하여 창덕궁을 봉쇄한 후, 외교권을 넘긴다는 문서에 찬성표를 던지라고 협박했어요. 이 과정에서 참정대신 한규설이 크게 반발하며 고종을 찾아 나서자, 일본은 그를 독방에 감금해 버려요. 한참이 지나도 한규설이 돌아오지 않자, 남아 있는 대신들은 한규설이 죽었다고 생각했어요. 다음 차례가 혹시나 자기일까 두려워 떨던 찰나, 이완용이 찬성한다는 발언을 내뱉어요. 그러지 기다렸다는 듯이 박제순·이지용·이근택·권중현도 외교권을 넘기는 일에 찬성한다고 말해요. 이토 히로부미는 여덟 명 중 다섯 명이 찬성했으니, 다수결의 원칙에 따라 조약이 성립한다고 발표해 버리고는 외교권을 빼앗아요. 그래서 우리는 이완용·박제순·이지용·이근택·권중현 이들을 을사오적이라고 부릅니다.

사실 제2차 한일협약(을사늑약)은 군대를 동원하여 강압적으로 체결했기에 국내·국제법상으로 효력이 절대 발휘될 수 없어요. 또한 대한국 국제에 입법·사법·행정·외교권 등 모든 주권은 대한국 황제에게 있다고 명시되어 있어요. 그런데 대한국 황제 고종은 끝까지 조약을 승낙한다는 서명을 하지 않았으니 조약이 성립될 수 없어요. 그리고 당시 국제법도 강압으로 억지로 체결된 것은 조약으로 인정하지 않았어요. 그러나 힘의 논리에 의해 을사늑약은 세계 각국에 조약으로 받아들여졌어요. 외국에 있던 한국 공사관은 전부 폐지되었고, 대한제국에 있던 영국·미국·독일 등 외국 공사관들은 모두 철수해 버립니다.

을사늑약으로 국제 사회에서 고립되어 일본의 침탈에 대항할 수 없게 되었지만, 고종은 포기하지 않고 열강 각국에 도와 달라고 호소했어요. 그러나 어떤 나라도 고종의 외침에 귀를 기울이지 않았죠. 그러던 찰나에 러시아로부터 희소식이 들려왔어요. 네덜란드 헤이그에서 열리는 만국 평화 회의에서 일본의 내정 간섭과 을사늑약의 부당함을 호소할 수 있는 기회를 주겠다고 말이에요. 고종은 곧바로 헐버트를 헤이그로 파견하는 특사인 것처럼 속여 미국으로 출국시켜, 일본 경찰들의 감시를 따돌렸어요. 그리고는 우리나라 최초의 검사보였던 이준을 중명전으로 비밀리에 불렀습니다.

고종에게 네덜란드 헤이그에 가서 국제 사회에 우리 사정을 알려 도움을 요청하라는 특명을 받은 이준은 곧바로 부산으로 내려갔어요. 이곳에서 배를 타고 블라디보스토크로 건너가 이상설과 만났어요. 둘은 시베리아 횡단 열차를 타고 상트페테르부르크에 있는 이위종을 찾아가 특사단에 합류시켰어요. 국제법 전문가로서 을사늑약이 무효임을 증명할 이준, 고위 관료로 일본이 군대를 동원해 위협한 사실을 증명할 이상설, 영어·프랑스어·러시아어 등 일곱 개 언어로 통역할 수 있는 이위종이 헤이그에 도착한 것은 서울에서 출발한 지 64일 만의 일이었습니다.

우리의 이야기를 세계에 전달할 마음에 제대로 잠도 자지 못하고, 헤이그로 달려온 특사단은 생각과 다른 냉랭한 분위기에 당황했어요. 특사단이 오는 동안 러시아가 외몽고의 지배권을 인정받는 대신, 일본의 한반도 지배권을 인정하는 비밀 협약을 맺었거든요. 이런 사정을 알지 못했던 특사단은 회의장에 들어가려 했고, 러시아는 약속과 달리 특사단의 회의장 출입을 막았어요. 특사단은 아무것도 할 수 없다는 절망감에 빠졌지만, 활동을 멈추지는 않았어요. 이들의 모습을 눈여겨본 기자들의 도움으로 '기자단 국제협회'에서 이위종이 〈한국의 호소〉를 발표했고, 이 소식이 《헤이그 신보(Haagsche Courant)》1면에 실리게 됩니다.

특사단의 활약으로 국제적인 망신을 낭한 일본은 가만히 있지 않았어요. 특사단의 활동을 노골적으로 방해하며, 그 어떤 활동도 하지 못하도록 막았어요. 또한 특사단 세 명에게 종신 징역형을 선고하여 압박을 가했어요. 그런 가운데 7월 14일 이준이 헤이그에서 순국하자, 이상설과 이위종은 그를 헤이그에 묻어 주고 떠나요. 각자 다른 방법으로 나라를 지키고자 말이에요. 특사단이 해체되었음에도 분이 풀리지 않은 일본은 특사단 파견의 책임을 고종에게 물어 강제 퇴위하게 됩니다.

고종은 여기에서마저도 일본에 밀린다면 앞으로는 무엇도 할 수 없다는 생각에 결단코 자신이 특사단을 파견하지 않았다고 주장했어요. 강력하게 아니라고 주장했지만, 고종을 황제의 자리에서 끌어내리겠다는 일제의 결심은 바뀌지 않았어요. 1907년 7월 19일 덕수궁 중화전에서 고종과 순종을 대신하는 사람을 내세워 거짓 황위 계승식을 열었어요. 이 자리에서 고종 대리인이 양위 조칙을 읽고, 순종 대리인이 양위 조칙을 받는 것으로 계승식을 마무리 지어요. 황제의 자리를 넘겨주고 받는 당사자가 없었음에도 일본은 고종이 자발적으로 황위를 순종에게 넘겼다는 기사를 주요 신문 1면에 싣도록 했어요. 또한 이를 기념하는 사진엽서를 발행하는 등의 활동으로 세계 각국에 알렸습니다. 황위 계승식이 있던 날 순종은 일본이 하라는 대로 헤이그 특사단에 엄중한 처벌을 내려요. 이것은 나라를 위해 활동을 펼친 이들을 보호하지 못하고 처벌해야 하는 약소국의 비참한 현실이 무엇인지를 똑똑하게 보여 주는 순간이었습니다.

가짜 황위 계승식이 끝난 지 40여 일 후인 1907년 8월 27일 순종은 덕수궁 돈덕전에서 황제 즉위식을 해요. 그러나 환구단에서 황제로 즉위했던 고종과 달리 하늘에 황제로 즉위했음을 알리는 의식은 없었어요. 일본이 순종에게 바란 것은 허수아비 황제 역할이었던 만큼, 순종에게 주어진 일은 하나도 없었어요. 오로지 일본이 하라는 대로 움직일 뿐이었어요.

1909년 10월 28일 (순종 2년)
이토 히로부미의 죽음으로
사흘 동안 음악과 노래를 중지시키다

내각 고시 제32호는 다음과 같다. 태자 태사 이토 공작이 세상을 떠난 데에 대한 조의를 표시하기 위하여 오늘부터 사흘 동안 한성 안에서 음악 가곡을 정지할 것을 명령한다. – 《순종실록》 3권

이토 히로부미는 일본 조슈번의 한 농민의 아들로 태어났지만, 뛰어난 능력으로 일본 초대 수상에 오른 인물이에요. 젊은 시절 그는 서양 세력의 유입에 반대하며 존왕양이를 외치다가, 영국 유학 이후 문호를 개방하여 개혁을 서둘러야 한다는 개국론자로 바뀝니다. 특히 그는 '독일의 통일은 연설이 아니라 철과 피로써 해결할 수 있다'라며 군비 증강을 강조하던 철혈재상 비스마르크를 만나면서 일본의 부국강병을 위한 모델로 독일을 선택해요. 이후 오쿠마 시게노부와 이노우에 가오루와 함께 1872년 일본 최초의 철도를 개통시키는 등 서구 문물을 일본에 도입하여 정착시키는 데 큰 공을 세

워요. 그 후에도 일본 내각에서 왕성한 정치 활동을 펼친 결과 1885년 45세의 나이로 일본 최초의 총리대신에 오르게 됩니다.

하지만 이토 히로부미의 성공은 조선에는 재앙이었어요. 주변국을 식민지로 만들려는 이토 히로부미에 의해 문호를 개방한 조선은 큰 피해를 봐야 했어요. 그중에서도 이토 히로부미가 가장 두각을 드러낸 사건이 청일 전쟁이에요. 1894년 동학 농민 운동이 발발하자 조선 정부는 청나라에 원군을 요청했어요. 이 소식을 들은 일본은 이 기회를 이용하여 조선의 이권을 차지하려고 톈진 조약을 내세워 군대를 한반도에 파병했어요. 그러고는 고종을 강제로 협박하여 동학 농민군을 학살하면서, 또 다른 한편으로는 한반도의 지배권을 두고 청나라와 전쟁을 벌였어요. 이 모든 행동의 뒤에는 이토 히로부미가 있었습니다.

이토 히로부미는 일본 총리대신으로 청일 전쟁을 결정하고, 한국인 학살을 명령했어요. 청일 전쟁이 끝난 이후에는 전권대사로서 청으로부터 랴오둥반도·타이완·펑후섬을 할양받고, 배상금 2억 냥을 받는 시모노세키 조약을 맺어요. 일본은 이때 받은 청의 배상금으로 한층 더 강력한 군대를 가질 수 있게 되었고, 히로부미는 그에 대한 포상으로 후작 작위를 받게 돼요. 일본은 10년 뒤인 1904년 2월 8일 일본 해군의 여순 기습을 시작으로 조선을 식민지로 만들기 위해 러일 전쟁을 일으켜요. 이 과정에서도 조선이 러시아에 협력하지 못하도록 막은 인물이 이토 히로부미였어요. 국왕 위문 특파 대신으로 조선으로 건너온 이토 히로부미는 고종을 만났고, 그해 5월

대한제국은 러시아와 국교를 단절하게 돼요. 러일 전쟁에서 승리한 일본은 이토 히로부미를 전권위원으로 내세워 사할린 남반부 할당 및 한국에서의 우월한 지위를 보장받는 등 많은 이권을 받아 내요. 특히 일본이 한국에 대해 필요하다고 인정하는 지도·보호 및 감리의 조치를 취할 경우 러시아가 방해하거나 간섭하지 않겠다는 약속을 받아 내면서 한반도에 대한 독점적 지배권을 획득하게 됩니다.

한반도 지배권을 두고 다투던 청과 러시아를 이기는 데 크게 공헌한 이토 히로부미는 본격적으로 대한제국을 식민지로 만드는 작업에 들어갔어요. 아직 러일 전쟁의 상흔이 남아 있는 대한제국이 숨 돌릴 시간도 주지 않고, 곧바로 한반도에 들어와서는 고종에게 외교권을 넘기라고 협박했어요. 앞서 말한 대로 고종이 끝까지 승낙하지 않자 대신들을 덕수궁 중명전에 감금하고는 강제로 외교권을 넘긴다는 문서에 동의하도록 만들었어요. 그러고는 초대 통감의 자리에 올라 식민지로 만드는 구체적인 일들을 지시했어요. 어쩌면 이토 히로부미는 자신의 가장 큰 업적으로 조선을 일본의 식민지로 만드는 것을 꼽았는지도 모르겠습니다.

조선을 식민지로 만든 것이나 진배없다고 판단하고 일본으로 돌아간 이토 히로부미는 공작 작위를 받으며 국민 영웅으로 등극해요. 그의 활동은 멈추지 않았어요. 1909년 미국이 청나라와 동맹을 맺고 만주로 진출하려고 하자, 이토 히로부미는 다시 바쁘게 움직였어요. 하지만 그는 끝이 얼마 남지 않았다는 사실을 몰랐어요. 러시아와 손을 잡고 미국을 견제하기 위해 하얼빈에 도착한 순간 안중근이 쏜 총탄에 죽습니다.

　　이토 히로부미를 죽인 안중근은 어려서 항우에 자신을 빗대며 글 공부보다는 무예를 익혀 어려워진 나라를 구하고자 했던 인물이에요. 공부하라는 친구들에게 "글은 이름이나 적을 줄 알면 그만이다. 지금 항우의 명예가 오히려 오랜 세월 전한다. 나도 학문으로 세상에 이름을 드러내고 싶진 않다. 저도 장부요, 나도 장부다. 자네들은 다시 더 나를 권하지 마라"라며 총 쏘기 등 무예를 닦는 데 더욱 매진했어요. 그 덕분에 아버지 안태훈과 함께 동학 농민 운동을 진압하러 나선 16세의 안중근은 혁혁한 전과를 올릴 수 있었어요. 하지만 민씨 척족이던 민영휘가 동학 농민군에게서 빼앗은 군량미 500석을 문제 삼으며 뇌물을 요구하는 바람에 고향을 떠나 몸을 숨겨야 했어요. 이때 안중근은 가족들과 천주교 세례를 받으며 개종하게 됩니다. 그러나 맹목적으로 종교에 의지하지 않았어요. 오히려 종교와 현실의 차이를 명확하게 구분할 줄 아는 현명함을 보여 주었어요. 한 사례로 안중근은 신부 뮈텔에게 조선이 발전하기 위해서는 고등교육이 필요하다며 대학교 설립을 도와 달라고 부탁했어요. 하지만 뮈텔 신부가 "학문을 익히면 믿음이 좋지 않게 된다"라고 말하며 거부 의사를 밝히자, 안중근은 "교의 진리는 믿을지언정 외국인의 심정은 믿을 게 못 된다. 한국이 세계에 위력을 떨친다면 세계 사람늘이 한국밀을 통용할 것이다"라고 대답합니다. 이것은 한국에 대한 무한한 자긍심이 없으면 할 수 없는 말이죠.

　　1907년 안중근은 대한제국이 오래가지 못할 것을 예감하고 연해

주 블라디보스토크로 망명해요. 이곳에서 잃어버릴 나라를 되찾을 준비를 본격적으로 하기 위해서요. 이범윤과 최재형이 주도하여 만들어진 창의회에 가입한 안중근은 대한의군참모중장 겸 특파독립대장 및 아령지구 사령관의 직책을 받게 돼요. 사령관 안중근은 200~300여 명의 병력을 이끌고 국내로 들어가 일본군과 세 차례 교전을 통해 50여 명을 사살할 정도로 높은 전과를 올렸어요. 이 과정에서 안중근은 자신이 하는 행동이 국가 간의 전쟁이라 믿었던 만큼 국제법에 따라 일본군 포로 10여 명을 풀어 주었어요. 하지만 풀려난 일본군이 안중근 부대의 위치와 규모를 상세히 상부에 보고하면서, 안중근의 부대는 영산 전투에서 크게 패배하고 말아요. 생사를 넘나드는 12일간의 행군 끝에 연추로 돌아온 안중근은 잠시 숨을 돌리고자 《대동공보》* 탐방원으로 활동해요. 동시에 동의단지회 회장으로 취임하고는 무명지 첫 관절을 자르고 '대한독립'을 혈서로 작성하며 어떤 일이 있어도 나라의 독립을 이루고 말겠다는 의지를 보여 줍니다.

이토 히로부미가 하얼빈에 온다는 소식을 들은 안중근은 《대동공보》 유전율에게 세 자루의 총과 거사 자금을 받고 하얼빈으로 출발했어요. 중간에 우덕순과 조도선을 합류시키며 무슨 일이 있어도 이토 히로부미를 죽이자고 굳게 약속해요. 그러나 이토 히로부미가 채가구와 하얼빈 중 어디에서 정차할지 모르는 상황이어서 우덕순과 조도선은 채가구에, 안중근은

●　　1908년 독립심을 고취하기 위해 러시아 블라디보스토크에서 대동 보국회
　　　가 발행한 신문.

하얼빈에서 거사를 일으키기로 계획합니다. 우덕순과 조도선이 러시아 경비병에 의해 거사를 일으키지 못하자, 안중근이 하얼빈에 도착한 이토 히로부미를 향해 총을 쏴요. 그리고 30분 뒤인 1909년 10월 26일 10시 이토 히로부미가 죽어요. 일제는 현장에서 만세를 부르던 안중근을 체포하여 여순 관동도독부 관하 법원으로 송치했어요. 그러고는 여섯 번을 재판하며 회유하려 했어요. 하지만 안중근의 뜻이 절대 변하지 않겠다고 판단한 일본은 1910년 3월 26일 이토 히로부미가 죽은 시간에 맞춰 사형을 집행했습니다. 이 과정에서 감옥에서 안중근을 감시하던 군인과 검문하던 일본인들은 안중근의 죽음을 안타까워하며 눈물을 흘렸어요. 이토 히로부미의 죽음보다 안중근의 죽음을 더욱 숭고하게 느꼈기 때문입니다.

1909년 11월 1일 (순종 2년)
창경궁에 동물원과 식물원을 설립하다

창경궁 내에 동물원과 식물원을 설치하고 개원식을 행하고 나서 일반 사람들
에게 관람을 허락하였다. - 《순종실록》 3권

서울에는 경복궁을 필두로 창덕궁, 창경궁, 덕수궁, 경희궁 다섯 개의 궁궐
이 있어요. 하지만 모든 궁궐은 오랜 역사만큼 여러 아픔을 간직하고 있어
요. 예를 들어 흥선대원군이 추진한 경복궁 중건 과정에서 경희궁의 전각이
허물어진다거나, 큰 화재로 인해 수백 년을 이어 왔던 궁궐의 전각이 사라
지는 일들이 자주 발생했거든요. 그러나 진짜 궁궐의 아픔은 대한제국이 일
제에 의해 멸망하면서 시작됐어요. 일제는 조선 왕실을 낮추려는 방편으로
궁궐을 철저하게 부수고 훼손했어요. 그러고는 궁궐 자리에 박람회장을 설
치하는 등의 방법으로 사람들의 구경거리로 전락시켜 버렸습니다.

　　이 모든 것은 한국인의 기억에서 조선 왕실을 잊게 만들려는 술수였어요. 동시에 기존에 볼 수 없었던 신문물이나 진귀한 동식물을 가져온 일제가 얼마나 위대하고 강한 나라인지 보여 주려는 의도가 숨겨져 있었어요. 이런 행동의 최종 목표는 일제가 조선을 개화시켜 준 고마운 나라인 동시에 식민 지배를 거부하면 안 된다는 것을 한국인에게 각인시키는 데 있었어요. 이런 이유로 모든 궁궐이 훼손되었는데, 그중에서도 창경궁은 광복 후까지 궁궐의 지위를 한동안 회복하지 못했어요. 많은 사람이 창경궁을 왕이 살았던 궁궐로 인식하기보다는 동물원과 식물원이 있는 관광지로 여겼어요. 그래서 1980년대까지 창경궁은 서울 학생들의 소풍 장소였으며, 시골에서 올라온 사람들에게는 꼭 들러야 하는 서울 여행지 중의 하나였습니다.

일제에 의해 궁궐의 지위를 잃었던 창경궁의 역사를 먼저 살펴볼까요? 창경궁이 건립된 것은 1418년으로 세종 때로 거슬러 올라가요. 세종은 즉위하던 해에 상왕이 된 아버지 태종을 위해 궁궐을 짓고는 수강궁이라 불렀어요. 이때의 수강궁은 규모가 지금의 창경궁처럼 크지 않아서 별장 같은 느낌의 작은 궁궐이었어요. 그렇다 보니 수강궁은 태종이 죽고 잘 사용되지 않았어요. 그렇게 시간이 흘러 성종 때 비로소 궁궐의 격을 갖추게 돼요. 성종은 왕으로 즉위하고 많은 대비를 모셔야 했어요. 세조의 부인 정희대비, 자신의 어머니인 소혜대비, 예종의 계비 안순대비와 한 공간에서 같이 생활하는 것이 성종은 불편하고 힘들었어요. 그래서 세 분의 대비를 별도의 공간에 모셔야겠다고 생각하고 주변을 살펴보다 발견한 장소가 수강궁이었습니다.

성종은 신하들을 독촉해서 1483년 수강궁을 확장하는 공사를 마치고는 창경궁이라 이름 붙였어요. 그리고 세 분의 대비를 창경궁으로 모셨어요. 창경궁은 성종이 머물렀던 창덕궁 아래에 위치했을 뿐 아니라 걸어서 왕래할 수 있도록 연결되어 있었어요. 언제라도 왕과 대비가 서로 편하게 왕래할 수 있도록 말이에요. 그래서 사람들은 창경궁과 창덕궁을 하나의 공간으로 인식하여 동궐이라고도 불렀습니다.

성종 이후 많은 왕이 창경궁에 머물며 정사를 돌봤어요. 하지만 임진왜란 때 선조가 한양을 버리고 도망가면서 창경궁은 경복궁과 창덕궁처럼 불타 사라지고 말아요. 전쟁이 끝나자 광해군은 창덕궁과 함께 창경궁도 1616년 다시 건립해요. 하지만 창경궁은 오래가지 못하고 다시 한번 소실되고 말아요. 인조반정에 참여했다가 공신 책정에 불만을 품은 이괄이 군대를 끌고 한양을 점령하는 과정에서 창경궁에 불이 나서 모든 전각이 불에 타 버리고 말았거든요. 이후 인조가 다시 창경궁을 중건하지만, 1830년 순조 때 매우 큰 화재로 창경궁의 많은 전각이 사라지고 말아요. 그래도 창경궁은 궁궐로서의 위상을 잃어버리지 않았어요. 왜냐하면 조선의 많은 역사가 이곳에서 일어났기 때문입니다.

창경궁의 전각도 살펴볼까요? 창경궁의 정문인 홍화문은 다른 궁궐과는 달리 남쪽이 아니라 동쪽을 바라보고 있어요. 또한 정문에서 정전까지 세 개의 문을 통과해야 하는 다른 궁궐과는 달리 창경궁은 두 개의 문만

통과하게 되어 있다는 점도 하나의 특색이에요. 특히 홍화문은 조선시대 왕들의 애민 정신을 확인할 수 있는 장소이기도 해요. 백성을 사랑했던 영조가 이곳에서 백성을 직접 만나 균역법을 시행하는 것에 관해 물어보고 답변을 듣는 시간을 가졌거든요. 영조는 관리보다는 백성의 이야기를 들어주는 것이 옳은 일이라며 1년에 2필을 내던 군포를 1필로 줄이는 균역법을 시행토록 했어요. 정조도 1795년 홍화문 앞에서 혜경궁 홍씨의 회갑을 열었어요. 이때 백성과 함께 축하를 나눈다며 쌀을 나누어 주기도 했습니다.

정전 옆에 있는 문정전은 왕이 신하들과 경연을 나누고 국정을 논의하던 장소예요. 그러나 사람들은 영조가 아들 사도세자를 죽인 장소로 더 많이 기억해요. 정전 옆으로는 왕비와 대비가 머물던 경춘전이 있어요. 사도세자는 흑룡이 경춘전 지붕 위로 내려오는 꿈을 꾸고 정조를 얻었다며, 경춘전 동쪽 벽에 흑룡을 그렸다고 해요. 안타깝게도 지금은 사라져서 볼 수가 없습니다.

이처럼 조선 후기 많은 왕이 머물며 생활하던 창경궁은 순종이 황제가 된 1907년 궁궐의 지위를 박탈당하고 말아요. 덕수궁에서 강제로 황제로 즉위한 순종은 도저히 고종을 마주할 자신이 없어서 창덕궁으로 거처를 옮겨요. 일제는 순종을 위로한다는 명분으로 창덕궁 아래에 있는 창경궁을 부수고 공원으로 만들어요. 그 결과 창경궁에 뱃놀이를 할 수 있는 연못과 식물원 그리고 동물원이 들어서요. 이 외에도 창경궁에 일본식 도서관과 동물과 식물의 표본을 진열하는 공간을 만들어 사람들이 관람하도록 했어요. 일제는 창경궁이 궁궐이었다는 사실을 사람들이 기억하지 못하도록 품계석이나 임금이 다니는 길인 어도를 없애 버렸습니다.

이토 히로부미는 창경궁을 동양 최대의 공원으로 조성하여 일제의 능력을 세계에 과시하고 싶어 했어요. 더불어 일제가 미개한 조선을 근대화시켰다는 사실을 대내외적으로 보여 줌으로써 식민 지배를 용이하게 만들고자 했어요. 그 의도를 눈치챈 이완용은 누구보다 앞장서서 "국민의 위안 장소로 일반민을 위해 창경궁을 공개한다"라며 일반인에게 관람을 허용하며 이토 히로부미에게 아첨했어요. 나라를 빼앗긴 1911년에는 조선총독부가 창경궁을 창경원으로 이름을 바꾸고는 각종 행사를 개최했어요. 이때마다 일제는 '동양 최대'라는 말을 붙여 한국인의 기를 죽이고 멸시하고자 했어요. 일제가 창경궁에서 대규모 행사를 진행할수록 한국인에게 궁궐로서의 창경궁은 사라졌어요. 대신 신기한 동물을 보고 즐길 수 있는 오락거리가 많은 공원이라는 인식이 그 자리를 대체했어요. 반면 일본 현지인들은 자신들이 한국보다 뛰어나다는 우월감을 느끼고, 조선을 문명화시켰다는 자부심을 느끼기 위해 창경궁을 방문했습니다.

창경궁의 훼손은 광복 이후에도 쉽게 치유되지 못했어요. 미군정의 구왕궁사무청과 대한민국 정부 수립 이후 설치된 구황실재산관리위원회는 창경궁을 복원하려는 노력을 기울이지 않았어요. 여기에는 "창경원은 서울 시민의 공원이며 명소이다. 일반 시민이 문화유적을 감상할 수 있는 중요한 곳이며 또한 동·식물원이 있는 교육 학습장으로 역할이 뛰어나다.

문화국가로 이러한 시설이 없다는 것은 문화국의 수치다"라고 외치는 일부 사람들의 주장이 크게 영향을 미쳤기 때문입니다.

하지만 시간이 흐를수록 창경원으로 유지해야 한다는 논리는 대한민국이 발전하면서 명분을 잃어 갔어요. 반면 일제에 의해 훼손된 우리의 창경궁을 원래 모습으로 되돌려야 한다는 주장은 점점 더 힘을 얻었고요. 창경원이 아니더라도 서울을 대표하는 명소가 많아졌고, 우리의 역사를 바로 세우는 일이 무엇보다 중요하다는 데 모든 국민이 공감했거든요. 국민의 의식 변화는 정부를 움직여서 1981년 창경궁을 복원하게 했어요. 동물원은 서울대공원으로 옮기고, 일제가 창경궁에 심어 놓은 벚꽃은 여의도 윤중로와 서울대공원으로 옮겨 심었어요. 그리고 창경궁 옛 전각을 복원시키면서 오늘날 창경궁은 세계에 자랑할 수 있는 우리나라의 대표적인 문화유산으로 자리매김하게 됩니다.

1910년 8월 29일 (순종 3년)
일본국 황제에게 한국 통치권을 양도하다

황제는 다음과 같이 말한다. "짐이 부덕으로 간대한 업을 이어받아 임어한 이후 오늘에 이르도록 정령을 유신하는 것에 관하여 누차 도모하고 갖추어 시험하여 힘씀이 이르지 않은 것이 아니로되, 원래 허약한 것이 쌓여서 고질이 되고 피폐가 극도에 이르러 시일 간에 만회할 시책을 행할 가망이 없으니 한밤중에 우려함에 선후책이 망연하다. 이를 맡아서 지리함이 더욱 심해지면 끝내는 저절로 수습할 수 없는 데 이를 것이니 차라리 대임을 남에게 맡겨서 완전하게 할 방법과 혁신할 공효를 얻게 함만 못하다. 그러므로 짐이 이에 결연히 내성하고 확연히 스스로 결단을 내려 이에 한국의 통치권을 종전부터 친근하게 믿고 의지하던 이웃 나라 대일본 황제 폐하에게 양여하여 밖으로 동양의 평화를 공고히 하고 안으로 팔역의 민생을 보전하게 하니 그대들 대소 신민들은 국세와 시의를 깊이 살펴서 번거롭게 소란을 일으키지 말고 각각 그 직업에 안주하여 일본 제국의 문명한 새 정치에 복종하여 행복을 함께 받으라." ─
《순종실록부록》 1권

고종을 강제 퇴위시키고 순종을 즉위시킨 것은 일제가 본격적으로 대한제국을 식민지로 만들겠다는 선전 포고와도 같았어요. 일제는 순종이 즉위한 지 5일 만인 7월 24일 한일신협약(정미7조약)을 강제로 체결했어요. 한일신협약에 따르면 대한제국은 법령 제정, 행정 처분 업무, 관리 임명권 등 국가 운영에 관련된 모든 내용을 통감부로부터 승인받고 시행해야 했어요. 또한 차관직에 일본인 관리를 임명하여 대한제국의 행정 업무를 넘겨 주어야 했고요. 이뿐만이 아니었어요. 통감부는 사법권과 감옥 사무를 대한제국으로부터 넘겨받아 일제의 식민 침탈에 저항하는 한국인을 무자비한 방법으로 처벌했어요. 또한 일제의 식민지 침탈을 고발하여 자주독립을 부르짖는 언론을 탄압하기 위해 신문지법을 만들고, 집회·결사를 금지하는 보안법도 제정했어요. 그러고는 일제의 침략에 실질적으로 대항할 수 있는 군대를 해산시켜요. 이 모든 일들이 7월 22일부터 8월 1일까지 불과 10일 안에 이뤄졌어요. 당시 사람들도 정신을 차리지 못할 정도의 빠른 속도였습니다.

이제 일제에 남은 것은 공식적으로 대한제국이 나라를 바치도록 하는 것이었어요. 일제는 왜 대한제국이 스스로 나라를 바치는 형식으로 나라를 빼앗으려 했을까요? 일제가 1907년 고종이 네덜란드 헤이그에 특사를 보낸 일로 국제 사회에서 톡톡히 망신당한 일을 똑똑히 기억하고 있었기 때문이에요. 또다시 국제 사회에서 망신당하고 싶지 않았던 일제는 대한제국이 스스로 나라를 갖다 바치는 모양새로 식민지를 만들고자 했어요. 이를 위해 일진회를 이용했어요. 일진회는 고종의 강제 퇴위와 군대 해산에 반발하여 일어난 의병을 공격하는 등 반민족 행위를 자행하는 나쁜 친일 단체였거든요. 일진회의 이용구는 도쿄로 직접 건너가 조선과 일본이 하나가 되기를 원한다고 거짓말해요. 1909년 12월 4일에는 2천만 한국인을 대표한다며 〈합방청원서〉를 통감부와 이완용 내각에 제출하는 만행을 저지릅니다.

일제는 대한제국이 일본에 흡수되기를 바라는 것처럼 꾸미면서, 다른 한편으로는 일제를 내쫓으려는 의병을 공격했어요. 1909년 9월부터 약 2개월 동안 일제는 의병을 폭도라 부르며, 충청·전라·경상 삼남 지방에서 활동하던 의병을 무차별 학살했어요. 두 개 연대 규모의 군대를 파견하고, 네 척의 수뢰정을 해상에 동원한 결과 103명의 의병장과 4천 명이 넘는 의병이 나라를 지키다 희생돼요. 일제는 사로잡은 의병을 그가 살던 마을로 데려가서는, 가족과 지인들 앞에서 죽이고는 시신도 가져가지 못하도록 막는 잔혹한 짓도 서슴지 않았어요. 그 결과 의병들은 가족의 희생을 막기 위해 국내를 떠나 국외에서 나라를 되찾는 독립운동을 펼칠 수밖에 없게 됩니다.

1909년 7월 6일 일본 도쿄에서 열린 내각회의에서 한국을 식민지로 만들겠다는 결의가 이루어지자, 일본 왕은 대한제국을 식민지로 만들어도 좋다는 허락을 내려요. 하지만 얼마 뒤 이토 히로부미가 하얼빈에서 안중근에게 죽고, 이완용이 이재명의 칼에 찔려 중태에 빠지는 사건이 발생해요. 누구보다 앞장서서 대한제국을 식민지로 만들던 두 사람이 활동하지 못하게 되었지만, 식민지 작업은 멈추지 않았어요. 단지 시일만 조금 늦춰졌을 뿐이었습니다.

일제는 1910년 5월 30일 육군 대장 출신인 데라우치를 통감에 임명해요. 이것은 식민지로 전락하는 일에 반발하는 한국인을 군대로 진압해서라도 기필코 식민지로 만들겠다는 일제의 의지였어요. 데라우치는 일본에서 한국의 경찰관제를 폐지한 뒤, 일본 헌병 경찰을 한반도 전역에 배치했어요. 이로써 모든 한국인의 움직임을 통제할 수 있는 발판이 마련되자 데라우치는 조선에 들어와 《대한매일신보》 판매를 금지하는 등 모든 언론 기관을 통제했어요. 그러고는 부상에서 회복된 이완용을 대한제국의 총리대신으로 임명합니다.

8월 16일 데라우치는 이완용과 농상공부대신 조중응을 불러 병합조약의 초안을 보여 주며, 순종에게 재가를 받아 오라고 시켰어요. 이것은 일본 개입 없이 대한제국이 스스로 결정한 합법적인 병합이라는 사실을 보여 주기 위한 쇼였어요. 하지만 일제의 검은 속내를 모르는 한국인은 한 명도 없었어요. 한국인들의 반응이 심상치 않음을 직감한 일제는 8월 22일 서울 거리 곳곳에 헌병을 배치하여 한일병합조약 조인에 거부하는 어떤 움직임도 봉쇄하려는 모습을 보여요. 마침내 창덕궁 흥복헌에서 조선의 마지막 어전 회의가 열렸고, 이 자리에서 국권 피탈에 관련된 안건이 통과돼요. 그리고 그날 내각총리대신 이완용과 일본 통감 데라우치는 한일병합조약 문서에 서명하고 교환해요. 이것은 517년의 조선이 사라지는 순간이었으며, 한국이 35년간 일제의 식민 지배를 받게 되는 순간이었습니다.

한국의 반발이 두려웠던 일본은 한일병합조약을 한동안 발표하지 않고 숨겼어요. 언론과 사회단체의 집회를 금지하고, 민족 지도자를 구금시킨 일이 마무리되는 8월 29일에야 한일병합조약이 체결되었다고 발표해요. 한일병합조약은 "제1조 한국 황제 폐하는 한국 정부에 관한 일체의 통치권을 완전, 또 영구히 일본 황제 폐하에게 양여한다. 제2조 일본국 황제 폐하는 전조에 기재한 양여를 수락하고 한국을 일본 제국에 병합함을 승낙한다"로 시작해요. 우리가 병합을 강력하게 원해서, 일본이 마지못해 승낙해 주는 형식으로 말입니다.

그런데 병합이란 말이 기존에는 없던 용어라는 사실을 아시나요? 여기에도 일본이 강제로 대한제국을 식민지로 만들었다는 사실을 숨기려 했던 의도가 담겨 있어요. 일본 외무성 정무국장 구라치 데쓰키치는 〈한국 병합의 경위〉에 "합병이라는 문자는 적절하지 않다. 그렇다고 해서 병탄이라는 용어는 침략적이어서 사용할 수 없었다. 여러 가지로 고심한 결과 나는 지금까지 사용된 적이 없는 병합이라는 문자를 새롭게 고안해 냈다. 이것이라면 다른 영토를 제국 영토의 일부로 삼는다는 의미가 합병보다 강하다"라며 병합의 의미를 설명해요. 그렇기에 우리는 1910년 8월 29일을 경술국치라고 불러요. 경술년에 나라가 치욕을 당했다는 의미로 말입니다.

우리 선조는 나라를 되찾겠다는 희망을 버리지 않고 일제에 맞서 35년간 싸워요. 그 결과 1945년 독립을 맞이했고, 오늘날 세계 많은 국가가 인정하고 부러워하는 선진국이 됐어요. 누구나 위기의 순간이 다가옵니다.

그러나 포기하지 않고 더 나은 세상을 만들려는 의지가 있으면, 아무리 어려운 상황이라도 극복하여 더 나은 세상을 만들 수 있다는 사실을 우리 역사는 증명합니다.

조선 왕 연대기

2024년 01월 22일 초판 01쇄 발행
2024년 05월 01일 초판 02쇄 발행

지은이 유정호

발행인 이규상 편집인 임현숙
편집장 김은영 책임편집 강정민 책임마케팅 이채영
콘텐츠사업팀 문지연 강정민 정윤정 이채영 원혜윤
디자인팀 최희민 두형주
채널 및 제작 관리 이순복 회계팀 김하나

펴낸곳 (주)백도씨
출판등록 제2012-000170호(2007년 6월 22일)
주소 03044 서울시 종로구 효자로7길 23, 3층(통의동 7-33)
전화 02 3443 0311(편집) 02 3012 0117(마케팅) 팩스 02 3012 3010
이메일 book@100doci.com(편집·원고 투고) valva@100doci.com(유통·사업 제휴)
포스트 post.naver.com/black-fish 블로그 blog.naver.com/black-fish
인스타그램 @blackfish_book

ISBN 978-89-6833-462-7 03910
ⓒ유정호, 2024, Printed in Korea